Marcelo Pimentel

As Campanhas Eleitorais no Século XXI

Um olhar sobre os desafios para combater a apatia e a desconfiança do eleitor

Kotter Editorial

Apoio Cultural

Saint Martin

Coordenação editorial: Sálvio Nienkötter
Editor-executivo: Marcos Pamplona
Editora-assistente: Ana Clara Bordinião
Capa e Design editorial: Carlos Garcia Fernandes
Produção: Cristiane Nienkötter
Preparação de originais e revisão: O Autor
Foto da capa: Aguinaldo de Jesus

Dados Internacionais de Catalogação na Publicação (CIP)
Angelica Ilacqua CRB-8/7057

Pimentel, Marcelo Tadeu dos Reis
As campanhas eleitorais no século XXI : um olhar sobre os desafios para combater a apatia e a desconfiança do eleitor / Marcelo Tadeu dos Reis Pimentel. -- Curitiba : Kotter Editorial, 2021.
384 p.

Bibliografia
ISBN 978-65-5361-027-9

1. Eleições 2. Campanhas eleitorais 3. Democaria I. Título

CDD 324.6

21-5453

KOTTER EDITORIAL

Kotter Editorial Ltda. - Brasil
Rua das Cerejeiras, 194
CEP: 82700-510 - Curitiba - PR
Tel. + 55(41) 3585-5161
www.kotter.com.br | contato@kotter.com.br

Kotter Editorial Ltda. - Portugal
Rua Miguel Bombarda, 270
10º andar - 2830-289
Barreiro - Portugal
+351 914 896 452
pt.kotter.com.br | contato@kotter.com.br

Feito o depósito legal
1ª Edição
2021

Marcelo Pimentel

As Campanhas Eleitorais no Século XXI

Um olhar sobre os desafios para combater a apatia e a desconfiança do eleitor

Este trabalho é dedicado à minha família, projeto perfeito de Deus, que na sua multiforme presença em nosso meio nos deu a fórmula para a célula máster da sociedade que garante conforto, segurança e amor incondicional.

AGRADECIMENTOS

Ao Professor Doutor Jorge de Sá (1950-2019), grande mestre e amigo que me trouxe um novo olhar sobre o marketing político. Lá pelos idos de 2012, quando nos conhecemos, passei a descortinar um novo horizonte para o marketing político. Amigo, conselheiro, incentivador e mestre: em cada papel, uma pessoa honesta em seus princípios, digna nos seus posicionamentos e leal com os seus ideais. Muito obrigado!

Ao ISCSP-Universidade de Lisboa pela acolhida e pelo incentivo.

Aos professores do ISCSP-UL, agradecendo a todos pelo conhecimento compartilhado, permitindo-me destacar o seu decano Professor Doutor Catedrático José Adelino Maltez.

À Professora Maria de Fátima da Silva, amiga e parceira, que foi imprescindível na compreensão do vasto caminho trilhado pelo marketing e suas novas engrenagens.

Ao Professor João D'Oliveira, pelo apoio, mas fundamentalmente pela paz interior transmitida e acolhimento nos momentos de angústia. À Maria Júlia Egreja e a William Amaral pela ajuda que me deram. À Karina Resende Dias, pelo apoio.

Aos meus pais, Dilvar e Creusa, imprescindíveis nesta trajetória.

À minha esposa Vera Luíza Dias Pimentel, aos meus filhos João Vitor e Sophia Leonardi: tripé da minha existência.

Aos parceiros Ricardo Pimentel e Celso de Almeida Jr.: este trabalho reflete muito o conhecimento que construímos juntos em nossa jornada laboral.

Ao cientista político Antonio Lavareda pela deferência em dedicar o seu tempo na elaboração do prefácio da obra.

À Zilmar Fernandes pelo incentivo e apoio.

Ao empresário e amigo Cândido Osvaldo de Moura, da Incorporadora Saint Martin pelo apoio e parceria.

À Kotter Editorial, na pessoa do Marcos Pamplona, pela recepção da obra.

A todos os entrevistados que dedicaram seu tempo para contribuir na construção da presente Tese de Doutoramento.

SUMÁRIO

1. INTRODUÇÃO 17

2. A DEMOCRACIA E SUAS CONDICIONANTES ATUAIS 29

2.1 A Democracia desde a Antiguidade 30

2.2 A Democracia Representativa 34

2.3 A crise da representação política: abstenção e desencanto com a democracia 37

2.4 A Globalização e a Revolução Tecnológica 40

2.5 Os desafios atuais: globalização e antiglobalização e suas implicações na disputa do poder 42

2.6 Opinião Pública 59

2.7 Internet: a Esfera Pública da Democracia Digital 64

2.7.1 O Nascedouro da Internet 64

2.7.2 Democracia Digital 66

2.7.3 Movimentos Sociais na Internet 71

2.8 O Comportamento do Eleitor 72

3. O MARKETING 75

3.1 A Evolução do Marketing, o Marketing-Mix e os seus 4 P's 75

3.2 O Marketing de Relacionamento 84

3.2.1 Os Precursores do Marketing de Relacionamento 92

3.2.2 As Escolas do Marketing de Relacionamento 94

3.2.3 Dos 4 P's ao Marketing Mix Relacional 100

3.3 O Marketing 3.0: um modelo centrado no humano 101

3.3.1 Indo Além de Atender ao Cliente: a satisfação do valor espiritual 104

3.3.2 O Marketing Holístico Voltado aos Valores 107

3.4 Tipologia de Marketing 109

3.4.1 Endomarketing: o marketing do primeiro cliente 110

3.4.2 Marketing Social 112

3.4.3 Marketing Político 116

3.5 As Campanhas Eleitorais e suas condicionantes: Brasil, EUA e Europa 131

3.6 A Nova Fronteira: o neuromarketing e suas aplicações à política 140

4. METODOLOGIA 151

4.1 Objetivos e Hipóteses da Investigação 152

4.2 Métodos e Técnicas de Investigação 161

4.2.1 O Processo da Pesquisa Científica 161

4.2.2 Métodos de Pesquisa 165

4.2.3 Etapas de Pesquisa 172

4.2.4 Técnicas de Pesquisa 173

4.3 Métodos e Técnicas Aplicados aos Objetivos e Hipóteses 179

5. RESULTADOS 185
5.1 Análise das Entrevistas em Profundidade Aplicada aos Políticos 185
5.1.1 A Análise e Discussão dos Dados 186
5.2 Estudo de Caso: a (improvável) eleição de HIldon Chaves à Prefeitura de Porto Velho 216
5.2.1 A estratégia que defendemos desde o início da campanha em Porto Velho 218
5.3 Análise dos resultados do estudo quantitativo 237
5.3.1 A possível evolução da tipologia das campanhas de marketing político 238
5.3.2 A distribuição temporal dos investimentos 241
5.3.3 O Marketing holístico na perspectiva evolutiva das campanhas de marketing político 250
5.4 A verificação dos objetivos e das hipóteses 256
5.4.1 Verificação dos objetivos 257
5.4.2 Verificação das hipóteses 259

6. MARKETING POLÍTICO INTEGRAL – AS CAMPANHAS ELEITORAIS DO SÉCULO XXI 267

7. CONCLUSÕES 297

8. RECOMENDAÇÕES 307

REFERÊNCIAS BIBLIOGRÁFICAS 311

ANEXOS 329

LISTA DE GRÁFICOS

Gráfico 1: Uso da palavra "Globalization" 41
Gráfico 2: Referências a "neuromarketing"nos "Google Books" 140
Gráfico 3: Distribuição das Atividades nos 4 Trimestres da Simulação de Investimento 249

LISTA DE FIGURAS

Figura 1: Marca de campanha do Dr. Hildon 221
Figura 2: Material de Campanha - Cartaz 221
Figura 3: Organograma 281

LISTA DE TABELAS

Tabela 1: Materialismo e Pós-materialismo em vários países (2005 - 2008) 49
Tabela 2: O Marketing Transacional e o Marketing Relacional 117
Tabela 3: Tamanho da amostra e margem de erro de uma proporção (caso de uma amostra "aleatória simples") 177
Tabela 4: Caraterização amostral das entrevistas a líderes partidários. 179
Tabela 5: Idade e experiência profissional dos especialistas entrevistados 184
Tabela 6: Perspectiva da estrutura das futuras campanhas de marketing político (Horizonte 2021) 239
Tabela 7: Distribuição orçamentária de uma campanha com 4 trimestres 242
Tabela 8: Investimento por atividade nos doze meses de processo eleitoral (%) 243
Tabela 9: Percentagem média do investimento em cada atividade (4 trimestres) 245
Tabela 10: Percentagem média do investimento por trimestre (9 atividades) 246
Tabela 11: Tipo de uso preferencial das redes sociais 250
Tabela 12: Evolução futura do peso da mídia tradicional nas campanhas 251
Tabela 13: Importância que o eleitor dá à comunicação permanente 252
Tabela 14: Importância do contato físico do candidato com o eleitor 253
Tabela 15: Desconfiança dos eleitores nos atores políticos 254
Tabela 16: Principal desafio na preparação das futuras campanhas 254
Tabela 17: Existe espaço para o marketing holístico? 255
Tabela 19: Ranking das redes sociais no Brasil em 2010 e 2017 285
Tabela 20: Ranking das redes sociais no mundo (2017) 286
Tabela 21: Comparação entre os dois modelos do marketing político 302

LISTA DE SIGLAS

ABCOP	Associação Brasileira de Consultores Políticos
AMA	American Marketing Association
B2B	Business to business
C2C	Consumer to consumer
CNPJ	Cadastro Nacional de Pessoas Jurídicas
CRM	Customer Relationship Management
FMRI	Functional Magnetic Resonance Imaging
FTM	Full-time marketer
IBOPE	Instituto Brasileiro de Opinião Pública e Estatística
IBGE	Instituto Brasileiro de Geografia e Estatística
NOGC	Nova Ordem Global Contemporânea
NOVO	Partido Novo
OCDE	Organização para a Cooperação e Desenvolvimento Econômico
PCdoB	Partido Comunista do Brasil
PMDB	Partido do Movimento Democrático Brasileiro
PPS	Partido Popular Socialista
PSB	Partido Socialista Brasileiro
PSC	Partido Social Cristão
PSD	Partido Social Democrático
PSDB	Partido da Social-Democracia Brasileira
PT	Partido dos Trabalhadores
PV	Partido Verde
SECOM	Secretaria de Comunicação Social da Presidência da República
SIC	Sistema de Inteligência Competitiva
TICs	Tecnologias da Informação e da Comunicação

Uma ponte perfeita

*Antonio Lavareda**

"No sistema solar das campanhas políticas, os profissionais são de Marte e os acadêmicos são de Vênus".
Dan Schnur

Essa frase, que inicia o texto de um consultor de campanhas norte-americanas incluído em uma coletânea de pesquisadores acadêmicos sobre o papel da emoção no pensamento e no comportamento político[1], sintetiza com perfeição o que qualquer observador constata na temporada das eleições. As narrativas dos pesquisadores e professores, quando comparadas às dos profissionais que comandam a comunicação dos partidos e candidatos, apresentam forte disjuntiva, em que pese serem dois ângulos de abordagem do mesmo objeto. Como conciliá-las?

Ninguém mais apto para enfrentar o desafio de aproximar esses dois mundos do que um profissional "anfíbio" como Marcelo Pimentel. Sua trajetória, de um lado, navega no mundo prático das disputas eleitorais, onde há muito se vê às voltas com as demandas de posicionar candidatos, apresentá-los ao público, organizar suas propostas, contrastá-los com os adversários e persuadir os eleitores a comparecerem às seções eleitorais para finalmente votar; e, de outro lado, investiu com

---

1 CHNUR, Dan. The Affect Effect in the Very Real World of Political Campaigns. In: NEUMANN, Marcus; CRIGLER, Mackuen. The AFFECT EFFECT. Chicago: The University of Chicago Press, 2007

profundidade não apenas na ciência política, absorvendo as vertentes teóricas que elucidam o comportamento eleitoral, mas, também, dirigindo sua lente para as bases sólidas que fundamentam as estratégias e táticas do marketing contemporâneo. Assim, aproximou esferas distintas de conhecimento, com seus paradigmas e cânones próprios. E com essa combinação fez avançar o entendimento do objeto e dos fenômenos sobre os quais se propôs a refletir.

Nessa linha, o leitor irá se deparar, inicialmente, com uma condensação crítica bem elaborada da construção histórica e institucional da democracia. Bem como dos desafios contemporâneos ao modelo representativo, que se acumulam ao longo da revolução tecnológica em curso, no cerne da qual a digitalização acelerada desempenha um papel especial, o que é tratado com propriedade pelo autor sob a ótica da "Democracia Digital".

A partir dessa reflexão propriamente política, chega-se ao ponto focal do trabalho. Um mergulho nas teorias do Marketing e na forma como são aplicadas aos contextos eleitorais. Para tanto, o autor foi longe na investigação, trazendo-nos as origens e fundamentos da disciplina, passando em revista o que soma hoje uma vasta literatura, a qual reflete a evolução inesgotável dessa área de conhecimento: desde o seu início no alvorecer do século XX, filho rebelde da ciência-mãe, a economia, até hoje, quando se nutre, além da incorporação da digitalização das relações sociais, também dos avanços da neurociência que turbinaram a psicologia.

E todos as facetas e departamentos dessa disciplina foram devidamente esmiuçados antes do autor finalmente dirigir sua lente para o marketing político, discernindo seus métodos enquanto se debruçava sobre uma seleta de valiosas entrevistas de lideranças políticas brasileiras relevantes e sobre um "case" do qual guarda conhecimento especial, fruto de sua "observação participante": a eleição à prefeitura de Porto Velho, capital do estado brasileiro de Rondônia. Com a segurança advinda do confortável domínio teórico e prático da temática, Marcelo testou suas hipóteses à luz dos dados de pesquisas quantitativas e qualitativas e da análise das métricas na internet, que confirmaram a pertinência de suas principais conjecturas.

Como "grand finale", o leitor interessado na área será brindado, senão com a formulação acabada do que está se constituindo como o novo modelo de marketing político do século 21, certamente com uma descrição apurada de suas principais características, de sua gramática e consequente explicitação dos novos parâmetros adotados.

A relevância disso é inestimável. O autor nos sugere que só esse modelo, de perfil relacional, será capaz de "religar" à política os eleitores desencantados, que movidos pelos mais diversos fatores se alienam nos momentos decisivos da escolha dos mandatários. E deve-se acrescentar que o significado da sua contribuição ultrapassa a fronteira das campanhas, porque, ao abrir a possibilidade dessa reconexão, dessa "virada de chave" do indivíduo desmotivado, cínico ou alienado, para o cidadão outra vez participante, ajuda a descortinar uma perspectiva de franca esperança para a revitalização da democracia. Ela que opera sob estresse em muitos países, submetida à pressão dos populistas de todos os matizes, que deitam suas raízes na incredulidade e no desinteresse dos cidadãos pelo sistema representativo.

**Sociólogo e cientista político. Presidente do Conselho Científico do IPESPE - Instituto de Pesquisas Sociais, Políticas e Econômicas.*

1. INTRODUÇÃO

Tudo o que o homem sabe é
quase nada comparado com o que falta saber.
(Descartes, 1637)

Há mais 30 anos atuo no Marketing Político e, desde 1982, participo de eleições. Com apenas 15 anos, me aliei a um professor de História que lançava sua candidatura a prefeito do pequeno município de Ubatuba, no Litoral Norte do Estado São Paulo. Apesar de exercer o papel de "cabo eleitoral" - função assim denominada no Brasil e apresentada como a mais simples de uma campanha eleitoral -, pela proximidade com o candidato, estive bem próximo das discussões estratégicas da campanha. Daí teve início uma militância política que passou pelos seguintes partidos: PMDB (Partido do Movimento Democrático Brasileiro), PCdoB (Partido Comunista do Brasil), PT (Partido dos Trabalhadores) e PSB (Partido Socialista Brasileiro).

Nesse trajeto, em 1988, tive a oportunidade de vencer a primeira eleição como Consultor de Marketing Político, também em Ubatuba. Em 1996, aventurei-me a uma pré-candidatura à prefeitura da mesma cidade, depois definido como candidato a vice-prefeito, formando chapa com um candidato do PSDB (Partido da Social-Democracia Brasileira), que concorria como prefeito. Por ironia do destino, fomos derrotados pelo meu professor de História que, naquela ocasião, tentava pela quarta vez vencer uma eleição.

Com a derrota eleitoral e o início da vida acadêmica como professor do Departamento de Comunicação Social da Universidade de Taubaté (a maior universidade pública municipal do Brasil), decidi abandonar a militância política para me engajar no marketing político de maneira mais profissional e aprofundando os estudos acadêmicos sobre o tema. Em 2008, constitui a empresa MP Marketing Político Eleitoral e Governamental, marcada pela vitória no município de Taubaté, derrotando um clã político que era vitorioso desde 1982. No mesmo ano, lancei o livro "A prática do Marketing Político – Ações de uma campanha eleitoral vitoriosa", que reúne, em fragmentos, o meu pensamento de então sobre a essa atividade.

Em 2010, fiz a minha primeira campanha para Governador de Estado, em Rondônia, na região Amazônica. Já Mestre em Comunicação Social pela Universidade Metodista de São Paulo, iniciei o doutoramento em Ciência Política, no ano de 2012, no Instituto Superior de Ciências Sociais e Políticas da Universidade de Lisboa. Em 2013/2014, participei de minha primeira campanha presidencial no Brasil e, também, se deu a minha inserção internacional, em Portugal e no Paraguai. Recentemente, em 2016, obtive o melhor resultado em toda a carreira profissional: assumi quatro campanhas eleitorais, com três vitórias, sendo uma consagradora. No estado de São Paulo, coordenei a campanha de Delcio José Sato à Prefeitura de Ubatuba, e de Carlos Vilela à Prefeitura de Caçapava. Sato foi eleito com 36,4% dos votos, mais que o dobro dos votos do segundo colocado. Em Caçapava, amargamos uma derrota por apenas 74 votos, num universo eleitoral de 70 mil eleitores. Jogou contra a candidatura de Vilela o fato de ele disputar a eleição sob o indeferimento do seu registro eleitoral. No estado de Minas Gerais, vencemos com Hideraldo Hema, que obteve 50,3% dos votos, no município de Boa Esperança. Todavia, a vitória mais surpreendente, e que é objeto de estudo de caso deste livro, foi a eleição de Hildon Chaves à Prefeitura de Porto Velho, capital do estado de Rondônia, com 65,15% dos votos em segundo turno.

Esta breve trajetória biográfica é importante para situar que vivi e ainda vivo no teatro de operações das campanhas eleitorais. Para além do estudo teórico, há uma vivência prática dinâmica e, muitas vezes, estressante que exige decisões rápidas que geram impactos imediatos nas estratégias definidas. E isso procuro trazer para o devido confronto com o referencial teórico disponível.

O contato com o Professor Doutor Jorge de Sá, na Universidade de Lisboa, impulsionou-me a aprofundar o conhecimento acerca do marketing político, numa perspectiva em que a responsabilidade das ações possam ser a tônica dessa atividade, num momento em que, no Brasil, a atividade ganha as páginas policiais dos periódicos. Desse relacionamento, foi-se descortinando um novo pensar e o coerente aprofundamento de técnicas já aplicadas no âmbito das campanhas eleitorais, que estavam sob a nossa coordenação. Um verdadeiro encontro entre o caudal teórico/prático do mestre, com a vivência prática do aprendiz. Desse benfazejo encontro resultou uma série de inquietações que provocaram a elaboração da presente tese de doutoramento, num encontro entre o Marketing Político e a Ciência Política.

A Ciência Política como disciplina das Ciências Sociais abarca em seus estudos a filosofia que trata das relações entre os cidadãos e o poder no decorrer do processo histórico. Desde Maquiavel, considerado o pai da Ciência Política moderna, até os dias atuais, há temas fundamentais para a Ciência Política, tais como: O Estado, a ideologia, a representação política, as instituições políticas e as políticas públicas que fazem parte do arcabouço do que denominamos Administração Pública, na essência de sua aplicabilidade, mas assente nos estudos da Ciência Política em articulação entre poderes, cidadãos e demandas sociais. Em 1948 a UNESCO (Organização para a Educação, a Ciência e a Cultura das Nações Unidas) definiu o campo da Ciência Política em quatro eixos: (i) a Teoria Política, (ii) as Instituições Políticas, (iii) Partidos, Grupos e Opinião Pública e (iv) as Relações Internacionais (DIAS, 2004, p. 10)

Paulo Bonavides, doutor honoris causa da Faculdade de Direito da Universidade de Lisboa, afirma que "A Ciência Política, em sentido lato, tem por objeto o estudo dos acontecimentos, das instituições, das ideias políticas, tanto em sentido teórico (doutrina) como em sentido prático (arte), referido ao passado, ao presente e às possibilidades futuras" (BONAVIDES, 2000, p. 42).

Neste universo tão vasto e tão distinto nas diversas nações, o século 20 consagrou em boa parte do mundo o instituto da Democracia Representativa que se constitui a partir do processo de eleições regulares.

Com o alargamento do voto universal, onde passaram a estar incluídas mulheres e analfabetos, uma nova mecânica em torno das eleições foi-se formando a partir da segunda metade do século 20, na esteira do que as organizações empresariais já vinham aplicando, a saber: o marketing.

Em termos de ciência, o Marketing Político, enquanto disciplina que inclui o estudo compreensivo de eleições e, sobretudo, práticas associadas à gestão dos fenômenos eleitorais, foi inicialmente captado pela Comunicação Política e a esta, associado na sua parte mais visível, abraçados num universo empírico.

Wilson Gomes (2004) estabelece cinco parâmetros para a interface entre a comunicação e a política:

> 1. Que a política contemporânea, do exercício do governo à disputa eleitoral, se estabelece numa estreita relação com a comunicação de massa (...)
> 2. (...) as estratégias eleitorais em particular e as estratégias políticas em geral supõem uma cultura política centrada no consumo de imagens públicas (...).
> 3. Que tais estratégias, para serem eficientes, solicitam as competências e as habilidades técnicas do marketing, das sondagens de opinião, das consultorias de imagem, das análises de opinião pública e das assessorias de comunicação (...).
> 4. Que a dependência da comunicação de massa comporta a necessidade de que, em função de cálculos de eficiência, os discursos políticos predominantes sejam organizados de acordo com a gramática específica das linguagens dos meios onde devem circular (...).
> 5. Que as estratégias políticas, apoiadas em dispositivos e recursos da comunicação, voltam-se diretamente para os públicos que constituem a audiência dos meios de informação e entretenimento (...). (GOMES, 2014, p. 23-24)

A Ciência Política não se debruçou sobre esse novo conjunto de práticas do fenômeno político estritamente associado ao desenvolvimento da comunicação de massa. Profissionais da publicidade e das relações públicas foram inicialmente chamados a construir soluções concretas para campanhas políticas, sobretudo de natureza eleitoral, pelo que ações integradas no marketing político passaram a fazer parte dos estudos da Comunicação Social.

Esta situação resulta do fato de se ter dado mais ênfase aos procedimentos do que aos resultados que a ação de Marketing Político ia produzindo e cujos sucessos reforçavam.

Aos poucos, os investigadores da Ciência Política foram dando mais atenção ao Marketing Político já que este estava a impactar de maneira profunda o processo eleitoral e o comportamento do eleitor e, por esta via, também condicionando a ação política prática e o agir dos próprios políticos. Como também, os comunicadores foram buscando referência na Ciência Política para compreender de maneira mais efetiva os fenômenos políticos.

O Marketing Político, como conjunto de procedimentos que integra a investigação dos fenômenos políticos e eleitorais, o planejamento estratégico e a ação junto dos cidadãos e eleitores, vem forjando uma nova ação política cujo impacto nos indivíduos e nas instituições não pode deixar indiferentes os cientistas políticos.

É assim que a Ciência Política, atenta a estas mesmas problemáticas, se tem vindo a preocupar com essa nova engrenagem que cresce e se consolida no século 21 como um dos instrumentos mais importantes do processo eleitoral, apesar de ainda existir um distanciamento apontado por VEIGA E GONDIM (2001): "O quadro atual ainda mostra um distanciamento significativo da Ciência Política e o Marketing Político. Ambos parecem estar em posições opostas. De um lado, os adeptos do Marketing Político defendem que a escolha eleitoral cada vez mais se distancia do plano racional e, sendo assim, afirmam que questões acadêmicas sobre Ciência Política são pouco pragmáticas no sentido de permitir uma atuação mais direta no processo político. De outro lado, os acadêmicos acusam os marketeiros (*sic*) de reduzirem o fenômeno político a uma questão estética e psicológica, uma vez que suas preocupações recaem sobre a construção de uma imagem dos candidatos a cargos públicos, que desperta a sensibilidade emocional do eleitor, deixando de lado um aspecto mais importante que é o da ideologia partidária, em que se inclui a discussão de projetos mais amplos para a sociedade e a humanidade". (VEIGA E GONDIM, 2001)

Como exemplo de como evoluem os estudos da Ciência Política, Manuel Meirinho Martins (2013) discute o fenômeno da apatia política nas democracias modernas:

> O debate em torno dos efeitos da apatia política na estabilidade das democracias tem concentrado argumentos em três respostas possíveis: uma que admite que a democracia só funciona na sua plenitude quando se verificar a máxima participação dos cidadãos; outra que considera que, apesar de tudo, os indicadores de indiferença política não colocam em perigo o funcionamento da democracia e que, pelo contrário, é o excesso de participação que pode inviabilizar a estabilidade do governo democrático. Por último, uma terceira resposta sugere uma opção intermédia porquanto salienta que o funcionamento da democracia requer uma participação política equilibrada. (MARTINS, 2013, p. 219)

Aqui encontramos uma conexão fundamental entre os estudos da Ciência Política e o Marketing. É mister que vivemos uma apatia política decorrente da profunda frustração que estratos sociais têm com a prática política. É notável também o excesso de participação política que se dá nas redes sociais, de forma até, muitas vezes, caótica. Ora, o Marketing traz estudos profundos sobre o cliente e as necessidades do século 21 que podem ser auxiliares na discussão da apatia política, como o conceito do cliente cocriador que discutimos mais à frente no presente livro. Na mesma linha, Martins (2003) afirma que "o estudo sistemático dos fenômenos políticos trata, essencialmente, da análise dos mecanismos relativos à luta voluntária pela aquisição e conservação do poder" (MARTINS, 2003, p. 29).

INNERARITY (2017) fala da mudança do processo de democracia que vai da "democracia dos partidos" para a democracia dos públicos ou das audiências. "A democracia do público adota a fluidez do eleitorado volúvel e imprevisível. Segundo a terminologia do marketing trata-se de um eleitorado menos fidelizado e mais volátil e intermitente". (INNERARITY, 2017, p. 44). E prossegue:

> Em vez de eleitores, os partidos passaram a ter uma mistura de hooligans e clientes (em porcentagens variáveis). A dificuldade em identificá-los e em ganhar sua confiança tem a ver com o fato de suas exigências terem

> se tornado mais complexas e fragmentadas. Os indivíduos emitem sinais difusos que o sistema não consegue identificar, assimilar e representar adequadamente. Por isso, os partidos têm dificuldade em ouvir os seus eleitores e entender, agregar ou processar as exigências deles. O eleitorado está menos diferenciado e introduz temas de convergência transversal, com demandas e expectativas menos transparentes e identificáveis. (INNERARITY, 2017, p. 44 e 45).

Quem responderá a essas questões: os profissionais do Marketing ou os estudiosos da Ciência Política? Salutar será o encontro entre esses segmentos e juntar forças entre o exercício da prática profissional ao salutar refletir dos estudos acadêmicos.

Ou seja, a cada nova evolução do Marketing Político, a Ciência Política ganhará em integrar no seu seio o seu estudo, de forma a poder enquadrar teoricamente as práticas do Marketing Político, potenciando a sua melhor compreensão dos fenômenos políticos contemporâneos que tanto influenciam a sociedade "hiperconectada" de hoje.

João de Almeida Santos faz um percurso interessante para caracterizar o momento atual. Ele vai falar que existe uma redução do fosso entre a "sociedade civil" e a "sociedade política" decorrente da intermediação do processo político e comunicacional a cargo das grandes organizações (partidos e *media*) que passaram a gerir a representação e o poder em nome da cidadania (SANTOS, 2017, p. 16 e 17). Almeida Santos defende que é necessário incorporar os estudos da comunicação política no *mainstream* da teoria política. Diz o autor: "Só com esta nova incorporação a teoria política estará em condições de (...) compreender o fenómeno democrático contemporâneo, contribuindo, assim, para responder com eficácia às grandes mudanças que estão a ocorrer nos processos políticos, propondo soluções" (SANTOS, 2017, p. 17-18). Para reforçar a sua propositura, Almeida Santos cita autores como Quinto Túlio Cícero (64 a.C.), Alexis de Tocqueville no século 19 e Walter Lippmann no início do século 20 para referenciar a conexão ao longo do tempo entre a comunicação e a Ciência Política. Só que a comunicação política foi incorporando ou sendo incorporada por uma nova ciência que evolui muito rapidamente no século 20: o marketing. Sobre isso, Almeida Santos diz: "Podemos dizer que, com a 'laicização' do discurso e a luta pelo consenso como 'mercado eleitoral', a propaganda deu lugar ao marketing, ainda que se tenha mantido como género, embora menos intenso, como 'grande narrativa'" (SANTOS, 2017, p. 25). A Teoria da Comunicação traz, na primeira metade do século 20, uma profunda contribuição externa à Teoria Política com os estudos, por exemplo, da "Agulha Hipodérmica", "Agenda Setting" e "Espiral do Silêncio". (...) "é precisamente do reconhecimento da influência – maior ou menor, de curto ou longo prazo – dos *media* sobre o comportamento político dos cidadãos que deriva a necessidade de incorporar a Teoria da Comunicação no *mainstream* da Teoria Política, visto que esta influência atinge directamente o coração do sistema representativo e, em particular, o processo de legitimação e a função legitimadora o voto" (SANTOS, 2017, p. 27).

O fenômeno da comunicação, gerando influência no processo político, torna-se ainda mais impactante com o advento das redes sociais na internet no início do presente século. Sobre isso, diz Almeida Santos:

> Ora, isto aconteceu porque houve uma efectiva ocupação desse espaço intermédio, numa primeira fase, pelos media e, agora, também (sobretudo) pela Rede, ou seja, pela emergência de um espaço público deliberativo onde deve ser garantida e exibida permanentemente a legitimidade do mandato. Um espaço que, agora, nem sequer é já só de controlo, tendo passado também a ser de deliberação pública argumentada. Espaço que, com a Rede, deixou de estar sujeito a *gatekeeping*, porque o cidadão deixou de ser mero consumidor para passar a ser um consumidor e produtor de informação e de política – *prosumer*. (SANTOS, 2017, p.30)

E conclui: "De facto, hoje, o destinatário da mensagem política é mais o público, o espectador ou o consumidor do que o cidadão" (SANTOS, 2017, p. 32). Passamos a conviver com terminologias típicas do marketing, tais como: consumidor e mercado eleitoral. A mensagem política passou a se submeter à lógica narrativa da televisão e da segmentação do eleitorado (p.33).

Em outro artigo, "Conectividade. Uma chave para a política do futuro", Almeida Santos (2018) traz inquietações às quais precisamente esta presente tese de doutoramento procura dar respostas ante ao que ele nomeia como poder diluído e comunicação individual de massas, ou como poderíamos definir a comunicação "todos para todos" (2018, p. 7). Para o autor,

> Ambos os conceitos (poder diluído e comunicação individual de massas) introduzem uma nova lógica na política e na comunicação, relacional e ascendente, suscitando, pois, uma nova forma de interacção que pode ser designada por conectividade, ou seja, quer a representação política quer a representação social passam a ser construídas a partir de baixo, '*bottom-up*', a partir de relações horizontais entre indivíduos dotados de instrumentos de conectividade (as TICs) que accionam de acordo com lógicas individuais próprias, com dinâmicas sociais e com outros factores aleatórios. O reconhecimento pela política democrática destas dinâmicas, tal como a sua integração ou metabolização no processo político, é essencial para o seu bom e legítimo funcionamento e para sua própria sobrevivência. (SANTOS, 2018, p. 7-8).

Essas tecnologias da informação e comunicação foram rapidamente absorvidas pelos mecanismos do marketing político e utilizadas em larga escala nos processos eleitorais em todo o mundo, forjando a chamada política deliberativa e democracia deliberativa com a intervenção direta do cidadão no sistema político. Por essa razão, Almeida Santos defende que "estas profundas mudanças terão forçosamente de ser metabolizadas pela política moderna, não só do ponto de vista da comunicação, mas também do ponto de vista dos modelos de gestão dos processos políticos" (SANTOS, 2018, p. 9).

O que estamos a assistir no presente momento histórico é a constituição de um processo ainda caótico na comunicação que vem a afetar de maneira profunda a relação entre atores políticos e cidadãos. Instituições políticas demonstram falta de capacidade de utilizar de maneira eficiente as novas formas de comunicação e os cidadãos assumindo um papel contestador sem a devida compreensão do processo político.

Portanto, o presente livro oriundo da tese de doutoramento defendida na Universidade de Lisboa, ao fazer o percurso de caracterizar o momento político e social vivido no mundo, particularmente no Brasil, e a intersecção necessária entre a comunicação, dimensão do marketing, e o processo político procura trazer um contributo para que se vençam as resistências acadêmicas dos politólogos aos futuros estudos sobre marketing político (inclusive como subsistema da Ciência Política) e formule caminhos para superar a profunda desconfiança das pessoas no processo político e no sistema democrático.

O primeiro capítulo do livro faz um breve percurso sobre a história da democracia no mundo - uma vez que eleições universais e por voto livre e secreto só se fazem dentro do contexto da democracia representativa - buscando compreender a evolução do conceito no decorrer dos tempos, e como a questão se articula diante do fenômeno da globalização e da intensificação das novas tecnologias para o uso comum, trazendo o conceito para os dias atuais, estabelecendo também relações com a opinião pública e comportamento do eleitor. A democracia é o principal bem de todo consultor do marketing político, pois a partir dos processos eleitorais livres é que se formou no decorrer dos anos uma cadeia de serviços que abastecem as campanhas eleitorais e que o marketing político tende a integrar. Há hoje uma indústria no Brasil que gira em torno das eleições que ocorrem a cada dois anos.

Na sequência, busquei na imersão da história e da evolução do marketing e em sua tipologia, o referencial do estado da arte do marketing, para referenciar o modelo que pretendo apresentar nesta proposta. Neste capítulo, apresento a evolução e a tipologia do marketing. A primeira parte - Evolução do Marketing - busca trazer a constituição, os dilemas e os avanços do conceito de marketing no mundo e seus principais autores. A segunda – Tipologia de Marketing - estabelece uma tipologia para as várias modalidades de marketing, apresentando aquelas que serão importantes na construção do modelo de marketing aplicado à política.

Num momento em que a apatia e a desconfiança dos eleitores crescem no Brasil e no Mundo, é importante refletir sobre a democracia como modelo consagrado no mundo ocidental e de que forma o Marketing Político é deletério ou um fator de fortalecimento do processo democrático. Portanto, à sequência da presente tese de doutoramento, os dois capítulos seguintes trazem os Objetivos e Hipóteses da Investigação, os Métodos da Investigação e os seus Resultados, frutos de duas pesquisas que realizei: a primeira com nove líderes políticos brasileiros que representam os matizes ideológicos presentes; e a segunda com consultores políticos. O objetivo das pesquisas foi compreender melhor a visão de políticos e consultores sobre o Marketing Político e suas engrenagens.

Apresento, ainda, um estudo de caso sobre a candidatura de Hildon Chaves à Prefeitura de Porto Velho, capital do estado de Rondônia, Brasil, por ser uma importante referência de nova prática em campanhas eleitorais, e por ter obtido um expressivo resultado eleitoral, vencendo o pleito, no que se destaca o papel que a comunicação digital tem atualmente.

Ao fim dessas duas incursões: o necessário mergulho na bibliografia disponível e a investigação por meio da aplicação de pesquisas, chegando o momento de investir no modelo de Marketing Político que pretende aguçar o debate entre os especialistas e, também, entre os políticos. Um modelo que, embora parcialmente, já venho aplicando desde 2008, vem evoluindo a cada eleição e tem sido reforçado pelas contribuições teóricas que fui encontrando.

O avanço na elaboração de um novo modelo para o marketing político que faço no capítulo 6, traz, para tanto, os referenciais do marketing relacional, do marketing holístico e do marketing permanente, e apresento recomendações que deverão ensejar novos estudos tão pertinentes para o momento atual de profunda transformação tecnológica que vem impactando as relações sociais, o processo de comunicação e, sem deixar de fora, o mundo político que sofre com o debate, às vezes, caótico que se instalou no seio das redes sociais na internet.

Esse modelo, claro, é o ponto de partida de um grande debate que anseio que ocorra a partir do que apresento aqui, mas, inexoravelmente, torna-se urgente para religar o mundo político à sociedade pós-moderna em que vivemos hoje. Logo, potencial fruto de estudos de pós-doutoramento.

2. A DEMOCRACIA E SUAS CONDICIONANTES ATUAIS

Este capítulo pretende refletir uma breve discussão acerca da democracia e seus desdobramentos na ação concreta da política diante da globalização e da revolução tecnológica. E, quando falamos na ação política, não há como ignorar que o marketing é atualmente uma das principais ferramentas utilizadas nos processos eleitorais, que hoje simbolizam nas democracias ocidentais o ápice da participação popular na constituição do que Dahl (2001) nomeia como *governo do estado*.

Mas a democracia vem sofrendo forte influência dos movimentos que vêm se intensificando a partir do último processo de globalização, que tem início em 1989/1991 e que se aprofunda no início do século XXI com a rápida profusão das tecnologias de informação e comunicação.

Portanto, a presente tese de doutoramento procura fazer um percurso teórico importante para situar a conjuntura atual e de como esses pressupostos impactam não só as eleições e as técnicas de marketing político, mas, sobretudo, exigem a constituição de um novo modelo de marketing que possa responder às necessidades da complexa sociedade atual que cada vez mais se articula em redes, sejam elas reais ou virtuais.

2.1 A Democracia desde a Antiguidade

Para Dahl (2001), o fenômeno político mais importante do século XX foi a expansão da democracia. Ainda no pensamento de Dahl (2001), a igualdade política dos homens é o ponto de partida para se pensar a natureza do conceito de democracia. Já Hans Kelsen (2000) aponta que, ou inclui-se todo mundo no sistema, ou o sistema falha. Como se sabe, o termo democracia tem origem no grego e é formado a partir dos vocábulos *demos* (povo) e *kratein* (governo) (KELSEN, 2000, p. 140). E é essa discussão que permeia o debate que se dá nos dias atuais.

Para definir democracia, Dahl (2001) fala primeiro nos vocábulos "ideal" e "real" para posicionar o conceito. Para ele, a palavra democracia é "usada de maneiras pasmosamente diferentes" (DAHL, 2001, p. 48). E, por essa razão, Dahl (2001, p.49) propõe critérios para a constituição de um processo democrático, a saber:

- Participação efetiva;
- Igualdade de voto;
- Entendimento esclarecido;
- Controle do programa de planejamento;
- Inclusão dos adultos.

Ora, para que haja o "entendimento esclarecido" e o "controle do programa de planejamento" que Dahl (2001) defende, é necessário que haja processos de comunicação e informação que permitam a interação dos cidadãos com os partidos políticos, no primeiro caso, e com os governos, no segundo. Isso nos leva a crer na relevância que hoje o marketing tem na geração de programas que levem a informação, permitam a interação e construção da interlocução necessária. Quando Dahl (2001, p. 78) afirma que o princípio da democracia deve proporcionar a igualdade na oportunidade de votos, de falar e de participar no governo, estamos a falar de processos em que o marketing é ferramenta essencial e já consolidada nos processos eleitorais e dos governos que dele resultam.

Num outro enfoque, para os gregos antigos, democracia significava *poder dos demos*, ou seja, da comunidade dos cidadãos (BOBBIO, 2000, p. 372).

Mais de 400 anos antes da nossa era atual, na sua História da Guerra do Peloponeso, Tucídides escrevia sobre a forma de governo de Atenas.

> Vivemos sob uma forma de governo que não se baseia nas instituições de nossos vizinhos; ao contrário, servimos de modelo a alguns ao invés de imitar outros. Seu nome, como tudo depende não de poucos, mas da maioria, é democracia. Nela, enquanto no tocante às leis, todos são iguais para a solução de suas divergências privadas, quando se trata de escolher (se é preciso distinguir em qualquer setor), não é o fato de pertencer a uma classe, mas o mérito, que dá acesso aos postos mais honrosos; inversamente, a pobreza não é razão para que alguém, sendo capaz de prestar serviços à cidade, seja impedido de fazê-lo pela obscuridade de sua condição. (TUCÍDIDES, 2001, livro 2-37)

Para os atenienses de então, primeiro vinha a participação, depois as eleições. Como lembra Arblaster (1988, p.35), a participação era aí entendida como direta e universalmente exercida pelo "conjunto dos cidadãos no governo da cidade", através de uma assembleia (a *Ecclesia*) onde todos participavam.

Na política moderna, a democracia está longe de assentar na participação direta. Manuel Meirinho Martins refere que o "papel atribuído à participação no quadro da democracia representativa é radicalmente oposto ao descrito nas teses da democracia direta" (MARTINS, 2004, p. 143).

A democracia, que é uma forma de governo e de organização de um Estado, corresponde a uma forma de convivência social onde todos são livres e iguais perante as leis e as relações sociais são estabelecidas por mecanismos contratuais.

O que, aparentemente, parece simples de definir, acaba por revelar uma complexidade que, desde os tempos remotos, obriga filósofos e cientistas políticos a se debruçarem sobre o tema. Primeiro, porque, em sua origem, democracia era entendida como ação direta do cidadão no processo político, o que podemos denominar como Democracia Participativa. No entanto, no Estado moderno, passou a vigorar o conceito de Democracia Representativa.

O que é importante avaliar, seja em qualquer princípio democrático, é o exercício da soberania e as formas de autogoverno, dentro do padrão representativo. Além disso, como princípios, devem vigorar o império da Lei, os direitos de cidadania e o controle de quem governa. Bobbio vai além: "Na democracia moderna, o soberano não é o povo, mas são todos os cidadãos. O povo é uma abstração, cômoda, mas também [...] falaciosa; os indivíduos, com seus defeitos e seus interesses, são uma realidade" (BOBBIO, 2000, p. 380).

Dois outros autores são importantes na discussão sobre a democracia e o seu valor: John Rawls e Paul Hirst que procuro analisar aqui numa perspectiva comparativa através da qual Iulianelli (2001) lança luz sobre o pensamento de ambos.

Rawls defende uma sociedade que pretenda diminuir as desigualdades internas e contribuir para uma diminuição das desigualdades mundiais, estabelecendo um vínculo entre democracia, direitos humanos e educação. Para ele, a democracia é um estado estável de tolerância e, para que isso aconteça, é necessário que existam seres humanos razoáveis, que aceitem formas públicas razoáveis e construam autonomia política capaz de estabelecer uma sociedade bem ordenada.

Ainda sobre o pensamento de Rawls, Iulianelli veio dizer:

> Existem três questões que precisam ainda ser tratadas em função da compreensão das instituições democráticas básicas: a autonomia (do indivíduo e das instituições), a estabilidade e a publicidade. Esses três conceitos explicitam a compreensão da cidadania e da relação desta com as instituições de base numa sociedade democrática. A finalidade da sociedade democrática é o seu bom ordenamento. Uma sociedade é justa e equitativa se bem ordenada. (IULIANELLI, 2001, p.695)

Já para Hirst, a democracia é um campo permanente de tensões entre interesses particulares. Ele contesta a visão sobre a regra da maioria, o que chama de "tirania da maioria", ainda que levada por uma política de justiça.

> A democracia é um bem inquestionável e a democracia representativa é identificada como democracia. É uma noção tão poderosa que o resultado de uma eleição torna o governo inquestionável, em vista de ele ter sido democraticamente eleito. (IULIANELLI, 2001, p.697)

Para ele, o papel da democracia é supervisionar, limitar e controlar o grande governo.

Na direção do pensamento de Hirst, existem três contradições do regime democrático:(i) a escolha pelo eleitorado de pessoas e políticos e não de políticas e de decisões; (ii) a consideração de que as leis são universalmente aplicáveis aos cidadãos e que não os prejudicam; (iii) a questão da representação política.

Aliás, para Hirst, a democracia não é o governo pelo povo, mas um modo de regular disputas políticas, sendo para tanto um mecanismo de poder.

Hans Kelsen (2000) afirma que o elemento essencial da democracia real está no método da seleção dos líderes, ou seja, a eleição. Ele ainda destaca que o princípio da maioria e, portanto, a ideia de democracia, é uma síntese das ideias de liberdade e igualdade. Para tanto, é necessário que todos os cidadãos tenham "igual valor político". E prossegue no seu pensamento, afirmando que democracia e autocracia são apenas métodos para a criação de uma "ordem social".

Bobbio afirma que Rousseau veio dizer que a verdadeira democracia nunca existiu e jamais existirá, porque ela exige um estado muito pequeno, "no qual seja fácil para o povo reunir-se, e no qual cada cidadão possa facilmente conhecer todos os outros". No contexto e no limite, a democracia participativa (direta) teria um âmbito circunscrito ao alcance físico da voz para que os comentários e as propostas fossem ouvidos por todos os participantes (BOBBIO, 2000, p.376).

Nesse ponto, em que a democracia participativa cede lugar à representativa, justificada pelo fato de que as condições históricas também se alteraram de Cidades-Estado para grandes estados territoriais, Bobbio (2000) veio dizer que democracia e a Europa são dois temas inseparáveis, fazendo surgir uma "ideologia europeia" em busca da liberdade e determinando princípios iniciais de um governo democrático: (i) na atribuição dos direitos políticos e (ii) no âmbito da sua aplicação.

Dois momentos na Europa são importantes para a compreensão dessa ideologia: das *comuni* italianas até o sufrágio universal masculino e feminino, em 1945, e da democracia das cidades para a democracia dos grandes estados territoriais, e agora para a democracia do sistema internacional.

Assim sendo, nessa breve exposição, afirmo que, numa convergência de pensamentos, os valores últimos de uma democracia devem ser a liberdade e a igualdade, conforme está na Declaração Universal dos Direitos do Homem, e que a busca por esses dois elementos traz um ideal democrático que sempre será diferente da democracia real ou realizada, conforme afirma Bobbio (2000).

No mesmo sentido vai a opinião de Reto e Sá (2016, p.49) na sua obra "Esquerda e Direita em Portugal" publicada recentemente: "a liberdade é, como a igualdade, um dos valores 'finais' mais importantes na definição dos sistemas políticos".

2.2 A Democracia Representativa

A Democracia Representativa é hoje o método possível de se constituir o que Kelsen (2000) designou de ordem social. Isso porque os Estados contam com larga extensão territorial e grande contingente populacional, o que impede a aplicação dos preceitos da democracia direta.

A Constituição brasileira, por exemplo, veio seguir o caminho da Democracia Representativa, destacando formas do tipo de Democracia Participativa em situações-limite. Para tanto, está estabelecido como norma constitucional a possibilidade do plebiscito e do referendo como mecanismos diretos de participação.

O Brasil, que tem esses mecanismos na sua Constituição de 1988, lançou mão dos instrumentos de Democracia Participativa somente em duas ocasiões: o Plebiscito sobre o modo de governo e o Referendo sobre o uso de armas. Hoje, com mais de 200 milhões de habitantes, é difícil enxergar outros mecanismos de Democracia Participativa se não houver um novo pacto federativo que rediscuta o funcionamento da União.

O principal debate sobre a Democracia Representativa está em como estabelecer formas de participação política, entendendo que democracia deve ter relação com a soberania do povo.

Dahl (2001, p.99) afirma que a Democracia Participativa continha os protocolos da sua impraticabilidade e, por essa razão, defende a

Democracia Representativa, mesmo com todos os seus limitadores, estabelecendo instituições políticas da moderna Democracia Representativa, a saber:

- Funcionários eleitos;
- Eleições livres, justas e frequentes;
- Liberdade de expressão;
- Fontes de informação diversificadas;
- Autonomia para associações;
- Cidadania inclusiva.

Manuel Meirinho Martins (2010) afirma que o grande desafio é ampliar o exercício da democracia ao que hoje se pratica, que é o exercício do sufrágio. Ou seja, são necessários elementos de participação política para minimizar o prognóstico de Madison, ao dizer que a Democracia Representativa se opõe claramente à democracia pura, pela impossibilidade da participação ativa dos cidadãos no governo, tanto pela extensão territorial, caso que se aplica ao Brasil, como por princípio, com a mera exclusão do povo nas decisões.

Portanto, Martins vai dizer que:

> [...] a participação política dos cidadãos foi entendida pelos fundadores da Democracia Representativa como um instrumento ideal, porquanto a crença na possibilidade de se atingir a sociedade democrática pela via da participação activa das massas esteve, apesar de tudo, presente nas suas reflexões. Mas por outro lado, esses mesmos pensadores evidenciaram que só quando um número suficiente de pessoas possuísse um forte sentido do seu valor e dos seus direitos é que se justificava a atribuição alargada de direitos de participação política (MARTINS, 2010, p. 123).

Por fim, a título de provocação, Martins acrescenta:

> Em resumo, o sentido das teses apresentadas marca a ideia de que a participação é tão utópica quanto a democracia já que perante a ascendência e permanência de uma elite no governo, os cidadãos estariam condenados a ser dirigidos, ou a serem 'eternamente tutelados' (MARTINS, 2010, p. 130, grifo do autor).

O fenômeno da globalização traz intrínseco o valor da democracia ocidental, e, portanto, das eleições, para o âmbito universal. E o que é hoje um conceito universal não pode estar descolado da realidade política, social e cultural de cada tempo. A democracia foi largamente ampliada no século XX, mas também ela se traduz, hegemonicamente, na perspectiva do voto. E só. É preciso alargar o espectro da participação política e não perder a noção do que é a democracia ideal. Por isso, a ampliação dos direitos de cidadania, a justa medida da justiça (império da Lei) e o controle sobre a ação governamental são expedientes que caminham na direção do aperfeiçoamento do regime democrático.

Dahl (2001, p. 104) usa o termo "poliarquia", que seria o "governo de muitos" para designar a Democracia Representativa moderna, com isso restringindo o uso da palavra democracia por regimes totalitários.

Assim, como Martins (2010) veio falar em plano utópico inalcançável, acredito que Galeano expressou com bastante intensidade o papel que a utopia exerce sobre a humanidade:

A utopia está lá no horizonte. Me aproximo dois passos, ela se afasta dois passos. Caminho dez passos e o horizonte corre dez passos. Por mais que eu caminhe, jamais alcançarei. Para que serve a utopia? Serve para isso: para que eu não deixe de caminhar (GALEANO, 1994, p. 102).

Desse modo, o debate sobre a perspectiva da democracia nas sociedades estará sempre em constante evolução, levando em conta que hoje temos um novo espaço público que se configura a partir da *internet,* nomeadamente nas chamadas redes sociais. Se uma das justificativas para a aplicação dos preceitos da Democracia Representativa é a grande extensão territorial dos Estados, hoje contamos com um espaço virtual que quebra com as barreiras geográficas, aproxima as pessoas e permite o debate em tempo real. Talvez, esse caminho permita uma ampliação dos espaços dentro da consolidada Democracia Representativa. E, é justamente nesta perspectiva que o marketing pode vir a ser uma ferramenta importante para alargar a percepção do valor da democracia nas sociedades atuais oferecendo elementos de participação no processo político, seja nas disputas eleitorais, seja no exercício do governo.

2.3 A crise da representação política: abstenção e desencanto com a democracia

Vivemos uma era de grandes revoluções tecnológicas. E essa revolução tecnológica traz um novo elemento perturbador para a classe política: a dimensão individual da representação política. Enquanto estávamos subjugados pela comunicação de massa, a política mantinha um certo controle sobre os processos de formação da opinião púbica. Num jogo de interesses, a hegemonia política buscava auxílio nos grandes grupos de comunicação, e esses, por sua vez, se aproveitavam dessa relação de poder para ampliar seu raio de ação.

Hoje, além dos grandes grupos de comunicação, que também buscam consolidar seus papéis no ambiente virtual da *internet*, há um sem-número de grupos e de indivíduos que surgem ao sabor da conjuntura, trazendo um debate de ideias nunca antes visto na história da humanidade. Isso, obviamente, está desorientando o papel da comunicação política, bem como obriga a estabelecer novos instrumentos de comunicação, que passam necessariamente pela adoção de modelos constituídos a partir da Rede Mundial de Computadores. É que, ao mesmo tempo que globalmente perdem audiência, nomeadamente a favor de outros conteúdos alcançáveis na tela do computador, os meios de comunicação social tradicionais, em particular a televisão, assistem a uma pulverização das audiências resultante da quantidade e variedade da oferta, o que dificulta a captação de recursos publicitários e o consequente início de uma espiral de decadência de grupos de comunicação ainda, ou outrora, muito poderosos.

Neste contexto, se coloca a própria questão da representação política. Não que esta tenha estado sempre em alta. Muito pelo contrário. Sempre houve questionamentos sobre a representação política e o desgaste dessa representação expressa por meio do voto. No entanto, o que assistimos hoje é um açodamento profundo dos modelos de representação política, reclamado por novos mecanismos que aproximem o cidadão do núcleo central da representação política.

As últimas manifestações ocorridas no Brasil, desde 2013, apontam para um novo modelo de mobilização que prescinde (quando não os evita) dos partidos políticos e dos sindicatos. Grupos, muitos deles sem qualquer centralidade, se articulam nas redes sociais da *internet* e impulsionam grandes manifestações contra o governo, levantando bandeiras de luta que outrora pertenciam exclusivamente às organizações políticas convencionais. Além disso, e mais preocupante, é o elevado nível de rejeição a instituições, como partidos políticos e sindicatos. Ou seja, nem os partidos políticos, nem os sindicatos, parecem conseguir responder cabalmente às demandas da sociedade brasileira.

Além disso, há um esvaziamento das organizações civis organizadas, substituídas, neste momento, por um debate caótico travado no ambiente das redes sociais da *internet*. Neste contexto, parece surgir uma emergência pela construção de novos modelos de representação política e de relacionamento entre representantes e representados.

É fato que os modelos existentes na sociedade brasileira, consagrados na Constituição Federal, sobre as formas de democracia, funcionam a contento. E isto, tanto no que diz respeito à democracia representativa, expressada aos níveis nacional, estadual e municipal a cada dois anos pelo sufrágio universal, como também quanto à possibilidade de recurso a instrumentos de democracia participativa, como o plebiscito e o referendo, já praticados pela sociedade brasileira e com grande mobilização social, assim como várias experiências locais de orçamento e gestão participativa.

No entanto, o que se discute hoje é que se torna imperativo surgirem modelos que possam compatibilizar a democracia representativa e a participativa, reforçando a dimensão da participação por meio de estratégias comunicativas que aproximem o representante de seu representado. Enquanto a classe política não (quiser) entender que esse debate é essencial para a sobrevivência do sistema, conviveremos com crises políticas infindáveis e com o aumento substancial da abstenção eleitoral e política.

É o que nos diz Maltez no prefácio do livro "Quem se Abstém", quando afirma que importa

> recuperar o conceito de legitimidade de regime, onde há um acordo de um sistema político com o sistema de valores de um dado sistema social, o qual lhe serve de ambiente. A falta de autenticidade do poder é

> a medida dessa distância. Degenera um regime quando assim se quebra a confiança pública e o principado pode ser expulso pela comunidade. Quando os fusíveis da má lâmpada eléctrica se espatifam (SÁ, 2009, pág. 5).

Ora, se, dentro de certos limites, a abstenção dos cidadãos pode ser benevolente como considerava Bobbio (2000), o perigo reside nas consequências de um afastamento progressivo e continuado dos eleitores em relação à política e aos seus atores, já que tal ausência de participação (e, portanto, de vigilância) pode abrir caminhos a sistemas políticos afastados do sistema de valores do Estado de Direito, da Democracia.

José Álvaro Moisés, professor da Universidade de São Paulo, desenvolve estudos sobre a qualidade da democracia e sobre a desconfiança nas instituições democráticas. Para ele, existe um paradoxo no início do novo milênio nas várias partes do mundo com o estabelecimento da democracia.

> [...] a maioria dos cidadãos das velhas e novas democracias compartilha os ideais e os princípios do regime democrático, mesmo quando o primado da lei ou os direitos civis e políticos não estão completamente assegurados, como na Rússia, no Peru e no Paquistão. Por causa de sua força simbólica ou da cultura política, a adesão à democracia é um fenômeno universal. Mas, [...] quando se trata das instituições democráticas e de governos específicos, sua atitude mais comum é de desconfiança (MOISÉS, 2010, p. 45).

Ou seja, apesar de considerar a democracia o melhor regime, em situações de crise e de desencanto com os políticos, os flertes com os regimes de exceção ganham força, juntamente com a quebra da normalidade institucional. Isso assistimos muito presentes no Brasil atual.

2.4 A Globalização e a Revolução Tecnológica

Muitas das esferas que enquadram a vida cotidiana dos povos de todo o mundo interagem, gerando conflitos em diversos graus e qualidades, o que conduz a que o atual processo de globalização apresente características múltiplas que, sobrepondo-se, ou não, impõem ritmos, acelerações e velocidades diferentes num forte contexto de instabilidade permanente.

Esta instabilidade não é de hoje, pois, como escrevia Radovan Richta (1971), no início dos anos 70 do século passado(ao mesmo tempo que o Clube de Roma chamava a atenção do mundo para a sustentabilidade do planeta, nomeadamente por via do esgotamento de muitos dos recursos disponíveis) à medida que a ciência se ia tornando numa força produtiva direta, a mudança e a consequente instabilidade passavam a fazer parte do cotidiano da humanidade.

Na realidade, o processo histórico do fenômeno da globalização vem de há muito mais tempo e remonta mesmo à constituição dos impérios na Antiguidade, apresentando os estudiosos diversos períodos como divisores de água para delimitar o que se pode definir como "ondas da globalização". Alguns autores defenderão que o processo de globalização se dá desde a Antiguidade, com a expansão do Império Romano; outros determinarão os movimentos econômicos como predominantes na definição das fases da globalização.

Qualquer que seja a perspectiva adotada, o uso do conceito de globalização está na ordem do dia, integrando o discurso rotineiro dos cidadãos comuns, com um crescimento de uso que tem sido de tipo exponencial.

Gráfico 1: Uso da palavra "Globalization"

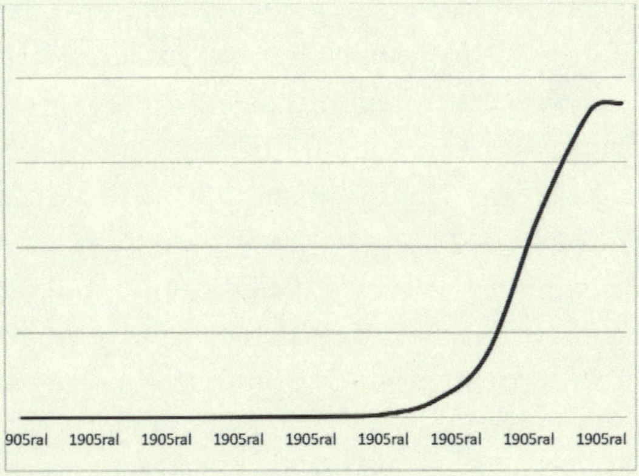

Fonte: Elaboração do autor a partir dos dados fornecidos por "Google Ngram Viewer"

Efetivamente, com base numa pesquisa realizada em fevereiro de 2016, apoiada na ferramenta "*Google Ngram Viewer*" (esta procede à contagem do uso da palavra em milhões de documentos digitalizados), se verificou que a utilização da palavra "*Globalization*" [em inglês] apresentou no período considerado (a ferramenta não disponibilizava dados após 2008) um crescimento de tipo exponencial, como se pode ver no gráfico apresentado.

Entre o ano de 1950 (ano que definimos para início da pesquisa) e 1985 o uso da palavra globalização manteve-se muito baixo e estável nos milhões de obras de expressão inglesa que a ferramenta de pesquisa utiliza. É a partir de 1990, que coincide com a queda simbólica do "Muro de Berlim" (1989) e do início do "mundo unipolar" (1991), que o crescimento do uso da palavra "*globalization*" se torna exponencial, para, no final, ou seja, entre 2005 e 2008 (limite imposto pela ferramenta) estabilizar o seu crescimento.

Para definir o conceito de globalização, Guiddens (1995, p.64) escreveu que o próprio processo de mundialização resulta da "intensificação, a nível mundial, das relações sociais que ligam localidades distantes de tal modo que os acontecimentos locais são influenciados pelos acontecimentos que ocorrem a muitos quilômetros de distância".

Todo este processo se faz acompanhar do crescente crescimento de uma opinião pública mundial, nascida das premissas de várias novas ordens mundiais, em que se destacam, entre outras, uma nova ordem econômica e financeira (que tende a integrar as principais praças financeiras num único mercado), uma nova ordem tecnológica, uma nova ordem militar e a nova ordem mundial da informação e da comunicação, esta última fonte de abordagens conflituais no seio da UNESCO (1980) após o famoso Relatório MacBride apontar as distorções na comunicação dos acontecimentos mundiais sempre em favor da cosmologia ocidental, como vieram a referir Galtunge Vincent (1992) a propósito do modelo que propuseram para demonstrar o modo como a nova ordem mundial da informação e da comunicação estava a condicionar uma nova opinião pública mundial, quiçá buscando que ela fosse mais favorável aos desígnios das restantes novas ordens que se lhe seguiriam.

2.5 Os desafios atuais: globalização e antiglobalização e suas implicações na disputa do poder

São quatro as principais ondas da globalização, a saber: (i) as grandes navegações e o surgimento do capitalismo mercantil; (ii) a Revolução Industrial e a necessidade de desenvolver novos mercados; (iii) a criação da ONU, o multilateralismo e a globalização política; (iv) a revolução tecnológica e o mundo unipolar.

Para melhor compreensão da relação atual da globalização com a democracia, importa abordar a temática fixada a partir de meados do século XX.

O fim da Segunda Guerra Mundial obrigou à constituição de uma estrutura destinada ao governo mundial para a mediação dos conflitos. A criação da ONU (Organização das Nações Unidas), em 1945, é o início da visão multilateralista do mundo. Vitoriosos, Estados Unidos e União Soviética fazem a partilha da Europa, mas, em contrapartida, dão início ao que se convencionou chamar de Guerra Fria.

No lado norte-americano, a implantação de regimes democráticos (portanto, a democracia não surge do seio da sociedade). No lado soviético, regimes totalitários sob o controle de Moscou emergem no mapa do Leste Europeu. Era o mundo bipolar, a fomentar a expansão de dois mundos: o "capitalista", liderado pelos Estados Unidos, e o "socialista", capitaneado pela União Soviética.

Nesse momento, os dois eixos reivindicam o termo democracia para os seus regimes. Embora noutro contexto, Bobbio (2000, p.371) já tinha abordado a questão sobre o uso do termo: "No seu uso descritivo, por democracia os antigos entendiam a democracia direta; os modernos, a democracia representativa".

O multilateralismo foi o instrumento utilizado para se criar uma governança global, consequentemente, uma globalização política, possibilitando aos Estados instrumentos de mediação de conflitos e estabelecimento de marcos regulatórios no campo internacional.

Na esteira da ONU surgiram outros organismos internacionais, tais como a OMC (Organização Mundial do Comércio), entre outras, que buscavam instituir, no plano global, regras e acordos para a convivência pacífica dos Estados, já que o conflito não se dava tão somente no campo ideológico, mas também no aspecto econômico e do equilíbrio no desenvolvimento das nações.

A OMS (Organização Mundial da Saúde) surge com a meta de superar o enorme desnível existente entre os países na erradicação das doenças endêmicas, principalmente as que assolam a África.

As décadas de 60 e 70 do século XX internacionalizam os mercados nacionais com a transferência de capitais e tecnologia, e a entrada de empresas transnacionais nos países periféricos. A maior onda globalizante ocorre no fim da década de 70 e início dos anos 80, com a ascensão da política neoliberal liderada por Ronald Reagan, nos Estados Unidos e Margareth Thatcher, no Reino Unido. Reagan e Thatcher não só representaram uma visão globalizante de um modelo econômico, mas fundamentalmente agiram no plano geoestratégico, no sentido de aniquilar a parte do mundo capitaneada pela União Soviética.

Num ponto de vista mais centrado sobre a vivência política, António Sousa Lara afirma que "a globalização e a prioridade dos interesses econômicos organizados" constituem um "sistema transnacional dominante" que se terá apropriado "dos partidos do arco do Governo e dos agentes políticos correlacionados". Este autor aponta esta convergência como a causa, a par da emergência dos partidos do "catch-all", do atual amálgama político entre os partidos conservadores e socialistas ou sociais democratas, apesar de oriundos de famílias políticas outrora tão distintas e até "ideologicamente antagônicas" (LARA, 2013, p. 29).

Os desafios dessa onda global no plano econômico, com forte injunção tecnológica, levaram ao colapso da União Soviética e de todo o Leste Europeu. Passamos do mundo bipolar para o mundo unipolar, apoiado em dois fatos simbólicos marcantes para a quarta onda de globalização: a queda do Muro de Berlim, em 1989, e a dissolução da União Soviética, em 1991.

E sobre o funcionamento do sistema, Bobbio (2000, p. 372) afirma: "Em suma, o voto, ao qual se costuma associar o relevante ato de uma democracia atual, é o voto para não decidir, mas sim para eleger quem deverá decidir".

Maltez, no já referido prefácio do livro "Quem se Abstém" afirma que

> uma democracia não se mede pelo vértice do hierarquismo e pelo sistema eleitoral que o eleva ao estadão, mas pela qualidade da cidadania e pela principal expressão desta que é o controlo do poder, contra alguma tradição de centralismo absolutista que destruiu as autonomias e o pluralismo, permitindo que o rolo unidimensionalizador das revoluções erigisse as estátuas aos déspotas que cortam o horizonte das avenidas da Liberdade e não entendesse o essencial da poliarquia, onde o pacto de associação sempre foi superior ao pacto de sujeição, interessando saber mais como se controla o poder dos que mandam.(SÁ, 2009, p. 11)

O mesmo professor, citando Alexander King e Bertrand Schneider, no seu livro *Sobre a Ciência Política* (MALTEZ, 1993), assinala a Primeira Revolução Global da história da humanidade, na qual o estímulo fundamental para a identificação e a sobrevivência de cada uma das comunidades políticas já não parecem ser as tradicionais hostes no plano político, mas, antes, os inimigos globais de todas as comunidades humanas, da clássica sociedade do gênero humano, a que agora se dá o poético nome de "aldeia global": a poluição, a falta de água, a fome, a subnutrição, o analfabetismo e o desemprego.

O fim do "inimigo" maior levou os Estados Unidos a tornarem possível o uso doméstico da Rede Mundial dos Computadores – a *internet*

– o que, entre muitos outros aspectos quiçá mais positivos, possibilita a propagação do pensamento único e da uniformização das regras econômicas no plano dos Estados-nação. É importante ressaltar que o projeto da rede mundial de computadores tem início em 1969, sob o nome de *Arpanet* (*Advanced Research Projects Agency Network*), do Departamento de Defesa dos Estados Unidos, tendo o seu berço dentro do Pentágono.

É a primeira rede operacional de computadores à base de comutação de pacotes, a precursora da *Internet*, então desenvolvida pela agência Americana *ARPA* (*Advanced Research and Projects Agency* - Agência de Pesquisas em Projetos Avançados), que tinha o objetivo de interligar as bases militares e os departamentos de pesquisa do governo americano.

O mundo virtual, advindo do uso irrestrito da *internet*, acarretou na tentativa de uniformização cultural, ocidentalizando usos e costumes e estabelecendo uma nova forma de atuação por meio de um novo canal de comunicação que eliminou o modo unilateral de como a informação circulava pelo mundo. Em rápida esquematização, a *internet* trouxe o que se chama de comunicação "todos-todos", em contraposição à comunicação "um-todos", criada pela comunicação de massas.

Esse aspecto é de fundamental importância para a discussão da democracia na atualidade, em especial no que toca à questão da *internet* enquanto um autêntico espaço democrático (*e-democracia*), no sentido maior de esfera pública, no conceito de Habermas (1992). Além disso, atesta o fenômeno de um modelo de democracia liberal vigente na maior parte dos países.

O fim do mundo bipolar trouxe uma falsa ideia de que a paz reinaria de forma duradoura nas relações internacionais. Porém, o terrorismo passou a ser o inimigo a ser combatido, com seu ápice no ataque às Torres Gêmeas e ao Pentágono, nos Estados Unidos, em 2001, seguido de atentados em cidades de grande valor simbólico mundial como Madrid, Londres e Paris. O ataque terrorista de 2001 levou a uma reação militar dos Estados Unidos no Oriente Médio, promovendo a derrubada de Saddam Hussein, no Iraque, prolongando a ocupação no Afeganistão e intervindo na guerra civil na Síria.

A configuração do mundo árabe e o forte crescimento econômico da China, no início do século XXI, levaram o mundo a um novo estágio de instabilidade, quer seja na geoestratégia, quer seja no plano econômico. Isso porque uma parte do mundo de orientação islâmica fundamentalista renega os valores ocidentais, principalmente os preceitos democráticos, bem como a China experimentou e ainda experimenta um forte crescimento de base capitalista sem, contudo, abrir mão das práticas totalitárias de governança.

Justamente nesses locais é que a *internet* tem as maiores dificuldades de oferecer acesso livre aos cidadãos. Isso porque a *internet* propicia a livre circulação de ideias e o diálogo permanente entre as pessoas, o que leva muitos autores a entendê-la como esfera pública propulsora de uma formação democrática continuada.

A partir de 2004 surge, no universo virtual, o que é designado como *Internet 2.0,* com o advento do que passou a ser referido pela expressão "redes sociais", que são espaços para o debate público de ideias sem fronteiras ou necessidade de espaço físico interativo. São as "ágoras do século XXI". Como exemplo, podemos citar as manifestações dos "indignados" em Espanha ou as que se espalharam pelo Brasil desde junho de 2013 e que foram todas elas organizadas a partir de grupos nas redes sociais da *internet.*

Hoje, poucas dimensões da vida das pessoas não são afetadas pelo computador, seja por forma direta ou indireta. Temos, inclusive, o conceito da exclusão digital, para designar cidadãos que não têm acesso ao computador e à *internet.*

A Era da Informação, como também se designa o momento por qual passamos, significa dizer que as transformações institucionais sugerem que estamos nos deslocando de um sistema baseado na manufatura de bens materiais para outro mais centrado na informação. O que Mcluhan (1962) prognosticou como a "Aldeia Global", hoje parece de fato ser realidade, pelo menos ao nível da construção do que poderá vir a ser uma "urbe virtual global". O fenômeno da globalização estabelece novos paradigmas, propiciando uma intensa relação social em escala mundial.

A sociedade se articula em rede, influenciando culturas, religiões, regimes políticos e economias, rompendo fronteiras nacionais. Essa nova realidade, advinda da Era da Informação, exige a formação de novos espaços e novos instrumentos de regulação política e jurídica, nomeadamente diante dos acontecimentos relativos à *Wikileaks* e à denúncia de espionagem pela *web* promovida pelos Estados Unidos.

É preciso também destacar o fenômeno do que se convencionou chamar de "glocalização", que preconiza: pensar globalmente e agir localmente, o que obriga a que o próprio conceito de democracia necessite ser atualizado à luz dessa conjuntura complexa e agregadora de novos agentes no processo político.

Não é segredo para ninguém que há uma crise em torno do conceito de democracia. Não se trata da visão ideologizada de democracia, mas da prática exercida pelos agentes políticos. No mundo inteiro há um forte debate em torno da representação política e da fragilização (fragmentação) da democracia nos países.

É este o terreno onde se desenvolvem novos atores sociais, relativamente mais sofisticados que os tradicionais e também mais autônomos em relação a sindicatos e partidos políticos.

Este fenômeno, apesar de recente, mostra a sua importância pela grande mobilização de consagrados investigadores, tais como Norris (2011) que usa a expressão "cidadãos críticos", Torcal e Montero (2006) que falam de "cidadãos desafetos" às instituições tradicionais de integração social, Dalton (2008) que refere os "cidadãos sofisticados" pelo seu nível de escolaridade e de práticas culturais, Klingemann (2014) que usa a expressão "cidadãos assertivos" pela forma como expressam a sua indignação, ou ainda Inglehart (1977 e 1990), que muito cedo detectou esta tendência, principalmente a partir de análises aos resultados de pesquisas internacionais, no que apontou como a partilha de "valores pós-materialistas", bem resumidos na frase de que "nem só de pão vive o Homem, sobretudo quando tem pão em abundância".

O conceito de pós-materialismo proposto por Inglehart (1990) está fundamentado na ideia de que, a partir da segunda metade do século XX, o crescimento econômico, e o consequente aumento da segurança econômica, foram provocando uma mudança cultural profunda, a par da emergência de novos grupos socioeconômicos, vulgarmente designados por classes médias, que progressivamente autonomizaram-se dos trabalhadores manuais. Trata-se da dialética referenciada através das contradições entre "colarinhos brancos" (trabalhadores de serviços) e "colarinhos azuis" (operários) à medida que aqueles se iam tornando mais numerosos com o crescimento continuado do que se convencionou chamar, primeiro, sociedade de consumo e depois sociedade da comunicação.

Valerá a pena, pela importância como este tipo de movimentos se tem manifestado, aprofundar um pouco mais esta questão.

Para operacionalizar o conceito de "valores pós-materialistas" Inglehart (1990) definiu dois grupos de indicadores, o primeiro relacionado com valores próprios do materialismo e o segundo grupo com valores de tipo imaterial (pós-materialistas). Os valores de matiz materialista correspondem (i) à manutenção da ordem no país, (ii) à luta contra a inflação, (iii) à manutenção da estabilidade econômica, (iv) à obtenção de um elevado crescimento da economia, (v) à luta contra a delinquência e (vi) à existência de forças armadas poderosas do país. Quanto aos valores pós-materialistas, Inglehart (1990) elegeu (i) o aumento das oportunidades de participação das pessoas nas decisões relativas à sua atividade laboral e à sua comunidade, assim como (ii) nas decisões políticas importantes, (iii) a proteção da liberdade de expressão e de imprensa, (iv) a obtenção de meios urbanos e rurais mais bonitos, assim como (v) a obtenção de uma sociedade mais humana e menos impessoal e, finalmente, mas não menos importante, (vi) o progresso em direção a uma sociedade em que as ideias sejam mais importantes do que o dinheiro.

Os cidadãos entrevistados em vários países (em 1991, foram mais de quarenta países, representando mais de três quartos da população mundial) foram convidados a exprimirem o seu grau de concordância com cada uma das doze escalas acima referidas, organizadas em três grupos independentes entre si.

A análise das diversas vagas de pesquisas internacionais desenvolvidas desde os anos setenta do século passado até aos nossos dias revela uma progressiva aproximação aos valores pós-materialistas. Aliás, sentindo, ou pressentindo, esta evolução muitos agentes políticos inscreveram valores pós-materialistas no seu discurso desde há vários anos a esta parte. Por exemplo, no inquérito mundial de 1991, nos países com maior rendimento per capita, o número de pessoas mais orientadas para o pós-materialismo ultrapassava o das pessoas mais próximas do materialismo.

Como refere Ednaldo Ribeiro, esta tendência

estaria ocorrendo principalmente entre as nações industrialmente avançadas que, gradualmente, estariam abandonando estratégias desenvolvimentistas e maximizadoras do lucro. Preocupações com a qualidade de vida, com a preservação ambiental e com a autoexpressão estariam despontando como novas prioridades nessas sociedades (RIBEIRO, 2007, p. 397).

Esta mesma tendência pode ser observada na tabela seguinte.

Tabela 1: Materialismo e Pós-materialismo em vários países (2005 - 2008)

Valores em % horizontal		← Materialismo			Pós-materialismo →			Valor Médio[1]
PAÍS	**NO**	**0**	**1**	**2**	**3**	**4**	**5**	
Argentina	006	8,4	27,3	31,0	17,2	11,7	4,4	**2,10**
Brasil	006	7,7	24,6	37,6	17,9	9,7	2,5	**2,05**
Chile	005	5,3	19,6	33,7	23,0	14,6	3,8	**2,33**
Peru	008	6,3	21,3	39,4	19,7	9,4	3,9	**2,16**
EUA	006	10,9	27,5	28,4	20,8	9,3	3,1	**1,99**
Canadá	006	2,8	15,1	28,3	32,7	15,5	5,6	**2,60**
França	006	5,6	13,8	27,6	27,1	18,3	7,6	**2,62**

[1] O valor médio da escala varia teoricamente entre 0 (máximo de "materialismo" e "mínimo de pós-materialismo") e 5 (mínimo de "materialismo" e "máximo de pós-materialismo"). A média teórica da escala situa-se em 2,5.

Reino Unido	006	2,8	15,2	30,7	33,1	13,6	4,6	**2,53**
Alemanha	006	3,1	13,5	26,0	36,3	17,8	3,3	**2,62**
Itália	005	2,8	16,5	28,8	29,3	13,3	6,2	**2,46**

Fonte: Construção do autor a partir dos dados de base apresentados por Ribeiro e Borba (2010, p. 33).

Esta tabela reproduz os resultados obtidos em vários países entre 2005 e 2008 para o índice construído por Inglehart a partir dos doze indicadores já referidos. Este índice varia numa escala de 0 a 5, em que ao zero corresponde o máximo de materialismo e ao cinco o máximo de pós materialismo.

Como se verifica, a maior tendência relativa para o pós-materialismo encontrava-se entre 2005 e 2008, na Alemanha, na França, no Canadá, seguidos do Reino Unido e da Itália, enquanto o materialismo parece atrair mais os países da América do Sul e os Estados Unidos da América, este último contrariando claramente a tendência acima descrita no que concerne à associação entre rendimento per capita e partilha de valores pós-materialistas.

Embora a explicação desta exceção não constitua o cerne das questões que aqui nos ocupam, uma associação entre uma maior proximidade com os valores pós-materialistas e a desigualdade na distribuição da riqueza revela uma associação mais robusta que aquela outra associação entre a partilha desses valores e o rendimento per capita dos países considerados na tabela que temos vindo a discutir.

Para encerrar, nesta fase, a discussão sobre os valores pós-materialistas e as novas formas de contestação da gestão das democracias representativas parece-nos importante referirmos outras abordagens em torno desta matéria.

Numa análise realizada com base em dados de inquéritos internacionais, Diener, Inglehart e Tay (2013, p. 506) concluem que existem correlações significativas e elevadas entre várias avaliações médias da qualidade de vida em diferentes sociedades e o nível aí existente dos direitos políticos e civis ou da liberdade política, com base, nomeada e respectivamente nos trabalhos de Diener (1995) e do professor holandês Ruut Veenhoven (2005).

De forma semelhante, Oishi (2012) estabelece uma forte relação entre escalas relativas à qualidade de vida e os níveis de corrupção, relacionando qualidade de vida e qualidade da democracia.

Os mesmos autores, chamando a si outros investigadores, demonstram a existência de uma forte associação em diversos países entre a qualidade de vida percebida e o respectivo produto interno bruto per capita (DIENER et al., 2010) e também entre essa qualidade e o rendimento médio das famílias (Diener, Oishi e Tay, 2012).

À semelhança do que Inglehart anunciava na sua obra já citada de 1990 e dez anos depois (INGLEHART; KLINGEMANN, 2000), também, neste último ano, Frey e Stutzer (2000), salientam a existência de uma forte correlação entre a felicidade sentida pelos cidadãos e a avaliação da governança democrática. Porém, em tempos de globalização e antiglobalização, o exercício democrático passa por crises que aumentam as incertezas da atual sociedade mundial, trazendo medos, incertezas e desafios.

Estamos vivendo em profunda incerteza. Os processos de globalização, onde predominam os efeitos da integração mundial dos mercados financeiros, colocam as contradições ao nível planetário, diminuindo a capacidade das nações em encontrarem soluções próprias, específicas, para problemas que atualmente incidem em espaços muito mais amplos.

Há menos de meio século as crises econômicas não ocorriam de forma a contagiar outros países de maneira tão sincronizada como hoje, isto é, as crises não ocorriam nos vários países ao mesmo tempo, o que permitia que um país em crise pudesse beneficiar de apoios de outros, eventualmente em associação com instituições internacionais.

O processo de globalização está associado a uma sincronização das crises, que provoca e das quais, ao mesmo tempo, se alimenta. Este processo, por sua vez, pela própria lógica interna do seu desenvolvimento, dificulta o incremento de políticas nacionais que o contrariem, gerando mais tensões que realimentam o estado de turbulência que tende a generalizar-se.

Ao mesmo tempo, as políticas dos principais blocos mundiais têm vindo a assentar numa divisão internacional do trabalho que decorre e potencializa a globalização, expressa em novas ordens mundiais a nível financeiro, comercial, militar, cultural e comunicacional.

O mundo tornou-se o espaço de atuação de grandes conglomerados empresariais, cuja dimensão planetária justifica as suas pretensões de comando global, de que a revindicação de representação institucional na Organização das Nações Unidas constitui uma das expressões. Quiçá a mais simbólica, da sua intenção de domínio político mundial.

Aliás, com a conquista do espaço e os projetos a ela associados, o nosso planeta vai deixando de constituir a última barreira de atuação dos "mercados", metáfora que serve, sobretudo, para designar o capital financeiro que, de crise em crise, vai aumentando a sua parte da "tarte" que, grosso modo, dividem entre si, "capital" e "trabalho", enquanto principais atores da formação econômica e social dominante no nosso tempo.

Porque o âmbito de atuação é mundial, os investimentos, cuja única preocupação é a de se remunerarem à maior taxa possível, encontram nas barreiras nacionais, ou mesmo regionais, empecilhos que, de um ponto de vista estratégico, impedem a maximização do lucro que, por exemplo, uma "simples" deslocalização, mesmo que parcial, da atividade industrial pode proporcionar.

As consequências da globalização estão à vista: com a emergência dos novos espaços econômicos (China, Índia, Brasil, Indonésia ou África do Sul), numa divisão internacional do trabalho que continua a ser marcada pelo baixo custo salarial e pela precaridade laboral, e com os tratados comerciais internacionais (por exemplo, América–Ásia e América–Europa) os conglomerados empresariais de escala mundial passarão a poder estabelecer políticas à escala universal alicerçadas em grandes espaços de produção e de troca, controlados através de instrumentos financeiros globais que captam a parte da riqueza mundial que "remunera" o setor dominante que atua hoje por detrás da designação de "mercados".

Estes movimentos geradores de fortes turbulências econômicas e sociais são reforçados pelos processos de desenvolvimento das forças produtivas provocado pela crescente afirmação da economia digital inserida na globalização dos mercados e de que a robotização é uma das expressões.

De acordo com um comunicado de imprensa da Web Summit (2016), que reuniu em Lisboa no mês de novembro de 2016, cerca de 500 investidores que representavam mais de 100 bilhões de dólares (EUA) de investimento no setor da tecnologia, mais de 9 em cada 10 membros de uma amostra constituída por 224 desses investidores globais afirmaram que "os governos não estão preparados para o impacto da inteligência artificial que se prepara para destruir milhões de empregos", destruição que é considerada inevitável para mais de metade dos inquiridos (53%).

O avanço da revolução tecnológica e as suas consequências, nomeadamente na reorganização da concepção do trabalho, vem de longe: no ano de 1966, o já referido Radovan Richta, que era na época diretor do Instituto de Filosofia da Academia das Ciências da então Tchecoslováquia, coordenou um vasto trabalho que envolveu quase 50 peritos em diversas áreas do saber, das ciências exatas às artes, e cujas conclusões constatavam que diminuía consideravelmente o tempo que mediava entre as descobertas científicas e as respectivas aplicações tecnológicas, gerando um turbilhão de mudança com implicações mundiais.

De forma premonitória relativamente à evolução a que, meio século depois, assistimos hoje, o estudo coordenado por Richta (1971) previa a automação generalizada da sociedade, acompanhada por uma evolução na qualificação dos operários, progressivamente transformados em engenheiros ou noutras profissões especializadas, e cujo corolário seria, durante toda a fase de transição, uma luta intensa entre as forças favoráveis a essa evolução e aquelas que se lhe opõem, no que Richta considerava então ir tratar-se de uma autêntica "batalha social".

Hoje, em termos comparativos, vivemos uma evolução "freneticamente" mais rápida e acelerada da tecnologia, e isto sem regulamentação ou supervisão, o que é fonte de exclusão de largas camadas da população mundial. Para largos setores das classes médias dos países da OCDE, o modo como as suas vidas têm sido afetadas pelas mudanças tecnológicas associadas ao processo de globalização tem provocado desequilíbrios conducentes a uma estagnação das suas condições de vida, ou mesmo à sua pauperização, ameaçando-lhes o seu futuro e o dos seus filhos. Esta "batalha social" profetizada por Richta (1971) é atual, está à vista e a sua influência já está confirmada em importantes atos eleitorais.

Muitos empregos, outrora com a estabilidade de toda uma vida profissional e mesmo de mais do que uma geração, tendem a ser afetados pelas novas tecnologias: num estudo da Universidade de Oxford (2013) foram examinadas 702 ocupações profissionais e, com base nos impactos futuros esperados das tecnologias digitais nessas ocupações, os autores estimam que está em risco praticamente metade (47%) dos empregos atuais dos Estados Unidos da América.

Num outro trabalho com uma temática equivalente, produzido pelo Pew Research Center (2014), são apresentados os resultados, projetados para 2025, de um inquérito sobre inteligência artificial, robótica e o futuro do emprego. Apesar da amostra não ser representativa, as opiniões de quase 1900 peritos sobre o impacto da inteligência artificial e da robótica no futuro do emprego são reveladoras de uma previsível evolução potencialmente geradora de grandes turbulências.

Nas conclusões deste trabalho, cerca de metade (48%) dos especialistas inquiridos apresentou uma visão do próximo futuro projetado em 2025 em que a economia digital e a robótica irão "atingir um número significativo de trabalhadores, tanto operários, como empregados", o que na perspectiva dos autores do estudo do Pew Research Center "irá conduzir a um aumento significativo da desigualdade dos rendimentos, do número de pessoas efetivamente desempregadas e de rupturas sociais" (PEW RESEARCH CENTER, 2014).

Para a outra metade dos inquiridos (52%), mais otimista, é expectável que a tecnologia não destrua mais empregos do que aqueles que vai criar, admitindo, no entanto, que muitos postos de trabalho atuais "irão ser executados por robôs ou agentes digitais". Face à instabilidade laboral que esta previsão acentuará, esses inquiridos exprimem "a sua fé de que a engenhosidade humana irá criar empregos, indústrias e modos de ganhar a vida, tal como foi feito desde o início da Revolução Industrial" (PEW RESEARCH CENTER, 2014). É essa "fé" no gênio humano que justifica o otimismo manifestado quanto ao equilíbrio do balanço entre empregos destruídos e criados, mas, mesmo que tal se viesse a verificar, haverá que contar com eventuais ritmos diferentes entre a criação e a destruição de empregos e uma eventual degradação das condições de trabalho e da precariedade com consequências sensíveis na estabilidade profissional, familiar e emocional de largas camadas da população.

Acresce que os especialistas destes dois grupos de inquiridos, sejam eles pessimistas ou otimistas, partilham em larga escala a opinião de que "as nossas estruturas sociais existentes – especialmente as nossas instituições educacionais – não estão a preparar de forma adequada as pessoas para as habilitações de que eles terão necessidade no mercado de trabalho do futuro"(PEW RESEARCH CENTER, 2014). E, mesmo se alguns dos especialistas manifestam a esperança de que as mudanças que nos chegam serão

> uma oportunidade de reavaliar o relacionamento da nossa sociedade com o próprio emprego, através do retorno a modos de produção em pequena escala ou artesanais, ou dando mais tempo às pessoas para o lazer, para o autoaperfeiçoamento ou para a dedicação a familiares e amigos (PEW RESEARCH CENTER, 2014),

esta visão futura não deixará de ser geradora de medos e ansiedades dificilmente resolúveis no curto prazo.

Regressando à perspectiva otimista, partilhada, como se referiu, por metade (52%) dos especialistas que participaram no estudo do Pew Research Center, centrada num equilíbrio do balanço entre empregos criados e destruídos pela tecnologia, esta perspectiva otimista é posta em dificuldade pelo fato das novas tecnologias seguirem o modelo de "capital intensivo", em detrimento do paradigma "trabalho intensivo", como avança Wendell Wallach (2015), professor da Universidade de Yale.

Wallach escreveu que "durante a maior parte da nossa história, 50% do PIB foi para os salários e 50% para o capital, e neste aspecto estamos assistindo a uma alteração radical" acrescentando que esta alteração resultará "apenas (do fato) das indústrias de tecnologia serem diferentes dos fabricantes antigos" e esclarecendo que a GM, a Ford e a Chrysler tiverem, em 1990, "36 bilhões de dólares (EUA) de resultado empregando mais de um milhão de trabalhadores", enquanto, "os três grandes de hoje – Apple, Facebook e Google – têm mais de mil bilhões com apenas 137 mil trabalhadores" (WALLACH, 2015).

Nesta sua obra intitulada "A Dangerous Master: How to Keep Technology from Slipping Beyond Our Control", o professor de Yale e membro do Instituto da Ética da Tecnologia Emergente aborda o que considera ser o desafio mais premente do nosso tempo, ou seja, de como viver com as mudanças que resultam dos avanços da ciência e da tecnologia, tenham elas efeitos positivos ou negativos.

O autor associa estes últimos à enorme concentração do capital a nível mundial, afirmando que "70% da propriedade das ações está na mão de 5% da população" o que, para Wallach, potencializa a instabilidade social já que "quando o dinheiro dos salários que as pessoas recebem já não é suficiente para sustentar as suas famílias, é difícil saber o que elas vão fazer, mas no passado e noutros países isso foi visto como uma situação madura para uma revolução". O autor argumenta que esta situação pode ser evitada por meio de subsídios e apoios sociais, mas que esta política, no entanto, "exigiria a redistribuição de parte do crescimento de capital obtido através do aumento da produtividade" (WALLACH, 2015), o que se apresenta de muito difícil concretização no quadro da atual correlação de forças entre os vários atores sociais.

E se todo este panorama traçado por Wallach já é naturalmente assustador, o autor vai mais longe na descrição das ameaças que se colocam à humanidade, identificando, há pouco mais de dois anos, recorde-se, três fatores que são suscetíveis de fazer com que os benefícios das tecnologias emergentes possam ser acompanhados por tragédias e desastres.

O primeiro destes fatores diz respeito "aos sistemas complexos que envolvem interações entre elementos naturais, tecnológicos e humanos e que são intrinsecamente imprevisíveis" (WALLACH, 2015), enquanto o segundo fator se prende com a velocidade acelerada da mudança tecnocientífica, o que torna a governabilidade, por antecipação, cada vez mais difícil.

Já o terceiro fator concerne alguns campos específicos da tecnociência que representam perigos consideráveis, tais como a correção de alterações climáticas ou a biologia sintética. No desenvolvimento deste terceiro fator, Wallach (2015) focaliza-se em alguns dos perigos associados ao que designa como a "tecnotempestade" da biotecnologia, como os programas transhumanistas, com a projeção dos seres humanos enquanto possíveis futuros "organismos cibernéticos", em associação com a conceitualização da natureza humana como uma patologia com necessidade de ser sujeita a reengenharia.

Ora, a defesa dessa reengenharia não é ficção científica, fruto de uma qualquer imaginação delirante.

Efetivamente, ela já é praticada em escala muito ampla em seres vivos, como é o caso das intervenções genéticas atualmente aplicadas a plantas ditas "transgênicas" (sem que as consequências dessas intervenções estejam suficientemente conhecidas) ou mesmo em seres humanos através de terapias genéticas. Para Ermak (2015), a terapia genética consiste no fornecimento terapêutico de polímeros de ácido nucleico nas células de um doente como um fármaco para tratar uma doença.

Se foi em 1990 que teve lugar a primeira terapia genética clínica em seres humanos (ROSENBERG *et al.*, 1990), o seu número, um quarto de século depois, ainda não terá ultrapassado as 2600 como consta na base de dados mundial destas terapias (GTCTWD, 2016). A extrema prudência que este tipo de intervenção tem merecido, é confirmado pelo fato da primeira terapia genética autorizada na Europa ("glybera"), só tenha sido autorizada em 2012 pela agência europeia que avalia os produtos medicinais destinados a seres humanos ("Committee for Medicinal Products for Human Use"), e, mesmo assim, sob "circunstâncias excepcionais" e após duas recusas em 2011.

Perante a pulverização de investigadores desinstitucionalizados em biotecnologia, num processo que, por analogia, se poderia designar por "uberização" científica, torna-se cada vez mais difícil a regulação e o controle ético de atividades experimentais cujas consequências se poderão enquadrar nas ameaças trágicas de que nos fala Wallach (2015). A questão central é afinal aquela que este autor coloca na parte final do seu livro: "tudo começa com o questionamento dos pressupostos e dos valores que impulsionam a 'tecnotempestade' para a frente num ritmo crescente" (WALLACH, 2015, pag.209, grifo do autor).

Num último regresso ao estudo acima referido do Pew Research Center (2014) valerá a pena referir os comentários de dois dos especialistas entrevistados nesse trabalho, Jason Pontin e Jerry Michalsky. O primeiro deles, editor-chefe do MIT Technology Review, afirmou que

> não há lei econômica que diga que os empregos eliminados pelas novas tecnologias serão inevitavelmente substituídos por novos empregos, em novos mercados [...]. Tudo isso pode ser gerido pelos estados e pelas economias, mas exigirá uma luta com soluções ideologicamente caras, como um rendimento mínimo garantido e um alargamento do nosso sentido social do que é trabalho valioso (PEW RESEARCH CENTER, 2014).

Quanto a Jerry Michalsky, consultor em tecnologias e defensor de que as economias prósperas do futuro assentarão nos relacionamentos, deixou-nos esta frase que espelha os enormes receios que acompanham o nosso próximo futuro: "A automação é Voldemort: a força terrível que ninguém está disposto a nomear".

Todo este largo enquadramento participa para a explicação da razão de ser de muitas das atuais manifestações sociais e políticas se inserem num movimento mundial que contesta abertamente os efeitos da globalização e de que são expressão mais recente a eleição de Trump, nos Estados Unidos da América, o referendo do "Brexit" ou o crescimento de movimentos políticos radicais na Europa, tanto à esquerda como à direita.

Todo este ambiente participa também para um sentimento de desconfiança generalizado que dificulta a realização das campanhas eleitorais, a começar pelas tarefas de pesquisa em que muitos eleitores acabam por não se pronunciarem nas pesquisas eleitorais ou, mesmo, chegando a faltar à verdade, particularmente quando possuem uma tradição de voto contrária a uma nova opção que abraçam como expressão do seu descontentamento. Os casos acima referidos do "Brexit" e da eleição de Trump são paradigmáticos: muitos eleitores que, por serem operários, respeitavam a velha clivagem "capital-trabalho" votando tradicionalmente trabalhista ou democrata, alteraram o seu voto em favor de forças políticas consideradas populistas e, numa "espiral de silêncio" (NOELLE-NEUMANN, 1981), calaram essa mudança nas pesquisas eleitorais a que foram sujeitos, dificultando consideravelmente, com esse "voto escondido", o trabalho dos técnicos das sondagens de opinião.

No Brasil, a evolução política recente, insere-se neste contexto de afrontamento de forças mundiais a favor da globalização e das forças antiglobalização, nomeadamente no que toca à problemática dos "países emergentes" e à política de distribuição interna da renda nestes países.

As encruzilhadas políticas atuais, encontram a sua expressão nas próprias campanhas eleitorais que passam a enfrentar hoje vários desafios, onde sobressaem as questões de confiança nos agentes políticos, a par do seu financiamento, o que faz crescer as necessidades de um planejamento mais exigente e com uma dimensão estratégica mais acentuada.

2.6 Opinião Pública

Buscar a delimitação de um conceito para opinião pública não é tarefa fácil, nem há consenso entre os estudiosos do tema. A primeira questão que é preciso avaliar está na constituição do processo de formação da opinião pública, que nos dias atuais vem se alterando substancialmente. Para efeito do nosso estudo, interessa caracterizar a opinião pública a partir do século 20, principalmente a partir da constituição do que definimos como Comunicação de Massa. Se já era importante antes, é sobretudo a partir da segunda metade do século 20, com o advento da TV que se torna mais pujante o fenômeno da opinião pública. Ao longo dos tempos os conceitos foram definidos e sintetizados nas seguintes percepções sobre o tema: "opinião popular", "crença da maioria", "a voz pública da pátria", "*consensus omminium*" (acordo de todos), "apoio do povo", "*vox populi*", "opinião comum" (AUGRAS, 1970).

O sociólogo Gustave Le Bon (1918) valida essa constatação, visto que, deixa transparecer em sua obra *Psicologia das Multidões*, que a centralidade da opinião pública no pensamento social e político faz dela um valor simbólico fundamental das sociedades. Isso porque fundamentou revoluções e movimentos democráticos e até mesmo apoiou regimes totalitários.

Neste contexto, o autor afirma que Napoleão via a opinião pública como "um poder invisível e misterioso ao qual nada resiste; nada é mais mutável, mais vago ou mais forte; e mesmo que caprichosa ela, porém, é justa bastante mais frequentemente do que pensamos" (LE BON, 1918, p. 163).

Monique Augras considera que é na Idade Média que se forma uma opinião crítica que caracteriza um tipo de oposição às ideias aceitas, e que perfeitamente se encaixa na concepção de opinião pública. Indo além, a autora considera o Renascimento um marco do direito e da diversidade de opiniões, e a Reforma, a vitória da opinião crítica (AUGRAS, 1970, p.13-14).

Retomando a discussão para o século XX, a instituição de uma imprensa crítica passa a ser um dos elementos essenciais para a articulação da opinião pública. Aquela que torne públicas as decisões governamentais, de modo a facilitar o debate público.

Jorge de Sá (2013) levanta uma questão dupla, cuja pesquisa bibliográfica norteia a evolução do conceito de opinião pública. A saber: Como ela se forma e como ela se desenvolve? Como se define opinião pública? e Qual o papel que a comunicação política desempenha na formação e no reforço da opinião pública?

O autor, com base nos trabalhos de vários investigadores onde se destacam Carrol Glynn, Susan Herbst, Robert Shapiro e Garret O'Keefe (1999), traz um sentido abrangente de Opinião Pública, estabelecendo um consenso teórico em relação às principais características, ressaltando que, ao mesmo tempo, um processo de opinião pública pode nutrir-se nas categorias enunciadas. A saber:

- Opinião pública como "uma agregação das opiniões individuais" - Essa definição de maior aceitação, inclusive "sustentando a sua legitimidade no paralelismo com o ato de votar", traz a primeira reflexão: o Marketing Gestionário, tão em voga desde a era de J.F. Kennedy, em busca do verdadeiro estado de espírito do eleitor, corre o risco, por exemplo, de um planejamento de Marketing Político desfocado do autêntico perfil psicográfico, visto desvios inerentes que essa definição carrega, a exemplo da "espiral do silêncio" (SÁ, 2013, p.112);
- Opinião pública como "reflexo das crenças da maioria" - Opinião pública como o resultado da conformidade e do "politicamente correto". O de que a opinião pública também pode ser um conjunto das opiniões advindas de indivíduos

que se resguardam por defenderem um ponto de vista adverso ao dominante, portanto, que preferem ficar em silêncio. Expressar-se como a maioria é sinal de cautela, de evitar conflitos, assim como também sinal de temor em ser rotulado como um sujeito alienado da esfera sociocultural. Esse temor ao isolamento é a força resultante que move uma certa alternância cíclica e progressiva que embasa a Teoria da Espiral do Silêncio, da cientista alemã Elizabeth Noelle-Neumann, proposta em 1977, advinda da ciência política e comunicação de massa. Na Alemanha, entre 1965 e 1972, durante as campanhas eleitorais Noelle-Neumann percebeu uma súbita mudança de opinião dos eleitores na reta final do processo de eleição. De acordo com seus estudos, ao mudar de opinião, os eleitores, na verdade, buscavam se aproximar das opiniões que julgavam dominantes (NOELLE-NEUMANN, 1981, p.137-166).

- Opinião pública como "o resultado do confronto de grupos de interesses" - Jorge de Sá esclarece que, nessa concepção, há uma "verdade" permanentemente inalterável: as opiniões individuais estariam condicionadas pela ação dos grupos de interesse, enquanto organização constituída por um objetivo comum, que acaba ganhando o apoio das pessoas comuns, às vezes, até mesmo sem antes terem essa conscientização.
- Há grupos que buscam influenciar politicamente, ainda que sem se render às ideologias políticas, em prol de um objetivo, como na questão ambiental. São interesses que se impõem, incidindo sobre as necessidades reais não satisfeitas plenamente pela sociedade, pela política e pela cultura, buscando, então, respostas não falsas a tantas questões.
- Assim, diante do risco de se enviesar os resultados de uma pesquisa de opinião pública, é justificável levar em consideração os interesses grupais, definitivamente influentes na formação da opinião, o que, segundo algumas críticas às sondagens de opinião, justificaria que as sondagens não tratassem "com o mesmo peso, e numa mera perspectiva aditiva, todas as opiniões" (SÁ, 2013, p.113), ainda que se parta do princípio de que "para

a maioria das pessoas não existe nenhuma estrutura de crença subjacente às suas respostas, mas, tão, só, um monte de opiniões aleatórias" (Ibidem, p.114).

- Opinião pública como a "opinião dos órgãos de comunicação e das elites" - Aqui a elite dominante, em termos de imprensa, políticos e demais líderes sociais, dá forma à opinião que é passada e é mais ou menos passivamente aceita pelas massas populares, consequência direta de ser uma massa incapaz de produzir a sua própria opinião. Dariam, assim, legitimidade a essa opinião publicada, quer pela elite quer pela mídia.
- Vale resgatar aqui que, considerando literalmente que opinião pública é uma força resultante de um "processo de sucessivas interações sociais", há os que afirmam que a influência dos mass media é mediada pelos líderes de opinião, também sujeitos dessa mesma interação social, com forte poder de decisão e influência na tomada de decisão das pessoas.

Lazarsfeld, Berelson e Gaudet (1955), num trabalho científico realizado em 1940 e do qual resultou o clássico *The People's Choice*, são categóricos em afirmar que a opinião formada não é fruto de uma única semente, já que aflora de processos não isolados do dinâmico contexto social.

A formação da opinião pública inclui o melhor entendimento dos processos de construção das representações, de identificação das dimensões que as sustêm e da forma como essas dimensões organizam o espaço cognitivo que lhes corresponde através das quais os cidadãos compreendem a sociedade e os seus atores (SÁ, 2013, p. 115).

Há ainda que se registrar que do volume excessivo de informação que as Tecnologias da Informação e Comunicação (TICs) despejam nas sociedades de massa resulta um fluxo de comunicação, muitas vezes, sujeito a mensagens contraditórias. Isso exige um perfil cognitivo capacitado para o devido discernimento, ficando a decodificação das mensagens à mercê do nível de cognição, portanto, atuando como fator de mediação entre acentuar (público politizado crítico e seletivo) ou aumentar (público de massa não atento ou pouco interessado pela política) a influência dos média, enquanto representantes da opinião pública da elite dominante, questionando o poder onipotente e onipresente dos média (SÁ, 2013, p.115).

Expressão brasileira na área de Relações Públicas, o professor Cândido Teobaldo de Souza Andrade exemplifica essa última colocação - a opinião de um grupo não é a opinião do público - com o fato de que, no grupo primário "família", a hierarquia na comunicação interpessoal modela esse processo de discussão democrático direto, quando a opinião preponderante é a do líder do grupo, no caso, o chefe da família, e os problemas são mais concretos e de interesse comum. (ANDRADE, 1980, p. 15-20).

Já os grupos secundários (escola, igreja, partidos) caracterizam-se por apresentarem indivíduos com multiplicidade de tarefas e de atividades, tanto os problemas quanto as relações se tornam difusas e também abstratas, o que por si só leva à controvérsia; logo, à origem da formação do público.

Retornando à fala do professor Andrade, é nesse exato momento, que nasce o indivíduo no público, o qual, enquanto sujeito, não perde a faculdade de crítica e autocontrole; está disposto a intensificar sua habilidade de crítica e de discussão frente à controvérsia, agindo racionalmente através de sua opinião, estando disposto a fazer concessões e compartilhar de experiência alheia (ANDRADE, op cit, p. 15-20).

Por fim, o século XXI enseja novos estudos acerca da formação e articulação da Opinião Pública, diante das tecnologias da informação e comunicação. Portanto, como um conceito em movimento, novos paradigmas se colocam ante a esta importante questão.

2.7 Internet: a Esfera Pública da Democracia Digital

A *internet* é um fenômeno de tal amplitude que justificaria, por si só, uma investigação autônoma que, no entanto, não nos cabe desenvolver nesta presente tese, mas que será fundamental na constituição de um modelo de marketing político para o século XXI. Assim, contemplaremos, o mais brevemente possível, os aspectos que se prendem com o seu aparecimento e desenvolvimentos iniciais, para logo passarmos às questões que aqui mais nos interessam e que dizem respeito à democracia. Seguidamente, discutiremos os movimentos sociais que combinam o espaço real e o virtual, para seguirmos a discussão sobre os limites da democracia neste contexto e de como hoje as redes sociais na internet fazem surgir novas discussões acerca de sua aplicação no marketing, como por exemplo, o *inbound*marketing, ou marketing de conteúdo.

2.7.1 O Nascedouro da Internet

A década de 60 entra para a história da humanidade por ser o tempo em que brotou a primeira semente da *internet.* Ainda que num clima da Guerra Fria, vem trazer a esperança de uma comunicação melhor. Estados Unidos da América e União Soviética disputavam, em especial, a hegemonia global, numa corrida desenfreada pela supremacia militar. Em resposta ao lançamento do primeiro satélite soviético da série, o Sputnik, o governo dos EUA criou, em 1958, uma agência no seu Departamento de Defesa, buscando incentivar pesquisas, especialmente do mundo universitário, na tentativa de estabelecer superioridade sobre a URSS no campo da tecnologia militar (CASTELLS, 2003).

Como já foi referido, a *Advanced Research Projects Agency* (ARPA) foi o embrião do que hoje entendemos por *internet.* Apesar de ser constituída de uma rede simples, com computadores isolados, seus estudos já estavam direcionados para a constituição de uma rede de computadores que pudesse dialogar entre si, permitindo a transmissão de dados.

Uma rede de computadores com o objetivo de facilitar as comunicações militares só foi implantada pelos EUA em 1983, com a criação da *MILnet* (CASTELLS, 2003). Vale anotar que, apesar de estar sob supervisão do Departamento de Defesa dos Estados Unidos, a rede da ARPA foi desenvolvida em ambiente de relativa autonomia, sendo muitas vezes utilizada de forma informal e até mesmo descontraída, imagem divergente daquela que se costuma ter quando se refere a um projeto militar de pesquisa. Posteriormente, outras redes foram sendo desenvolvidas em outros ambientes e, ainda na década de 70, foi possível conectá-las à *Arpanet*.

A partir daí, surgiu a concepção de uma rede de computadores, de forma que cada nova conexão de rede já trazia consigo toda uma nova gama de outros "nós" já interconectados. Isso facilitaria enormemente a descentralização da rede e sua expansão. Para que as redes pudessem conversar entre si, contudo, seria necessário que operassem sob protocolos de comunicação padronizados.

Dessa forma, durante a década de 70, engenheiros da ARPA trabalharam na constituição de um protocolo que operasse a intercomunicabilidade entre as redes de vinte e um computadores. Desse esforço, nasceu o protocolo TCP/IP18, que até hoje é utilizado pela *internet*, embora com atualizações periódicas.

No início da década de 90, a Arpanet foi desativada, sendo substituída pela NSF Net, rede operada pela National Science Foundation (NSF). Cerca de cinco anos após a sua operação, a *internet* deixou de ser operada pelo governo e provedores privados passaram a popularizar o seu uso.

A história da *internet* pode ser assim resumida por Manuel Castells:

> (...)embora a *internet* tivesse começado na mente dos cientistas da computação, no início da década de 1960, uma rede de comunicações por computador tivesse sido formada em 1969 e comunidades dispersas de computação, reunindo cientistas e *hackers*, tivessem brotado desde o final da década de 1970, para a maioria das pessoas, para os empresários e para a sociedade em geral, foi em 1995 que ela nasceu (CASTELLS, 2003, p. 19).

2.7.2 Democracia Digital

O termo Democracia Digital é recentíssimo. É oriundo dos movimentos que surgiram a partir das redes sociais na *internet* e que gera um novo tipo de articulação social com o objetivo de promover um amplo – e, às vezes, caótico – debate que aprofunda a democracia como a conhecemos.

Neste mundo interconectado, novos movimentos e novas formas de organização estão a surgir, colocando em xeque as organizações tradicionais, como partidos políticos e sindicatos. Pollyana Ferrari afirma que

> o desenvolvimento da democracia digital e a possibilidade de criação de comunidades segmentadas por interesses específicos, geradas a partir de inputs emergentes que utilizam vários recursos, meios e canais para o afloramento espontâneo de uma nova democracia social está sendo capaz de transformar a sociedade em que vivemos" (FERRARI, 2010, p. 27).

De maneira bastante similar, Philip E. Agre afirma que

> para verdadeiramente construir uma sociedade democrática, será necessário construir novas formas sociais: novas ideias, novos movimentos e novas organizações que sejam adequadas às oportunidades e aos desafios de um mundo interconectado (AGRE, 2004, p.65).

Ainda mantendo o foco na existência de uma nova forma de organização política, na chamada democracia digital, Heloísa Dias Bezerra *et al.* (2011, p.3) colocaram a transparência potencializada pela *internet* como "garantia de preservação dos direitos políticos e civis dos cidadãos, já que é capaz de organizar a livre informação política, requisito essencial à existência de um Estado democrático de direito". Nota-se, aí, o pressuposto de que a liberdade de informação (e, assim, também de expressão) é característica necessária para um regime democrático.

É pressuposto dessas duas concepções a ideia de democracia liberal, tal como analisada por Habermas (2007). Trata-se de forma idealizada de democracia em que o processo democrático "cumpre a tarefa de programar o Estado para que se volte ao interesse da sociedade". Sob essa perspectiva, a política teria "a função de congregar e impor interesses sociais em particular, mediante um aparato estatal já especializado no uso administrativo do poder político para fins coletivos" (HABERMAS, 2007, p. 277-278).

O processo de formação da vontade e da opinião política é determinado pela concorrência entre agentes coletivos agindo estrategicamente e pela manutenção ou pela conquista de posições de poder. O êxito nesse processo é medido segundo a concordância dos cidadãos em relação a pessoas e programas, o que se quantifica segundo números de votos. (Ibidem, p. 283)

Habermas (2007) evidencia a importância da representação política e das eleições para a chamada democracia liberal. A definição de Habermas para democracia liberal contempla a proposta de Schumpeter (1961, p. 328), para quem "o método democrático é um sistema institucional, para a tomada de decisões políticas, no qual o indivíduo adquire o poder de decidir mediante uma luta competitiva pelos votos do eleitor".

A Democracia Liberal também é identificada como democracia representativa. Frank Cunningham (2009, p. 58, grifo do autor), por exemplo, afirma que os defensores dessa concepção endossam a forma representativa: "[...] os representantes são escolhidos de acordo com procedimentos formais (em algum ponto envolvendo votação majoritária), combinados com a proteção estatal de liberdades políticas e civis e uma esfera privada livre de interferência estatal".

Nesse modelo, o que importa para a cidadania é a informação, imprescindível para que os cidadãos possam escolher seus representantes e acompanhar seus trabalhos, para que, num novo sufrágio, possam premiar ou punir os eleitos, renovando ou não os seus mandatos. Dessa forma, além da possibilidade de um caudal permanente de informações públicas de acesso facilitado, como defendido pelos propositores da ideia, de que a *internet* permite um aumento na transparência governamental, o paradigma da auto comunicação de massa (a de Castells) teria importância por permitir a difusão de informações que de outra forma não iriam a público.

Essa concepção é encontrada na seguinte fala de José Eisenberg, quando se refere ao poder de reprodução social das mensagens e das informações:

> com o emissor, diante do poder de controlá-la, no tocante à reprodução, o elemento estratégico da comunicação social sobrepõe-se à medida que ele pode emitir a mensagem em diversas direções e para diversos públicos ou direcioná-la para públicos de interesse específico, podendo alcançar *feedbacks* diferentes. E essa capacidade de reprodução de mensagens dá à comunicação via-*internet* um aspecto democratizante no tocante à disseminação de informação. (EISENBERG, 2003, p. 501-502, grifo do autor)

As características da democracia liberal, em que a participação política do cidadão comum é restrita a votações periódicas, foram criticadas por alguns autores, que veem nesse modelo insuficiências que podem gerar crises de representação política, somado ao fato de que os problemas da democracia se reduzem às limitações próprias da realidade do sistema representativo.

Em suma, como trata Faria (2012, p.33-34) vários problemas se acumulam:(i) a autonomização dos parlamentares e partidos políticos durante o exercício do mandato com a consequente desconsideração da opinião do eleitor; (ii)a perda da relação de confiança entre parlamento e cidadão; (iii)o domínio de grupos economicamente mais poderosos e com estrutura de *lobby* mais organizada sobre os parlamentos; (iv)o descompromisso com o ordenamento jurídico e a falta de qualidade legislativa na elaboração das leis;(v)a incapacidade do parlamento em responder às demandas cada vez mais complexas e variadas da sociedade; (vi) por fim: a falta de ética geral de parlamentares, que utilizam os recursos institucionais para o exercício do mandato de forma irregular.

Soma-se aqui o que Schudson (2004) chamou de "conceito de democracia da Era Progressista", acrescentando que

> se as novas mídias digitais serão integradas a uma nova democracia política, elas precisam ser ligadas a uma compreensão séria de cidadania, e isso não pode acontecer se nós simplesmente reciclarmos a velha noção de cidadão informado (SCHUDSON, 2004, p. 53).

Diante disso, Schudson deixa bem claro que é limitante conceber a ideia de que a essência do cidadão, na democracia, é se informar para, depois, votar, ou não votar, em seus representantes no momento das eleições.

Essa visão mais apurada da cidadania converge para o modelo que Habermas (2007) chamou de democracia republicana. Partindo de uma análise do papel da política no processo democrático, ele a definiu da seguinte forma:

> (A política) constitui o *medium* em que os integrantes de comunidades solidárias surgidas de forma natural se conscientizam de sua interdependência mútua e, como cidadãos, dão forma e prosseguimento às relações preexistentes de reconhecimento mútuo, transformando-as de forma voluntária e consciente (perfil do eleitor diplomado, defendido pelo Marketing Político Relacional) em uma associação de *jurisconsortes* livres e iguais (HABERMAS, 2007, p.278, grifo do autor).

Diante disso, os direitos de cidadania ganham um caráter essencialmente positivo, e vai além: passam a garantir não

> a liberdade em relação à coação externa, mas sim a participação em uma *práxis* comum, por meio de cujo exercício os cidadãos só então se tornam o que tencionam a ser – sujeitos politicamente responsáveis de uma comunidade de pessoas livres e iguais (HABERMAS, 2007, p. 280).

Divergindo da concepção liberal, a democracia republicana ou participativa considera "a apatia e a inatividade política como uma falha" e cobra, como "tarefa maior dos democratas, maximizar o engajamento ativo do cidadão" (CUNNINGHAM, 2009, p.148).

Segundo Habermas (2007, p. 283), na democracia republicana, os processos de formação de opinião e vontade política ocorrem conforme "estruturas de uma comunicação pública orientada ao entendimento mútuo".

Viabilizar a devolução de poder ao verdadeiro soberano, que é o povo, alimenta as críticas dos defensores da democracia participativa, que geralmente focam a necessidade de mais participação dos cidadãos no processo de determinação da vontade política e na crise de representatividade.

De acordo com essa visão, o papel do cidadão não é o de cuidar de seus negócios privados e participar de votações periódicas, mas o de participar da vida política da comunidade de que é membro.

Essa concepção elege um forte componente ético. Por exemplo, pressupõe problemas de vulto institucional como causa da apatia dos cidadãos e do distanciamento desses em relação à política, partindo, aqui, de um princípio de que os cidadãos têm, por natureza, vontade de participar da vida política comunitária, faltando-lhes somente meios institucionais para tanto (FARIA, 2012, p.44-47).

Assim, como aponta Habermas, trata-se de um modelo democrático "bastante idealista e que depende das virtudes de cidadãos voltados ao bem comum", tendo como questão o fato de se basear em uma "condução estritamente ética dos discursos políticos". Ainda conforme o pensador alemão, a democracia republicana peca ao se distanciar da realidade política, que "não se constitui apenas — e nem sequer em primeira linha — de questões relativas ao acordo mútuo de caráter ético" (HABERMAS, 2007, p. 284).

Essa crítica também aparece em Faria (2012, p. 47), para quem "a visão republicana pressupõe a valorização do espírito comunitário e o esforço na busca pela igualdade". Nessa concepção, a informação também tem papel fundamental. Isto porque pressupõe a virtude do cidadão e sua vontade de participar do processo político, faltando-lhe somente o conhecimento necessário.

Quanto a esse quesito, cabe destacar o papel importante que a *internet* pode ajudar a exercer, conforme o que se pode deduzir da explicação de Faria:

> com o acesso mais facilitado às informações sobre as questões públicas, a sociedade estaria mais capacitada a interferir na política. O resultado final desse processo, enquanto aumento da legitimação nas decisões e na educação política, seria a criação de um sentimento de comunidade (FARIA, 2012, p. 47).

Outro elemento importante para esse modelo de democracia é a *mobilização social*, que se faz necessária para que os cidadãos se mantenham em constante atividade, de forma a expressarem suas opiniões e tomarem parte dos processos políticos (FARIA, 2012, p. 47).

2.7.3 Movimentos Sociais na Internet

Nesse ponto, cabe citar o trabalho de Castells (2012) sobre "movimentos sociais na era da *Internet*". Em seu livro *Networks of outrage and hope*, o sociólogo espanhol analisa diversos movimentos sociais que utilizaram tecnologias de informação e comunicação para se organizar, coordenar ações e fomentar debates, citando o exemplo da constituição da Islândia.

Castells (2012, p. 42) mostra que há quem defenda que a experiência pode ser aplicada em contextos mais amplos, já que a Islândia tem apenas 323.002 cidadãos. Os defensores da experiência, porém, argumentam que, com a *Internet* e com a completa alfabetização digital e o acesso irrestrito, esse modelo de participação política e *crowdsourcing* do processo legislativo é "escalável".

Ferrari fala na "construção coletiva da narrativa", que para ela é plural e em constante transformação. Para esta autora, "a narrativa digital é pluralista, capaz de pensar a sociedade como um mosaico multifacetado, uma ciência de beber nas artes, na literatura, na tecnologia, mas que nunca deixa de ser Ciência" (FERRARI, 2010, p. 107-108). E afirma que o Facebook é um bom exemplo disso: "O Facebook é um excelente exemplo dessa pluralidade da construção coletiva de conhecimento, sempre com bases construtivistas de aprendizado e não prensados pela linha de produção fordista da sociedade analógica" (FERRARI, 2010, p. 108).

Hoje, no Brasil há diversos grupos políticos que se articulam e se organizam pelas redes sociais, como o MBL (Movimento Brasil Livre), o Vem pra Rua, entre outros.

2.8 O Comportamento do Eleitor

Não resta a menor dúvida que estamos diante de um novo paradigma nas relações sociais. A revolução tecnológica em curso está formando um hiato entre os eleitores no século XX e os novos eleitores nascidos a partir da década de 90 do século passado e que já trazem no seu DNA (ADN) a linguagem digital e a total interação com o mundo virtual.

Os estudos sobre o comportamento do eleitor trazem teorias que passeiam pela psicologia, sociologia, economia e pelo contexto histórico. São quatro linhas de investigação segundo Figueiredo (1991), a saber:

1. Teoria Psicológica, difundida como "modelo Michigan";
2. Teorias Sociológicas e Economicistas, trazendo modelos de explicação histórico-contextual;
3. Teoria da Escolha Racional, com base no modelo "downsiano", de Anthony Downs;
4. Modelo Demográfico-Descritivo, considerada linha residual de investigação.

Todas essas teorias têm como foco compreender o fenômeno social do voto, ou seja, "a decisão de milhões de indivíduos de participar de o evento 'votar' e da direção do voto" (FIGUEIREDO, 1991, p. 13).

Nesta direção, afirma:

> A instituição social que se chama eleição é um ritual regularmente repetido, que termina com a contabilização dos votos. No entanto, a contagem dos votos é o final de um longo processo social e, ao mesmo tempo, a revelação dos projetos sociais escolhidos pela população (FIGUEIREDO, 1991, p. 13-14).

A isso, soma-se um sistema de crenças que pode encontrar um enquadramento numa ideologia, ou ser simplesmente um sistema rudimentar sobre a visão de mundo de um certo indivíduo ou grupo. O autor conclui que

> quando os indivíduos são chamados a optar politicamente através do voto, toda sua história social contribui para sua decisão: primeiro, decidem se participam ou não do ato de votar; em seguida, decidem para quem darão seu voto. Isso pode ocorrer, inclusive, na ordem inversa (FIGUEIREDO, 1991, p. 14).

O ato de não votar, por exemplo, reflete uma tendência mundial e um certo desencanto com a democracia. Sá afirma que

> um dos diagnósticos relativos ao funcionamento das democracias contemporâneas é o que se prende com a apatia política, que é considerada por alguns como negativa para a democracia, uma vez que tende a refletir o desinteresse dos cidadãos pela política. (SÁ, 2009, p. 24).

Para além da apatia e do sistema de crenças, Downs (1957), formulou a Teoria da Eficiência do Voto, dentro do processo da escolha racional, determinando que o eleitor avalia ganhos possíveis que podem ser obtidos a partir da suposta ação governativa.

A compreensão do comportamento do eleitor pode ser verificada numa linha histórica de eleições ou ficar circunscrito a um pleito eleitoral. As campanhas eleitorais procuram cada vez mais compreender em profundidade o sentimento do eleitor. No entanto, ainda estudam muito pouco os pleitos anteriores para encontrar comportamentos que se repetem ou que são contraditórios.

As pesquisas qualitativas cada vez mais são utilizadas no universo do planejamento de uma campanha eleitoral. Os *Focus Group* (grupos de foco) são hoje a principal ferramenta para compreender o eleitor e seu comportamento previsto ante a um processo eleitoral concreto.

Antes da profunda revolução tecnológica que estamos assistindo, a mediação do processo político estava muito enraizada na comunicação de massa. A comunicação de formato UM-TODOS determinava uma forma de construção de um conceito mediado formando, muitas vezes, uma opinião pública mais homogênea. Hoje, com a pulverização das audiências da mídia tradicional, com as mídias sociais na internet e o caótico debate TODOS-TODOS e com a profunda segmentação da sociedade atual, o comportamento eleitoral tende também a se fragmentar e exigir dos estudiosos novos mecanismos de análise, em que a compreensão do pensamento individual possa ser tão importante como de um grupo para assim se ter a definição das estratégias eleitorais.

3. O MARKETING

Apesar de se tratar de um conceito com menos de um século de existência, algumas das práticas que o marketing acolhe e integra debaixo da sua designação são milenares nas relações entre humanos, nomeadamente quando se trata de relações de poder.

3.1 A Evolução do Marketing, o Marketing-Mix e os seus 4 P's

Oito estágios do desenvolvimento econômico permitem traçar a história do marketing dos primórdios da humanidade até os dias atuais, evidenciando a evolução do conceito aplicado no decorrer da história. Isso porque o marketing, apesar de ser uma terminologia recente, nomeia uma prática de negociação, cujas origens remontam aos primórdios da troca e do comércio (SÁFADY, 1973). Além disso, a evolução do marketing foi abraçando as mais diversas atividades humanas, nomeadamente, em nosso caso, a atividade política no século XX, apesar dos registros que encontramos em épocas remotas, sobre ações políticas em que a estratégia de marketing era aplicada mesmo que intuitivamente (TORQUATO, 2014).

Efetivamente, já há mais de dois mil anos, Quinto Cícero aconselhava politicamente o seu irmão Marcus Tullius que se preparava para disputar o consulado romano, nos seguintes termos "(...) grava no teu espírito que deves simular a existência daquilo que não possuis por dom da natureza, de tal modo que pareças agir naturalmente" (CÍCERO, 2015,

p. 90), ou seja, tal como a este propósito aponta Jorge de Sá, Quinto indicava ao seu irmão "que lhe era necessário construir um avatar adequado ao eleitorado que Marcus Tullius Cícero disputava, com António e Catilina, no ano 63 A.C.", demonstrando uma clara predisposição à estratégia política (SÁ, 2013, p.49).

Tanto na política, como vimos acima, como na atividade econômica, há registros remotos sobre a atividade do marketing. No entanto, alguns historiadores defendem que a história do marketing começa com a Revolução Industrial (SIMÕES, 1980a), mas pesquisadores da área, tais como Kotler (1974), Garcia (1983), Infante (1985) e Arruda (1986), atestam que o aparecimento do marketing é bem anterior à Revolução Industrial, afirmando que o berço do marketing é a mais primitiva forma de troca: o escambo.

Considerado por alguns como o "Pai do Marketing", Philip Kotler (1974) reconhece oito estágios na evolução do conceito que formam a sua linha do tempo.

A saber:

1. Autossuficiência: a mais primitiva exploração da natureza;
2. Comunismo Primitivo;
3. Escambo: o berço do Marketing;
4. Mercados locais;
5. Economia monetária;
6. Capitalismo primitivo;
7. Produção em massa;
8. A Sociedade Afluente.

É nessa fase – o da sociedade afluente – que ocorre o último estágio desse desenvolvimento econômico proposto por Kotler, quando as pessoas começam a suprir as suas necessidades biológicas básicas e passam a buscar a satisfação em outros anseios, tais como os psicológicos, os culturais e/ou os sociais, constituindo-se, assim, um mercado considerável para bens e serviços. Recorde-se a este propósito o conceito de valores pós-materialistas e em particular a proposta de Inglehart (1990) sobre esta matéria apresentada anteriormente.

Nesse estágio, o marketing começa a ganhar força significativa, porque vem à tona a extrema necessidade de se conhecer esses diferentes segmentos de mercado. Por conseguinte, as empresas são levadas a ajustarem as suas linhas de produtos a esses desejos latentes, nascendo assim a tão importante tomada de consciência: a de que não se deve mais produzir o que a empresa quer, ainda que seja o de melhor qualidade possível. Antes, o cliente precisa ter essa necessidade latente.

O marco para esse estágio é a Revolução Industrial. Nesse período, no berço da industrialização do mundo, surge um personagem que aplica técnicas que hoje nomeamos como prática do Marketing Político, para atingir o seu objetivo: Benjamin Disraelli, o mais famoso Primeiro-ministro inglês, depois de Winston Churchill.

Disraelli, para chegar ao posto máximo da política inglesa e ser amigo da Rainha Vitória, vindo de uma família de classe média, teve que adotar uma série de estratégias para construir um posicionamento do seu nome e galgar os postos políticos na intrincada política da época. De fato, ele foi um personagem que entendeu os desafios para a construção de uma marca e o seu posicionamento. Primordialmente, para buscar a confiança dos eleitores da época (MAUROIS, 2009).

Existe um certo consenso entre pesquisadores de que o "marketing nasceu como tal somente no início do século XX, frente às dúvidas e aos problemas negligenciados pela ciência-mãe, a economia" (KOTLER, 1974).

O marketing como área específica nasceu em 1901, quando Edward David Jones, da Universidade de Michigan, ministrou o primeiro curso de marketing. E data de 1910 a visão de algo bem mais expressivo do que as ideias de venda pessoal e de publicidade, no tocante à procura de mercado para os produtos.

Um grande avanço prende-se a dois fatos: (i) a transição das técnicas da propaganda, cujo início é 1908, exatamente quando W.D. Scott publica The Psycology of Advertising e, em sequência, H. L. Hollingworth lança Advertising and Selling (1913); e (ii) a fundação da National Association of Teachers of Advertising (1915), entidade que suscitará mais tarde (1937) a American Marketing Association (AMA), quando da convenção anual da Association of Advertising Clubs of the World, em Chicago (BENNET, 1995).

Para Gracioso (1971), o ano de 1920 é um marco: o maior risco de uma empresa deixa de ser a perda de seus fatores de produção, para ser o desafio de encontrar mercado para as mercadorias produzidas. Nessa década, Garcia (1983) registra que ocorre a definição e a caracterização do marketing como disciplina.

No entanto, é importante se lembrar de que, segundo Kotler, "a essência da palavra marketing está no processo de troca", que, ao abordar o marketing contemporâneo, identifica cinco distintas eras que definem a evolução do marketing, nessa oitava fase: Era da Produção, Era do Produto, Era das Vendas, Era do Marketing e, agora, a Era do Marketing Holístico com enfoque sistêmico (KOTLER; KELLER, 2012, p. 16-18).

Em 1931 é fundada a American Marketing Society, em Nova Iorque, por praticantes de marketing e pesquisa. Em 1936 é publicado o primeiro Journal of Marketing.

Em 1938, o início da Segunda Guerra Mundial direciona as atitudes das grandes potências econômicas para o esforço de guerra, cujo perfil do marketing é delineado na citação de Garcia:

> Na década de 1930 [...] o pensamento mercadológico passou a ser mais quantitativo e com maior embasamento na metodologia científica de pesquisa aplicada ao estudo dos problemas do mercado. A área de Administração de Vendas passou a ser encarada mais tecnicamente, fruto da maior preocupação com custos, em especial na distribuição, pelas empresas (GARCIA, 1983, p. 19)

Há, claramente, uma efervescência no seio das organizações sobre o conceito de marketing e sua ligação com o ambiente organizacional. Considerados precursores do marketing, nos anos 40, os primeiros estudos sobre o marketing vieram com trabalhos de Walter Scott, sobre a aplicação da Psicologia na propaganda. Uma das teorias que impactaram a atenção do marketing foi exatamente a "Teoria da Motivação Humana", de Abraham Maslow, que data de 1943, com a sua primeira publicação na revista Psychological Review.

Seu ponto forte está na estrutura de necessidades, uma vez que, para o autor, a motivação humana passava por uma hierarquia de cinco necessidades, que vão das necessidades mais básicas às mais elevadas, no tocante à autorrealização. Partindo das necessidades físicas, que são as mais básicas, cada necessidade deve ser, ao menos, parcialmente satisfeita antes de o indivíduo desejar satisfazer a uma necessidade do nível acima.

A saber: fisiológicas (alimentação, moradia, conforto físico, descanso, lazer), segurança (amparo legal, orientação precisa, segurança, estabilidade, remuneração), afetivo-social (bom clima, respeito, aceitação, interação), autoestima (ser gostado, reconhecimento, promoções, responsabilidade por resultados) e autorrealização (desafios mais complexos, trabalho criativo, autonomia, participação nas necessidades).

Maslow também se envolveu com a área de gestão de negócios, isso na década de 60, após entrar em contato com a obra de Peter Drucker e Douglas McGregor, passando a correlacionar as teorias de motivação e da personalidade com os estudos de gestão, fortemente empregada em sistemas de TQC (Total Quality Control) - Controle de Qualidade Total (CHIAVENATO, 2003).

Gracioso cita a definição de 1948 da AMA sobre marketing: "execução de atividades comerciais que dirigem o fluxo de mercadorias e serviços do produtor para o consumidor ou usuário" (GRACIOSO, 1997, p. 29).

Em 1948, James Culliton, pela primeira vez, pensou sobre a necessidade de se juntar os elementos básicos do marketing, o que corresponde ao conceito de marketing mix, embora este termo tenha sido apresentado publicamente por Neil Borden, quando ele, ao tomar posse da diretoria da AMA, em 1953, usou essa expressão como sinônimo da receita de marketing então imaginada por Culliton.

A década de 50, no entanto, é marcada por forte avanço no marketing, por significativas contribuições do campo da biologia, cujos estudos incitavam a concepção dos fenômenos como sistemas, o que foi um passo importante para a fundamentação do marketing (GARCIA, 1983).

Ainda nesse mesmo período, ocorreram radicais transformações na concepção de marketing. Até então as atividades de marketing eram orientadas quase exclusivamente para vendas, sendo o volume de vendas considerado a chave para a lucratividade. A nova orientação passa a ser a de que a satisfação do cliente e não o volume de vendas quem deveria ser a base para a lucratividade, com um acréscimo: o administrador de marketing é quem deve passar a coordenar e direcionar todas as atividades da empresa.

Assim, as diferenças entre marketing e vendas começaram a se acentuar após a Segunda Guerra Mundial. As empresas pararam de produzir armamentos de guerra e focaram seus objetivos em maximizar lucros, produzindo cada vez mais, passando o mercado a ser cada vez mais definido em função do consumidor.

Com a percepção de que produtos só se justificam se estiverem voltados à satisfação dos compradores, nasce, na década de 50, a "Era do Marketing". Um slogan ganha força: "O consumidor é o Rei! Busque uma necessidade e satisfaça-a" (BONNE; KURTZ, 1995, p. 8-9).

Em 1954, Peter Drucker traz uma grande contribuição. Ao lançar o seu livro A prática da administração, o marketing passa a ser visto como poderosa ferramenta, incentivando o seu uso pelos administradores. Reavis Cox, em 1954, frisa o papel do comportamento dos grupos na atividade mercadológica, depois, como já referido, de Abraham Maslow ter contribuído para o entendimento do comportamento do consumidor através da sua famosa teoria motivacional.

Geoffrey Shepard, em 1955, formula um modelo propício à avaliação global da atividade mercadológica, incorporando em seu modelo algo novo: a qualidade do produto. Na mesma época, uma contribuição importante para a valorização da segmentação de Mercado vem de Wendell Smith, que publica, em 1956, Product Differentiation and Market Segmentation as Alternative Marketing Strategies, no Journal of Marketing, obra na qual pratica a diferenciação, a segmentação e a orientação para o mercado como estratégias de marketing (SIMÕES, 1980a).

Em 1960, Theodore Levitt publica o famoso artigo Marketing Myopia, na Harvard Business Review, no qual estabelece as diferenças entre estar focado nas necessidades do vendedor em vez das do comprador, numa espécie de miopia organizacional responsável pela falha da gestão, por esta ser "orientada para o produto em vez de estar orientada para o cliente", (LEVITT,1960, p.45).

Levitt também apresenta, em 1962, outro trabalho intitulado Innovation in Marketing, no qual aprofunda os conceitos desenvolvidos no artigo Marketing Myopia. Em 1965, publica Exploit the Product Life Cycle, conceituando o ciclo de vida dos produtos. Também, nesse período, Rensis Lickert, mentor do Instituto de Pesquisa Social da Universidade de Michigan, realizou importantes experiências no campo da pesquisa motivacional, construindo a "Escala de Lickert", para medir variações atitudinais.

O ano de 1960 foi marcado por importantes colaborações ao marketing sob o aspecto comportamental, com foco na Teoria de Motivação Humana. Douglas McGregor revolucionou as formulações clássicas a respeito dessa teoria, com seu livro The Human Side of Enterprise, discutindo o conteúdo emocional em nível gerencial. Ernest Dichter publica The Strategy of Desire, pelo qual o autor foi acusado de procurar o simbolismo de Freud em todos os produtos e as conotações libidinosas em todas as ações de compra (SIMÕES, 1980b).

Em 1964 aparece a abordagem da questão ambiental, quando Wroe Alderson firma uma abordagem sistêmica, que elege o equilíbrio dos três níveis: (i) mercado (relações externas); (ii) organizacional (interno); e (iii) ecológico (ajustamento à sociedade e ao seu ambiente).

O ano de 1966 entra para a história do marketing por ser o ano no qual Jerome McCarthy lança a proposta de um composto de marketing básico, reconhecido mundialmente como o marketing-mix de uma empresa. Jerome McCarthy lança o Basic Marketing (MCCARTHY; PERREAULT, 1996), no qual publica a receita dos ingredientes do marketing, aquela idealizada por James Culliton, em 1948, pautada na próspera ideia de juntar, sob uma mesma letra ("p"), as quatro variáveis controláveis do ambiente interno de uma empresa, isto é, os "4 Pês": Produto, Preço, Ponto (ou Praça) e Promoção, mais tarde chamada de a "Pedra de Roseta", por Robert Lauterborn (1990).

Em 1967, Philip Kotler publica a primeira versão de Marketing Management: Analysis, Planning and Control (1ª edição no Brasil em setembro de 1974), que teve como grande mérito, conforme o próprio autor afirma no prefácio, reunir os textos de marketing publicados em periódicos especializados ou que ficaram guardados nos escritórios executivos das empresas (KOTLER, 1974, p.18).

> Neste momento (final dos anos 1960) já há a consciência de que a orientação para o marketing corresponde a uma atitude da empresa em relação ao consumidor (compreensão de suas necessidades e esforço para satisfazê-las) e a um conhecimento técnico adequado dos instrumentos de marketing para seu uso adequado (ARRUDA, 1986, p. 53, grifo do autor).

Mais à frente, no mesmo artigo, Arruda afirma que, em 1969, ocorreram duas publicações importantes: Igor Ansoff lança Toward a Strategic Theory of the Firm, que, embora mais voltado ao negócio como um todo, focaliza a necessidade de diagnósticos e respostas às mudanças ambientais, destacando as estratégias de mudança mais apropriadas ao momento, que é de expansão e diversificação; e Philip Kotler e Sidney Levy, no Journal of Marketing, que publicam: Broadening the Concept of Marketing, sugerindo uma ampliação do escopo de marketing, vendo-o como uma atividade social mais abrangente, um processo genérico aplicável a todos os tipos de instituições, incluindo as de caráter não lucrativo.

Para Richers (1981), no final dos anos 60, o conceito de marketing começa a desviar o foco das áreas da produção e da distribuição de bens, em favor de uma visão mais conjunta do papel do marketing, que contempla todas as atividades que envolvem o fluxo de bens e serviços entre produtor e consumidor. Atenta-se para a responsabilidade das funções administrativas dentro do processo de marketing na empresa e para o enfoque sistêmico, segundo o qual é importante integrar ordenadamente os diversos instrumentos de marketing.

Nesse sentido, o final dos anos 1970 e o começo dos anos 1980 marcam uma mudança na forma de atuação das empresas. O conceito de massificação de um produto, apesar de ainda bastante utilizado, começa a conviver com a procura por nichos de mercado.

Em 1982, a obra Em busca da excelência, de Tom Peters e Bob Waterman, e a presença de vários renomados autores levaram o marketing às massas e às pequenas e médias empresas, assim como a todo tipo de profissional. Ainda que, com tendência a modismos e com o risco do descuido relativamente ao rigor da investigação científica na área, por uma necessidade mercadológica, o marketing passou a ser uma preocupação direta da alta direção de todas as megacorporações, não estando mais restrita a uma diretoria ou a um departamento.

O mundo do marketing em muito se beneficiou do avanço tecnológico dos anos 90, visto que o comércio eletrônico exigiu sérias adaptações revolucionárias, no tocante à logística, à distribuição e às formas de pagamento. O CRM (Customer Relationship Management) e os serviços de atendimento ao consumidor, entre outras inovações, beberam na fonte de um novo paradigma do marketing que brotava desde o início dos anos 80: o marketing de relacionamento que será abordado mais adiante.

Todas essas inovações permitiram uma gestão de relacionamento com os clientes em larga escala, ressaltada no maximarketing de Stan Rapp. A relação one-to-one, significando uma organização pensada a partir da perspectiva do cliente, vem do Marketing 1 to 1, do Peppers & Rogers Group (1994), do Aftermarketing de Terry G. Vavra (1995) e do "Marketing Direto" de Bob Stone (1992).

Bem antes, em 1973, aprofundando a análise dos custos comerciais e o reflexo na lucratividade, Kirpalani & Shapiro publicam Financial Dimensions of Marketing Management, na edição de julho do Journal of Marketing, e Smallwood aprofunda a análise do ciclo de vida dos produtos, como fundamento para o planejamento estratégico de marketing, por meio do qual poderia ser feita a previsão de vendas, além de oferecer subsídios para o planejamento do produto (SIMÕES, 1980 b).

O conceito de marketing ganha a contribuição de Drucker quando fala que a atividade deve saber compreender as necessidades do cliente para que o produto ou serviço venda por si mesmo. O mesmo autor, acrescenta que, sendo a criação de clientes o objetivo do negócio, "qualquer negócio tem duas funções de base: o marketing (a orientação para o cliente) e a inovação" (DRUCKER, 1973, p.132).

No final da década de 80, começa uma época de incertezas e instabilidades. É o início de uma nova situação econômica mundial em contexto de forte conflito ideológico, quando mudanças profundas são detectadas: implosão do socialismo no Leste Europeu, fortalecimento dos países entre os oceanos Índico e Pacífico, Japão se configurando como grande potência econômica, a ampliação e a consolidação da Comunidade Europeia, a crise do petróleo, entre outros. Todas tiveram curso neste período (MONTORO FILHO et al., 1996).

A resposta do marketing a esse momento foi a busca da rapidez na resposta às oportunidades e às ameaças mercadológicas, sob o risco de comprometer todo o negócio.

3.2 O Marketing de Relacionamento

Quarenta e cinco anos após a publicação da primeira edição de livro Administração de Marketing, em 1967, em sua mais nova edição (a 14ª) publicada em 2012, Kotler acrescenta novas orientações para a organização tida como "empresa inteligente", a que contempla o Marketing de Relacionamento, assim justificado: a globalização e o crescente aumento da concorrência têm mudado o cenário econômico e, por consequência, inúmeras empresas têm investido na satisfação dos clientes, valorizando o marketing de relacionamento (GORDON, 1999), exatamente aquela organização que tem a sua missão e visão baseadas em valores, por aceitar que "a empresa se esforce para ocupar mentes, corações e espírito dos clientes atuais e futuros", conforme reza o Marketing 3.0 (KOTLER, 2010, p. 45-46).

Assim, a empresa que está focada em uma das fundamentais partes do marketing holístico, a do marketing de relacionamento terá, como resultado, a fidelização numa prioridade estratégica, para habilitar toda a empresa para reter seus clientes ao longo do tempo (MCKENNA, 1992, p.04-05).

Respeitando, então, o cerne deste capítulo, a ênfase vai para o marketing de relacionamento, composto por quatro das suas partes interessadas e variáveis principais:

(i) os clientes; (ii) os funcionários; (iii) os parceiros de marketing (canais, fornecedores, distribuidores, revendedores, agências); e (iv) os membros da comunidade financeira (acionistas, investidores, analistas). Como a ênfase do Marketing de Relacionamento é o cliente, este precisa ser ouvido até mesmo antes da empresa desenvolver bens e serviços para assim saber os seus gostos e interesses e fazer com que a satisfação esteja sempre presente. Segundo Drucker, cabe à empresa criar um eficaz sistema de relacionamento cordial com os clientes e por meio desse ir ao encontro dos seus anseios, desejos e de suas necessidades, para que, cada vez mais, consiga personificar o seu atendimento, de forma a superar às suas expectativas e, assim, fidelizá-lo, o que configura vantagem competitiva frente à concorrência (DRUCKER, 1999).

Partindo de uma básica definição de marketing que enuncia que "o marketing é a atividade humana dirigida para a satisfação das necessidades e desejos, através dos processos de troca" (KOTLER, 1996, p.31), entende-se que na base desse simples processo de troca estava a figura do pequeno comerciante que possuía um número limitado de fregueses, o que lhe permitia conhecer cada um deles profundamente, facilitando um relacionamento de confiança mútua.

Com o passar do tempo, esse relacionamento genuíno foi ficando cada vez mais distante visto que, com o advento da revolução industrial, surgiram as vantagens ligadas aos ganhos em escala de produção, e com isso a necessidade de vender um mesmo tipo de produto a um número cada vez maior de clientes, sem nenhuma preocupação em saber se o cliente iria gostar ou não. A frase mestra desse paradoxo é de Henry Ford, ao se referir ao modelo Ford-T: "Os consumidores podem escolher automóveis de qualquer cor, desde que sejam pretos". Essa restrição não estava centrada somente nos ganhos de escala, mas também ao relevante fato da tinta preta secar mais rápido, permitindo maior produtividade. (CHASE, AQUILANO e JACOBS, 1998, p. 14).

Com o aumento da oferta de produtos intensificou a competição das empresas pelos consumidores, exigindo novas abordagens de marketing. Na década de 70, os profissionais de marketing passam a aproveitar as vantagens da segmentação de mercados, cujas formas de se dividir os segmentos de mercado foram evoluindo ao longo do tempo, passando a segmentação por perfis geográficos, demográficos e psicográficos, que agrupam os consumidores de acordo com seus interesses e estilos de vida (KOTLER,1980, p.104). E a partir do final da década de 80, fatores cruciais (maior competição nos mercados, excessivo número de bens e serviços oferecidos e principalmente a saturação dos consumidores devido ao excesso de mensagens comerciais) desembocam no berço de uma nova abordagem de marketing: a do Marketing de Relacionamento.

Em 1983, Leonard Berry, da Universidade Texas A&M, usou pela primeira vez a expressão "relationship marketing" (COBRA; BREZZO, 2010, p. 114). O aumento do poder de processamento dos computadores e a diminuição dos custos da tecnologia de informação vêm fortalecer o desenvolvimento desse conceito de Marketing de Relacionamento. Os mercados de vendas entre empresas (B2B – business to business), onde o número de clientes é menor e alguns são cruciais, e posteriormente os serviços, foram os primeiros a perceber o valor do relacionamento com os seus clientes.

Theodore Levitt (1983) vem em seguida, abordando, ainda que de forma restrita, o conceito de Marketing de Relacionamento, quando em seu livro, "The Marketing Imagination", dedicou um capítulo inteiro ao que chamou de gerenciamento do relacionamento. Rapp e Collins (1988) apresentam uma visão mais completa do conceito de Marketing de Relacionamento, usando a denominação de "Maximarketing", para a sua nova proposta. Régis McKenna (1992) assina o primeiro livro específico sobre o assunto, quando lança o seu livro intitulado Marketing de Relacionamento, no qual deixa explícito o valor do relacionamento.

Gordon enfatiza que marketing de relacionamento é um "processo contínuo de criação de novos valores com clientes individuais e o compartilhamento de seus benefícios durante uma vida toda de parceria" (GORDON, 1999, p.31).

No entender de Gordon (1999), os profissionais de marketing devem oferecer aos seus stakeholders ("partes interessadas") novos valores, considerando que o maior bem das organizações são os relacionamentos, pois oferecem rentabilidade em longo prazo e baixo risco. Isso requer afirmar que, portanto, devem estar familiarizados com suas três principais variáveis: os clientes (internos e externos) os parceiros de marketing (canais, fornecedores, distribuidores, revendedores, agências) e os membros da comunidade financeira, no caso, os acionistas, investidores e analistas (KOTLER, 2012, p.18).

Três tomadas de atitudes são imprescindíveis para o sucesso das ferramentas de marketing com vistas ao Marketing de Relacionamento. A saber: (i)programas de fidelização, o Life Customer Value, entre tantas outras ferramentas; (ii)a mudança para o empowerment do cliente, que consiste no novo papel que o cliente assumiu, o de o agente cocriador; (iii) transição do marketing indiferenciado para o marketing one to one.

O "Marketing Um a Um" seria inviável há alguns anos, devido a alta complexidade e aos altos custos envolvidos, mas os avanços tecnológicos passam a viabilizar esse tipo de comunicação personalizada. Conhecer cada consumidor individualmente significa construir um banco de dados que leve a organização a conhecer muito mais que seu nome, endereço e telefone. E sim as suas características em termos de:

- segmentação geográfica: nacionalidade, estado, município, cidade, bairro, rua, etc;
- segmentação demográfica: nome, gênero, idade, tamanho da família, renda, profissão, grau de escolaridade, religião, classe social, o ciclo de vida da família e ciclo de vida profissional do cliente;
- segmentação psicográfica: estilo de vida, personalidade, motivos de compra, conhecimento e utilização do produto, benefícios procurados, percepção de valor.

Uma parte muito importante desse registro são os processos de troca (de bens, de serviços e/ou de ideias) realizados por cada um desses indivíduos e as circunstâncias em que elas ocorreram, porque isso permite identificar o agrupamento mais significativo, com o qual a organização irá desenvolver um processo de comunicação fidedigno em prol da fidelização. Ressalta-se que para conhecer os consumidores individualmente, contudo, não basta armazenar uma série de dados em um banco de dados. Conhecer os consumidores significa processar esses dados, transformando-os em informações úteis que precisam estar disponíveis em todos os pontos de contato da empresa com estes consumidores (VAVRA, 1992).

O "Marketing Um a Um", mais uma denominação associada ao conceito de Marketing de Relacionamento, é um termo dos autores Don Peppers e Martha Rogers (1994). Com essa denominação, esses autores focam sua análise no relacionamento das organizações com seus consumidores finais, defendendo que, ao contrário do que era feito no marketing de massa, vender um único produto ao maior número de pessoas (e aqui se aplica à oferta política), as empresas devem procurar vender o maior número de produtos a cada um de seus consumidores, de forma personalizada, para o que é necessário considerar o gerenciamento de clientes (PEPPERS; ROGERS, 1994, p.35).

O Marketing de Relacionamento está fundamentado em princípios, que explicam as vantagens dessa abordagem e permitem entender a aplicação das ferramentas pertinentes. A saber:

1. *Confiança.* Qualquer forma de relacionamento que se propõe fidelização requer confiança mútua. A confiança que os clientes

depositam em determinadas organizações é fruto de sucessivas ações responsáveis e satisfatórias exercidas ao longo do tempo. Cada contato do cliente representa uma oportunidade para fortalecer a sua confiança, descobrir e satisfazer às suas necessidades e com isso estreitar cada vez mais o relacionamento.

2. *Relações "ganha-ganha".* O Marketing de Relacionamento é sustentado por relações onde os dois lados ganham, ou seja, "o jogo de soma positiva". Quando há um certo desequilíbrio de poder nas relações comerciais no sentido de tirar proveito do outro, esse tipo de comportamento é muito prejudicial para o relacionamento porque abala a confiança entre as partes.
3. *O direito à privacidade.* A proliferação do correio eletrônico e o uso da Internet, por exemplo, para pesquisa, traz à tona a questão da privacidade. Segundo Seth Godin (2000) é preciso pedir permissão aos consumidores para a utilização das suas informações pessoais, ou seja, toda vez que um consumidor preenche um documento é importante perguntar se ele deseja receber informações sobre determinado tipo de oferta. Por isso, o relacionamento só pode progredir quando o desejo das partes é respeitado. Quando pedimos permissão para estabelecer o relacionamento, devemos deixar claro para o consumidor quais as vantagens que ele deve obter com isso. Ainda com respeito a privacidade, em nenhuma hipótese uma organização deve fornecer informações sobre seus consumidores para terceiros, sem o expresso consentimento dos próprios consumidores.

A construção de relacionamentos duradouros entre a organização e seus consumidores traz os benefícios do comprometimento, da confiança, comunicação e satisfação (KOTLER, 1998; MORGAN, 2000; HUTT, 1995; MCKENNA, 1992).

Segundo Oliver (1996), a satisfação do consumidor ocorre quando o desempenho do produto que ele está consumindo atinge ou supera o nível de sua expectativa, proporcionando uma experiência agradável. A expectativa resulta da somatória de vários fatores, tais como propagandas, informações comerciais, especificações, indicações de amigos e até mesmo experiências já vividas pelo próprio consumidor. Vale ressaltar o que McKenna chama de referência:

> (...) é quando alguém pretende comprar um bem, contratar um serviço ou votar, procura amigos ou conhecidos e verifica se estão satisfeitos. E vale registrar ainda que as pessoas também costumam contar suas experiências voluntariamente. E existe uma regra prática que diz que se um consumidor satisfeito conta para três a cinco outros consumidores, então um consumidor insatisfeito conta o seu problema para outras dez ou doze pessoas (MCKENNA, 1992, p. 90).

Outro benefício do marketing de relacionamento passa pelo custo de entrada no mercado, de obtenção de novos clientes, que sempre é maior do que o custo de manutenção dos clientes atuais. Isso porque "via de regra, custa a uma empresa cinco vezes mais conseguir um cliente novo do que manter um já existente" (PEPPER; ROGERS, 1994, p. 48) e "os gastos de marketing e vendas são três vezes maiores para novos consumidores" (BROWN, 2000, p. XII).

Desse caudal teórico pode-se afirmar que os benefícios do marketing de relacionamento passam ainda pela presente lista:

1. um maior retorno do investimento de marketing, graças a um balanço ótimo entre o gasto com aquisição de novos clientes e o gasto com manutenção de clientes atuais;
2. um maior conhecimento dos clientes, que podem participar e contribuir diretamente no processo de desenvolvimento de novos produtos;
3. uma melhor avaliação do resultado de campanhas promocionais e de comunicação;
4. uma possibilidade para aumentar o volume de negócios da empresa com os clientes atuais, com ações como vendas cruzadas (cross sell);
5. uma medição da satisfação dos consumidores de uma forma mais confiável, diretamente ou através da taxa de retenção;
6. um contato com consumidores que abandonaram a empresa para descobrir as causas do abandono e até reverter a situação;
7. uma maior satisfação dos clientes e consequentemente maior fidelidade. Permite incentivar e mensurar os efeitos da

propaganda feita pelos próprios clientes satisfeitos (propaganda boca a orelha).

Finalizando, há que se registrar que existe uma certa dificuldade para mensurar alguns desses benefícios porque muitos deles são de natureza qualitativa. No final, todos acabam impactando a lucratividade. Para reforçar esse ponto Gummesson salienta:

> muitas vezes não conseguimos encontrar uma boa medida para o retorno das ações de Marketing de Relacionamento, mas isso não quer dizer que devemos usar qualquer medida sem sentido e muito menos abandonar a ideia. Para tomar decisões de gestão precisamos considerar também os benefícios intangíveis (GUMMESSON, 2000, p. 190).

O Customer Relationship Management (CRM) ou Gestão do Relacionamento com os Consumidores é um termo muitas vezes, embora sem razão, utilizado como sinônimo do Marketing de Relacionamento. Para precisar a sua compreensão, usa-se a sigla CRM como uma ferramenta que faz parte de um conjunto maior, que é o Marketing de Relacionamento.

Dessa forma, a sigla CRM designa um pacote de software (e hardware) que dão suporte às estratégias de Marketing de Relacionamento. Os pacotes de CRM oferecem soluções que permitem integrar as funções de coleta, análise e distribuição das informações dos consumidores, permitindo que todos da organização façam contato com esses consumidores, portanto, que compartilhem do mesmo nível de conhecimento de cada cliente.

Se um cliente efetua uma reclamação pela Internet e depois liga para o centro de atendimento telefônico para cobrar uma resposta, é preciso que o agente do relacionamento que vai atendê-lo tenha informações completas sobre ele, independentemente da forma de contato utilizada. Toda a organização precisa estar sintonizada com os seus clientes e possuir um sistema de CRM bem implementado, o que se torna uma poderosa ferramenta para permitir que isso ocorra.

Conforme explica Bretzke,

> [...] o objetivo do CRM é prover a empresa de meios mais eficazes e integrados para atender, reconhecer e cuidar do cliente, em tempo real.

> Transformar esses dados em informações que, disseminadas pela organização, permitam que o cliente seja conhecido e cuidado por todos e não só pelas operadoras do call center ou pelos vendedores (BRETZKE, 2000, p. 29).

Os pacotes de CRM possuem módulos específicos para cada etapa do relacionamento dos consumidores com a empresa, como coleta de informações, manutenção do banco de dados e análise dessas informações. Entre as várias aplicações disponíveis há as ferramentas para automatização do centro de atendimento e softwares para o desenvolvimento de pesquisas sobre as bases de dados(datamining).

A conclusão da ênfase do Marketing de Relacionamento é o cliente, que precisa ser ouvido até mesmo antes da organização desenvolver bens e serviços para, assim, saber os gostos e os interesses dos clientes e fazer com que a satisfação esteja sempre presente. O que está subjacente é a participação direta do cliente nos processos de marketing, visto que "a interação com os clientes é a fonte mais importante do conhecimento de marketing" (GUMMESSON, 2010, p.110).

Cabe à empresa a responsabilidade de criar um eficaz sistema de relacionamento cordial com os clientes e, por meio dessa relação, ir ao encontro dos seus anseios e desejos, e de suas necessidades, para cada vez mais atendê-lo de forma a superar as suas expectativas e, assim, fidelizá-lo, o que configura vantagem competitiva frente à concorrência (DRUCKER, 1999).

As ferramentas mais usuais podem ser assim resumidas:

- Database Marketing;
- Cartão Resposta;
- Datamining;
- Marketing Direto;
- Centro de Atendimento (Call Center);
- Internet;
- CRM;
- Programas de Fidelização;
- Grupos de afinidade e programas de indicação;
- Marketing de Frequência.

Philip Kotler (2012) afirma que ninguém que ele conheça sabe mais sobre Marketing de Relacionamento do que Evert Gummesson, para quem o Marketing Relacional engloba um conjunto de interações, relações e redes. Em cima disso, sugere um modelo que retira a hegemonia dos "4 Pês" do Mix de Marketing.

3.2.1 Os Precursores do Marketing de Relacionamento

Valendo-se da Revista Portuguesa e Brasileira de Gestão (2008, p. 36-46), encontramos a lista da primeira corrente dos precursores do Marketing Relacional, esses oriundos da área de serviços, na qual destacam as contribuições de Berry (1983), Gummesson (1987, 1991), Gronroos (1990a) e Bitner (1995), Christopher, Payne e Ballantine (1994), e Berry e Parasuraman (1993).

A Revista apresenta ainda uma segunda lista de investigação que vem da área do Marketing Industrial, centrando-se nas relações de troca interorganizacionais, na qual se destacam as contribuições de Hakansson (1982), Hallen, Johanson e Mohamed (1987), Anderson, Hakanson e Johanson (1994), Anderson (1995) e Hutt (1995).

O comportamento relacional do consumidor no mercado de consumo gera uma terceira linha específica de investigação, na qual se destacam as contribuições de Sheth e Parvatiyar (1995), Bagozzi (1995) e Peterson (1995).

Ainda há que registrar a quarta linha de investigação, agora focada nas relações interpessoais nos canais de distribuição, com destaque para Nevin (1995), Weitz e Jap (1995) e Chang (2001).

Eles comungam da opinião de que, historicamente, os conceitos de marketing da AMA vinham privilegiando muito mais a transação em detrimento dos clientes. Os próprios "relacionamentos, as redes e a interação vinham desempenhando um fraco papel na gestão de marketing tradicional", sintoma da "debilidade e do fracasso da própria abordagem dos '4 Pês' do marketing-mix" (GRONROOS, 1990b).

Soma-se aqui a fala de Gummesson, que sublinha que o modelo clássico do marketing-mix não dá conta da complexidade do comportamento humano, em termos relacionais, num autêntico processo de troca, ou seja, aquele em que a teoria do marketing está orientada para o cliente e para a relação (GUMMESSON, 2010, p. 31).

A relevância conquistada pelo consumidor na escola relacional leva a afirmar que há uma miopia no Marketing de Relacionamento das organizações que não conseguem enxergar que o perfil dos consumidores mudou. Os clientes já não são mais consumidores passivos, estão mais informados, são mais exigentes e têm mais poder (empowerment), chegando a desenvolver um campo de negociação bastante ativo e poderoso entre eles mesmos (a relação intitulada de C2C). Hoje, eles querem participar da cocriação dos bens, dos serviços e das ideias que são ofertadas, inclusive, para eles próprios, conforme o que prescreve o conceito de marketing 3.0.

Não enxergar nitidamente essa nova oportunidade de se relacionar é também, por conseguinte, não enxergar a rica possibilidade de agregar valor à marca, ao posicionamento no mercado, à competitividade e aferir lucros justificados num bem maior: acessar, encantar, superar às expectativas do cliente e fidelizá-lo, num verdadeiro processo criativo e inovador de gestão de Marketing Relacional.

Cabe à literatura do marketing de serviços a nobreza de conter, pela primeira vez, o emprego do termo relationship marketing, quando, como já se referiu, Leonard Berry, da Universidade Texas A&M, em 1983, planta a semente de um interesse crescente junto à academia mercadológica (COBRA; BREZZO, 2010, p.65).Passou a oferecer um forte diferencial competitivo às organizações, que, numa visão holística dos ambientes mutáveis do mercado e da sociedade, tomaram a decisão acertada de não mais ficarem na retaguarda dos "4Pês", enquanto Gestão de Marketing, mas na vanguarda do emergente novo paradigma: o do marketing relacional.

Para fortalecer o seu ponto de vista a favor do marketing centrado no cliente, Gummerson (2010, p.35) sente-se honrado em "ressuscitar" Peter Drucker, falecido em 2005, por entender que uma ciência só se justifica se versa sobre pessoas valorizadas como recursos e não como custo. Alimentado por essa sua visão humanista, afirmava que o resultado final do marketing é o ponto de vista do cliente.

Gronroos (1994a), Constantinides (2006), Sánchez, Gil e Mollá (2000), Harker e Egan (2006) trazem um consenso de visão de que o modelo dos "4Pês" do marketing-mix transacional é de "fácil compreensão e que possui um grande valor conceitual". Todavia, a evolução da concepção do marketing em muito superou a definição de marketing proposta pela American Marketing Association (AMA), em especial a de 1985, que ainda entendia o marketing como "o processo de planificação e execução da concepção, fixação de preços, promoção e distribuição de ideias, bens e serviços para criar intercâmbios que satisfaçam aos objetivos do indivíduo e da organização". E essa definição ainda refletia a tendência transacional da Teoria do Marketing, que foca mais o produto e prioriza a transação do que o cliente, numa demonstração clara de uma gestão de marketingainda focada no modelo dos "4Pês", configurando uma gestão de marketing estritamente funcional (BOSS, 1997).

3.2.2 As Escolas do Marketing de Relacionamento

Desde os anos de 1990, o Marketing Relacional vem se posicionando para ocupar o primeiro lugar como o paradigma que vai além do clássico Marketing-Mix, porque esse composto conhecido como os "4 Pês" (produto, preço, ponto e promoção) de Jerome McCarthy, não vislumbra um relacionamento contínuo e duradouro com o cliente, fruto da satisfação plena e da fidelização (REYNOLDS; BEATTY, 1999), sem falar da miopia em não perceber o quanto mais é lucrativo reter clientes, a essência do Marketing Relacional.

A nobre essência do Marketing Relacional – visando a fidelização do cliente - passa inclusive a constar do novo marketing, o Marketing 3.0, criado em 2007, que exibe um conceito de marketing-mix evolutivo, à medida que sabe que a segmentação, a definição de mercado-alvo e o posicionamento têm que relevar outros "Pês", a exemplo de pessoas, processo, provas físicas (performances), public opinion (opinião pública) e poder político (KOTLER, 2010, p.30). E sabe também que a missão e visão empresarial tem que contemplar essencialmente valores, espiritualidade, causas sociais e uma economia sustentável, dada a consciência ecológica. Por isto mesmo, numa visão ampliada do conceito do Marketing Relacional, este atende ao empowerment do consumidor e busca "decifrar o código da alma do receptor", exatamente como reconhece Kotler, ao registrar essa frase pontual de Stefhen Covery, também validada no Marketing 3.0 (KOTLER, 2010, p. 40).

O Marketing Relacional (assim como Marketing 3.0) apresenta uma visão sistêmica porque todos os seus stakeholders são responsáveis pela manutenção do cliente fidelizado a longo prazo (não cabendo, portanto, somente aos ligados ao setor do marketing), um forte precedente para uma mudança de paradigma em marketing, conforme defendem os pesquisadores afins, a exemplo de Gummesson (1987 e 1998), Gronroos (1990a; 1994b) e Moliner e Callarisa (1997), que sugerem passar da abordagem transacional para a relacional, baseada nas relações a longo prazo com os clientes, tão somente porque a construção de relações a longo prazo com clientes é fruto da satisfação e da fidelização dos clientes (REYNOLDS; BEATTY, 1999).

Em sua essência, o Marketing é relacional, por pressupor a proximidade da organização com os seus públicos, para a qual o papel do marketing, enquanto função organizacional, está voltado à criação, à comunicação e à entrega de valores aos clientes, bem como à administração de relacionamentos, cuja resultante favoreça tanto a organização quanto a seus stakeholders, identificados por Gummesson (2010, p.20): consumidores, fornecedores, revendedores, concorrentes, formadores de opinião, funcionários, órgãos reguladores do governo, organismos financiadores, proprietários e acionistas, assim como as comunidades locais e as ONGs.

Abordar o Marketing Relacional como paradigma emergente requer, no mínimo, quatro frentes de pesquisa teórica. A saber: (i)sistematizar a evolução do Marketing Relacional, o qual passa pela linha de pensamento de seus principais precursores, que discutem a mudança de paradigma do Marketing Transacional (o do embasado no composto clássico do Marketing Mix) para o Marketing Relacional;(ii) ciscar o terreno fértil de onde vem aflorando e nutrindo a ascensão do Marketing Relacional;(iii) trazer à tona as formas de uso do Marketing Relacional; e (iv) levantar as resultantes de sua aplicabilidade na gestão das organizações que estão na vanguarda desse novo paradigma relacional, que elege como primeira prioridade a lealdade que conduz à fidelização do cliente a longo prazo (GUMMESSON, 2010).

Como se acabou de referir, no início dos anos 70, a Escola Escandinava exibe em suas origens as investigações de Christian Gronroos (1980) e de Evert Gummesson (2002) as quais, centradas na área serviços, tornaram-se referência internacional nesse campo de pesquisa. Nos anos de 1990, a linha de pensamento dessa Escola Nórdica alinha-se ao marketing relacional, ainda que nunca tenha usado esse termo. Os termos que recheiam tal conceito específico são: "interações comprador-vendedor"; "marketing interativo"; "ciclo de vida da relação com o cliente" (GRONROOS, 2000); "relacionamento interativo e marketing interno"; "part-time marketers", quando se consideram todos os demais empregados que, apesar de não fazerem parte dos departamentos de marketing e de vendas, têm contatos habituais com os clientes, logo, que também contribuem, direta e indiretamente, para a garantia da satisfação dos consumidores, por conseguinte, na próxima compra dos clientes, por isso mesmo valorizados por Gummesson (1991).

Esse autor também fala nos full-time marketer (FTM), no que diz respeito aos atores do ambiente externo, a exemplo dos clientes e da mídia, que "influenciam o relacionamento com os clientes por meio de encontro de serviços, face a face, boca a ouvido, e-mail a e-mail, mensagem de telefone celular a celular e computador a computador via web", visto que "a gestão de marketing nesse sentido exige uma orientação de marketing de toda empresa" (GUMMESSON, 2010, p. 37).

Jorge de Sá, cita a Escola anglo-australiana - inicialmente centrada na Cranfield Graduate Scholl of Management, no Reino Unido – como uma importante divulgadora do conceito do Marketing Relacional no mundo, vindo à tona após a Escola Nórdica e antes da Escola do IMP Group, formando a tríade que assina essa nova proposta de um modelo de marketing, o do Marketing Relacional, cuja máxima é a fidelização do cliente por longo prazo (SÁ, 2013, p. 23).

Na base desse novo conceito, estão três renomados autores: Martin Christopher, Adrien Payne e David Balllantyne que juntos, após terem agregado os conceitos dos seis mercados, da qualidade, do marketing e do serviço ao cliente, designaram um termo para esse resultado: o de marketing relacional (CHRISTOPHER; PAYNE e BALLANTYNE, 1993, p. 04-22).

Os autores finlandeses Kristian Möller e Aino Haline (2000) indicam as quatro áreas que serão contempladas pelo Marketing Relacional.

A saber: (i) Marketing Organizacional; (ii) Marketing de Distribuição; (iii) Marketing de Serviços; e (iv) Marketing Direto, sem perder de vista a Gestão de Base de Dados. E, quanto à aplicabilidade desse novo conceito, segundo Berry, esta é válida "quando há alternativas de escolha, quando o cliente tem o poder de decisão e quando existe uma procura continuada, ao longo do tempo, do produto ou do serviço" (BERRY, 1983, p.9).

Jagdish Sheth (1988) deixa registrado dois compromissos essenciais: o de que os clientes gozam de um valor continuado enquanto se mantiverem nessa posição de clientes e o de estar centrado mais nas relações do que nas transações, tendo-se apropriado da designação de marketing relacional (relationship marketing)e deixado a expressão marketing transacional para denominar o marketing clássico.

Três autores do reconhecido livro Marketing de Relacionamento: Trazendo Qualidade, Atendimento ao Cliente e Marketing Together (1991), então considerado o primeiro texto publicado internacionalmente neste campo, com a segunda edição publicada em 2002, como Marketing de Relacionamento: Criação de Valor Stakeholder, assinam os nomes de reconhecidos pesquisadores da área do Marketing Relacional, da Escola Anglo-australiana. A saber: (i) Martin Chistopher, emérito professor da Marketing at Cranfield University, Reino Unido; (ii) Adrian Payne, professor de Marketing na Universidade de New South Wales, Austrália; e (iii) David Ballantyne, professor de Marketing da Universidade de Otago, a mais antiga universidade da Nova Zelândia.

A literatura pertinente também reconhece o primeiro professor universitário de CRM, no Reino Unido, Francis Butle, professor de Marketing e de Gestão de Relacionamento com o Cliente, e que também atua em consultoria sobre Gestão de Cliente, em Sydney, Austrália, por operar em duas áreas que de fato contribuíram para o Marketing Relacional. Suas contribuições vêm, por conseguinte, do CRM, da Gestão Relacional com o Cliente e da Gestão da Qualidade, férteis sementes que ajudaram a aflorar o Marketing Relacional.

Revisitando Payne, Ballantyne e Christopher (1991), para mostrar a evolução do marketing, de uma forma bem simplificada, temos: se os anos 50 testemunham que o marketing moderno se centrou no marketing dos bens de consumo, a década de 60 é o "berço" do Marketing Industrial, mais tarde chamado de business to business (B2B).

Se a década de 70 é solidária à filantropia e às causas sociais, trazendo o Marketing Social (non-profit and societal marketing), os anos 80 diferenciam-se pela implementação de uma nova área do marketing, a do Marketing de Serviços, ficando para os anos 90 a proeza de protagonizarem o posicionamento do tão reconhecido Marketing Relacional.

O Marketing Industrial, a exemplo do de serviços, compartilha o seu interesse no relacional e, juntos, dão luz ao Marketing Relacional. O grupo IMP (Industrial Marketing and Purchaising Group) teve as suas origens na Suécia, nos anos 1970, e baseou-se no Marketing Industrial, com foco na interatividade e nas redes interorganizacionais. Redes de compradores-fornecedores que buscam a interação tanto no fluxo de bens e serviços quanto nos intercâmbios financeiros e sociais, as quais tendem a ter um longo ciclo de vida (HAKANSSON, 1982).

Para esse grupo de investigadores (Alemanha, França, Inglaterra, Itália e Suécia), as decisões de compra entre as organizações não deverão ser baseadas apenas nas variáveis (os 4 Pês) do marketing-mix, cujo único sujeito é a empresa que oferta o seu produto. O processo de compra é geralmente parte de um compromisso crescente com determinado fornecedor, resultante de um relacionamento de longa duração entre as partes (HAKANSSON, 1982), demonstrando que o Marketing Industrial soube privilegiar as interações, as quais atraem o desenvolvimento de relações sociais, defendendo a tese de que a construção e a gestão desse tipo saudável de relações são vitais para uma organização (BOSS, 1997).

Concluindo, ainda que correndo o risco de ficar aquém das riquezas abordadas, de todos os excelentes autores aqui visitados, podem-se tirar palavras-chave que, fidedignamente, representam as características e os objetivos do marketing relacional, o qual – centrado na tríade relação, processo interativo e longo prazo (BERRY, 1983) – contempla:

- níveis de gestão de negócios integrados;
- gestão da qualidade;
- melhoria contínua;
- inovação continuada;
- atendimento às necessidades dos clientes, sob o olhar do marketing individualizado;
- respeito à concepção de valor pelo cliente, o que pressupõe "troca de valores";

- fidelização do cliente, que passa por um processo de comunicação relacional a longo prazo;
- marketing de serviço;
- satisfação dos clientes, concomitantemente à satisfação dos interesses da sociedade;
- informação;
- interatividade;
- integração;
- redes e responsabilidade social,

todos sinônimos de virtudes do Marketing Relacional que, em último estágio, busca privilegiar os clientes e os relacionamentos, valorizando-se como o marketing focado em pessoas, portanto, mais humanizado, integrando ao modelo criado por Kotler (2010), o "pai da gestão moderna do marketing", ou seja, o do Marketing 3.0, essencialmente holístico.

Diante de tudo isso, como já se referiu, posto em forte oposição ao Marketing Transacional, nasceu o Marketing Relacional, característico dos anos 90, que, para muitos autores, veio para substituir o conceito de marketing tradicional, uma vez que este já não oferece a abordagem exigida pelo novo meio envolvente (GUMMESSON, 1987).

Que, no entanto, seja claro que não se trata de eliminar o uso das contribuições do Marketing Transacional, que continuam úteis, mas de as reformular no quadro estratégico do Marketing Relacional, enquadrando ambos no seio do Marketing Holístico (3.0).

A contemporaneidade exige um paradigma de marketing que dê conta de uma gestão de alta capacidade produtiva das organizações, de acirrada concorrência, dos avanços das TICs (tecnologias da informação e da comunicação), de cobrança constante pela qualidade, tanto por parte das empresas quanto dos consumidores, da evolução do perfil dos consumidores já valorados enquanto empowerment. Portanto, há um reconhecimento de que a relevância vem da consciência civil que grita por um modelo de desenvolvimento econômico sustentável local, nacional e internacional, assim como também por uma ideologia do consumo sustentável, visto que todos só se justificam se contemplarem políticas públicas que levem em conta a gestão humana.

Nessa linha de raciocínio, a frente teórica deste capítulo (no tocante à evolução do Marketing Relacional, ao terreno fértil de onde aflorou e nutriu esse paradigma emergente, às formas de uso do Marketing Relacional, assim como às resultantes de sua aplicabilidade na gestão das organizações), reforçou, na linha de pensamento de Gummesson (2010), a importância de sua aplicação na política, em especial porque elege a fidelização do cliente a longo prazo, no caso o eleitor, o que exige mais que uma restrita gestão do tradicional marketing eleitoral, cuja base continua hoje a ser fundamentalmente transacional.

3.2.3 Dos 4 P's ao Marketing Mix Relacional

Como algumas extensões do marketing não eram plenamente contempladas pelo marketing-mix, a exemplo da área industrial e a de serviços, emerge-se dessa constatação a pertinência do Marketing Relacional.

Como já foi referido, contribuições de extrema importância brotam de duas teorias: a primeira, a Escola Nórdica (Escandinávia e Finlândia), focando a área de serviços, deu início às pesquisas na área do marketing no início dos anos 1970 e que, nos anos 1990, passou a se direcionar com o pensamento do Marketing Relacional; e a segunda, a oriunda do Marketing Industrial (GRONROOS, 2000).

A gestão da qualidade que contempla a qualidade percebida pelo cliente, a evolução do conceito de cliente interno e externo, a teoria organizacional e a revolução das novas tecnologias contribuíram acentuadamente para a teoria geral do Marketing Relacional, não como uma simples extensão de marketing, mas como um novo paradigmad o marketing (GUMMESSON, 1998).

Diante do exposto, o desposicionamento dos "4 Pês" do Marketing-mix Transacional do primeiro lugar da mente dos pesquisadores, profissionais e estudantes do marketing está sendo feito de forma significativa e singular, pelo que surge como um novo paradigma: o do Marketing Relacional, o qual está baseado na construção de relações estáveis e duradouras, priorizando as relações humanas entre as organizações e seus clientes.

É a valorização de uma relação mais individualizada, numa abordagem aprofundada do marketing one to one, buscando a construção de novos processos de interatividade, palavra-chave do Marketing Relacional, que, segundo Gummesson, é fruto do valor gerado pela "própria interação das redes de relacionamento" (GUMMESSON, 2010, p.22). No entanto, insiste-se, o novo paradigma (relacional) não pretende eliminar o anterior (transacional), mas antes integrá-lo no seu seio debaixo do novo entendimento da centralidade da relação com o cliente (SÁ, 2013, p.35).

3.3 O Marketing 3.0: um modelo centrado no humano

Kotler, em sua edição de 2010, apresenta a Indonésia, o maior arquipélago do mundo e o único membro do G-20 no Sudeste Asiático, como um país em que a "centralidade do homem e a espiritualidade superam os desafios da diversidade" (KOTLER, 2010). Criou, assim, o mais perfeito ambiente mercadológico para ser o "berço" do novo marketing, nomeado de "Marketing 3.0", um novo conceito de gestão de marketing centrada no humano, daí ser dignamente batizado de "marketing do espírito humano".

Desse modo, vem da Ásia a atitude pioneira de um grupo de consultores da MarkPlus, empresa de serviços de marketing do Sudoeste Asiático, liderada por Hermawan Kartajaya, que há 15 anos tocou forte a mente de Philip Kotler, quando lhe permitiu a primeira ideia do termo "Marketing 3.0" (KOTLER, 2010).

Isso porque, em 2007, Kotler e Kartajaya entregam nas mãos do mundo dos negócios a possibilidade da solução de problemas globais, como bem-estar, pobreza e sustentabilidade ambiental, uma vez que as organizações já dispunham, a partir de então, de um eficaz modelo de gestão de marketing centrado no humano: no caso, o difundido "Marketing 3.0".

O resultado de dois anos de cocriação para o aprimoramento do conceito foi exposto em Jacarta, no 40º aniversário da Associação dos Países do Sudeste Asiático (ASEAN - Association of Southeast Asian Nations, fundada em 1967).

Em obras bem anteriores de Philip Kotler já é possível encontrar diferentes componentes do que viria a ser este conceito de marketing holístico. Uma delas diz respeito ao seu trabalho com Eduardo Roberto (Social Marketing – Strategies for Changing Public Behavior) editado em 1989 e no qual foi explicitado o conceito de marketing social assente em premissas que, pelo seu compromisso social e ambiental já então integravam dimensões do conceito atual do marketing 3.0.

Numa outra obra, Philip Kotler introduziu no conceito de marketing uma dimensão relativa a "uma orientação da administração que visa proporcionar a satisfação do cliente e o bem-estar do consumidor, e do público a longo prazo", perspectiva que reenvia para as questões de sustentabilidade que são centrais no conceito do "Marketing 3.0 (KOTLER, 1980).

Ao mesmo tempo, Kotler ia ao encontro da essência do Marketing Relacional, que nascia com os estudos de renomados autores, entre eles Berry (1983), Grönroos (1990a) e Gummesson (1987), focado na relevância da gestão dos relacionamentos adequados aos diversos segmentos de clientes.

Aqui a responsabilidade do Marketing passava pelos desejos, pelas necessidades e pelos anseios dos consumidores, assim como pelo interesse da sociedade, afirmativa contemplada pela preocupação de Kotler com o bem comum que o autor expressou como "bem-estar social" (KOTLER, 1980, p. 45-46).

Este conceito foi proposto para satisfazer às exigências das pessoas que, já no início da década de 1970, questionavam o papel do marketing que, mesmo propondo fazer do consumidor um rei, pouco ou nenhum interesse manifestava com o bem comum ou os efeitos a prazo do modelo de consumo a exemplo do que questionava o artigo "Adaptação Social: um novo desafio para o Marketing", publicado no Journal of Marketing, por Laurence P. Feldman (1971, p.54-60).

Exemplificando, uma empresa atendia a necessidade crescente de fast food, sem se preocupar com o valor nutritivo, correndo o sério risco de prejudicar o seu próprio consumidor. Outra inovava com o lançamento das garrafas sem retorno, com grandes desperdícios de recursos, e outra fazia uso de um alto volume de papel para embalar seus produtos, ambas sem a menor preocupação com o meio ambiente. Havia, ainda, quem se vestisse de peles de animais, perdendo de vista o risco da extinção do próprio animal.

Já nascia, assim, a semente que ganharia força no final do século XX, por perceber que, em época de excessivo crescimento populacional, deterioração do meio ambiente, escassez de recursos, fome, miséria e serviços sociais deficientes, o sentir, o servir e o satisfazer significam não ignorar o conflito entre a satisfação de interesses individuais imediatos e o interesse social a prazo, conforme respeita o "Marketing 3.0.

Uma verdadeira demonstração de que há, sim, um conceito de gestão de negócio mais apropriado, no caso, aquele centrado no valor humano e adotado por empresas que, socialmente responsáveis, apresentam uma gestão de marketing que acredita que as outras tantas necessidades e esperanças de todos os seus públicos jamais devem ser negligenciadas: o limite do "eu-consumidor-cidadão" termina onde começa o do outro, independentemente do seu peso enquanto consumidor-cidadão.

Se, na primeira fase, o marketing era orientado pela transação, concentrando-se no produto e na venda, e, na segunda, orientado pelo relacionamento, no sentido de como fazer o consumidor voltar a comprar cada vez mais, justificando o uso do instrumental de CRM, nessa terceira fase ele ultrapassa o conceito do consumidor isolado enquanto centro do mundo em favor do consumidor mobilizado na salvaguarda de equilíbrios ambientais e sociais do mundo em que quer viver de forma sustentada. O novo marketing convida os consumidores a participar do desenvolvimento de produtos da empresa e de suas comunicações, com o diferencial de serem cocriadores.

Cocriação é um termo criado por C.K Prahalad, para descrever a nova abordagem à inovação. Em "A nova era da Inovação", Prahalad e Krishnan observaram que a experiência individual vivenciada do consumidor cria um maior valor ao produto. E mais: reconhecem também que isso se dá graças à colaboração entre empresas, consumidores, fornecedores e parcerias de canal interligados em uma rede de inovação (PRAHALAD; KRISHNAN, 2008).

Vale o registro de que todo esse movimento em torno de conceitos, como responsabilidade social e sustentabilidade, que se vê no "Marketing 3.0", também será alvo da política. Na década de 80, surgiram na política novas ofertas, de que é exemplo na Alemanha o Partido Verde, que trouxe para a agenda política, cultural e social temas e discussões que não estavam presentes no dia a dia dos partidos políticos, dos governos e dos parlamentos. A iniciativa alemã, logo seguida noutros países europeus, estimulou o surgimento de uma nova geração de políticos e de uma nova abordagem dentro dos princípios do marketing político.

3.3.1 Indo Além de Atender ao Cliente: a satisfação do valor espiritual

"Prosumidores" é o termo usado para designar o consumidor da chamada "Era da Participação", enquanto pessoas que criam e consomem notícias, ideias e entretenimento. Surge uma abordagem inovadora a partir de histórias que comovam as pessoas promovendo o empowerment do consumidor (KOTLER, 2010, p. 7).

Diante dessa nova sociedade pós-moderna, o Marketing 3.0 passa a ver os consumidores como pessoas dotadas de mente, coração e espírito. E no que concerne à primeira missão de uma gestão de marketing – a de atender ao cliente - esse novo marketing vai muito além da satisfação funcional e emocional, porque o novo cliente exibe um perfil que só se vitaliza num mundo melhor: o valorizado pela satisfação espiritual, onde o valor percebido como significado precisa estar nos bens, serviços, ideias que escolhem (KOTLER, 2010, p. 6)

A missão e a visão ganham amplitude de legado. A organização vai priorizar a satisfação de uso de uma oferta, mas também vai levar o consumidor a se manter fiel pelos benefícios pessoais recebidos por longos e longos anos. Isto por entender que precisa deixar um plus, algo a mais que alimente a satisfação do cliente e da sociedade, concomitantemente, no sentido maior de contribuir para o atendimento de suas necessidades psicossociais, que podem estar gritando por melhor qualidade de vida para as pessoas e para o planeta, por exemplo. Os valores pós-materialistas acompanham estas mesmas necessidades.

O desafio das organizações é responder, de forma inteligente, às desafiadoras perguntas: O que a empresa é (produtos, vendas, clientes, marcas ou valores humanos)? Qual a sua missão organizacional? Como vai operacionalizá-la (por que ela está aqui; apenas para enriquecer-se, deixar o cliente plenamente satisfeito, ganhar fama no posicionamento de sua marca)? Ou para blindar uma visão futura, a qual, indo além do seu ciclo de vida, deixará um rico legado de ofertas de valores que contribuem, cada vez mais, para a humanização da satisfação de todas as suas partes interessadas (stakeholders) e a sociedade, agindo como verdadeiro agente de transformação social.

Diante do exposto, exatamente como as pessoas criativas, as empresas devem refletir sobre a sua autorrealização muito além dos objetivos materiais. Precisam saber realmente o que querem ser e esse seu "estado de ser" deve estar presente na missão, na visão e nos valores corporativos, como comunga Erich Fromm (1987).

O mesmo, como adiante se verá, se pode aplicar às organizações políticas, que deverão ser capazes de responder a idênticas questões com o objetivo de satisfazer (e, consequentemente, fidelizar) os seus eleitores, não só cumprindo as suas necessidades materiais, mas, sobretudo, sabendo, no quadro do pós-materialismo, ir bem para lá destas.

Regressando às empresas, o lucro virá do valor atribuído pelos seus clientes, tanto maior quanto a valorização do bem-estar humano em suas missões organizacionais. Isso é Marketing Espiritual ou Marketing do Espírito Humano, na opinião de Kotler (2010, p. 22) assim como na visão de Drucker, ao afirmar que as empresas bem-sucedidas não começam seu planejamento pelos retornos financeiros. Começam pela realização de sua missão (KOTLER, 2010, p. 46).

Um ano após o lançamento do conceito do novo marketing, em Jacarta, por Kotler, a American Marketing Association, em 2008, viria fortalecer a essência do "Marketing 3.0", simplesmente por acrescentar o termo "interesse público" à nova definição. Reconhecendo, a partir de então, que o marketing tem impactos que vão muito além daquilo que acontece nas negociações privadas entre indivíduos e empresas.

Também, mostra que o marketing agora está pronto para abordar as implicações culturais da globalização, o segundo elemento-chave do Marketing 3.0, contemplado também pelo Marketing Holístico, no tocante à sua visão sistêmica, visto que "a parte contém o todo", o que significa dizer que cada um dos stakeholders da organização é fundamental para o sucesso do relacionamento da empresa com os seus clientes. Afinal, de acordo com a mais recente definição da American Marketing Association, "Marketing é a atividade, o conjunto de regras e processos, para criar, comunicar, fornecer e trocar ofertas que têm valor para os clientes, utilizadores, parceiros e a sociedade em geral" (OLIVEIRA, 2012, p. 38).

Philip Kotler esteve no Brasil em 18 de junho de 2012, no Seminário HSM Marketing 3.0 (Recife/Pernambuco), onde abordou alguns pontos essenciais do marketing conectado por redes, chamando a atenção para sete aspectos que uma organização focada num futuro promissor precisa estar atenta.

A saber:

- *O antigo marketing morreu* - As empresas não detêm mais o monopólio das informações. Com a internet, qualquer pessoa pode ter conhecimento total sobre as organizações e seus produtos.
- *A inovação deve ser incansável* - Qualquer empresa precisa sustentar a cultura da inovação constante, isto se não quiser correr o risco de ficar para trás ou até mesmo desaparecer. "Como as empresas morrem? Quando alguma tecnologia começa a ficar obsoleta e as empresas não querem abandonar o sistema. Às vezes têm muito dinheiro investido na antiga tecnologia".
- *Conheça seus consumidores* - Cada perfil de cliente requer um tipo de relacionamento, portanto, ações de *marketing* personalizadas. As empresas só poderão acessar, encantar e até mesmo superar as expectativas do cliente se, e somente se, conhecerem integralmente o seu perfil geográfico, demográfico, psicográfico, econômico, social, político, cultural, entre outros. Este tipo de informação é o ativo mais valioso da empresa, para se diferenciar da concorrência.
- *Use o planejamento, pense no marketing em direção ao futuro* - A área de *marketing* precisa estar aliada ao planejamento estratégico da empresa. O *marketing* tem que continuar contemplando os "4 Pês" do *marketing-mix* e, sempre numa visão ampliada, contemplar por quatro importantes etapas: planejamento, gestão, execução e mensuração.
- *Intensifique suas ações nas redes sociais e conte histórias* - Contar histórias, "na linguagem do amor", agrada as pessoas, e uma forma inteligente de se fazer isso é por meio das redes sociais. Porém, as redes sociais não devem ser utilizadas para vender produtos, mas sim para criar relações.

- *Chame seus consumidores para desenvolverem seus produtos com você* - "O cliente deve participar do processo de criação das empresas", reconhecendo o poder cocriador do cliente.
- *Tenha responsabilidade socioambiental em suas ações* - As empresas necessitam cada vez mais se preocuparem com as questões externas ao seu ambiente. Causas ambientais, sociais, culturais, entre tantas outras, precisam ser assumidas pelas empresas, no sentido maior de contribuir para uma sociedade sustentável, já que o velho paradigma mudou. Se antes a máxima era "o que é bom para a empresa é bom para a sociedade"; hoje, "o que é bom para a sociedade é bom para a empresa". "Entre aquilo que é certo e aquilo que é lucrativo, as empresas 3.0 preferem o certo". Elas "abrem mão" de algum lucro momentâneo para embutir em seu DNA (ADN) um padrão de responsabilidade social" (KOTLER, 2012), porque entendem a riqueza da visão empresarial holística, aquela que investe no presente para garantir o futuro, num verdadeiro papel de agente de transformação social.

3.3.2 O Marketing Holístico Voltado aos Valores

Marketing 3.0 é um conceito no qual há uma inter-relação na organização como um todo, que leva a uma interferência reverberada. Todo o seu capital humano, enquanto seus colaboradores diretos (parte dos seus stakeholders), precisa se alimentar da consciência dessa correlação entre as partes envolvidas.

O Marketing Holístico visa harmonizar, por exemplo, os seguintes departamentos: Marketing Integrado (produção - comunicação - canais de distribuição), Marketing de Relacionamento (clientes-canais-parceiros), Marketing Interno (Departamento de Marketing - Gestão de topo – demais departamentos) e o Marketing Socialmente Responsável (ambiente na legalidade - ética-comunidade/sociedade–meio ambiente), numa visão ampliada do moderno conceito de marketing, que desemboca no Marketing 360 graus ou Marketing Holístico (KOTLER, 2010).

Essa nova concepção aponta uma miopia na maioria das organizações que operam no Marketing Transacional e menos no "mercado de conversações", pois não têm a visão ampla de que "mercados são essencialmente conversas". A maioria das organizações ainda se comunica de forma inexpressiva (linguagem calma, sem-humor e monótona, prospectos de marketing, sinal de ocupado ou uma voz inumana dizendo que "a-sua-ligação-é-importante-para-nós").

Poucas organizações já enxergaram que, nesta era das tecnologias e da informação, os funcionários estão intraconectados e que, por conseguinte, podem conversar diretamente com mercados interconectados, aflorando desse novo tipo de conversação um cliente cocriador, aquele que ajuda a organização a cumprir melhor a sua missão: acessar, atender, encantar, superar às expectativas do cliente e da sociedade e, finalmente, fidelizá-lo por longo tempo, tudo isso depois de ouvi-lo como ser integral (KOTLER, 2012).

Respeitado como autoridade mundial em marketing, Philip Kotler (2010) fala do olhar humanizado do Marketing 3.0, no qual as organizações realmente compreendem seus clientes e, juntos, partilham dos mesmos valores. E reconhecendo que as práticas de marketing estão evoluindo de forma gradativa, ele chama a atenção para um fato relevante: 70% das empresas ainda estão no estágio de marketing 1.0, o centrado no produto; 25% já estão no marketing 2.0, o orientado ao cliente, e 5% vivem a realidade 3.0, que é "o marketing preso a valores".

Além disso, Kotler (2010) mostra que a mudança do marketing acompanha a evolução dos próprios mercados, e sendo assim as empresas que não acreditam no valor de um trabalho sustentável acabam contribuindo para a sua própria inviabilidade no longo prazo. Ele é categórico em alertar para a resultante negativa de se negligenciar a sustentabilidade, mediante o risco da volta da era de escassez, portanto, criando o ambiente favorável para a era do 'desmarketing'.

Realçando que o marketing é a ciência de gerenciamento da demanda, Kotler acredita que o modelo tradicional tende a desaparecer com o tempo, o que permite novas práticas de criação, de comunicação e de transmissão de valor aos clientes (KOTLER, 2010).

Em resumo, Kotler defende que as empresas são amadas exatamente porque seus clientes satisfeitos são os responsáveis por sua própria promoção.

É interessante observar, por fim, que a visão de Kotler poderia subsidiar toda uma plataforma política inserida nos desafios do século XXI. Nesse sentido, a política tem muito a aprender com essa visão contemporânea de marketing, exatamente porque: identifica as necessidades e os desejos insatisfeitos; define e mede a sua magnitude e o seu potencial de rentabilidade num valor equipolente para oferta e demanda; especifica como os clientes-alvo serão melhor atendidos, mas isso com o foco do próprio cliente; decide sobre produtos, serviços e programas mais adequados para servir a esses mercados selecionados e convoca a todos na organização para pensar e atender bem ao cliente (eleitor), com o objetivo maior de fidelizá-lo por um longo tempo.

3.4 Tipologia de Marketing

Neste tópico, pretendemos trazer um breve debate acerca dos vários tipos de marketing conhecidos usualmente no mercado. Com isso, trazer contribuições ao Marketing Político e ao vislumbrar das campanhas eleitorais do século XXI. Deste modo, a abordagem será sobre a tipologia, que traz alguma contribuição ao fortalecimento do Marketing Político como instrumento de gestão não somente eleitoral, mas, como afirma Jorge de Sá (2013), para uma gestão integrada da política.

Nosso trânsito será pelos seguintes marketings: Endomarketing, Marketing Social, Neuromarketing, chegando ao tão celebrado Marketing político, foco desta proposta acadêmica.

Manuel Meirinho Martins afirma que a

tentativa de delimitação operacional do conceito de sistema político não deixa de reflectir a necessidade de clarificar os conceitos de esfera política e de esfera social, distinção que é particularmente útil ao estudo da comunicação política (MARTINS, 2010, p. 15).

Assim, não abordaremos o Marketing Comercial, amplamente comparado com o Marketing Político, no sentido operacional. Estamos indo além, fazendo do marketing um instrumento de transformação da ação política e não meramente uma ferramenta em busca do voto.

3.4.1 Endomarketing: o marketing do primeiro cliente

A partir da colocação inicial do Mix de Marketing do professor Neil Borden, em 1949, o conceito foi evoluindo e ganhou força com uma nova forma estrutural atribuída ao professor E. Jerome McCarthy (1690), a então chamada de os quatro "Ps", assim representada: P1 = produto; P2 = preço; P3 = ponto e P4 = promoção. Aos poucos, foram se acrescentando outras variáveis, a exemplo do que fez Philip Kotler (2010), que incorporou mais dois: poder (power) e relações púbicas (public relations).

Na mesma linha, o professor Raimar Richers (1981) traz um novo modelo de mix de marketing, que denominou de os "4As": (Análise, Adaptação, Ativação e Avaliação), cuja metodologia facilita operacionalizar os "4 Pês".

Uma empresa conta com o mercado externo, no qual se prioriza a relação produto-mercado, área do marketing tradicional, que se concentra no cliente externo, o chamado exomarketing, e também conta com o mercado interno, o da junção indivíduo-organização, quando, desde 1990, todo público interno passa a receber ações de marketing, nascendo assim o conceito de Marketing Interno, sinônimo de endomarketing.

Cobra e Brezzo resgatam Philip Kotler, por duas fortes razões:

> a primeira é a constatação de que o marketing interno deve ser feito antes que o marketing externo. Não faz sentido que a empresa prometa serviço excelente antes que seus funcionários estejam preparados para isso; e a segunda por conceituar o endomarketing como sendo "a tarefa de sucesso de contratar, treinar e motivar os funcionários para conseguir que desejem atender bem aos consumidores (COBRA e BREZZO, 2010, p. 176).

Ora, a preocupação em fortalecer o ambiente interno é uma das premissas do endomarketing, aqui exposta anteriormente.

O Endomarketing é possível graças à junção de duas disciplinas: a do Marketing e a dos Recursos Humanos. Partindo do princípio básico de que, no Endomarketing, a oferta é a própria empresa, as técnicas de

Marketing são aplicadas à administração de Recursos Humanos para que cada um dos funcionários passe a ser considerado como um cliente interno. Acessar, encantar e fidelizar o cliente interno, de igual forma que ao cliente externo, é a meta maior do Endomarketing.

O que está à venda é exatamente a adesão à organização integrada do ponto de vista dos funcionários, pelas condições de contratação, pelas relações do trabalho e do ambiente do trabalho, e pela satisfação da motivação pessoal que o fez buscar a empresa.

É importante salientar que a Escala de Maslow explica a motivação vinda da busca pela satisfação de uma necessidade pelo cliente externo. No caso do cliente interno, a motivação é muito mais complexa, a exemplo de satisfazer necessidades de afiliação, segurança, autoestima, autorrealização e poder. Assim, enquanto o pagamento do cliente externo é por meio da moeda dinheiro, o do cliente interno é por meio de várias moedas, tais como: esforço, criatividade e toda a contribuição que pode realizar em prol da empresa (COBRA e BREZZO, 2010, p. 176).

As ferramentas equivalentes aos "4 Pês", no Endomarketing, são basicamente duas variáveis controláveis: a "comunicação interna" e a "força de vendas", constituídas pela equipe de direção da empresa. E, equiparando o instrumental dos "4 Pês", temos: a empresa no lugar do P1 (produto); os custos representando o P2 (preço), os clientes internos representando o P3 (o ponto, a praça) e a comunicação identificando o P4 (composto promocional).

Aplicando-se um Modelo Conceitual de Endomarketing, a exemplo do eleito por Cobra e Brezzo, que vem de Ahmed, Rafiq e Saad, a empresa harmoniza a mistura de Marketing Interno, contemplando o marketing como filosofia, as ferramentas de marketing, a competência da organização, o comportamento orientado para o mercado, a satisfação do funcionário e as competências individuais e específicas. Tudo pelo aprimoramento contínuo do desempenho da organização, para que, finalmente, o interesse e a motivação do cliente interno potencializem os resultados buscados pela empresa: criar, fortalecer e reter o cliente externo por longo tempo, conceito esse que está no centro do novo marketing político: o Relacional (COBRA e BREZZO, 2010, p. 177).

3.4.2 Marketing Social

Para Kotler, o Marketing Social, ao contemplar a mudança de opinião, de atitudes e comportamentos de cidadãos, integra em sua missão a exigência do perfil do novo consumidor, o qual, segundo o Marketing 3.0, valoriza a ação de agente de mudança social de uma organização, por estar orientada para preceitos éticos, fundamentados nos direitos humanos e na equidade social (KOTLER, 2010).

Nesse sentido, o conceito de Marketing Social é uma terminologia surgida fruto da necessidade de se conferir ao marketing outro relevante papel: o de agente de transformação social. A expressão foi apresentada, pela primeira vez, por Kotler e Zaltman, nos EUA, em 1971. A partir da "adoção de novos comportamentos, novas atitudes e práticas, quer nos âmbitos individuais quer nos coletivos, orientados por princípios éticos, fundamentados nos direitos humanos e na equidade social", o Marketing Social espelha uma gestão estratégica que leva a organização a contribuir para o bem-estar do indivíduo e da sociedade (KOTLER, 2012).

Para muitas organizações, sobretudo as mais empenhadas em ações definidas como de responsabilidade social, os programas de marketing social podem ser vistos como uma forma efetiva de melhorar a sua própria imagem corporativa, já que tende a aumentar a fidelidade dos clientes que se identifiquem com esses programas de marketing social. Isto porque as empresas que apoiem, mesmo sem estar à frente de uma ação do Marketing Social, participam, mesmo se indiretamente, na oferta de um processo catártico, isto é, quando se colocam em defesa de grandes causas, tendem a preencher, em parte, uma necessidade inata de "pertencer" do ser humano, gerando valor ampliado em termos de resposta. Deste modo, bem diferente da resposta mecanicista dada à essência do Marketing Transacional, o ato da simples troca.

No entanto, convirá distinguir entre a empresa empenhada num processo de mudança social, apoiando campanhas de marketing social relativamente a um ou mais dos seus públicos (por exemplo, uma campanha antitabágica junto dos seus colaboradores ou uma campanha de segurança rodoviária dirigida aos habitantes da cidade ou bairro onde tenha uma sua plataforma de distribuição por via rodoviária) de uma outra empresa que apoia, no quadro da sua política de responsabilidade social, um programa de marketing social que não se prende diretamente com nenhuma das suas partes interessadas (stakeholders). Este último caso seria preferível designar-se a ação, do ponto de vista da empresa apoiante, de marketing societal.

A empresa, ciente de que investir na melhoria da qualidade de vida é um desafio das organizações com foco no futuro, uma vez que, a longo prazo, a prática do Marketing Societal construirá um valor diferencial para a empresa e/ou a marca, ou seja, uma vantagem competitiva, busca identificar uma causa que melhor represente a missão e a visão em termos de valores agregados à sua imagem.

Pelo seu lado próprio, o Marketing Social é uma tecnologia de administração da mudança social, associada ao projeto, à implantação e ao controle de programas voltados para o aumento da disposição de aceitação de um comportamento, de uma ideia ou uma prática social em um ou mais grupos adotantes escolhidos como alvos, que recorre aos seguintes passos:

1. conceitos de segmentação do mercado;
2. pesquisa de consumidores;
3. desenvolvimento e testes de conceitos de produtos;
4. comunicação direta;
5. facilitação;
6. incentivos; e
7. teoria de troca, para maximizar as respostas dos adotantes escolhidos como alvos.

Atualmente podemos definir Marketing Social como o emprego do planejamento de mercado, estratégia, análise e técnicas gerenciais tradicionais e inovadoras para o bem-estar do indivíduo e da sociedade. Neste quadro, quando existe uma organização patrocinadora é porque esta busca concretizar os seus objetivos de mudança na crença de que estes contribuirão para o interesse dos indivíduos ou da sociedade.

É um programa público do ponto de vista do cidadão, usando uma tecnologia de administração da mudança social associada ao projeto de implementação e controle de programas destinados a aumentar a disposição das pessoas ou dos grupos, para a aceitação de uma ideia, um comportamento ou uma prática social.

É uma ferramenta democrática eficiente, usada para criar e outorgar mais valor à proposta social, redescobrindo o cidadão-consumidor por meio do diálogo interativo, gerando condições para que se construa o processo de reflexão, participação e mudança social.

São três os resultados que se busca no diálogo:

1. interativo,
2. que leve à reflexão, à participação, a novos comportamentos, à tomada de atitudes voltadas às práticas sociais (individual e coletiva);
3. que, por último, conduza à mudança social.

O Marketing Social constitui assim uma gestão estratégica do processo de mudança social a partir da adoção de novos comportamentos, novas atitudes e novas práticas, nos âmbitos individuais e coletivos, orientados por princípios éticos fundamentados nos direitos humanos e na equidade social.

Hoje, cada vez mais pessoas na sociedade estão desejosas de mudanças sociais: mudanças em sua forma de vida, na economia e em seus sistemas sociais, nos seus estilos de vida e em suas crenças e valores. Isto se deve ao fato de as coisas estarem se desenvolvendo de uma maneira tão rápida, que as pessoas sentem uma constante (r)evolução com expectativas crescentes. Este último tipo de sentimento pode igualmente gerar comportamentos, mais ou menos ativos, de recusa das transformações sociais, o que por si obriga a atenção redobrada sobre o aproveitamento social, cultural e político que, num sentido evolutivo ou retrógrado, pode ser feito dos diferentes tipos de sentimentos dos cidadãos.

A competição está cada vez mais acirrada, tornando mais difícil que uma organização, por exemplo uma empresa ou um partido político, que preste menos atenção às transformações em curso (e às reações que elas geram) se destaque nesse cenário complexo. Atualmente, a tecnologia está acessível para toda a concorrência. Um produto novo é facilmente copiado, dado a essa fácil acessibilidade.

Assim, as empresas estão em busca de formas que possam atrair seus clientes. Essas mudanças sociais, políticas e econômicas não poderiam passar despercebidas pelo marketing e, em particular, pelo Marketing Social (ou pelo Societal). Para essa modalidade de marketing, três dificuldades são limites a serem superados pela empresa inteligente que se quer socialmente engajada.

A saber:

1. Identificar aquela causa de interesse social mais relevante para seu público;
2. Definir objetivo da ação;
3. Achar uma ação que seja coerente com os valores da marca.

Em primeiro lugar, é necessário identificar os valores da marca e os valores do consumidor (eleitor) dessa marca. O seguinte passo consiste em distinguir aquelas causas que melhor poderão representar os valores entre o cidadão e a organização. O Marketing Social (ou o Societal) inicia-se como uma verdadeira forma de exercício de responsabilidade social, e pode chegar a construir, a longo prazo, um valor diferencial para a marca e uma vantagem competitiva para a organização.

Nota-se que a responsabilidade social passa a ser uma oportunidade de mercado para as empresas, que devem aspirar aos valores dos clientes e não o contrário. Compartilhar valores está se tornando uma necessidade para as empresas que queiram continuar sendo bem aceitas pelos clientes.

É importante observar que o instrumento utilizado para atender a essa necessidade é definido pelas estratégias do Marketing Social. As empresas têm de ter em consideração que as ações de responsabilidade social começam por ações de cidadania, e que o marketing é apenas sua base de sustentação.

O Marketing Social é uma ideia poderosa na solução de problemas sociais e, enquanto tal ou na vertente de Marketing Societal, representa uma oportunidade importante para as marcas passarem a um patamar superior, em que os consumidores, na era pós-materialista, assumem esse trabalho como uma forma de compromisso cada vez mais pessoal com os outros.

Reforçando, ele é uma ferramenta de marketing que beneficia a comunidade e proporciona retorno para a organização; logo, é uma forma efetiva para melhorar a imagem corporativa, diferenciando produtos e aumentando tanto as vendas quanto a fidelidade dos clientes.

Entretanto, uma das chaves para se fazer isso com sucesso é assegurar que a organização e a causa compartilhem "crenças". Nessa iniciativa conjunta, é vital que as partes envolvidas se responsabilizem por uma agenda compartilhada e por metas passíveis de serem alcançadas, numa verdadeira relação "ganha-ganha".

3.4.3 Marketing Político

Há muito o Marketing Político praticado no Brasil vem sendo alvo das mais diversas críticas, isso por tentar "vender candidatos como sabonetes" (TORQUATO, 2014, p. 116), o que exige uma nova leitura da atividade buscando na evolução do próprio conceito do marketing caminhos para a evolução da atividade no meio político. Também é necessário reconhecer que outros ramos da comunidade científica têm dificuldades em dialogar com o tema, como afirma Rubens Figueiredo:

> Embora não se deem bem, é inegável que as ciências sociais e o marketing político têm uma estreita afinidade. Ocorre que a parte científica do marketing político muitas vezes convive às turras com a falta de razão da parte publicitária. Existe uma visão exageradamente publicitária do marketing político que contrasta fortemente com sua porção científica (FIGUEIREDO, 2000, p. 35).

Avançar no conceito de Marketing Político exige um complexo grau de transversalidade na dinâmica do entendimento de suas funcionalidades e implicações.

Creio ser interessante introduzir aqui uma perspectiva apresentada por um autor da Ciência Política, até por seu enfoque estar, de início, longo do Marketing Político. Trata-se de Sousa Lara, para quem o "fenômeno político implica (...) embrionária, ou declaradamente, um processo social derivado dissociativo ou, menos correcta, mas mais claramente, uma luta" (LARA, 2015, p. 267).

Sem esta luta, traduzida em democracia, na disputa regular de eleições, não existiria o Marketing Político como o concebemos nos tempos atuais.

Buscar um conceito para o Marketing Político é mergulhar em uma centelha de fragmentos. Os diversos autores que se debruçam sobre o tema por ora dão ênfase a um aspecto da atividade, enquanto outros reduzem o conceito à comunicação política. Desde já é importante considerar que, se levarmos em conta o marketing mix para a construção de uma definição sobre o Marketing Político, a comunicação política corresponde ao quarto "Pê", ou seja, ao da "promoção", o que, por si só, atesta uma visão limitada e unilateral, porque demasiadamente centrada no emissor. Portanto, quando falamos de marketing há que considerar, na alusão mais conservadora do tema, os quatro "Pês" do marketing, recorde-se: produto, preço, ponto e promoção.

Jorge de Sá (2013, p.36) avança sobre o marketing mix relacional, estabelecendo uma mudança conceitual a partir dos dois paradigmas: o Marketing Transacional e o Marketing Relacional:

Tabela 2: O Marketing Transacional e o Marketing Relacional

MIX DO MARKETING TRANSACIONAL	MIX DO MARKETING RELACIONAL
Produto	Produto
Preço	Relacionamentos
Ponto	Base de dados
Promoção	Comunicação

Fonte: Construção do autor a partir de Sá, 2013

Assim sendo, em qualquer abordagem que busque definir o Marketing Político há que considerar a complexidade do tema. A primeira grande alusão que precisa ser feita é considerar as definições da AMA (American Marketing Association), para o que valerá a pena considerar de novo a definição do conceito que a AMA apresentou em 2008 onde, de acordo com Jorge de Sá,

> o sentido das últimas alterações introduzidas na definição do conceito consiste em alargar o seu âmbito para lá das organizações, à procura de integrar o marketing individual (de que são exemplos os criadores de websites ou as formas de autovalorização e promoção de carreira profissional ou política) (SÁ, 2013, p.19).

Ou seja, há outras dimensões do marketing que a AMA passa a valorizar e onde se pode incluir o marketing político.

É curioso atestar que, no livro que publiquei em 2008 - A prática do Marketing Político - também há a ausência de um conceito que delimite com clareza o que é Marketing Político. Isso porque, por vezes, emprestamos o conceito fazendo apenas a transposição do que já vigora no marketing, substituindo cliente por eleitor, por vezes reduzindo o conceito à comunicação política.

Essa ausência de um conceito fechado, porém, não pode ser vista como um ponto negativo para a área, muito pelo contrário: o Marketing Político é um processo em permanente evolução e exercido de maneira muito empírica nas dinâmicas campanhas eleitorais pelo mundo afora. Também, encontramos conflitos, principalmente na Ciência Política, que, por vezes, minimiza a perspectiva integradora do Marketing Político, reduzindo-o a uma das suas áreas de intervenção, no caso à comunicação política.

Desde que existem sociedades humanas o marketing estará presente. Se não, vejamos: se há sociedades humanas existe a troca, mesmo a mais primitiva, necessita de ser gerida, porque existindo escolha há que decidir sobre a melhor escolha e este processo de decisão necessita de informação que sirva a melhor organização dos meios destinados ao cumprimento de objetivos e que permitam desencadear a ação de troca propriamente dita. Que dizer das formas de organização que geriam o processo de intercâmbio de mulheres nas sociedades ditas primitivas de África, onde o interdito do incesto corresponde à proibição do autoconsumo desse precioso objeto de troca, em que o circuito da ráfia (equivalente geral das trocas) se faz no sentido contrário ao da circulação das mulheres? (LÉVI-STRAUSS, 2008).

Guardando as respectivas proporções e sem qualquer intenção anacrônica, não será possível estabelecer um paralelo entre a demonstração de força para fins políticos, por exemplo, através de um opíparo jantar de campanha eleitoral e a prática ancestral do potlatch que, de acordo com Marcel Mauss (1997, p.13) correspondia, entre os ameríndios do Norte e na Melanésia, a uma "destruição puramente sumptuária de riqueza acumulada para eclipsar o chefe rival"?

Para além destes exemplos que a antropologia nos oferece, voltando aos dias de hoje, outros exemplos surgem: um profissional que se veste adequadamente para o trabalho, um político que se prepara para o comício da virada, uma organização que pretende oferecer seus produtos e fidelizar os seus clientes, todos praticam marketing, mesmo se não cientes de que estão lançando mão de um instrumental que agrega valor à sua pessoa e à sua imagem, promovendo o seu ciclo de vida pessoal, profissional e social.

Sobre o Marketing Eleitoral, Ronald Kuntz afirma:

> [...] marketing da conquista, que reúne a força e a convicção obstinada da paixão com a astúcia, o planejamento e a estratégia de guerra [...]. Ele é vibrante e seria afoito se não fossem as pesquisas, dado seu objetivo em curto prazo e imediatismo [...] E você conquista eleitores do mesmo jeito que conquista as pessoas que você considera importantes na sua vida pessoal ou no seu projeto profissional: adaptando o que pensa, acha importante ou quer àquilo que as pessoas querem (KUNTZ, 2006, p. 19-20).

Na busca da informação e na obrigação de comunicar o melhor e fidedignamente, o Marketing Eleitoral busca caminhos e estratégias diferenciais, que trabalham um candidato para se tornar melhor que o seu concorrente. Tendo em vista que o período eleitoral é curto, Kuntz fala que é necessário detectar uma nova oportunidade, o erro do adversário, para que se possa explorar (KUNTZ, 2006).

O Marketing Político é, por conseguinte, uma segmentação do marketing para agir em um mercado específico, assim estrategicamente conceituado por Figueiredo:

> O marketing político é um conjunto de técnicas e procedimentos cujo objetivo é avaliar, através de pesquisas qualitativas e quantitativas, os humores do eleitorado, para, a partir daí encontrar o melhor caminho para que o candidato atinja a maior votação possível (FIGUEIREDO, 2000, p.14).

Sobre esta definição valerá a pena escutar Antônio Lavareda e Helcimara Telles (2011, p. 373) quando concluem, a propósito de uma vasta análise de várias eleições municipais brasileiras de 2008 produzida por três dezenas de cientistas políticos, que as investigações ganhariam em "ser aprofundadas por metodologias que incorporem estatísticas mais robustas, e com melhores pesquisas qualitativas", mas, salientam os autores, ser sobretudo "importante agregar ao estudo do comportamento eleitoral as análises mais recentes sobre o papel das emoções e sentimentos nas estratégias de comunicação que repercutem na decisão de voto".

Luiz Carlos Tomazeli comenta que o

> marketing político se apresenta como um conjunto de técnicas voltadas para a constituição de sistemas coerentes ao desenvolvimento da prática política em ambientes democráticos, instrumentalizando partidos, candidatos e governos com mecanismos de planejamento, coordenação e controle de ações voltadas ao desenvolvimento econômico e social (TOMAZELI, 1994, p. 9).

Numa visão de Marketing Relacional, que pressupõe o cliente individualizado e fidelizado por longo prazo, portanto, em princípio, suficientemente satisfeito, pode-se observar que a prática do Marketing Político tem deixado a desejar em relação à essência do novo marketing, ou seja, a satisfação dos diversos públicos de clientes.

Nesse caso, os eleitores, visto não haver marketing pós-campanha, amargam a frustração, pois o processo é descontinuado e resgatado somente na eleição seguinte, contemplando apenas uma das suas quatro variáveis controláveis: a promoção eleitoral, quando os "4 Pês" do Marketing Mix seriam o mínimo a ser atendido, para não citar duas variáveis incontroláveis no curto prazo e extremamente relevantes: o cliente e a sociedade, amplamente negligenciados.

Mitsuru Higuchi Yanaze e Celso Toshito Matsuda (2011) defendem a ideia de agrupar o que normalmente entendemos como Marketing Político Eleitoral e Governamental, no que eles denominaram "marketing no setor público", criando as seguintes subáreas:

- Marketing político partidário;
- Marketing político eleitoral;
- Marketing de gestão pública;

- Marketing de serviços de utilidade pública; e
- Marketing de local.

O raciocínio que eles apresentam tenta separar, primordialmente, o que é "poder público" daquilo que é "poder privado". Enquanto o marketing no setor privado busca a maximização do lucro, no setor público o que se busca é a maximização do prestígio (YANAZE; MATSUDA, 2011, p.481-488).

3.4.3.1 O Marketing Político na Antiguidade

Recorde-se a propósito das práticas ancestrais que podem ser comparados ao conceito atual de marketing os já referidos conselhos que Quinto Cícero dava ao seu irmão Marcus Tullius Cícero a propósito da preparação da campanha que este último disputou, há mais de dois mil anos, quando da sua eleição para cônsul da República Romana (CÍCERO, 2015, p. 90) e que hoje poderíamos incluir no âmbito do marketing político estratégico.

No início do cristianismo Saulo de Tarso (1 Coríntios 1: 10) recomendava aos Coríntios: "Rogo-vos, porém, irmãos, pelo nome de nosso Senhor Jesus Cristo, que digais todos uma mesma coisa, e que não haja entre vós dissensões; antes sejais unidos em um mesmo pensamento e em um mesmo parecer", conselho que faz lembrar as práticas atuais no processo de mobilização dos aderentes a uma candidatura eleitoral com vista à uniformização da mensagem política da campanha.

Aliás, ao próprio Jesus Cristo e ao organizador da sua igreja Saulo de Tarso, é, por vezes atribuído um verdadeiro empowerment profissional que poderia ser incluído na área do marketing, uma vez que são reconhecidos como protagonistas de uma muito bem-sucedida campanha de marketing pessoal e político, cujo legado mantém-se por mais de dois mil anos.

No ano 76 da era atual, nasceu aquele que trouxe para si um dos registros mais antigos de comunicação política: Públio Élkio Trajano Adriano, que para conquistar o título de Imperador Romano dos chamados cinco bons (117 a 138 d.C.), desenvolveu duas estratégias: uma para conquistar o seu único eleitor, o seu tio Imperador Trajanus (98 a 117 d.C.), e a outra para conquistar a opinião pública da comunidade, pois usou técnicas de marketing para se posicionar como um Deus.

Na Antiguidade Clássica (séculos VIII a.C. a V d.C.), reis e príncipes faziam uso da propaganda política para enaltecer suas virtudes de guerreiros vitoriosos, glorificando suas conquistas, ainda que por meio da propaganda tática de medo e temor.

Em contraposição, o livro Eleições, vende-se um candidato, de Regina Adoglio, traz a informação de que o Imperador Romano Marco Aurélio (121- 180 d.C.), ao ter alcançado o limite de suas estratégias de expansão territorial, mudou o foco de ação, elegendo a expansão intelectual por meio do Direito, das Artes, da Filosofia e da Cidadania (ADOGLIO,1980, p. 18).

Um estudo de Maxwell Staniforth sobre a obra Meditações de Marco Aurélio faz crer que, mais do que um governante bem-sucedido e culto, esse imperador tinha uma enorme predisposição para reconhecer os próprios fracassos, assim como a virtude da humildade e muita luta pelo autodomínio, deixando registrado atributos ainda hoje muito valorizados no campo pessoal e profissional, como o de ser uma pessoa simples, humilde, absolutamente sincera e de genuína bondade.

Símbolo da marca forte "o último dos bons imperadores", Marco Aurélio, por ter escrito Meditações, com o intuito maior de ajudar a si próprio a melhor se controlar, pode ser visto como um autêntico praticante do Marketing Pessoal e de Carreira, assim como do Marketing Político, que tanto valorizam o autodomínio, exatamente como o imperador entendia: "quando uma pessoa permite que a reação tome conta de si mesma, isso a enfraquece" (MARCUS AURELIUS, 2002, p. 20-21).

Publius Furius foi um cônsul romano eleito pretor em 216 a.C., e num cartaz de propaganda política, encontrado em Pompéia, podia se ler esta frase de evidente comunicação negativa: "Vote em Publius Furius. Ele é boa pessoa. Só os ladrões votam em Vatia", conforme expõe Roberto Simões (1977, p. 11).

A Igreja cristã assina também a origem remota dos conceitos da comunicação política. A propagação das doutrinas religiosas, da arte da fé e da importância em ser religioso sempre conotavam um tipo de propaganda política: o da persuasão. Na Idade Média, os governantes europeus investiram fortunas em retratos pintados pelos mais importantes artistas da época. O objetivo era, em grande parte, divulgar suas imagens aos súditos. Em alguns casos, com o mesmo tom de divindade dos faraós egípcios.

Um excelente exemplo é o do Rei Sol, Luís XIV, que reinou na França de 1643 a 1715, promovendo um verdadeiro marketing pessoal de culto à imagem, valendo-se intensamente do mecenato das artes para se promover num dos reinados mais longos e bem-sucedidos que o mundo já viu. Foram 72 anos de comando, visto ter assumido o poder com apenas 5 anos de idade.

Segundo Tuckerman (2000), ele tem para si o mito ou a lenda de estar posicionado na história como "O Rei Sol", "Luís, o Grande", "O Estado sou eu!", e "Eu quase que esperei", conotando o seu caráter absolutista. O marketing de etiqueta também foi aplicado por ele diante de três tomadas de decisão, quando organizou a etiqueta da vida cortesã, obrigando todos a segui-la à risca, e quando lançou a moda do uso de elaboradas perucas, um costume que se prolongou por, no mínimo, 150 anos nas cortes europeias e nas colônias do novo mundo, assim como quando construiu o luxuoso Palácio de Versalhes, perto de Paris.

Luiz XV (1710-1774), posicionado como "O Bem-Amado", deixou um legado de tecnologia e tratamento de imagem de governantes. Seu portfólio de imagem incluía: ideologia, propaganda e manipulação da opinião pública, criando o conceito de "jogo de imagens - tudo é mensagem". Sua imagem estava refletida nas grandes estátuas, nos chafarizes, nos espetáculos dos fogos de artifício, na arquitetura do Arco do Triunfo, no décor teatral do Palácio de Versalhes. Para ele tudo era imagem, e isso numa época em que as ações de marketing ainda não o eram senão intuitivamente.

3.4.3.2 O Marketing Político e sua Face Persuasiva

Figueiredo (2004) aponta como os instrumentos de persuasão foram usados para convencer os eleitores e seus pares, trazendo à tona a primeira metade do século XX, com a questionável figura de Goebbels. Coordenador da propaganda do Reich, ajudou a conquistar a adesão de parcela expressiva do povo alemão ao Nazismo.

Sob sua orientação eram utilizadas técnicas de publicidade em comícios, discursos e aparições de Hitler diante da população. O trabalho desenvolvido por ele serviu como alicerce para o desenvolvimento da propaganda política e chamou a atenção para o poder deste instrumento.

O Marketing Político moderno, entretanto, possui características diferentes, e sua história está sobretudo associada ao desenvolvimento da propaganda governamental depois de 1945, quando as técnicas totalitárias foram sendo substituídas pelas de persuasão democrática, isto é, admitindo a expressão do contraditório.

Após essa fase obscura, os regimes democráticos permitiram maior liberdade de escolha aos cidadãos de vários países que, com acesso a informações mais amplas (e, em muitos casos, divergentes), podiam comparar e escolher melhor seus políticos.

Desde então, o Marketing Político se desenvolveu acentuadamente mais rápido nos Estados Unidos, certamente impulsionado pelo fato de o sistema democrático basear-se na eleição. Todos são eleitos: desde o xerife local, passando pelos promotores de Justiça, prefeitos, governadores até ao presidente. Contribuições acentuadas também vieram do rápido crescimento dos meios de comunicação, visto que, em 1952, 40% dos lares americanos já tinham televisão. Isto do fato de os dois grandes partidos políticos, Democrata e Republicano, apostarem no marketing como instrumento estratégico para aumentar a competitividade eleitoral, comprovando o seu valor imprescindível. Assim como da legislação liberal quanto ao uso pago da TV e da rádio, impulsionando globalmente as diversas áreas do Marketing Político integrando uma sábia e certeira estratégia a ser seguida.

Em 1952, nos EUA, temos a primeira vez que um candidato utilizou uma grande empresa de comunicação numa campanha presidencial. O General Eisenhower, acusado pelos adversários de "tentar se vender como um sabonete", contratou a BBDO (Batten, Barton, Dustin e Osborne). O objetivo foi adaptar a linguagem do candidato aos programas de televisão, que possuíam uma dinâmica bastante diferente do discurso proferido ao vivo, em comícios, no qual se podia avaliar imediatamente a reação do público.

Os responsáveis pelo marketing de Eisenhower entendiam que era necessário criar um perfil para o candidato, não o de alguém que apenas colhia as glórias de um passado vitorioso no comando do Exército Americano, na II Guerra Mundial, mas o de um presidente que plantaria as glórias do futuro americano.

Esse trabalho, que se deu primordialmente por meio da mídia eletrônica, teve a sua estratégia aprovada, visto que Eisenhower foi eleito e depois reeleito, em 1956, ainda que muito fustigado pela tal crítica de "deixar se vender como se fosse um sabonete" (TORQUATO, 2004, p. 116).

É dessa ocasião o nascimento do primeiro profissional denominado "marqueteiro", reconhecido como o primeiro "guru" do Marketing Político, o executivo da publicidade americana Rosser Reeves (1910-1984), de enorme sucesso e pioneiro da publicidade televisiva.

A campanha presidencial de 1952 apresentou anúncios televisivos com menos de um minuto, com publicidade de testemunho e um slogan I like Ike seguido da afirmação, pelo próprio Ike "Time of changing", a mudança desejada de um período de 20 anos de presidentes do partido democrata.

A primeira pesquisa de "boca de urna", então direcionada à campanha de Eisenhower, traz à memória histórica o computador Univac I, que, de tão grande, ocupava um apartamento de tamanho médio. Uma tecnologia que facilitou todo o processo de divulgação dos resultados, apenas 45 minutos depois de encerrada a votação, informando, por conseguinte, a vitória a Eisenhower, levando o Marketing Político para a era da informática.

Por esses e outros aspectos, a campanha de Eisenhower foi um marco do Marketing Político moderno, cujos conceitos foram aplicados na campanha de John Kennedy, em 1960, quando o esse tipo de ações de marketing começa a ganhar contornos definitivamente profissionais, com a televisão passando a desempenhar um papel preponderante nas campanhas.

Em 1960, os americanos tiveram a oportunidade de assistir a um debate entre os candidatos à Presidência da República pela televisão. Uma estreia mundial. Enquanto John Fitzgerald Kennedy investiu na preparação para o debate, Richard Nixon (vice de Eisenhower nos seus dois mandatos), seu concorrente, apostou na sua própria intuição. Foi quando as câmeras testemunharam o perfil de um jovem sorridente e confiante, bem distinto da imagem do Nixon, com um perfil abatido e tenso. É importante registrar que, se Kennedy saía vitorioso na empatia visual, Nixon esteve melhor nas ondas sonoras, como testemunharam as pesquisas posteriores entre eleitores que seguiram o debate na televisão (vitória de Kennedy) e os que o seguiram na rádio (vitória de Nixon).

Recuando há apenas 12 anos antes do episódio do debate, Franklin Roosevelt (1882-1945), o então 32º Presidente dos Estados Unidos, que foi presidente por quatro mandatos, considerado o maior estadista do país, havia se orgulhado de ter apertado 150 mil mãos e falado para 15 milhões de pessoas em comícios. Isto em comparação, agora, com o alcance mundial da primeira transmissão televisiva de um debate político.

A contar da eleição de Kennedy, há registros de êxitos do Marketing Político, a exemplo de, quando em 1964, o potencial da comunicação política mostra-se ainda mais forte diante do famoso Daisy Spot[2], de Tony Schwartz, conhecido como "o comercial da margarida".

No comercial, uma menina desfolha uma margarida contando de um a dez. Quando ela chega ao número dez, faz um gesto de surpresa. A câmera coloca um plano largo sobre seus olhos, e uma voz forte começa a contar, no sentido contrário. Quando chega a um, há o barulho de uma explosão atômica, e a imagem reflete-se no olho da menina.

Em seguida, ouve-se a voz do candidato Lyndon Johnson: "Existe uma escolha: fazer um mundo onde todas as crianças de Deus possam viver ou perseguir a obscuridade total. Nós devemos nos amar uns aos outros ou morrer". Uma voz em off arrematava: "Vote Jonhson Presidente em 3 de novembro. Os desafios, as responsabilidades são muitas para você ficar em casa".

Tratava-se de uma crítica contundente ao seu adversário ultraconservador Barry Goldwater, que criticava a política externa conciliatória dos Estados Unidos, prova de que o Marketing Político estava definitivamente incorporado às eleições norte-americanas.

Soma-se aqui o comercial "Amanhecer na América", na reeleição de Ronald Reagan, em 1984. Assim como a campanha de Bill Clinton, em 1992, que tirou valor da frase de Bush, que, na campanha de 1988, pronunciou a sua fatídica frase: "Leiam meus lábios: não vou aumentar

[2] TONY SCHWARTZ.Daisy Spot. Disponível em: http://museudapropaganda.blogspot.com/search/label/anos%2050. Acesso em: 29 jul. 2015.

os impostos", contradizendo o seu discurso de campanha durante o seu governo.

Na Inglaterra, em 1959, os conservadores confiaram, pela primeira vez, sua campanha eleitoral a uma agência de publicidade. Na França, o primeiro candidato a contratar o serviço de uma empresa, a Services et Méthodes, foi Jean Lecanuet, em 1965.

3.4.3.3 O Marketing Político no Brasil

Positivamente, constatamos que, no cenário político atual, é praticamente impossível pensar em eleições sem a participação efetiva da estrutura e das ferramentas do marketing. O Marketing Político passou a ser mais conhecido no Brasil a partir do final da década de 1980 e início década de 1990, com o trabalho desenvolvido para a eleição de Fernando Collor de Mello e o início de estudos acadêmicos sobre as técnicas utilizadas no pleito de 1989.

Com isso, as campanhas deixaram de ser intuitivas, para utilizar recursos cada vez mais sofisticados de planejamento e estratégias. Ainda que suscetível de críticas, as campanhas contam hoje com profissionais capacitados para realizar e interpretar pesquisas, desenhar e prever cenários e trabalhar as mensagens e a imagem do candidato, de tal forma que se consiga suprir as expectativas do eleitor.

O peso da tradição do uso de técnicas de marketing pouco integradas, sobretudo de tipo transacional, nas campanhas eleitorais faz com que haja autores que separam os conceitos de Marketing Político e de Marketing Eleitoral. O primeiro seria utilizado sobretudo na gestão da política no médio ou longo prazo, garantindo a eficiência do uso das ferramentas adequadas para o relacionamento com a população, no que diz respeito ao desenvolvimento de políticas públicas, mas também ao posicionamento e imagem do homem público e à aprovação ou reprovação popular das ações sociais implantadas pelos políticos, enquanto o Marketing Eleitoral, área que, nessa perspectiva, se manifestaria de forma relativamente autônoma do Marketing Político, seria uma ferramenta que agrupa investigação, estratégia e ação (esta sobretudo de ordem comunicacional) utilizada nos processos eletivos, que tem por premissa o convencimento do eleitor à decisão do voto por este ou aquele candidato. Esta dupla concepção, que parece carecer de uma maior maturidade teórica, antecipa e expressa de algum modo a diferença entre os paradigmas transacional (de curto prazo como o designado marketing eleitoral) e relacional, que englobando o primeiro, se situa num prazo mais dilatado.

Esta diferença conceitual está bem expressa na fala de Neusa Demartini Gomes:

> [...] o Marketing Político deve ser usado o tempo todo não apenas em época de eleições, gerando um esforço que, além de permanente, deverá ser sistemático e organizado. Fazer Marketing Político significa incluir a formação de futuros eleitores, ou seja, uma estratégia que vai abranger diferentes tipos de públicos, em vários segmentos socioculturais e faixa etária (GOMES, 2001, p. 27).

Para esta autora, com a estratégia voltada para o voto, o Marketing Eleitoral trabalha para vencer uma eleição (GOMES, 2001, p.11). Para Teixeira (2006), "o marketing eleitoral ajuda a chegar ao poder em curto prazo, enquanto que o (marketing) político, a consolidar-se em longo prazo".

Apesar do uso do marketing na esfera política ser mais difundido e explorado no Brasil, a partir da década de 1990, as estratégias de Marketing Político (e de Marketing Eleitoral no sentido que exploramos há pouco) vêm sendo utilizadas desde tempos remotos, sendo alvo de reflexão de diversos pensadores. Todos os candidatos ao cargo de Presidente da República já se utilizaram de diversas ferramentas do marketing eleitoral.

Para Rubens Figueiredo (1994), enquanto a atividade de Marketing Político na América Latina é relativamente nova, em parte pela falta da prática de eleições, o Brasil tem se destacado nesse tipo de marketing, ainda que seguindo lições e modelos mais dos Estados Unidos do que da própria América Latina. Um agravante a ser superado é o fato do Marketing Político, no Brasil, ainda estar muito associado à publicidade política propriamente dita (propaganda no Brasil, correspondente ao horário gratuito na TV), um cenário resultante das "inúmeras fases de descontinuidades do regime democrático", segundo registros de Figueiredo (1994, p.18-19).

Outra contribuição valiosa vem de Francisco Gaudêncio Torquato do Rego:

> A prática política, no Brasil, a par das qualidades inatas, da experiência e da habilidade dos seus agentes, tende a incorporar as vantagens das técnicas e dos processos reconhecidamente eficazes nos países desenvolvidos. Isso não significa que a política brasileira, de repente, passe a substituir seus métodos tradicionais, desenvolvidos ao sabor das culturas regionais, por técnicas importadas. Mas o que se observa é um processo de absorção de conhecimentos da área de marketing pela política, que tem como fundamentação, a competição acirrada entre candidatos, a urbanização das cidades, a influência dos meios de comunicação, a abertura política, a pressão dos grupos organizados, a industrialização e a diminuição do poder dos coronéis da política interiorana (TORQUATO, 1985, p.9).

Esse mesmo autor resgata o papel dos "coronéis" no Brasil, afirmando:

> Se é verdade que não se encontra, hoje, o coronel típico de décadas passadas, seus descendentes continuam a mandar na política local, exibindo, ao lado de traços modernos presentes na linguagem, na vestimenta e no comportamento, antigos hábitos que denotam, invariavelmente, o mesmo ritual de dominação e influência de seus antepassados. Há, portanto, um novo tipo de coronelismo, integrado às mudanças que se processam na cidade. Esse novo coronel trabalha com os mesmos valores do passado, entre os quais, basicamente, podemos apontar a prestação de favores, as barganhas, as relações pessoais, o uso de cabos eleitorais, a reciprocidade de interesses, a utilização da máquina administrativa municipal, estadual e federal (TORQUATO, ibidem, p. 29-30).

Há que se ressaltar, no entanto, o esforço que o Tribunal Superior Eleitoral vem empreendendo para aperfeiçoar o controle sobre o processo eleitoral. Hoje, um candidato pode ter o seu mandato cassado, ou mesmo não ser empossado, caso se comprovem erros na prestação de contas eleitorais. Ademais, os episódios de corrupção no país, como o "Mensalão" e, mais recentemente, a "Operação Lava-Jato", impõem um novo comportamento dos políticos e dos seus assessores. Os mecanismos de accountability, que a internet veio facilitar de forma considerável, está a impor uma nova postura dos candidatos e de suas estruturas políticas.

Ainda que as práticas de Marketing Político, no Brasil, não gozem da mais esperada respeitabilidade, é inegável o interesse acadêmico, a procura por campanhas eleitorais, o aprimoramento de suas técnicas e o incremento da produção literária que vem trazer reflexão a respeito do seu relevante papel enquanto instrumento mercadológico, em especial no tocante à sua responsabilidade social mediante eleitores e sociedade em geral.

É certo afirmarmos que há um crescente número de profissionais brasileiros atuando em países como Argentina, Venezuela, Angola, Paraguai, Bolívia, Moçambique e Portugal. Contudo, é certo afirmarmos, também, que a prática tem seguido a tendência mais acentuada do acima designado Marketing Eleitoral, cujo planejamento e cujas estratégias, sobretudo de tipo transacional, visam angariar votos durante os períodos eleitorais, levando ao que Figueiredo (2000) chama de "marketismo".

Para Figueiredo (2000, p.36-37), "marketismo" é a situação caracterizada por três aspectos: (i) existe uma questionável simbiose entre o profissional do marketing e o candidato; (ii) perde-se de vista o componente mais político da campanha; (iii) e o profissional de marketing passa de divulgador de propostas a formulador de políticas públicas.

Por conseguinte, livros, revistas, artigos e congressos especializados no tema vêm aflorando, assim como alguns nomes de profissionais do Marketing Eleitoral, tais como Duda Mendonça e João Santana, para ficar apenas em dois grandes personagens do Marketing Político brasileiro do século XXI.

Torquato ainda afirma:

> [...] resta aduzir que o marketing político abrirá um ciclo de depuração. Serão ajustados eixos e abordagens. A ênfase publicitária, hoje presente nas campanhas, é diminuída e cede espaço aos estrategistas, aos consultores de conteúdo, aos analistas do pensamento social. A dinâmica social brasileira passa a exigir uma democracia mais participativa (TORQUATO, 2014, p. 43).

Ou seja, estamos vivendo um momento de profunda ebulição em torno do tema, principalmente no Brasil, que passa por uma onda de criminalização da atividade política, mormente da atividade do Marketing Político.

3.5 As Campanhas Eleitorais e suas condicionantes: Brasil, EUA e Europa

A utilização dos princípios de marketing dentro do contexto político brasileiro surge a partir das primeiras eleições diretas, após a queda da ditadura militar. Falamos aqui da visão moderna do marketing, pois desde a Ditadura do Estado Novo de Getúlio Vargas, passando pela sua eleição democrática, o Brasil já experimentara técnicas de marketing.

Na sua enorme diversidade, o Brasil tem conhecido várias formas de legitimação do poder que podem ser enquadradas na proposta de António Costa Pinto, quando este autor fala da autoridade tradicional, legal, carismática ou ideológica, associando a cada uma a base do seu próprio regime, baseado, respectivamente, no "hábito", no "contrato", na "superstição" ou na "crença" (PINTO, 2012, p. 85).

Vale relembrar que o período da ditadura militar se encerrou com a eleição de Tancredo Neves, em 1985, que morreu antes de tomar posse. José Sarney assume a Presidência da República e inicia-se o processo de redemocratização do país. Em 1986, ocorreram eleições para formar a Assembleia Nacional Constituinte, que promulgou uma nova constituição em 5 de outubro de 1988. A Constituição determinava a realização de eleições diretas para presidente, governador, senadores e deputados no ano seguinte.

O Marketing Político fez-se presente em diversas épocas da História recente, como, por exemplo, com a marcha "Prá Frente, Brasil", no auge da Ditadura Militar, e com a superprodução das "Diretas Já", em 1984, sacramentadas pela televisão (TEIXEIRA, 2006, p.16).

As eleições para Presidente da República de 1989 tiveram uma importância histórica e um significado ímpar, por apresentar várias novidades, principalmente depois de 20 anos de ditadura e da falta de experiência causada pela ausência de eleições diretas para cargos majoritários. As eleições de 1989 foram as primeiras, desde 1960, em que os cidadãos brasileiros aptos a votar escolheram seu Presidente da República.

Vejamos um comparativo entre campanhas eleitorais no Brasil, nos Estados Unidos e na Europa, de acordo com a visão de Dilma Teixeira, autora do livro Marketing Político e Eleitoral:

> Com a redemocratização do país na década de 80, o Marketing Político vem aumentando gradativamente sua influência no jogo eleitoral, a ponto de ser aderido até por políticos radicais da extrema esquerda. A grande tendência na década de 80 foi o uso de comerciais como entretenimento com mensagens apelativas para provocar reações esperadas e programadas. Demonstrações frias como num documentário já não chamavam a atenção. Os comunicadores percebiam que era preciso envolver a pessoa com humor, suspense e emoção e, na comunicação política, esse estilo é uma forma de diminuir o impacto de o horário político eleitoral gratuito ser um intruso na programação normal de televisão (TEIXEIRA, 2006, p.18-19).

No Brasil, em pleno regime ditatorial, a propaganda política na televisão e no rádio resumia-se à aparição hostil do rosto do candidato, com uma voz de fundo relatando seu nome, partido, número e um brevíssimo resumo do currículo, conforme determinava a legislação de 1976.

Ao contrário, Ronald Reagan, François Mitterrand e Fernando Collor potencializaram seus carismas e atração pessoal, através de fortes doses de vídeo-política e midiatização. Reagan reelegeu-se, em 1984, com a imagem de um gladiador midiático da guerra fria, vencedor do "Império do Mal" (os soviéticos).

Na década de 90, as eleições de Bill Clinton, Helmut Kohl, Tony Blair e Fernando Henrique Cardoso confirmaram a importância da gestão profissional das relações das candidaturas com os meios de comunicação, em especial com a TV, enquanto ferramenta para a construção e a correção da imagem pública, a exemplo da contenção do escândalo sexual de Clinton. No caso particular da campanha de FHC de 1994 foi introduzido no Brasil o primeiro tracking eleitoral (pesquisa quantitativa diária) dirigido pelo cientista político Antônio Lavareda (2009, p.112). Em Portugal, por exemplo, foi só uma década depois, em 2005, que, pela mão de Jorge de Sá, se estreou esta técnica do tracking eleitoral.

Percebemos um predomínio no Brasil da utilização de técnicas de Marketing Político mais sofisticadas, como parte integral das campanhas eleitorais, com reforço da Internet: pesquisas de opinião, spots televisivos, campanhas de imagem, telemarketing, comerciais publicitários, infomerciais, marketing direto, notoriedade dos marqueteiros políticos e contratação de assessores internacionais.

Sobre o uso da internet no Marketing Político, tanto em termos de comunicação (com destaque para a web 2.0), como na criação e gestão de eventos ou na angariação de recursos financeiros é inevitável a referência às campanhas presidenciais de Barack Obama. Como observou Jorge de Sá (2013, p.184), "Obama surge desta campanha como o homem da galáxia Internet (por oposição à galáxia Gutenberg à qual McCain parecia pertencer), campeão da ubiquidade que a rede permite".

Aliás, quem, à partida, poderia prever a vitória de alguém, como escreve Antônio Lavareda (2009, p.26), que era um "senador de primeiro mandato, sem experiência no Executivo, de uma etnia minoritária e historicamente minoritária, com um sobrenome muçulmano, sem o apoio inicial das principais lideranças do seu partido" e que nas primárias enfrenta e vence a primeira-dama do presidente mais querido (Clinton) para, de seguida, derrotar um respeitadíssimo herói de guerra (McCain).

Antonio Lavareda cita o fenômeno Obama em 2008 com sua campanha na internet, destacando que sua assessoria aprendeu a utilizar a internet para gerar interesse e paixão por uma candidatura, transformando esses sentimentos em ações políticas concretas. Com o my.barackobama.com foi possível obter mais de 500 milhões de dólares, com 3,2 milhões de doadores (LAVAREDA, 2009, p. 253-254).

Num outro depoimento registrado na mesma obra de Lavareda (2009, p. 255), o produtor dos comerciais em espanhol da campanha de McCain, César Martinez, testemunha acontecimentos de empowerment dos eleitores que já então se inseriam no Marketing Político Holístico, afirmando que na campanha de Obama "os próprios eleitores criavam muitos dos conteúdos" principalmente no YouTube, que "a campanha deixou de ser guiada apenas pela equipe de profissionais" e que "os conteúdos criados pelos eleitores muitas vezes tiveram mais impacto do que aqueles criados pelo próprio time de marketing".

Segundo Kotler (1998, p. 44), a organização que atua com ênfase no Marketing Societal assume que a tarefa da organização é determinar as necessidades, os desejos e os interesses dos mercados-alvos e atender às satisfações desejadas mais eficaz e eficientemente do que os concorrentes, de maneira a preservar ou ampliar o bem-estar dos consumidores e da sociedade. Para ele, "o conceito de Marketing Societal propõe que as empresas desenvolvam condições sociais e éticas em suas práticas de marketing".

Paralelamente, o reconhecimento de que o Marketing Político, independentemente da discussão sobre a existência (ou não) de manipulação da opinião pública, tem seu valor como instrumento de aferir votos e levar o político a uma verdadeira "administração societal", a que entrega o maior valor em termos de qualidade percebida. No entanto, se a prática do Marketing Político é reconhecida, não se pode dizer o mesmo da sua prática no quadro do paradigma do Marketing Relacional.

Há que se cobrar uma tomada de decisão por um processo de comunicação interativo e fidelizado com o eleitor-cidadão, que é a essência do Marketing Relacional, defendido neste trabalho. Embora se possa argumentar que se a oferta-candidato, quando em concretização, não for do agrado do eleitor, ela pode ser "devolvida" após quatro anos, quando o eleitor disser "não" à reeleição ou ao partido, é de bom senso afirmar que quatro anos é muito tempo quando se trata de atender e superar as expectativas do eleitorado, ainda mais quando o direito à devolução da oferta escolhida (no caso o impeachment) é deveras burocratizada, especialmente desgastante, por vezes frustrante, a exemplo de quando não se tem uma oferta melhor para viabilizar a troca.

Mesmo considerando as observações de Humberto Eco (2002, p. 32), de que a tese política é muito mais difícil que a tese científica, a presente proposta acadêmica - de caráter político, mas dentro de uma abordagem científica – traz questionamentos de pesquisadores, a exemplo de Antônio Henrique Faraco (2013), que estão preocupados com o futuro e o papel social do Marketing Político.

A saber:

- Qual a função do Marketing Político?
- Como se pode conceituar a expressão "Marketing Político socialmente responsável" ?
- É possível conciliar a prática do Marketing Político com responsabilidade social?
- Quais benefícios poderiam advir da prática do Marketing Político socialmente responsável?
- Que mecanismos sociais ou legais poderiam ser desenvolvidos para incentivar ou até mesmo exigir a prática do Marketing Político socialmente responsável?

A busca de respostas para essas perguntas alimenta a presente tese, no sentido maior de contribuir decididamente para a melhoria da prática do Marketing Político socialmente responsável, contemplado pelo Marketing Relacional, evoluindo assim para um novo modelo a ser utilizado pelas campanhas eleitorais num futuro próximo.

A propaganda eleitoral brasileira, por exemplo, deixou de ser apenas o ato de imprimir alguns milhares de folhetos coloridos e pichar os muros da cidade com o nome do candidato. É regulamentada pela Lei nº 9.504/1997 e conta com o apoio de profissionais especialistas em comunicação e, mais globalmente, também em Marketing Político. As campanhas eleitorais deixaram de ser tão intuitivas e tornaram-se mais racionais. Os palpites gratuitos cederam lugar à pesquisa; os temas principais agora têm origem em slogans com conceito e inseridos em desenhos estratégicos. Enfim, a própria propaganda, ou comunicação política, vai deixando para trás o amadorismo para se tornar mais profissional.

Comparando com campanhas de produtos e serviços: de um lado está o produto (bens, serviços e ideias) e, de outro, o mercado consumidor. Na Campanha Eleitoral, de um lado o candidato e suas propostas, e, do outro, os eleitores.

Na obra "Marketing Político e Governamental" (1985), Gaudêncio Torquato apresenta um roteiro de trabalho que julga ser de grande utilidade, para ajudar as agências de publicidade, as assessorias de imprensa e de relações públicas, os assessores parlamentares, os estrategistas em geral e, evidentemente, os candidatos, para as acirradas e sofisticadas batalhas políticas que se travarão.

Esse roteiro sintetiza praticamente os vários assuntos abordados neste Capítulo, conforme podemos constatar:

1. Escolher uma estratégia de marketing adequada;
2. Definir os alvos e periféricos de eleitores;
3. Saber ler o meio ambiente e identificar riscos e oportunidades;
4. Desenvolver um conceito e uma identidade;
5. Evitar situações, atos e discursos inadequados;
6. Testar o conceito e a identidade antes do lançamento;
7. Analisar os concorrentes e seu perfil político;
8. Ganhar projeção em entidades representativas;
9. Ganhar a confiança do partido;
10. Definir com muito cuidado a estratégia de comunicação;
11. Preparar um bom plano e um eficiente cronograma;
12. Conseguir um sólido esquema de financiamento;
13. Arregimentar grupos para trabalhos voluntários;
14. Formar uma ampla base de aliados.

Assim, contamos com um breve roteiro que, embora deixe pouco espaço para a pesquisa enquanto meio de apoio à formulação de estratégias e de feedback das ações desenvolvidas, será considerado mais à frente nos capítulos finais. Por fim, não é por demais falar que a atividade de Marketing Político também não pode ser incensada ao universo da prestidigitação, como alguns incautos defendem.

Ainda que Hitler confesse que "a propaganda permitiu [...] conservar o poder" e que "a propaganda [...] possibilitará a conquista do mundo" (DOMENACH, 1963, p. 5), assim como que Lênin ache que o "principal é a agitação e a propaganda em todas as camadas do povo" (DOMENACH, 1963, p. 6), defendemos que boas ideias, bons produtos, bons serviços e bons políticos precisam de boas campanhas eleitorais e, por extensão, de boas soluções de Marketing Político, para que o público se convença de que a oferta política é capaz de atender aos seus interesses, cada vez mais exigentes. Contudo, se não forem bons não há campanhas que convençam o público por muito tempo.

As palavras de Dilma Teixeira de que

> não há campanha de marketing que faça com que as pessoas consumam sorvete no Alasca, que convença as mulheres a usar biquíni no Afeganistão, que estimule o consumo de cerveja em países muçulmanos ou de carne de porco entre os judeus. Atribuir tanto poder ao marketing é negligenciar a importância de inúmeros fatores que, direta ou indiretamente, contribuem para a evolução da humanidade (TEIXEIRA, 2006, p. 54)

ilustram a necessidade de retirar as soluções concretas de marketing da esfera do "pensamento mágico" de que o "marketing tudo resolve" ou, pior ainda, tudo manipula.

Os profissionais de marketing não podem aceitar serem chamados como bombeiros quando já está tudo ardido, ou como "bailarinas de cabaré" a quem se fazem umas concessões, sem mais compromisso, após resolverem – se for ainda possível – uma manifestação de interesse instantâneo e que pronto, após o ato eleitoral, logo desvanece.

O marketing trabalha com predisposições latentes, fazendo com que as pessoas reconheçam suas necessidades e busquem satisfazê-las dentro de seus limites de tempo, renda e conhecimento. O Marketing Político não fabrica políticos, apenas os ajuda a se expressar melhor, fazendo-o conhecer melhor os seus eleitores e a conceber a melhor adequação dos seus objetivos bem identificados com o uso racional e sustentado dos meios disponíveis. Como afirma Dilma Teixeira (2006, p. 54) "Para ter sucesso no longo prazo, o político tem de gostar, de verdade, das pessoas, e esse é um campo que nenhum consultor de marketing pode interferir".

Num apontamento de um outro teor, Sousa Lara escreve que "o culto da personalidade dos líderes fortes antidemocráticos é substituído, em democracia, pela fabricação da imagem de liderança forte dos chefes partidários e pela concomitante fabricação da imagem inversa para os mais próximos rivais" (LARA, 2016, p. 15), o que não deixa de colocar problemas de ordem ética.

A ética na política é um assunto que mereceu muitas contribuições, algumas bem anteriores a nossa era atual. Uma dessas contribuições vem diretamente de Aristóteles que definiu a política como o objeto a felicidade humana, associando-a à ética:

> "(...) pois todas as ações de todos os homens são praticadas com vista ao que lhes parece um bem; se todas as comunidades visam a algum bem, é evidente que a mais importante de todas elas, e que inclui todas as outras, tem, mais que todas, este objetivo e visa ao mais importante de todos os bens; ela se chama cidade e é a comunidade política" (ARISTÓTELES, 1997).

Mais de 100 anos antes de Aristóteles, há cerca de 2500 anos, Confúcio insistia sobre a vantagem dos líderes puderem motivar os comportamentos mais corretos ao serem eles próprios exemplos disso, um princípio ético que se insere numa relação de duplo ganho:

> Se você der exemplo ao ser correto, quem ousaria continuar sendo incorreto? … O ponto positivo é que o povo sempre olha para os seus melhores e se aqueles em posição de autoridade dão o exemplo, isso será imitado mesmo se o povo não receber ordens para assim fazer (CONFÚCIO, 2007, p.37),

para logo em seguida afirmar que quem manda poderá obter a admiração do povo, promovendo os "os homens corretos" e colocando-os "acima dos desonestos".

Bem mais recentemente, em 1902, Émile Durkheim (2011, p.49) a propósito da necessidade de continuidade das boas práticas e da sua inserção numa rotina do dia-a-dia, escrevia que "deveres não consistem em atos heroicos realizados esporadicamente, nos momentos de crises intermitentes" porque "os verdadeiros deveres são cotidianos".

Na atualidade, o cumprimento dos preceitos éticos, nomeadamente na política, preocupa seriamente.

Efetivamente, a propósito do sentimento que permite a cada momento distinguir entre o que é certo e o que é errado, Arendt considera que a sua validade social se desmoronou num ápice, debaixo do seu próprio olhar, gerando estupefação:

> Que estranho e que assustador parecia de repente o fato de que os próprios termos que usamos para designar essas coisas – moralidade, com sua origem latina, e ética, com sua origem grega – nunca tivessem significado nada além de usos e hábitos. E também que 2500 anos de pensamento, na literatura, filosofia e religião, não tivessem gerado outra palavra, apesar de todas as expressões bombásticas, de todas as assertivas e sermões sobre a existência de uma consciência que fala com idêntica voz a todos os homens (ARENDT, 2004, p. 114).

Avançar, portanto, na constituição de elementos éticos para a atividade é fundamental. No XII Congresso Brasileiro de Estratégias Eleitorais e Marketing Político, realizado em São Paulo no mês de abril de 2016, foi aprovado um documento sobre padrões éticos da atividade que norteará a atuação da ABCOP (Associação Brasileira de Consultores Políticos) e que, em sua síntese, defende o respeito e a obediência às leis, o respeito à verdade, a busca permanente do bem comum da sociedade com uma atuação republicana, transparência, responsabilidade e prestação de contas (accountability) e defesa intransigente da liberdade de expressão.

Com isso, atestamos que há um forte movimento em discutir a atividade do Marketing Político baseado em parâmetros éticos e, também, buscando novas linhas de pensamento e abordagens. No nosso caso, se inspira na própria evolução e debate acerca do marketing, além da preocupação em defender a democracia e combater a apatia do eleitor no processo político.

3.6 A Nova Fronteira: o neuromarketing e suas aplicações à política

O neuromarketing, enquanto conceito cientificamente estabilizado, é muito recente. Sem ser enunciado como tal, foi, no entanto, desenvolvido pelo professor de marketing de Harvard, Gerry Zaltman, nos anos 90 do século passado, que patenteou uma técnica chamada "Zaltman Metaphor Elicitation Technique", usada por grandes marcas mundiais como a General Motors, Nestlé, Procter & Gamble ou Coca-Cola.

No limiar do século atual, as neurociências já se afirmavam claramente a nível internacional. Mais diretamente, no que diz respeito à imagiologia por ressonância magnética, dois autores franceses, Droulers e Roullet (2007) recenseavam, em 2006, mais de sete mil publicações científicas realizadas nos dez anos anteriores.

Ainda na última década do século passado, Stanislas Dehaene (1997), um neurocientista francês que é professor do Collège de France, indagava "se será possível a um grande laboratório, dentro de 10 ou 20 anos praticar a psicologia sem recorrer aos métodos da imagiologia cerebral funcional", o que faz com que esta previsão situe o caráter incontornável da neuropsicologia. Alguns anos mais tarde, no início do século atual, Ale Smidts da Universidade Erasmus, em Roterdã, sugeriu o uso da expressão neuromarketing (HAMMOU et. al., 2013, ULMAN et. al., 2015).

Gráfico 2: Referências a "neuromarketing"nos "Google Books"

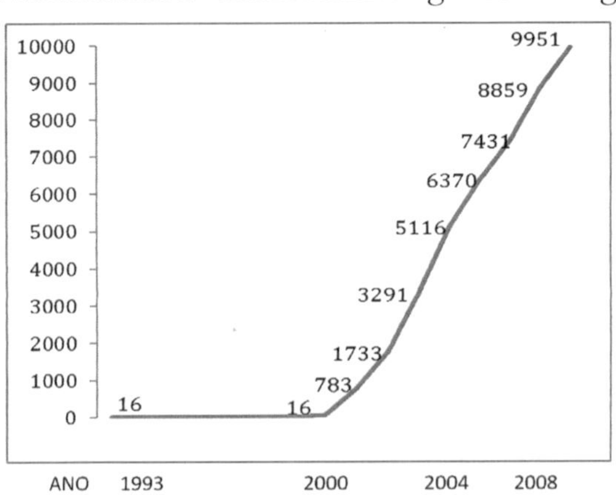

Fonte: Ngram Viewer (nov. 2016).

Como se pode ver no gráfico anterior construído com dados da Google, a partir do ano 2000 o crescimento das referências ao conceito de neuromarketing tem crescido de forma exponencial.

Smidts definia então neuromarketing como o uso das teorias e métodos da neurociência cognitiva para planejar, executar e medir as atividades de marketing, acrescentando que o "neuromarketing veio para aumentar a eficiência das ações de marketing estudando respostas cerebrais" (ULMAN, 2015).

No Brasil, o cientista político e sociólogo brasileiro Antonio Lavareda introduziu os estudos do neuromarketing fundando em Recife, estado de Pernambuco, o NeuroLab (Laboratório de Neurociência Aplicada) com o objetivo de desenvolver estudos na área política. Hoje, o NeuroLab ampliou sua atuação e no site do laboratório[3] são apresentados os fundamentos da investigação e os serviços que aí são oferecidos.

Sobre Neuromarketing, o NeuroLab o conceitua como

> um campo de investigação dos componentes afetivos e inconscientes das atitudes e do comportamento do consumidor coerente com a mudança de paradigma do antigo modelo explicativo – atenção-interesse-desejo-ação (Aida) – para um percurso feel-think-do, ou mesmo feel-do-think. Avalia as reações neuropsicofisiológicas a determinados estímulos externos, seja com foco em consumo, branding, comportamento político-eleitoral, tomada de decisão e julgamento, processos seletivos, aprendizagem, impacto de comunicação, entre outros (NEUROLAB, 2016).

O ano de 2004 testemunha um importante impulso na divulgação do conceito através da publicação pela revista Neuron (MCCLURE, 2004) dos resultados de uma pesquisa levada a cabo por uma equipe integrada pelo professor de psiquiatria Read Montague do departamento de neurociências do Baylor College of Medicine e que se baseou num teste de preferência entre duas bebidas mundialmente conhecidas: Pepsi e Coca Cola.

Os indivíduos sujeitos ao teste foram convidados a indicarem a sua preferência primeiro "às cegas" (Pepsi ganhou) e depois com identificação das duas marcas e então a Coca Cola foi a preferida. O grupo de pesquisadores partiu em busca das razões que poderiam explicar esta

[3] Disponível em: www.neurolabbrasil.com.br

situação e decidiu colocar os indivíduos do teste a serem observados por uma máquina de ressonância magnética funcional que media a sua atividade cerebral, certos que as "construções percentuais são geralmente multidimensionais, integrando múltiplas dimensões físicas e cognitivas para gerar preferências comportamentais coerentes" (MCCLURE, 2004, P. 379).

A pesquisa revelou que, segundo as pessoas estavam ou não informadas da marca que bebiam eram ativadas diferentes partes dos seus cérebros. Quando as marcas eram conhecidas dos sujeitos era ativado o córtex, onde é gerida a atenção, o controle da memória de curto prazo e é produzido o melhor do nosso pensamento, especialmente o planejamento.

No entanto, quando as marcas eram desconhecidas (situação em que Pepsi foi preferida, recorde-se) não era tanto essa parte do cérebro a ser ativada, mas sim o hipocampo, uma estrutura mais velha do cérebro associada ao comportamento instintivo e emocional.

Neste último caso, a preferência "parece resultar da interação de dois sistemas cerebrais separados, situados principalmente no córtex pré-frontal" com os autores a colocarem a hipótese de que "a informação cultural influencia as decisões de preferência através da região dorso-lateral do córtex pré-frontal, com o hipocampo a ser chamado para recordar a informação associada", acrescentando que ao "julgar estímulos baseados em influências sensoriais e culturais multifacetadas, sistemas cerebrais independentes parecem cooperar com as preferências enviesadas" (MCCLURE, 2004, p. 385).

Em reforço desta conclusão João Neto e Mauro Alexandre (2007) afirmam que os investigadores do Baylor College of Medicine utilizaram a "FMRI (sigla em inglês de Imagiologia por Ressonância Magnética Funcional) para investigar como mensagens culturais penetram no cérebro e moldam preferências pessoais". Os dois autores brasileiros acrescentam que, na pesquisa dirigida pelo professor Montague,se constata que nas imagens do cérebro das quase sete dezenas de pessoas sujeitas à experiência, foi primeiro ativada "a região do cérebro associada à sensação de recompensa" (teste cego), mas que depois dessas "mesmas pessoas passaram a saber de antemão qual refrigerante estavam bebendo, a atividade de outra área cerebral, ligada à fidelidade, sobrepujou as preferências demonstradas no primeiro teste" e que "três em cada quatro participantes disseram preferir Coca-Cola", o que significaria que "as imagens cerebrais dos consumidores mostraram maior preferência pelo sabor da Pepsi, porém, a marca Coca-Cola exerce maior estímulo em áreas do cérebro ligadas aos atos de vontade, o que significa dizer que o logotipo da Coca é mais poderoso que o da Pepsi".

O acima referido professor Montague (2004) argumentou, originando uma polêmica que se mantém na atualidade, que ao recordar os conteúdos da comunicação das marcas, o cérebro dos indivíduos sujeitos ao teste fez com que os pensamentos e emoções ligadas a cada marca fossem substituindo as reações à qualidade percebida do produto.

Esta argumentação pode conduzir à conclusão de que as marcas mais presentes na nossa vida, associando a sua parte de mercado ("market share") com a parte que alcançam no cérebro dos consumidores ("mind share"), ocupam e, na prática, "possuem" um pedaço do nosso córtex frontal com as inevitáveis consequências, nomeadamente éticas, que a experiência relatada deixa à vista.

A evolução da aplicação das técnicas de neuromarketing tem sido lenta. A tecnologia envolvida nas pesquisas do neuromarketing é cara e muito sofisticada, enquanto o seu princípio de atuação é simples, assentando no fato de que as pessoas podem até não ter consciência das suas preferências por esta ou aquela marca ou mesmo não dizer a verdade quanto às razões da sua escolha, mas os números das vendas dos produtos dessas marcas são objetivos e têm que ser compreendidos. No entanto, como referem Plassmann, Ramsoy e Milosavljevic (2012), no final da primeira década do século atual já mais de 300 companhias faziam investigação com recurso ao neuromarketing. Os métodos tradicionais de pesquisa de mercado responderão a muitas perguntas, mas apresentam dificuldades perante questões como a que, no exemplo acima trazido pela equipe do Baylor College of Medicine, nasce da constatação que sendo a Pepsi a bebida preferida no teste sem identificação das marcas, é, no entanto, a Coca Cola quem lidera o mercado mundial, tanto ao nível do "market share", como no do "mind share".

O NeuroLab Brasil utiliza diversas ferramentas nas investigações que promove, a saber:

- *Facial Expression Recognition (FER)* – Mede e interpreta as respostas faciais associadas a emoções inconscientes diante de estímulos de comunicação;
- *Eletrocardiograma* – Mede a variação dos potenciais elétricos gerados pela atividade elétrica do coração, associados às respostas emocionais e inconscientes;
- *Heart Rate Variability (HRV)* - mede a frequência cardíaca do indivíduo. Alterações na frequência cardíaca e pressão arterial refletem respostas corporais a situações que são mais, ou menos empolgantes e/ou estressantes. Quando usado em conjunto com gravações da atividade cerebral (EEG) e da condutividade da pele (GRS), proporcionam uma imagem detalhada de como o indivíduo reage a determinada situação ou estímulo;
- *Skin Conductance* – Mede a condutividade da pele para indicar o nível de excitação fisiológica do indivíduo diante de estímulos. O aumento de condutividade da pele pode refletir níveis crescentes de exaltação, empenho ou estresse;
- *Eletroencefalografia (EEG)* – Capta a atividade elétrica cerebral. Realiza mapeamentos, avalia a evolução temporal da atividade cortical, estuda as diversas bandas de frequência (Alfa, Theta, Beta e Gama), analisa estatisticamente cada tipo de onda e detecta a ativação de áreas cerebrais durante a apresentação dos estímulos;
- *Ressonância Magnética (FRMI)* – Detecta as alterações no fluxo de sangue em determinadas áreas profundas do cérebro, tornando possível revelar atividades cerebrais que contribuem para formar percepções, decisões e comportamentos;
- *Eye Tracker* – Tecnologia de rastreamento de movimentos oculares que analisa o percurso do olhar do indivíduo sobre o estímulo apresentado. As análises baseiam-se nas variações observadas na dilatação das pupilas, no piscar dos olhos, no movimento do globo ocular e na direção do olhar. A trajetória ocular é, depois, comparada com a evolução da atividade cerebral e fisiológica, para compor uma análise global. (NEUROLAB, 2016).

Além desses, acresce ainda o Teste de Associação Implícita (IAT), que "é uma medida indireta comumente usada para tentar estabelecer a força da associação entre conceitos, flanqueando o pensamento consciente. As diferenças na latência das respostas (...) são consideradas medidas de valência emocional (...)" (LAVAREDA; CASTRO, 2016, p. 200).

Neste contexto, em que se impõe um mercado anual de mais de 400 bilhões de dólares correspondente a investimentos em publicidade, uma ferramenta que permite melhorar o desempenho desses investimentos, mesmo se cara, tem o seu lugar assegurado.

O neuromarketing, enquanto área do marketing gestionário, ganha, portanto, em ser entendido numa dupla condição: o da sua dimensão científica, capaz de entender o cérebro humano, e o da sua dimensão econômica, capaz de minorar os riscos dos enormes investimentos regulares em comunicação.

Se a dimensão econômica do conceito está à vista, a sua dimensão científica decorre das aplicações na área da gestão, mais especificamente, ao consumo e ao consumidor, de técnicas das neurociências e da neuroimagem, destinadas a detectar situações conscientes e inconscientes da atividade cerebral.

A aplicação destas técnicas de grande atualidade potencializa, como afirma Christophe Morin (2011, p. 131), "uma melhoria significativa da eficácia, a nível mundial, tanto das mensagens comerciais como das que se relacionam com causas", o que, obviamente inclui produtos, serviços e ideias e, consequentemente, o Marketing Social e o Marketing Político.

Antonio Lavareda e João Paulo Castro afirmam que os estudos que recorrem ao neuromarketing ajudam

> a conectar as informações mercadológicas de forma diferente, a reconhecer a prevalência do driver emocional e do inconsciente no processo decisório dos consumidores, a compreender que os indivíduos são muito mais 'racionalizadores' do que racionais (LAVAREDA; CASTRO, 2016, p. 13).

As estratégias de comunicação podem ser potencializadas a partir dos estudos do neuromarketing, como afirmam.

> Para quem queira levar as emoções a sério na hora de desenhar as estratégias de comunicação das marcas com que trabalha, será importante aprofundar um pouco o conhecimento a respeito delas. Não basta apenas pensar se a mensagem desperta ou provoca um estado emocional. É importante conhecer qual, ou quais emoções foram acionadas, como elas se relacionam aos propósitos da marca e se são capazes de mobilizar o consumidor. Não por acaso as palavras emoção, motivação e movimento têm a mesma raiz no latim. Conhecê-las é ainda mais importante hoje, quando nas redes sociais os clientes reais ou potenciais também são cocriadores delas (LAVAREDA; CASTRO, 2016, p. 62).

Ou seja, a aliança entre o Marketing 3.0 e o neuromarketing pode estabelecer uma nova dinâmica na relação entre empresas e consumidores.

Como afirmam outros estudiosos (MOREIRA; PACHECO; BARBATO, 2011, p. 108),

> os mapeamentos de decisões inconscientes através das técnicas da neurociência têm conseguido explicar o comportamento que vai além de apenas uma vontade consciente, dando condições à economia e ao marketing ir a fundo às informações que possuem, possibilitando abordagens mais modernas.

E estes mesmos autores continuam afirmando que "uma das principais lições apreendidas com estas duas novas áreas é que os indivíduos não são sempre racionais em suas escolhas" já que "aspectos emocionais possuem importante papel não apenas na percepção das alternativas, mas também na formação das preferências e no processo final de escolha".

Na perspectiva de Hammou, Galib e Melloul,

> para além dos métodos de investigação em marketing que estão baseados em descrições orais e na introspecção, o neuromarketing tem sido mais objetivamente desenvolvido para compreender o que está a acontecer na caixa preta, nomeadamente no cérebro humano (HAMMOU; GALIB; MELLOUL, 2013 p. 1272),

acrescentando que o objetivo do neuromarketing é de "revelar os processos subjacentes à ligação entre a percepção e a ação por via da investigação dos mecanismos neurobiológicos através dos quais as decisões são tomadas".

Ulman, Cakar e Yildiz (2015, p. 1281) defendem que o "neuromarketing emergiu como um campo aplicado que pode transformar a pesquisa tradicional de marketing por meio de várias ferramentas da neuroimagem", para, de seguida, abordarem "as preocupações éticas" que o neuromarketing acarreta, argumentando "que as políticas públicas baseadas nas leis de direitos humanos e o valor bioético da dignidade e da integridade humana devem se tornar uma parte da pesquisa neste campo recém-emergente" e que "a avaliação e o monitoramento por comitês de bioética e conselhos de revisão são fortemente recomendados".

A complexidade da aplicação das técnicas das neurociências à gestão e, em particular, ao marketing, está na ordem do dia. Enquanto na área da neuroeconomia se colocam sobretudo questões de escolha, no caso do neuromarketing este tipo de problemática desloca-se para a área da influência, nomeadamente aquela que as marcas possuem em relação aos nossos atos, abrangendo, como se afirma numa obra coletiva que reuniu outros treze investigadores (BREITER, 2015, p. 59), "um conjunto mais amplo de domínios da ciência comportamental" e integrando a complexidade do processo ao elencar

> pelo menos três grandes categorias de trabalho neste enquadramento do neuromarketing que vão além dos esforços atuais com o neuromarketing na avaliação da eficácia de mensagens. Especificamente, essas categorias incluem medidas neurocientíficas de neuroimagem e neurofisiologia, medidas de psicologia axiomática e matemática envolvendo engenharia e abordagens de grandes dados para a ciência comportamental.

A procissão ainda não terá, portanto, saído do adro, como argumentam Garcia e Saad (2008, p.408):

> o paradigma do neuromarketing está na sua infância e, como tal, está repleto de oportunidades de pesquisa. Como seria de esperar, o paradigma é um pouco ateórico e, como tal, consiste em estudos empíricos de um

só 'tiro', separados entre si, que tipicamente equivalem a "expedições de pesca" para padrões de ativação neural distintos.

Especificamente no que diz respeito, por exemplo, ao uso da tecnologia de neuroimagem em pesquisas relativas à comunicação política ou às afiliações, os mesmos autores afirmam ser "improvável que se descubram centros 'conservadores' ou 'liberais' no cérebro", acrescentando ser

> igualmente improvável que alguém vá descobrir um módulo distinto no cérebro responsável pelo processamento de um apoio político de uma celebridade. No entanto, a pesquisa pode ser orientada na busca de regiões associadas à tomada de decisões e ao reconhecimento de status (Ibidem, 2008, p. 409),

explicando que os resultados terão que ser validados por uma meta-teoria que enquadre o paradigma do neuromarketing, que poderá assentar numa perspectiva darwinista do modelo cognitivo evolutivo do cérebro humano: "O cérebro certamente mostrará ativação preferencial em várias tarefas de comportamento do consumidor, mas o papel do pesquisador é o de determinar o que significa esse recrutamento com relação à biologia humana evoluída".

A caminho de uma definição mais formal do conceito de neuromarketing, encontramos Olivier Droulers e Bernard Roullet (2007, p.22) que, partindo da explicação de que as "neurociências cognitivas integram as áreas de estudo relacionadas com a memória, a atenção, a percepção, a emoção e a linguagem" e de que as "neurociências afetivas se interessam especificamente pelas emoções, pelos seus elementos precursores e pelos seus efeitos", concluem que a "neuroimagem estuda cada um destes temas que, naturalmente, têm uma repercussão no marketing".

Neste contexto, Droulers e Roullet (2007, p.11) propõem formalmente que o

> neuromarketing é o estudo dos processos mentais, explícitos e implícitos, e dos comportamentos do consumidor em vários contextos de marketing que se prendem com atividades de avaliação, de tomada de

decisão, de memorização ou de consumo, com base nos paradigmas e nos conhecimentos das neurociências.

Estes dois professores franceses explicam de seguida as várias técnicas oriundas das neurociências que são utilizadas no âmbito das pesquisas do neuromarketing: a tomografia por emissão de pósitrons, a ressonância magnética funcional, a eletroencefalografia e o mapeamento eletroencefalográfico e ainda a magnetoencefalografia (DROULERS; ROULLET 2007, pp. 11-14).

Numa apresentação dos serviços prestados no âmbito da investigação em neuromarketing, uma das maiores multinacionais da pesquisa em marketing (TNS, 2014) propõe-se testar a efetividade das mensagens, independentemente do formato, através do teste de conceitos antes da produção de anúncios publicitários (TV), do teste de anúncios finalizados antes do investimento nos media (TV), do teste de material estático (impressos e outdoor) e da combinação destes testes "com grupos de foco para uma compreensão profunda e holística do feedback do consumidor".

Ainda há muito o que evoluir nos estudos do neuromarketing, mas as ferramentas hoje disponíveis já são largamente utilizadas beneficiando as decisões mercadológicas que são tomadas no seio das organizações. Segundo Lavareda e Castro, as

> preferências por modelos de automóveis, a relação entre cores, cheiros e sabores de alimentos, o estímulo das distintas embalagens, a influência de feronômios em perfumes, a conexão entre eventos e seus patrocinadores, o papel da utilização em pontos de venda de determinadas cores, fragrâncias e tipos de música ambiente" (LAVAREDA; CASTRO2016, p. 225),

são objetos de investigação para acertar o alvo. Mas, estes autores também lançam um alerta:

> Neuromarketing e neuropropaganda são áreas fascinantes, mas por serem muito recentes não estão imunes a exageros e deturpações. Por

isso é sempre bom lembrar alguns mitos recorrentes, e estarmos atentos para os novos, que certamente virão (Ibidem, 2016, p. 229).

Para finalizar, Lavareda e Castro fazem uma feliz relação entre o cérebro e a mídia eletrônica, hoje tão explorada no contexto do marketing.

> O cérebro e a mídia eletrônica têm conexão automática porque trabalham de forma muito parecida e são totalmente compatíveis. Os sistemas eletrônicos de comunicação têm transmissão de sinais elétricos em milésimos de segundos, exatamente como o cérebro faz para orquestrar todo o corpo. A compatibilidade com as mídias digitais é inerente à plasticidade cerebral. Assim, a tecnologia serve como prolongamento do cérebro. Não é exagero pensar no computador como uma extensão da memória e dizer que telefones são conexões especiais de nosso córtex auditivo (Ibidem, 2016, p. 182).

4. METODOLOGIA

A presente investigação contém objetivos e hipóteses cujo cumprimento e verificação constituem condições para a definição de um modelo de Marketing Político para o horizonte de 2021. Para tanto, detalho a seguir objetivos e hipóteses desta investigação, os métodos e técnicas em geral, e especificamente os que se aplicam àqueles objetivos e hipóteses. Mas, antes vamos apresentar as perguntas de partida que orientam a presente investigação:

1. O atual estágio da democracia é considerado satisfatório pelos cidadãos?
2. Os agentes políticos sentirão uma maior necessidade de proximidade com sua base de eleitores nas campanhas eleitorais? E quando são governo?
3. Quais as vantagens e as desvantagens sentidas pelos agentes políticos em relação à comunicação política centrada prioritariamente nos Media? Tratar-se-á de uma fórmula desgastada pela saturação dos eleitores?
4. Os agentes políticos brasileiros têm consciência do que poderá ser o marketing relacional, o marketing holístico e o marketing permanente aplicado à política?
5. Os agentes políticos conseguem diferenciar o marketing transacional do marketing relacional?
6. Quais são as mudanças sociais que estão em curso na sociedade brasileira neste início de século que impactam a atividade política.

4.1 Objetivos e Hipóteses da Investigação

O tema central da investigação consiste em definir um modelo de Marketing Político para o próximo futuro da atividade político-eleitoral no Brasil que reúna as ferramentas de gestão da política capazes de mobilizar os eleitores, combatendo a desconfiança na política e a apatia cívica e reforçando assim os efeitos da ação política democrática.

Este tema central é articulado em torno de cinco objetivos específicos que interessa satisfazer e que dizem respeito às seguintes dimensões.

Obj.1	O modo como o Marketing Político é concebido no Brasil pelos principais atores do mercado político (candidatos e dirigentes).
Obj.2	A percepção das atividades de estratégia (planejamento, posicionamento, imagem) por parte dos atores do mercado político do Brasil.
Obj.3	O entendimento manifestado pelos principais atores do mercado político do Brasil quanto à evolução no próximo futuro do conteúdo do marketing-mix político.
Obj.4	A cognição dos principais atores do mercado político do Brasil relativamente às formas de combate à desconfiança na política e à apatia cívica.
Obj.5	As novas formas de mobilização político-eleitoral a partir das designadas "redes sociais".

Por outro lado, formulamos um conjunto de hipóteses, desdobradas, que se prendem com o processo de definição do próprio modelo que constitui o tema central da investigação.

A primeira hipótese diz respeito às mudanças nas campanhas eleitorais.

Face aos desenvolvimentos teóricos mais recentes que abordamos e mesmo tendo em conta a confusão que ainda subsiste no seio dos profissionais entre comunicação política e Marketing Político, poderá parecer evidente que se irão verificar mudanças profundas nas campanhas eleitorais no Brasil a médio prazo. Este sentimento de evidência será mais matizado por quem conheça a realidade deste país-continente, com campanhas eleitorais que, no mínimo de dois em dois anos, cobrem um imenso território de mais de 8,5 milhões de quilômetros quadrados. Neste contexto de enorme diversidade, o ritmo das mudanças é lento, mesmo quando na aparência formal possa parecer o contrário, principalmente pela atração que a mídia tem por algumas campanhas transformadas em espetáculo da era digital.

Na realidade, no estado atual das campanhas eleitorais, o Brasil combina o uso das técnicas mais sofisticadas com situações que, no seu desenvolvimento real, não se afastam muito de práticas mais próximas das do voto censitário europeu do século XIX.

Por todos estes motivos é justificável colocar uma hipótese de que entre os "marqueteiros", um grupo profissional que conhece profundamente a realidade das campanhas eleitorais brasileiras, que se prenda com a percepção da profundidade dessas mudanças.

As caraterísticas do modelo do marketing relacional que expusemos, constituíram a base da "declinação" da primeira hipótese colocada, com a intenção de verificarmos se o sentido de uma eventual mudança, que poderá até não ser entendida conscientemente em termos conceituais, corresponde (ou não) a uma aplicação, na prática, mesmo que por efeito de mimetismo de atuação, das dimensões conceituais daquele paradigma relacional, principalmente quanto ao que se refere ao recurso à pesquisa estratégica, às bases e dados, à segmentação eleitoral, mas também, ao mesmo tempo, ao uso continuado dos instrumentos mais tradicionais das campanhas eleitorais nos últimos 30 anos de democracia no Brasil.

H1	Para os consultores em Marketing político (vulgo, "marqueteiros"), as campanhas eleitorais no Brasil passarão por profundas transformações na sua estrutura nos próximos anos.

H1.1	No Brasil, de acordo com os consultores em Marketing Político, irá aumentar o peso relativo do investimento em atividades de Marketing Político de natureza estratégica.

H1.1.1	O aumento de investimento estratégico terá uma incidência elevada na área das pesquisas de opinião.

H.1.1.2	O aumento de investimento estratégico terá uma incidência elevada na área de constituição de base de dados e da segmentação eleitoral.

Mesmo admitindo que a hipótese H1.1 se verificará, ou seja, que os especialistas em Marketing Político conceberão alterações sensíveis a médio prazo na estrutura das campanhas eleitorais, será prudente considerar, tendo em conta a realidade plural do Marketing Político Eleitoral brasileiro, que o uso dos materiais impressos se irá manter sem alteração sensível nos próximos anos, o que constitui o conteúdo da hipótese seguinte (H1.2).

H1.2	No futuro, a importância do material impresso (folhetos e santinhos) e publicitário não irá aumentar e poderá mesmo diminuir em alguns dos seus componentes.

O recurso ao Marketing Político Relacional implicará, como se viu, um investimento persistente ao longo do tempo, especificamente entre campanhas eleitorais. A gestão continuada de relacionamentos dos governos e das oposições com os eleitores, assim como a gestão adequada permanente das bases de dados que caracterizam tão expressivamente este modelo de marketing, implicam uma desconcentração dos investimentos, com uma maior dispersão em relação às práticas atuais orientadas pelo modelo do Marketing Político Transacional.

Assim sendo, será de admitir que a enorme concentração dos investimentos realizados nas campanhas eleitorais no período eleitoral propriamente dito (três meses anteriores ao ato eleitoral) venha a diminuir significativamente. No atual contexto de forte regulamentação das campanhas eleitorais e redução drástica dos investimentos legalmente permitidos, é expectável que a diminuição dessa concentração se fará sentir já no prazo que tem 2021 como horizonte.

H1.3	O volume de investimentos realizados no período propriamente dito de campanha eleitoral (o período determinado pela Justiça Eleitoral) irá diminuir sensivelmente a médio prazo, podendo vir a atingir valores inferiores a metade do orçamento global correspondente aos doze meses anteriores ao ato eleitoral.

Como tivemos ocasião de referir o modelo do marketing relacional não corresponde a uma destruição do paradigma transacional anterior, mas antes da sua inclusão no novo modelo, o que, numa visão redutora, poderia corresponder, na área da política, a usar mais as técnicas relacionais entre campanhas para depois colher os frutos durante estas, reforçando a colheita com as técnicas, porventura mais "invasivas" do marketing transacional.

Por outro lado, as técnicas de marketing relacional carecem ainda de ganhar a aceitação de decisores políticos brasileiros, muitos deles forjados através de técnicas de captação de voto que já viram eleger os seus pais e mesmo avós.

A maior eficácia do modelo de marketing relacional terá que ser demonstrada nos fatos e, sendo os "marqueteiros" especialistas muitas vezes mais preocupados em ganhar eleições do que entender a complexidade de como são ganhas ou perdidas, pelo que no horizonte do médio prazo as estratégias eleitorais integrarão ainda em termos significativos as técnicas de tipo transacional.

No entanto, numa perspectiva de modernidade e, porque não, na busca de um aumento substancial de mercado (sobretudo nos anos ímpares, já que no Brasil as eleições são sempre em ano par), os profissionais das campanhas eleitorais aderem facilmente à ideia de "comunicação política permanente", sobretudo "de governo" já que são mais de cinco mil os municípios brasileiros, mesmo se não dominam, nem conceitualmente, nem através das técnicas e suas práticas, o modelo de Marketing Político Relacional.

De algum modo, essa "ideia" ainda que vaga, de comunicação política (e não de Marketing Político) potencializa a "abertura" de um novo mercado, já de si muito saturado e limitado pela recente legislação eleitoral, nem que fosse para, em termos operacionais, oferecer aos decisores políticos mais do mesmo a que já estão habituados.

É este o quadro em que se insere a segunda hipótese desta investigação, em cuja "declinação" optamos pelo uso direto da expressão "comunicação permanente" e, no que concerne às práticas mais tradicionais, à importância atribuída à mídia tradicional e à presença física do candidato no terreno eleitoral.

H2	Ainda que já possa existir uma progressiva adesão ao conceito de "comunicação permanente", atualmente no Brasil, os consultores em Marketing Político ainda determinam suas estratégias principalmente em técnicas do marketing transacional.

H2.1	Para os consultores em Marketing Político a importância das mídias tradicionais nas campanhas não diminuirá.
H2.2	Para os consultores em Marketing Político o eleitor dá uma importância elevada à comunicação política permanente.
H2.3	Para os consultores em Marketing Político o eleitor dá uma importância elevada ao contato físico com os candidatos.

Os diferentes agentes da política brasileira, entre os quais experimentados "marqueteiros", viram recentemente uma massa considerável de cidadãos tomar conta das ruas de grandes cidades brasileiras (à semelhança, aliás, do que tinham assistido pela televisão em várias cidades europeias com os respectivos "indignados") sem que as diferentes forças políticas (ou os próprios "marqueteiros", contratados por elas) pudessem exercer qualquer influência sobre essas movimentações sociais e, consequentemente, aproveitarem a energia política que essas manifestações libertavam.

Sem que porventura alguns desses "marqueteiros" tenham sequer ouvido referir o conceito dos valores da pós-modernidade trabalhados por Inglehart e outros autores, creio que o "*feeling*" próprio de quem "anda na política" é suficiente para desencadear as campainhas de alerta em relação a esta considerável massa eleitoral que transporta consigo uma fortíssima desconfiança na política e nos políticos, mas com a vontade firme de intervir na alteração, em muitos casos radical, do atual sistema político brasileiro, fenômeno altamente acelerado pelos sucessivos "macro-processos" de corrupção política.

A desconfiança do eleitorado é tão evidente que colocá-la como hipótese é perfeitamente redundante. No entanto, a questão foi incluída no questionário do inquérito aos especialistas em Marketing Político como introdução ao assunto que, em concreto, perspectiva a hipótese seguinte (H3).

H3	A percepção que os consultores em Marketing Político têm do elevado nível de desconfiança do eleitor em relação aos atores políticos faz com que essa desconfiança se tenha transformado num enorme desafio de combate que tende a atingir níveis semelhantes ao dos desafios correspondentes às atividades tradicionais das campanhas eleitorais.

Para além do sucesso da web 2.0 (vulgo, "redes sociais") de que as campanhas presidenciais de Obama foram exemplo paradigmático e que a recente campanha Trump e Hillary consagrou, o seu uso parece generalizar-se nas campanhas eleitorais. Esta questão, por si só, de tão evidente, dispensaria a formulação de uma hipótese específica na presente investigação.

Decidi, no entanto, formular uma hipótese relativa à sua previsível generalização, porque há que entender a dimensão desse incremento, sobretudo no atual contexto resultante das limitações legais recentemente introduzidas nas campanhas eleitorais brasileiras e que tornam as designadas "redes sociais" muito apetecíveis enquanto canal de substituição. Efetivamente, convirá esclarecer o que está a ser feito sob a mesma designação de "trabalho nas redes sociais", ou seja, aprofundar os tipos de uso que é feito dessas redes virtuais nas campanhas eleitorais.

Numa perspectiva típica de Marketing Político Transacional as redes virtuais serão, a par das tradicionais redes físicas, percebidas enquanto canais de distribuição do produto político, mas no quadro do modelo de Marketing Político Relacional as redes virtuais podem ser bastante mais do que isso, ao tornarem-se um instrumento de grande alcance para a criação, o desenvolvimento e a gestão dos relacionamentos político-eleitorais.

É neste âmbito que é formulada a quarta hipótese (H4).

H4	Na prática dos consultores em Marketing Político, no Brasil o aumento sensível do investimento nas designadas "redes sociais" (redes virtuais: web 2.0) que irá ocorrer no horizonte de 2021 far-se-á sobretudo enquanto canal de comunicação para chegar aos eleitores e menos como instrumento de gestão de relacionamentos políticos.

A quinta e última hipótese aborda o modelo do marketing holístico aplicado à política na perspectiva já referida de que as práticas concretas dos "marqueteiros" se distinguem ainda das que resultarão de um modelo integrado e socialmente sustentável de Marketing Político Holístico.

H5	O paradigma do marketing holístico, mesmo quando compreendido no plano teórico, ainda não constitui o quadro de referência da prática das campanhas de comunicação conduzidas pelos consultores em Marketing Político no Brasil.

Regressando ao tema central e à sua declinação nos objetivos específicos que dele emanam, estes conduziram à formulação do roteiro (guião) que serviu ao levantamento de dados primários junto dos atores políticos brasileiros através da realização de entrevistas individuais focalizadas em profundidade (pesquisa qualitativa).

Para suportar o referido roteiro, definimos, a partir dos objetivos específicos, um conjunto de dimensões conceituais que permitiram a formulação dos seguintes itens:

- Qual o entendimento dos políticos brasileiros sobre as estratégias eleitorais. Se elas são decorrência do "*feeling*"[4] político ou de técnicas apuradas do marketing;
- Em que estágio está o Marketing Político na compreensão dos políticos brasileiros;
- Como os políticos avaliam o nível de relacionamento com a sociedade e se, a falta dele, decorre de uma apatia no processo democrático;
- Quais são, na visão dos políticos brasileiros as ferramentas que poderão diminuir a apatia e desconfiança eleitoral e a retomada da satisfação do eleitor frente ao processo político;
- Como os políticos brasileiros enquadram o uso das redes sociais nas campanhas eleitorais;
- Que relevância os políticos brasileiros dão às mídias clássicas na atualidade, e se permanecerão fortes nos próximos anos em comparação ao uso intensivo da internet.

Especificamente, no que diz respeito à percepção das atividades de estratégia que integra o Objetivo 2 e às novas formas de potencial mobilização através das "redes sociais", expressas no Objetivo 5 e na Hipótese 4, encontramos uma possibilidade (excepcional) de aprofundar o seu elevado potencial grau de eficácia no atual contexto político-eleitoral brasileiro.

Na realidade, pela sua importância estratégica e pela considerável demanda que vimos há algum tempo encontrando no terreno, consideramos que esse aprofundamento poderia ultrapassar o quadro teórico internacional (sobretudo europeu e norte-americano) e as práticas mais recentes de campanhas eleitorais na Europa, nos Estados Unidos da América e no próprio Brasil, neste caso tendo em conta as eleições presidenciais de 2014.

A situação ofereceu-se de forma oportuna através da participação direta que tive ocasião de desenvolver na direção de várias campanhas

[4] Termo utilizado na linguagem profissional para designar capacidade de leitura do ambiente.

eleitorais municipais durante o ano de 2016 e cujo quadro técnico-jurídico nacional prefigura as campanhas eleitorais dos próximos anos.

Decidi então, mesmo consciente do atraso que essa opção iria provocar na conclusão da presente investigação, integrar, enquanto estudo de caso, a campanha de Hildon Chaves na capital do estado da Rondônia em que a comunicação virtual parece ter tido um papel fundamental para a sua eleição.

No que diz respeito às hipóteses formuladas e destinadas a verificação com base na pesquisa quantitativa aplicada aos consultores em Marketing Político, foram inventariadas as seguintes dimensões, sob a forma interrogativa já que eram destinadas à definição posterior do respectivo instrumento (questionário) de levantamento dos dados primários:

- Em que medida os diversos procedimentos aplicados nas campanhas eleitorais atuais vão permanecer inalterados, serão diminuídos ou sofrerão acréscimos na sua aplicação nos próximos anos?
- Os consultores políticos compreendem as mais avançadas técnicas do marketing, sejam elas do marketing relacional, do marketing permanente e do marketing holístico, ou fazem uso do termo como sinônimo de comunicação política eleitoral?
- Numa perspectiva de preparação de uma campanha eleitoral dentro de um prazo maior do que aquele determinado para a campanha propriamente dita, abrangendo pré-campanha, campanha e pós-campanha, como os consultores políticos definiriam um fluxograma de investimentos e quais ações seriam estabelecidas em cada fase do projeto?
- Como os consultores políticos enxergam o papel das mídias clássicas nas próximas campanhas eleitorais e o seu peso na definição do posicionamento do eleitor?
- Qual a compreensão dos consultores políticos sobre o tema apatia eleitoral e desconfiança política?
- Qual a compreensão dos consultores políticos sobre marketing relacional na perspectiva da formação de base de dados para uma comunicação política permanente e se há espaço para uma visão holística no processo de uma campanha eleitoral?

4.2 Métodos e Técnicas de Investigação

4.2.1 O Processo da Pesquisa Científica

A pesquisa de caráter científico surge da necessidade de aprofundar um determinado conhecimento, num processo que exige procedimentos exigentes e sistemáticos e que não se coaduna apenas em dar respostas a uma mera curiosidade. Esta, poderá até existir numa fase inicial, se, simultaneamente, tiver uma determinação científica e aceite ceder o passo à formulação de uma problemática adequada. Ademais, o que designamos como "senso comum" constitui um adversário temerário à pesquisa científica que, para o ultrapassar, terá que obedecer a princípios ao nível da sua estratégia, que a distingam claramente desse mesmo "senso comum".

Esta preocupação não pretende tornar inacessível aos cidadãos em geral a apreciação pelos resultados da pesquisa científica, mas permitir que o processo científico ultrapasse as ideias feitas e os preconceitos. Como defende Umberto Eco (2007, p. 52, grifo do autor) a "pesquisa debruça-se sobre um *objeto reconhecível e definido de tal modo que seja igualmente reconhecível pelos outros*", o que atesta a preocupação de ser entendido, sem ceder, no entanto, em relação ao rigor científico necessário para o progresso do conhecimento.

Numa das obras que se tem mantido de referência do ensino de métodos e técnicas de investigação social, a propósito desta, os autores afirmam que

> importa, acima de tudo, que o investigador seja capaz de conceber e de por em prática um dispositivo para a elucidação do real, isto é, no seu sentido mais lato, um método de trabalho. Este nunca se apresentará como uma simples soma de técnicas que se trataria de aplicar tal e qual se apresentam, mas sim como um percurso global do espírito que exige ser reinventado para cada trabalho (QUIVY & CAMPENHOUDT, 2005, p. 15).

Deste modo, há que enquadrar o processo investigativo com uma estratégia clara que, por via de um trabalho persistente e continuado, assegure o respeito dos princípios de validade da pesquisa científica, entre outros, os de permitir a total avaliação do trabalho realizado e a sua eventual repetição ou aprofundamento, eventualmente em contextos diferentes, por parte de outros pesquisadores.

Ora, em investigação científica, um método corresponde a um conjunto de procedimentos que têm como objetivo o conhecimento da verdade científica e esta pode ser concebida como o encontro entre pensamento e o respectivo objeto, sendo de toda a conveniência distinguir neste "encontro" o que provém da natureza do espírito e o que decorre da natureza da matéria, ou seja, da diferente natureza dos fenômenos estudados, o que conduz a aceitar que existem métodos particulares que variam com o objeto das diversas ciências.

Esta conclusão, que pode ser considerada clássica no pensamento europeu e, de um modo geral, no pensamento "ocidental", não se inspira numa qualquer recente revisão metodológica publicada em revista de alto índice de indexação, mas tão só de origem num instrumento menos habitual em teses científicas, como é um dicionário. No entanto, permito-me citá-lo porque se trata de uma obra imponente editada há mais de um século, o que mostra que alguns dos aspectos metodológicos do processo de investigação científica há muito que estão estabilizados. Trata-se do dicionário em sete tomos intitulado "Le Nouveau Larousse Illustré" e editado há mais de cem anos. De acordo com esta fonte (Augé, 1897-1904, p. 60-61), existe "um método geral que domina todas as ciências particulares" e que se prende com o fato do espírito, qualquer que seja o objeto ao qual ele se aplica, ter as mesmas exigências e ser submetido às mesmas leis. Ora, o princípio essencial do espírito é de compreender ou de explicar. Ele chega até aí, substituindo as noções incompletas e confusas por ideias claras e completas e transformando o complexo em simples, o passageiro em durável, associando os efeitos às causas, as consequências aos princípios.

Ora, para o autor desta definição,

> para estabelecer uma tal relação existem somente dois meios. Ou o espírito parte das causas ou dos princípios para descer até aos efeitos ou consequências, captando assim, a necessidade lógica em virtude da qual o complexo resulta do simples: este primeiro procedimento chama-se

> síntese. Ou então o espírito encontra-se em presença de dados confusos: ele esforça-se em conduzi-los até aos elementos simples e inteligíveis que os constituem. Temos então a análise. (AUGÉ, 1897-1904, p. 60-61)

E o autor conclui que a

> síntese traz teoricamente uma inteligibilidade maior; de fato, o espírito é na maior parte das vezes obrigado a começar pela análise, porque aquilo que lhe é dado de início são muito mais os efeitos do que as causas. O método perfeito é aquele que, depois de um todo ter sido analisado, decomposto nos seus elementos, pode fazer a síntese e compreender assim muito melhor a realidade que ele (método) criou de novo. (Ibidem, 1897-1904, p. 61, grifo do autor)

Entre a análise e a síntese, o objeto da pesquisa científica é constituído por questões que carecem de resposta ou de esclarecimentos que até então estão sem resposta cabal na área do saber em causa. Qualquer projeto de pesquisa necessita de ser organizado de forma a dar solução a um ou mais problemas precisos, procurando a sua resolução ou reconsideração num outro contexto.

Assim, é usual iniciar o desenvolvimento do processo de investigação propriamente dito através da designada "pergunta de partida" que, aliás, corresponde, na maioria dos casos, a uma reformulação de uma questão original após uma primeira identificação da temática em estudo com base na consulta de fontes, nessa fase, não necessariamente científicas.

Efetivamente, se a investigação for sobretudo de caráter estritamente exploratório, essa questão inicial poderá corresponder mais à motivação do pesquisador do que ao percurso científico anterior do objeto da investigação, o que obriga a essa identificação inicial da temática, da qual resultará um primeiro patamar de conhecimento em que o foco fica mais definido e que conduz a uma reformulação dessa questão inicial na referida "pergunta de partida".

Esta pergunta deverá ser suficientemente sólida para resistir ao confronto com a produção científica existente sobre a temática em estudo, numa tarefa que consiste em estabelecer qual "o estado da arte", através do estudo de trabalhos apresentados em conferências científicas, livros e outras publicações que constem de bases "indexadas" (ISI, SCOPUS, etc.) que garantam a qualidade desses estudos, nomeadamente por via da sua dupla avaliação "cega" por cientistas antes da sua edição (BARROS; DUARTE, 2006).

Como afirma Alan Bryman (2004), de uma forma geral, na investigação científica é seguida uma lógica dedutiva ou uma lógica indutiva. Grosso modo, esta última corresponde à construção de teorias que expliquem cabalmente os fatos observados, enquanto a primeira se serve de teorias já elaboradas para prever os fatos e confirmar essas teorias com base no ajustamento entre os fatos previstos e os fatos posteriormente observados.

Em ciências sociais, na maior parte dos processos de investigação, existe atualmente um nível elevado de desenvolvimento de teorias capazes de permitir a utilização da lógica dedutiva, o que reduz o uso da lógica indutiva, sem prejuízo, no entanto, da realização de estudos de caráter exploratório (indutivo), precedendo uma ação dedutiva, para melhor definir os contornos de contexto.

A lógica dedutiva, ao ser aplicada com base num ou mais modelos teóricos, procura, como se referiu, antecipar acontecimentos, prevendo fatos, através da formulação de hipóteses cuja verificação implica um ajuste dos episódios às afirmações contidas nas hipóteses. É por isso que uma hipótese nunca deve ser colocada em termos interrogativos, já que ela só tem sentido enquanto afirmação que importa de seguida confirmar ou descartar.

Como se referiu, apesar de não ser o mais habitual, há domínios das ciências sociais em que nem sempre existe um desenvolvimento teórico suficientemente robusto e nestas situações impõe-se realizar estudos exploratórios. Neste caso, não são formuladas hipóteses, mas sim objetivos de investigação. Tais objetivos estão para além das expectativas ou dos desejos do pesquisador e, por esta razão, devem ser definidos de forma clara e suscetível de avaliação à posteriori.

4.2.2 Métodos de Pesquisa

Quanto aos métodos de pesquisa, se seguirmos o princípio de análise do tipo de problema a carecer de resolução e os meios de investigação disponíveis, encontramos o método experimental e o método causal-comparativo (ambos centrados na determinação da causa), o método correlativo (buscando associações entre variáveis) e os métodos descritivo, histórico e compreensivo, sendo que dentro deste último, embora podendo integrar qualquer um dos anteriores, se destaca o estudo de caso, sobretudo pelo uso que dele é feito nos meios universitários que se dedicam à investigação em ciências sociais.

Passando rapidamente em revista estes principais métodos investigativos, comecemos pelos dois que procuram estabelecer relações causais entre variáveis e que são o método experimental e o método causal-comparativo. Como nenhum destes dois métodos é usado na presente investigação, serei breve na sua caracterização.

O método experimental destina-se a demonstrar a existência de relações de causa-efeito entre uma ou mais variáveis independentes (que constituem a causa) e uma ou mais variáveis dependentes (efeitos), sendo possível efetuar alterações nas variáveis independentes às quais correspondem efeitos observáveis nas variáveis dependentes.

De um modo geral, este método recorre a técnicas quantitativas para o levantamento de informação, a maior parte das vezes de natureza primária. No âmbito das ciências sociais, a aplicação do método experimental repousa sobretudo na comparação entre dois grupos, em que um deles, o "grupo experimental", é sujeito a um estímulo que visa fazer variar a causa para depois se observar o efeito do estímulo, enquanto o segundo grupo ("grupo de controle") se mantém incólume. No caso de o estímulo resultar numa alteração da variável dependente do grupo experimental sem que tal alteração se tenha verificado na mesma variável do grupo de controle, está então estabelecido o nexo causal entre a variável independente e a variável dependente em estudo.

Para que o estabelecimento de um nexo causal possa ser validamente realizado é necessário que se verifiquem algumas condições que se prendem com a precedência das causas relativamente aos efeitos, com a covariação, ou seja, a variação numa causa provoca uma variação no efeito, com a escolha aleatória dos componentes dos grupos em estudo e com a inexistência de explicações alternativas ao nexo causal encontrado.

Nem sempre é fácil conseguir satisfazer estas quatro condições fora de um ambiente laboratorial, onde, aliás ocorre a quase totalidade dos estudos que seguem o método experimental, particularmente quando a investigação decorre, como é comum nas ciências sociais, no terreno social onde atuam pessoas comuns.

Esta situação conduz à designação do método de investigação de "método quase-experimental", em que a possível relação causa-efeito fica diminuída pela dúvida quanto a uma ou mais das quatro condições acima referidas, sendo a dificuldade mais usual é a que se prende com a representação estatística da amostra em relação à população da qual foi extraída.

O método causal-comparativo é um outro método que visa o estabelecimento de nexos causais entre variáveis, tal como o método experimental.

A principal diferença entre estes dois métodos (ambos de natureza quantitativa) reside no fato de neste último método a variável independente não poder ser manipulada já que, como afirma Richard Shavelson (1996, p. 26), "o investigador chega à cena depois do acontecimento já ter ocorrido". A impossibilidade de agir sobre a variável independente limita a avaliação do nexo causal que, no entanto, neste método, repousa na comparação entre sujeitos nos quais certas caraterísticas ou tipos de comportamento estão presentes (enquanto causa possível de certos efeitos observáveis nesses sujeitos) com outros indivíduos em que essas caraterísticas ou tipos de comportamento não se verificam ou se encontram, mas a um nível bastante inferior.

Um outro método é constituído pelo método descritivo que é sobretudo utilizado para definir de forma exaustiva a situação atual de um determinado tema de investigação, principalmente quando nos encontramos numa fase inicial da pesquisa do tema ou que este tem sido relativamente pouco abordado pela comunidade científica no enfoque que se pretende desenvolver. Em muitas situações, este método é usado para obter fatos e dados que servirão para preparar o caminho para novas pesquisas sobre o mesmo tema destinadas à formulação de novas teorias ou de aprofundamento mais específico dentro do tema estudado. Em função da robustez dos conhecimentos obtidos, tanto a nível teórico, como a nível empírico, este método pode permitir a verificação de hipóteses que decorram dos objetivos da própria investigação recapitulada do tema em estudo.

Dentro do método descritivo podem ser desenvolvidos estudos com características monográficas e que poderão optar por análises de tipo transversal, longitudinal, por coortes etárias, de tendência e comparativo (por exemplo, entre regiões ou países).

Uma diferença importante entre os estudos que seguem o método correlativo e o método descritivo consiste no fato de que os primeiros se preocupam fundamentalmente das relações entre variáveis (por exemplo, para prever a evolução de uma ou mais variáveis em função de outra ou outras) enquanto o método descritivo se interessa principalmente pela descrição das variáveis.

O método histórico de pesquisa científica é mais um método de investigação que, no fundamental, consiste na descrição dos fatos históricos ocorridos, devidamente contextualizados e evidenciados que se prendam com um determinado período de tempo, principalmente quanto ao modo como evoluíram nesse período de tempo face aos condicionamentos próprios dessa mesma época. O método histórico deverá resultar em explicações para o fenômeno estudado e baseia-se, principalmente, em fontes secundárias, embora possa também contar com informações primárias recolhidas junto de agentes ainda ativos.

Este método tem semelhanças com o método descritivo quanto ao princípio do levantamento e apresentação exaustiva de fatos e situações devidamente enquadradas.

Segue-se agora a descrição mais dilatada dos três métodos de investigação que são usados na presente investigação com o fim de serem encontradas as respostas para o cumprimento dos objetivos e a confirmação das hipóteses.

4.2.2.1 Método Correlativo

O método correlativo procura explicar o objeto de investigação com base na evidência de associações entre duas ou mais variáveis. Este método está firmado na definição do grau de covariação de variáveis cuja variação conjunta pode significar uma correlação positiva (se a variação for no mesmo sentido), negativa (se a variação for em sentido contrário), ou mesmo inexistente, ou seja, nula. O grau com que a correlação se manifesta é geralmente medido através do coeficiente de correlação (o mais usual para escalas métricas é o de Bavais-Pearson) que varia, em módulo, entre 0 (correlação inexistente) e 1 (correlação total). O coeficiente de correlação pode ser simples (entre duas variáveis, sem considerar nenhuma mais), pode ser múltiplo (entre uma variável e um conjunto de duas ou mais variáveis) e parcial (entre duas variáveis, eliminando o efeito de uma terceira). Quando a estrutura de dados não permite a obtenção de um coeficiente de correlação como acabamos de nos referir, existem outros tipos de medidas de associação entre variáveis. No caso de escalas ordinais dispomos, por exemplo, dos coeficientes de correlação de Spearman ou de Kendall e nas situações em que só dispomos de escalas nominais, o "qui quadrado" constitui um bom indicador do nível de associação entre duas ou mais variáveis.

Embora o método correlativo não permita estabelecer relações causais, ele pode aproximar-se deste tipo de nexo quando já existam desenvolvimentos teóricos consistentes na matéria em estudo e seja possível demonstrar um feixe amplo de relações entre variáveis expurgado de eventuais relações espúrias. A identificação deste último tipo de relações pode ser obtida através da análise cruzada entre três ou mais variáveis dos respectivos coeficientes de correlação parcial, capazes de evidenciar, por exemplo, que uma aparentemente forte correlação entre duas variáveis pode ser exclusivamente devida ao efeito de correlações, essas sim, elevadas, entre cada uma dessas duas variáveis e uma terceira até então não considerada.

O célebre exemplo dado por Émile Durkheim (2011) da correlação espúria entre o número de cegonhas e o número de bebês na França do seu tempo ilustra bem este tipo de situação. Voltando ao assunto, William Fox escreveu que

> as regiões rurais tendem a ter mais cegonhas que as zonas urbanas e que as regiões rurais têm também maiores taxas de natalidade que as zonas urbanas (por razões que não têm nenhuma ligação com a presença ou a ausência de cegonhas). O campo seria, portanto, a causa simultaneamente do número elevado de cegonhas e das altas taxas de natalidade, criando assim uma associação entre estas duas variáveis que não é verdadeiramente causal (FOX, 1999, p. 145).

Existem muitas medidas estatísticas que permitem avaliar o grau de associação entre variáveis, mesmo no caso de métricas mais fracas, como é o caso da aplicação de estatística não paramétrica a resultados de escalas ordinais ou mesmo nominais. De um modo geral, o método correlativo (ou correlacional, para alguns autores) é bastante usado em pesquisas de natureza científica, muitas vezes em estreita ligação com o uso de técnicas quantitativas firmadas em inquéritos realizados através de questionário junto de amostras de populações em estudo.

4.2.2.2 Método Compreensivo

O método compreensivo tem como objetivo central a compreensão em profundidade de um fenômeno no contexto social em que se manifesta, com caraterísticas e dinâmicas específicas, em muitas situações únicas, mas captáveis combinando lógica e analogia e relacionando os agentes e o enquadramento social e psicológico em que atuam.

Numa perspectiva weberiana o método compreensivo, longe de se deixar levar pela manifestação exterior das ações das pessoas concretas, centra-se no sentido que tais ações possuem no contexto da relação social e da formação social em que ocorrem. A observação pormenorizada dos fatos é de grande importância, mas estes só poderão ser cabalmente compreendidos (e integrados na ação) se for entendido o sentido que possuem para os indivíduos e grupos em relação.

4.2.2.3 Estudo de Caso

O estudo de caso, mais do que um método de investigação, corresponde a uma estratégia de investigação que pode recorrer a um ou simultaneamente a vários dos métodos de investigação até agora descritos.

Para Yin (1994, p. 13) o estudo de caso justifica-se quando o pesquisador é confrontado com situações complexas, em que encontra inicialmente dificuldades na identificação das variáveis consideradas importantes, ou quando procura respostas para o "como?" e o "porquê?".

Para além destes aspectos, o mesmo autor recomenda que o estudo de caso seja considerado quando o investigador procura encontrar interações entre fatores relevantes, apreender a dinâmica ou descrever o fenômeno sob investigação. Yin (1994) regista cinco componentes para um plano de pesquisa num estudo de caso: a questão do estudo, suas propostas (se as houver), sua ou suas unidades de análise, a lógica associada aos dados e os critérios que presidem à interpretação dos dados.

Por outro lado, Bell (1989) define o estudo de caso como uma analogia com o guarda-chuva que cobre uma família de métodos de investigação cuja principal preocupação é a interação entre variáveis e acontecimentos.

Um outro autor, Ponte (2006, p.2) considera que o estudo de caso

> é uma investigação que se assume como particularística, isto é, que se debruça deliberadamente sobre uma situação específica que se supõe ser única ou especial, pelo menos em certos aspectos, procurando descobrir a que há nela de mais essencial e característico e, desse modo, contribuir para a compreensão global de um certo fenômeno de interesse (PONTE, 2006, p.2).

Mais uma vez o realce é colocado no "caso" e na sua circunstância, ou seja, no contexto em que se manifestam e interagem os seus atores, sendo que apesar da sua especificidade, o "caso", para merecer o seu estudo, tem que ter caraterísticas que permitam a sua inferência analógica para outras realidades e contextos, desde que culturalmente compatíveis.

Benbasat e seus coautores (1987) consideram que um estudo de caso deve incidir sobre um fenômeno observado no seu ambiente natural, em que os dados recolhidos podem ser primários e secundários, onde é estudada uma ou mais entidades (pessoa, grupo, organização), em que é estudada em profundidade a complexidade do caso ou casos e onde a investigação pode ir desde uma fase exploratória até à formulação de hipóteses e sua verificação.

Uma das críticas de que os estudos de caso são alvo prende-se com a influência que o investigador pode ter relativamente à integração dos resultados do estudo e sua inferência analógica, pelo que deve ter-se um cuidado muito grande de independência e distanciamento desde a escolha do caso e da colheita da informação até ao seu tratamento e análise.

O reforço da componente compreensiva é apoiado por Fidel (1992) que afirma que o objetivo de um estudo de caso é o de compreender o evento em estudo e ao mesmo tempo desenvolver teorias mais genéricas a respeito do fenômeno observado.

Em defesa de uma perspectiva mais descritiva vem de novo Ponte (2006) para quem o objetivo do estudo de caso consiste em descrever e analisar e também Guba e Lincoln (1994) que defendem que o objetivo do estudo de caso é mais descritivo, mais o de relatar os fatos como sucederam, descrever as situações, proporcionar conhecimento acerca do fenômeno estudado e comprovar ou contrastar efeitos e relações presentes no caso.

De forma a sistematizar estes vários objetivos, Gomez, Flores e Jimenez (1996, p. 99) referem que o objetivo geral de um estudo de caso é: "explorar, descrever, explicar, avaliar e/ou transformar".

De acordo com a sua finalidade, os estudos de caso podem ser classificados (YIN, 1994; BORGES, 1996; SÁNCHEZ, 1994) como pedagógicos, clínicos e investigativos, sendo que esta última categoria pode ser desdobrada em estudos explicativos, exploratórios e descritivos.

Numa outra dimensão classificatória, Yin (1994) propõe a distinção entre estudos simples e múltiplos (vários casos sob análise). De acordo com o critério do seu enfoque, os estudos de caso podem ser definidos como quantitativos e qualitativos, estes últimos subdivididos em intrínsecos e instrumentais (STAKE, 1995).

Os estudos de tipo pedagógico destinam-se sobretudo a permitir aos estudantes a aplicação de princípios estabelecidos a casos particulares, ou treinar os estudantes para a tomada de decisão. Já os estudos de caso clínicos servem para registrar os antecedentes históricos dos pacientes tanto na área médica, como em trabalho social, sobretudo na ótica de evolução da enfermidade.

Ao contrário, os estudos de caso de tipo investigativo procuram aprofundar o conhecimento de um fenômeno particular, que pode tomar a forma de narrativa e ter como estratégia investigativa (YIN, 1994) um ou mais dos seguintes subtipos: explicativo (procurando encontrar as causas dos fenômenos), descritivo (caraterizando um fenômeno) e exploratório (iniciar uma temática nova ou sob um novo enfoque).

Quanto ao tipo de estudos de caso qualitativos, há a considerar dois subtipos, um é o intrínseco, em que se estuda um caso concreto numa perspectiva sobretudo descritiva e o outro instrumental que faz do caso concreto o instrumento para compreender uma realidade que lhe é superior ou mais geral, mas que o integra.

4.2.3 Etapas de Pesquisa

As etapas do processo de pesquisa podem reunir-se em três fases de desenvolvimento, que se inicia com o estabelecimento do quadro conceitual da pesquisa, ao que se sucede a fase do trabalho operacional, para depois prosseguir com o tratamento da informação e sua análise.

A primeira fase comporta distintas etapas, a primeira das quais diz respeito à escolha da área temática da investigação, à qual se segue a definição do problema de pesquisa e da sua problemática geral.

Sobre esta fase, pela sua importância decisiva, convém recordar as palavras de Quivy e Campenhoudt (2005, p. 100) para quem "conceber uma problemática é escolher uma orientação teórica, uma relação com o objeto de estudo, o que implica a inscrição num esquema de inteligibilidade", já que "esta decisão não pode ser tomada em abstrato; deve relacionar-se com a questão de partida e o seu objeto". Os mesmos autores sintetizam, acrescentando que a

> problematização consistirá então em formular o seu projeto de pesquisa, articulando duas dimensões que se constituem mutuamente nele: uma perspectiva teórica e um objeto de pesquisa concreto, ou ainda, indissociavelmente, um olhar e o objeto desse olhar (QUIVY E CAMPENHOUDT, 2005, p. 101).

Após a definição da problemática e a consequente revisão do estado da arte, eventualmente acompanhada pela eleição de um modelo teórico, segue-se a formulação dos objetivos e (ou) das hipóteses da pesquisa.

Entra-se então numa segunda fase do processo que, como já identificamos, concerne o trabalho operacional da investigação.

Esta fase começa com a definição da estratégia da pesquisa que se destina a dar resposta aos objetivos e a confirmar ou descartar as hipóteses e que se traduz na seleção do método ou dos métodos de pesquisa que serão utilizados para esse fim.

Uma vez definida a estratégia de pesquisa, cumpre eleger as técnicas de levantamento da informação através das técnicas que sejam as mais adequadas para satisfazer os objetivos desta etapa, tendo em conta os meios disponíveis para a pesquisa. É igualmente nesta fase, como elucida Vidal Oliveira (2012), que deve ser realizado o plano de tratamento da informação levantada.

A terceira fase do processo de pesquisa é iniciada com a etapa relativa ao designado trabalho de campo, o que corresponde ao levantamento de dados primários e secundários da investigação no terreno. Segue-se-lhe a aplicação do plano de tratamento de dados que deve responder à necessidade de cumprimento dos objetivos e da verificação das hipóteses da pesquisa, alimentando a etapa de discussão dos resultados, assim como a etapa final das conclusões e recomendações, concluindo o processo de investigação.

4.2.4 Técnicas de Pesquisa

As técnicas de pesquisa prendem-se com as diferentes alternativas de levantamento e de tratamento da informação, provenha esta de dados primários ou secundários. Para o que é mais relevante na presente pesquisa, abordaremos rapidamente as técnicas de levantamento e de tratamento relativas a dados primários, começando por distinguir as técnicas de tipo qualitativo e as que são de tipo quantitativo e que por vezes são também designadas, respectivamente como técnicas intensivas e extensivas. Cumpre-nos uma rapidíssima referência às técnicas mistas, que combinam as duas anteriormente referidas e podem ser ilustradas pela técnica "Delphi", pela técnica "Quali-quanti", pelos "painéis deliberativos" ou por técnicas combinadas aplicadas ao neuromarketing (SÁ, 2013, p. 134).

Entre as técnicas de tipo qualitativo destacam-se as entrevistas individuais focalizadas em profundidade e as entrevistas grupais (focus groups), também designadas como "reuniões de grupo" ou "grupos de foco". As entrevistas correspondentes a estas duas técnicas são longas (cerca de duas a três horas) e podem ser conduzidas de forma diretiva, não diretiva, ou semidiretiva, geralmente seguindo um roteiro de entrevista que o moderador (entrevistador) usa no desenvolvimento da entrevista.

A opção por um ou outro destes tipos de entrevista depende de variados fatores, onde pesam o objeto de investigação, os objetivos desta e a disponibilidade dos entrevistados.

O tratamento da informação levantada através de uma ou mais das técnicas qualitativas recorre usualmente à análise de conteúdo que é uma técnica cujo material de análise está preferencialmente organizado em forma de texto ou imagem e que se destina a identificar as categorias conceituais que organizam um determinado discurso numa leitura que vai para além do que é aparente, substituindo a leitura intuitiva por uma leitura reconstruída (KRIPPENDORFF,1990).

Esta técnica possui um processo de base designado como inferência que, como define Bardin (1977), é uma crítica fundada sobre uma dedução interpretativa controlada.

Para este autor, a análise de conteúdo tanto pode incidir sobre os resultados de um teste de associação de palavras, como sobre as respostas a uma pergunta "aberta" de um questionário, ou as notícias e o enquadramento noticioso dos meios de comunicação ou ainda os resultados de entrevistas individuais ou grupais focalizadas em profundidade.

Existem vários tipos de análise de conteúdo. Por exemplo, Bardin (1977) considera a análise categorial, a de avaliação, a de enunciação, a análise propositiva do discurso e a análise das relações.

Quanto às técnicas de natureza quantitativa, poderemos recensear várias, a mais comum das quais consiste na aplicação de inquéritos realizados através de questionário estruturado junto de uma parte (amostra) da população em estudo.

Surgem assim duas questões de cuja solução resulta a própria qualidade da investigação realizada: a representatividade da amostra e a adequação do questionário.

Só é possível falar-se de uma amostra representativa da população de onde é extraída se a seleção dos indivíduos da amostra for aleatória e, ao mesmo tempo, respeitar o princípio da equiprobabilidade que corresponde a que todos os indivíduos do universo possuam idêntica probabilidade de serem selecionados para a amostra.

Simultaneamente, a representatividade amostral implica que as variáveis que suportam as hipóteses da investigação tenham na amostra uma distribuição idêntica à que têm na população (universo) à qual a amostra se reporta.

Numa pesquisa quantitativa, logo após a detalhada definição dos objetivos, o primeiro passo diz respeito à definição e delimitação do universo, que é um qualquer conjunto de "indivíduos" visados naqueles objetivos, todos apresentando uma característica comum (por exemplo, serem eleitores), mesmo que esse conjunto tenda ao infinito.

O passo seguinte de uma pesquisa quantitativa consiste na definição da amostragem que se pretende ter. A amostra é uma parcela determinada do universo que preserva suas características e permite que seja estudado com precisão, baixo custo e rapidez. Efetivamente, para testar a sopa, basta provar uma ínfima parte, não sendo necessário comer a sopa toda. A amostra deve utilizar o menor número possível de indivíduos e com maior precisão possível. É preciso, para tanto, conhecendo bem os objetivos da pesquisa, definir as hipóteses de trabalho e as respectivas dimensões e os indicadores que as suportam. Só assim é possível determinar quais as variáveis que devem presidir à definição do processo amostral, principalmente, se for possível, recorrendo a amostras aleatórias estratificadas porque, se bem definidas, garantem uma margem de erro inferior aos demais tipos de amostragem aleatória, incluindo a aleatória simples. Exemplo do exposto é a definição prévia da área geográfica ou o mapear do perfil socioeconômico e demográfico dos entrevistados.

Os principais métodos de amostragem podem ser classificados de duas formas: métodos de amostragem probabilísticas quando a seleção tem uma probabilidade conhecida e diferente de zero e o método de amostragem não probabilística, quando a seleção de cada amostra da população é desconhecida para alguns ou para todas as unidades da população, podendo algumas ter probabilidade nula de seleção.

Daí vem o questionamento: quantas pessoas devo ouvir? Vai depender de quantas pessoas serão entrevistadas, ou seja, do tamanho da amostra. Vale destacar que quanto maior a amostra, menor será o erro probabilístico; mas também quanto maior a amostra, maior a probabilidade de erro sistemático (por exemplo, erros provocados pelo questionário, pelos entrevistadores, pelo analista). No caso de a análise incidir sobre proporções, a referência da distribuição estatística mais comum é a Binomial (em alguns casos a hipergeométrica) que tende para uma distribuição Normal (Laplace-Gauss), assegurando um erro probabilístico que é máximo quando a proporção observada é de 50%.

Como o processo é probabilístico, quando uma proporção observada na amostra é generalizada (inferida) para o respectivo universo, essa generalização corresponde a um intervalo centrado na proporção observada e que é designado Intervalo de Confiança. A amplitude deste intervalo tem uma relação direta com o erro probabilístico e com o nível de probabilidade com que deseja trabalhar. O mais usual é fixar um nível de probabilidade de 95% e definir amostras cujo tamanho garanta que a semiamplitude do intervalo de confiança (vulgarmente designada por margem de erro) não ultrapassasse 4% caso a amostra fosse do tipo aleatório simples.

Podem produzir-se tabelas básicas que associam tamanhos de amostra à obtenção de resultados com determinada exatidão: no caso seguinte é indicada a margem de erro máxima a 95% de probabilidade (isto é, quando a probabilidade de não rejeitar uma hipótese sendo ela verdadeira é de 95%). A margem de erro é máxima quando a proporção em teste (geralmente a observada) é de 50%, o que gera um produto máximo entre esta proporção e a sua complementar.

A tabela seguinte pode com facilidade ser encontrada, principalmente através de um motor de busca na internet, pelo que a sua apresentação neste trabalho visa unicamente facilitar a sua leitura sem interrupções no caso de se pretender usar a informação em causa.

Tabela 3: Tamanho da amostra e margem de erro de uma proporção (caso de uma amostra "aleatória simples")

Tamanho da amostra	Margem de erro de uma proporção (a 95% de probabilidade)
100	9,8%
200	6,9%
300	5,7%
400	4,9%
500	4,4%
600	4,0%
700	3,7%
800	3,5%
900	3,3%
1000	3,1%

Fonte: construção do autor.

A margem de erro resulta de uma função quadrática do tamanho da amostra, o que significa que a diminuição dessa margem obriga à realização de um número de entrevistas (e respectivo investimento) que representa um esforço bem mais que proporcional a essa diminuição.

Existem quatro tipos de amostras probabilísticas: Aleatória Estratificada, Aleatória Simples, Aleatória Sistemática e Aleatória por Conglomerados, sendo que, em condições equivalentes, o erro probabilístico associado a cada um destes tipos de amostragem é menor no primeiro, aumentando progressivamente em cada um dos seguintes.

No caso de amostragens não probabilísticas existem vários tipos dos quais se podem destacar as amostras por conveniência, por "bola de neve", por julgamento e por quotas. Nenhum destes tipos de amostragem gera amostras probabilísticas, pelo que os seus resultados não podem ser validamente generalizados para os respectivos universos. A amostragem por quotas é, entre as não probabilísticas, a mais utilizada.

Por outro lado, o questionário deverá firmar-se nas hipóteses definidas, sendo que a formulação das perguntas deve evitar duplas interpretações e ter sempre em conta aspectos de contexto do objeto da investigação.

Contrariando eventualmente algumas práticas correntes, deve referir-se que o desenho do questionário não está ao acesso de qualquer um, já que deve seguir as hipóteses de trabalho, controlando as variáveis, dimensões e indicadores que delas resultam.

O questionário e a amostra são vitais para a qualidade dos resultados. "Garbage in, garbage out", ou seja, se não respeitarmos as exigências científicas no processo de pesquisa, cedendo a "senso comum", não profissional, principalmente quanto aos desenhos da amostra e do questionário, é grande o risco de introduzirmos lixo no sistema de avaliação da opinião pública e, nesse caso, não se pode esperar outro resultado que não seja lixo.

O tratamento da informação resultante dos inquéritos realizados mediante questionário junto de amostras representativas depende, obviamente, dos objetivos da investigação e das respectivas hipóteses, recorrendo a conceitos estatísticos de análise univariada e multivariada de dados.

De um modo geral, embora qualquer método possa recorrer às diversas técnicas de levantamento da informação, existe uma associação preferencial entre alguns desses métodos e as técnicas descritas: as técnicas qualitativas estão mais próximas dos métodos descritivos, histórico ou compreensivo, enquanto as técnicas quantitativas estão mais vinculadas aos métodos experimental, causal comparativo ou correlativo.

4.3 Métodos e Técnicas Aplicados aos Objetivos e Hipóteses

Os cinco objetivos de investigação já identificados decorrem do objetivo central que consiste, recorde-se, "em definir um modelo de marketing político para o próximo futuro da atividade político-eleitoral no Brasil".

Para responder a esses cinco objetivos, seguimos o método compreensivo e começamos por usar a técnica de entrevista individual focalizada em profundidade. A amostra para aplicação desta técnica foi constituída com oito dirigentes de partidos políticos com expressão nacional e representação no Congresso Nacional. Posteriormente, decidimos juntar à amostra um dirigente do Partido Novo, agremiação que surgiu após os movimentos sociais do tipo "indignados", em 2015.

A seleção da amostra, que foi de conveniência, seguiu como primeiro critério o posicionamento ideológico de oito partidos políticos. O segundo critério prende-se com a dimensão dos diferentes partidos considerados tendo em conta o número de eleitos de cada um na Câmara dos Deputados, critério este utilizado pela Justiça Eleitoral na definição do tempo que é distribuído no Horário Eleitoral Gratuito.

Tabela 4: Caraterização amostral das entrevistas a líderes partidários.[5]

Tipo de partido	Maior dimensão	Menor dimensão
Esquerda	PT	PCdoB, PV
Centro	PSDB, PMDB	PPS (Hoje, Cidadania)
Direita	PSD	PSC

Fonte: Construção do autor

O posicionamento político dos diferentes partidos foi definido a partir do trabalho de Taruco e Madeira (2015, p.28) que classifica os partidos brasileiros numa escala de 1 a 20, em que 1 é totalmente à esquerda e 20 totalmente à direita. Dos partidos da amostra, o PSC apresenta-se à direita (15,6 na classificação destes autores), o PPS, PMDB e o PSDB no centro (respectivamente 10,4, 11,5 e 13,5), o PV, o PCdoB e o PT à

[5] O Partido Novo, que foi agregado à amostra pelas razões alegadas anteriormente, não possui ainda qualquer eleito ao Congresso Nacional.

esquerda (respectivamente 7,4, 6,4, 5,0). Coloco o PSD à direita, pois no estudo em tela, há referência ao PFL, do qual o PSD constitui dissidência em segundo nível após ter emergido do DEM que veio a substituir o PFL. Este partido (PFL) obteve 17,3 na referida escala de 1 a 20.

Gravadas em áudio, as entrevistas foram transcritas na sua integralidade para, na sequência, serem sujeitas a análise de conteúdo, identificando o pensamento dos políticos acerca dos desafios das campanhas eleitorais no século XXI. É preciso ressaltar que as entrevistas ocorreram num momento de grave crise política no país.

Os entrevistados são:

1. Valdir Raupp – Senador da República e Vice-presidente nacional do PMDB (Partido do Movimento Democrático Brasileiro).
2. Mariana Carvalho – Deputada Federal e Vice-presidente nacional do PSDB (Partido da Social Democracia Brasileira).
3. Gilberto Kassab – Ministro de Estado das Cidades e Presidente nacional do PSD (Partido Social Democrático).
4. Pastor Everaldo Pereira – Presidente Nacional do PSC (Partido Social Cristão).
5. Roberto Freire – Deputado Federal e Presidente nacional do PPS (Partido Popular Socialista).
6. Leonardo Brito – Deputado Federal e Secretário de Comunicação do Diretório Regional do PT (Partido dos Trabalhadores).
7. João Dionísio Amoedo – Presidente Nacional do Partido Novo.
8. Padre Afonso Lobato – Deputado Estadual por São Paulo e dirigente partidário do PV (Partido Verde).
9. Orlando Silva – Deputado Federal por São Paulo e membro da comissão nacional do PCdoB (Partido Comunista do Brasil).

O roteiro da entrevista (guião) foi definido tendo em conta cada um dos objetivos já expostos anteriormente, e buscou promover um debate franco sobre as campanhas eleitorais na atualidade e sua evolução nos próximos anos a partir da visão de quem contrata os serviços de Marketing Político e é guiado por esta consultoria. Busca também provocar a reflexão sobre o papel do Marketing Político na definição da estratégia política/eleitoral, bem como se os políticos compreendem como o eleitor tem enxergado as modernas técnicas de marketing aplicadas ao processo eleitoral. A dimensão da relação entre o político e o eleitor (do ponto de vista do político), não a limitando ao processo eleitoral no seu sentido estrito, é investigada nessas entrevistas com o objetivo de observar se estratégias de Marketing Permanente é do conhecimento dos políticos brasileiros e se há espaço para a implantação de novos métodos oriundos do marketing aplicados ao Marketing Político. Por fim, procurou-se compreender se o Marketing Holístico pode trazer respostas e oxigenar o Marketing Político e de forma direta e objetiva: como combater o desânimo do eleitor com o processo político.

Retomando os cinco objetivos de investigação, a evolução recente das campanhas eleitorais no Brasil, tanto do ponto de vista do seu enquadramento jurídico, orçamentário e de tempo de campanha trouxeram novos desafios no planejamento das campanhas, entre os quais se destacaram consideravelmente novas formas de mobilização a partir do uso intensivo das "redes sociais". Este último aspecto, que constitui o quinto objetivo enunciado, conduziu-nos a apresentar, sob a forma de estudo de caso, uma experiência muito recente no último processo eleitoral brasileiro, ou seja, as eleições municipais de outubro de 2016. O recurso "ao estudo de caso", enquanto estratégia metodológica que permite a investigação de um fenômeno contemporâneo procurando compreender, explorar ou descrever acontecimentos, justifica-se plenamente na situação concreta que permitiu, em outubro de 2016, a eleição de Hildon Chaves à Prefeitura de Porto Velho, no Estado de Rondônia.

Como referido anteriormente, para Yin (1994) há cinco componentes para um plano de pesquisa de um estudo de caso, a saber: (i) a questão do estudo; (ii) suas propostas, se houver; (iii) sua(s) unidade(s) de análise; (iv)a lógica associada aos dados; e (v) os critérios para interpretação dos resultados.

Respondendo a cada uma delas, a questão central do presente estudo de caso é identificar ações práticas nas estratégias de Marketing Político que permitiram a vitória eleitoral do candidato Hildon Chaves à Prefeitura de Porto Velho. A proposta primordial do estudo de caso é aclarar técnicas que se coadunam com o momento atual em que a dimensão virtual das relações cresce exponencialmente. Como unidades de análises teremos: a comunicação política, o posicionamento do candidato e o seu discurso. O quarto componente é a descrição dos eventos ocorridos no pleito eleitoral em questão, portanto trata-se de um estudo de caso investigativo, descritivo e simples. E, por fim, o quinto componente que diz respeito ao critério para a interpretação dos resultados será utilizada a análise comparativa entre os dois candidatos que disputaram o segundo turno, analisando as estratégias da comunicação virtual.

Recordando Yin (1994) a essência do estudo de caso consiste em tentar iluminar uma decisão ou um conjunto de decisões: como elas foram tomadas, como elas eram realizadas, e quais os resultados obtidos. No caso específico, o pesquisador esteve à frente do processo decisório do evento que resultou neste estudo de caso, de forma direta e sistemática. E ao contrário de um laboratório, onde se controla o processo, o evento ocorreu no ambiente competitivo e real de um processo eleitoral de uma cidade de poucos recursos urbanos e fortes desigualdades sociais.

Considerando as críticas que incidem sobre a eventual influência do próprio investigador na análise dos resultados do estudo de caso submetemos o texto de análise à crítica de dois pesquisadores e professores universitários que são utilizadores frequentes desse tipo de método.

Por fim, não é demais destacar que o referido estudo de caso traz à luz significativas mudanças no processo de Marketing Político com o incremento das estratégias de comunicação virtual, que passaram a ser utilizadas de maneira sistemática na campanha de Barack Obama em 2008 e que foram incorporadas no Brasil, pouco a pouco, nas eleições de 2010, 2012, 2014 e de maneira mais sistemática nas eleições de 2016.

Após relatar os resultados da investigação do pensamento dos políticos quanto ao Marketing Político, por meio de entrevistas em profundidade, e de apresentar um estudo de caso elucidativo sobre os eventuais efeitos das novas técnicas de Marketing Político, aplicadas na campanha eleitoral de 2016, acima identificada, a investigação alimenta-se de um inquérito aos consultores políticos, por meio de uma pesquisa quantitativa, para confirmar ou não as hipóteses que apresentei anteriormente.

Para este efeito, aproveitei a realização do XII Congresso Brasileiro de Estratégias Eleitorais e Marketing Político para, com a devida autorização da entidade organizadora, conduzir uma pesquisa junto de uma amostra de especialistas participantes no encontro.

Para tanto, tive acesso a uma listagem completa dos 297 participantes do encontro, a partir da qual, através de um processo de seleção aleatório simples sem reposição, foram selecionados 50 membros para a amostra. Como houve seis dos selecionados iniciais que não estiveram disponíveis para integrar a amostra, foram substituídos por outros especialistas participantes no evento, tendo estes também sido escolhidos de forma aleatória.

Dada a dimensão do universo do estudo, a distribuição estatística aplicável é a "Hipergeométrica" (e não a habitual "Binomial") pelo que o cálculo do erro obriga a assumir o corretor usual em que o desvio padrão de uma proporção verificada numa distribuição binomial (raiz quadrada do quociente da divisão entre o produto da proporção observada pelo seu complemento e o número de entrevistas realizadas menos um) é multiplicado pela raiz quadrada do quociente da divisão cujo numerador é constituído pela diferença entre a dimensão do universo e a dimensão da amostra e em que o denominador corresponde à dimensão do universo menos um.

Neste caso, como o desvio padrão é máximo quando a proporção observada é de 50%, teremos que o valor desse desvio padrão é 0,071. Admitindo que, com esta proporção a distribuição hipergeométrica tende para uma distribuição normal, então o desvio padrão corrigido tem o valor de 0,065. Deste modo, o intervalo de confiança máximo a 95% de probabilidade (erro de "primeira espécie" de 5%) será 0,127.

A técnica de levantamento primário de dados baseou-se na entrevista direta e pessoal conduzida por três entrevistadores treinados pelo próprio autor deste estudo com base no questionário apresentado anexo e que foi construído a partir das hipóteses deste trabalho e devidamente testado quanto ao seu conteúdo.

Quanto à composição da amostra, registra-se a presença de 19 especialistas (38,0%) com 35 anos ou menos, 11 (22,0%) com idades entre 36 e 50 anos e 20 (40,0%) com mais de 50 anos. A média de idades é de 44,0 anos (o desvio padrão desta média é de 1,96). A idade do especialista mais jovem é de 22 anos e a do mais velho é de 66 anos.

A experiência profissional dos peritos que integram a amostra é, em média, de 18,6 anos (o desvio padrão desta média é 1,88). O especialista com menor tempo de atividade profissional só a iniciou há um ano e o mais experiente já tem 45 anos de atividade. Verifica-se que 19 peritos (38,0%) têm até 10 anos de profissão, 15 (30,0%) têm de 11 a 25 anos de atividade e 16 (32,0%) já exercem no Marketing Político há mais de 25 anos.

Quanto à formação profissional, verifica-se que 28 dos especialistas (56,0%) que constituem a amostra têm formação na área das ciências da comunicação, seja na vertente do marketing, seja na do jornalismo. Os restantes 22 (44,0%) possuem outro tipo de formação.

As variáveis relativas à idade dos entrevistados e aos anos que têm de atividade profissional na área do marketing político apresentam uma forte correlação entre si.

Tabela 5: Idade e experiência profissional dos especialistas entrevistados

% VERTICAL	IDADE DO ENTREVISTADO		
EXPERIÊNCIA PROFISSIONAL	até 35 anos	35 a 50 anos	51 e + anos
Até 10 anos	84,2	27,3	0,0
De 11 a 25 anos	15,8	63,6	25,0
Mais de 25 anos	0,0	9,1	75,0
Qui quadrado (4 gl) = 43,65; significância: = 0,000			

Fonte: Construção do autor

Este valor do qui quadrado permite concluir que na sua distribuição apresentada na tabela estas duas varáveis não são independentes, o que é confirmado pelo elevado coeficiente de correlação de Pearson (que vale 0,843 e é significativamente diferente de zero para a de probabilidade 95%).

Nos resultados apresentados e naqueles que o serão mais adiante utilizaremos a expressão de percentagens apesar da dimensão da amostra ser de 50 indivíduos. Efetivamente, entendemos ser preferível proceder à apresentação dos dados em percentagens para facilitar a comparação entre os resultados, assim como a leitura da sua própria análise.

5. RESULTADOS

Quanto aos resultados, iniciaremos a sua apresentação com a abordagem qualitativa, seguindo-se o estudo de caso e depois o estudo quantitativo, concluindo com a verificação dos objetivos e das hipóteses.

5.1 Análise das Entrevistas em Profundidade Aplicada aos Políticos

Tal como já tivemos a ocasião de referir a propósito do encontro entre os objetivos da investigação e os métodos e técnicas escolhidos para lhe darem a resposta e com o intuito de compreender a percepção dos líderes políticos brasileiros sobre os desafios das campanhas eleitorais do futuro e o seu conhecimento sobre as estratégias de Marketing Político Relacional, Marketing Holístico e Marketing Permanente, decidi aplicar o método compreensivo recorrendo a uma pesquisa qualitativa, com entrevistas individuais em profundidade. Como referido, foram entrevistados os políticos Valdir Raupp (PMDB), Mariana Carvalho (PSDB), Gilberto Kassab (PSD), Pastor Everaldo Pereira (PSC), Roberto Freire (PPS), Leonardo Brito (PT), João Dionísio Amoedo (Novo), Padre Afonso Lobato (PV), Orlando Silva (PCdoB).

O resultado que segue adiante apresenta o pensamento de cada entrevistado com sua identificação expressa. Para tanto, cada inquirido autorizou, em formulário próprio que se encontra anexo, a sua publicação. Embora esta identificação não seja usual neste tipo de relatório de análise, acredito que a análise dos resultados ganha com essa identificação, já que, para além da expressão do pensamento geral dos políticos brasileiros acerca das estratégias e ações do Marketing Político, é importante verificar, dentro do espectro ideológico, como cada segmento encara a atividade e lhe dá grau de importância na ação política.

5.1.1 A Análise e Discussão dos Dados

Retomando os objetivos e hipóteses da presente tese, a primeira questão central que buscamos respostas a partir da aplicação do inquérito foram elementos para a constituição de um modelo de Marketing Político para o próximo futuro da atividade político-eleitoral no Brasil, que identifique instrumentos que possam combater a desconfiança na política e a apatia cívica.

É preciso que se ressalte que, no período em que aplicava as entrevistas, o Brasil promulgava uma nova legislação eleitoral que trouxe enormes restrições à atividade de Marketing Político. Desde a limitação dos recursos aplicados nas campanhas eleitorais, até mesmo o tempo de campanha eleitoral e da propaganda eleitoral no rádio e na TV foram restringidos em nome de uma pretensa "racionalização" do processo eleitoral. Como a lei passou pela discussão do Congresso Nacional e teve a aprovação de deputados e senadores, nem é preciso ressaltar que os entrevistados conheciam bem o teor das modificações legais introduzidas, pelo que toda a discussão é permeada pelas modificações promovidas para as eleições de 2016 e que há enormes questionamentos pela radicalização das medidas, que não nos cabe discutir aqui.

Não há, entre os entrevistados, uma compreensão clara do processo de Marketing Político nos tempos atuais. Por ora, confundem marketing com comunicação política e, em outros momentos, repetem como um mantra que as redes sociais representam uma nova forma de concretização das campanhas eleitorais.

Iniciando o debate sobre a apatia e a desconfiança política, apresentamos algumas impressões que vão na direção do que propugna o Marketing Holístico, numa abordagem mais complexa e conceituada numa nova postura frente aos grandes debates da humanidade.

Para Valdir Raupp (PMDB), a visão holística permite agregar o todo e não apenas partes isoladas. Além disso, ele fala do período pós-eleição como espaço estratégico do Marketing Político e que isso permitirá mais transparência e fortalecimento da democracia e do processo político (Anexo B). O senador do PMDB revela, mesmo que de forma incipiente, que é necessário se pensar em estratégias de Marketing Permanente (Anexo B). Mariana Carvalho (PSDB) defende mais transparência dos políticos e diz que a falta de credibilidade não é um problema recente (Anexo C). Ou seja, para a vice-presidente nacional do PSDB, é necessário mais diálogo com a sociedade no exercício do mandato, o que também encaminha a discussão do Marketing Permanente.

Gilberto Kassab (PSD) defende que é preciso trazer as pessoas novamente para os partidos políticos (Anexo D), apontando os caminhos como isso deverá ser feito. A discussão que ele faz vai na direção do fortalecimento das instituições partidárias sem, contudo, nos revelar uma compreensão sobre estratégias de Marketing Permanente. Neste caso, em particular, é preciso destacar que há dimensões de atuação do marketing que passa pela consultoria aos políticos diretamente com vistas às eleições e o processo que pode se desencadear no seio da instituição partidária, com a finalidade de tornar a "marca" partidária relevante para determinados segmentos sociais. Hoje, e isso não é um fenômeno meramente brasileiro, os partidos políticos sobrevivem mediante um profundo descrédito e desmobilização social (fato que será discutido mais a frente pelo deputado Roberto Freire), e todo o processo político, no caso brasileiro, exige a mediação dessa instituição, o que aponta para a necessidade do estabelecimento de estratégias de Marketing Político para as agremiações partidárias.

Pastor Everaldo Pereira (PSC) vê que há espaço para novos modelos e comenta que o modelo relacional pode ajudar a combater o desânimo dos eleitores com a política. Todavia, é enfático em dizer que "o fundamental é resolver o problema das pessoas" (informação verbal)[6]. O presidente nacional do PSC com esta afirmação caminha na direção de que toda a comunicação política não deve mais focar no aspecto

[6] Entrevista concedida por PEREIRA, Pastor Everaldo. Entrevista IV. [dez. 2015]. Entrevistador: Marcelo Tadeu dos Reis Pimentel. São Paulo, 2016. 1 arquivo. [13 min.]mp3. A entrevista na íntegra encontra-se transcrita no Anexo E desta tese.

ideológico, mas sim na capacidade de resolução do problema das pessoas, o que aponta para a agenda que as pessoas trazem hoje e que segue na direção do Marketing Holístico.

Roberto Freire diz que

> a política tal como vem se desenvolvendo já não responde a essas novas responsabilidades de participação de cidadania, seus processos de interação. Antes era mais fácil você identificar a política através da sua participação em partidos porque era a única forma de que a cidadania participava. Movimentos sociais organizados. Agora a cidadania participa como indivíduo até. Essa nova realidade da rede, da internet, está colocando que cada um se afirme (informação verbal)[7].

Neste ponto, o deputado Roberto Freire, de origem marxista, traz para o debate os instrumentos de cidadania, que se modificaram profundamente a partir da introdução das redes sociais na Internet. Ou seja, enquanto a prática da cidadania no século XX estava vinculado às instituições, sejam elas associativas, sindicais, ou até mesmo as partidárias, hoje essa articulação se dá no ambiente das redes sociais num processo de adesão que podemos denominar como "um a um". Ele prossegue:

> Que não precise buscar uma organização específica para ele se afirmar como cidadão, como ente político, como adepto de determinadas opções e de determinados programas. Ele mesmo pode se organizar para isso, buscar, ter uma plena liberdade que os novos instrumentos lhe oferecem. Está aí a decadência das formas tradicionais, da política tradicional. E ainda não se sabe como vai ser essa nova política. Nova política, novo político, novo tipo de instituição de organização até porque é uma coisa muito concreta. Na história da humanidade nem sempre existiu partido, existiram outras formas. Partido é muito datado. Vai ser superado. E eu acho que o início de superação já começou, (informação verbal)[8].

Roberto Freire acredita que o processo de cidadania agora é um processo individual, e como tal isso impacta profundamente as estratégias

---

[7] Entrevista concedida por FREIRE, Roberto. Entrevista V. [ago. 2015]. Entrevistador: Marcelo Tadeu dos Reis Pimentel. São Paulo, 2016. 1 arquivo. [28 min]. mp3. A entrevista na íntegra encontra-se transcrita no Anexo F desta tese.

[8] Idem.

políticas que demandam compreender melhor cada cidadão, cada grupo social e estabelecer o que Jorge de Sá defende como Comunicação Política de Proximidade para vencer a apatia e a desconfiança do eleitor através da partilha de elementos identitários. Além disso, para Freire, há um descompasso entre o que praticamos no universo político, ainda preso às estratégias do século XX e o que o cidadão que se interessa e discute política faz. Caberá, portanto, aos consultores, estrategistas políticos e aos próprios políticos desvendarem esse processo e adaptar a política a esses novos tempos.

Sobre este tema, Leo Brito (PT) defende que a falta de credibilidade da política está associada ao que ele denominou "representatividade viciada". Para ele, as campanhas eleitorais da forma como se apresentam hoje reforçam esse modelo de "representatividade viciada", numa engrenagem que passa pela composição política (fisiologismo), pela definição das propostas que serão apresentadas e pela estrutura de financiamento eleitoral que abre – ou abria – brechas para acordos espúrios suportados pelo poder público no futuro. Aqui, a visão do Marketing Holístico pode nos dar referenciais de compromisso que passam pelo componente ético e moral e pela designação do que as empresas aplicam hoje quando apresentam o seu documento de "missão, visão e valores". A política precisa avançar no debate sobre "*compliance*"[9] e, no exercício do mandato, sobre "*accountability*"[10]. Diz o deputado petista,

> Eu acredito que precisamos de campanhas mais transparentes, precisamos de financiamentos mais transparentes, de pessoas mais transparentes nas campanhas, partidos fortes, eu acho que é fundamental e que infelizmente todos os partidos fazem a mesma coisa no ponto de vista da imagem que eles geraram perante a sociedade, porque as pessoas não conseguem mais identificar aquilo que eles propõem, eu acho que se a política privilegiasse o debate das ideias, daquilo que se pode construir de alternativas na sociedade, acredito que nós teríamos aí um eleitor mais animado até pra participar das campanhas políticas, não só pra votar mas para defender tese, para defender posições. Mas o que a gente vê, infelizmente, são programas que são parecidos, discussões muito

[9] Termo que caracteriza o conjunto de disciplinas para fazer cumprir as normas legais e regulamentares, as políticas e as diretrizes estabelecidas para o negócio e para as atividades da instituição ou empresa.

[10] Termo utilizado pelo mercado para designar prestação de contas.

genéricas, do ponto de vista prático mesmo que a gente vê é muito fisiologismo e práticas que realmente fazem que a população não tenha interesse nenhum em participar da política (informação verbal)[11].

João Amoedo, empresário do setor financeiro que está debutando na política, diz que as novas gerações vão empurrar a política para uma visão mais abrangente (holística), e que isso vai ocorrer em todos os segmentos da sociedade e combate a ideia de que a democracia possa ser exercida plenamente no ambiente das redes sociais (Anexo H). Ele está neste contexto, fora da curva normal dos demais entrevistados. Por ora, em toda a sua entrevista, ele revela um certo pragmatismo na definição das estratégias de Marketing Político, em outros momentos, um certo idealismo irrealizável no contexto político brasileiro.

Padre Afonso (PV) revela uma enorme desconfiança com o marketing que é praticado hoje e vê com bons olhos o Marketing Relacional e o Marketing Holístico: "acho que o marketing nessa visão vai poder ajudar muito a gente fazer com que aquele que precisa da política [...] possa compreender que a política é mais altruísta e não egoísta" (informação verbal[12]). Como sacerdote da Igreja Católica, há um profundo preconceito com a palavra Marketing, hoje muito aplicada pelas igrejas evangélicas neopentecostais que vêm drenando fieis católicos ao longo dos anos. Talvez esse fator o leve a questionar e a negar a importância da atividade.

Por fim, Orlando Silva (PCdoB) afirma que a apatia do eleitor tem múltiplos fatores, no caso brasileiro. Para ele, mecanismos de democracia direta podem ser um fator decisivo para melhorar a participação política, e que a visão holística cabe neste contexto. Afirma o deputado comunista:

> Eu imagino que a visão holística cabe porque a multiplicidade de informações que existem hoje à disposição da sociedade vai nos fazendo crer que não há solução parcial, você tem que fazer abordagem de conjunto

[11] Entrevista concedida por BRITO, Leonardo. Entrevista VI. [dez. 2015]. Entrevistador: Marcelo Tadeu dos Reis Pimentel. São Paulo, 2016. 1 arquivo. [17 min.] mp3. A entrevista na íntegra encontra-se transcrita no Anexo G desta tese.

[12] Entrevista concedida por LOBATO, Padre Afonso. Entrevista VIII. [fev. 2016]. Entrevistador: Marcelo Tadeu dos Reis Pimentel. São Paulo, 2016. 1 arquivo.mp3 (22 min.). A entrevista na íntegra encontra-se transcrita no Anexo I desta tese.

de fenômenos que são quase sempre globais, quase sempre complexos. E mesmo o problema da apatia, da dificuldade de mobilização que a sociedade possui, não tem um fator, dois fatores que explicam, são múltiplos fatores que vão da história pretérita até a história presente do Brasil, o sistema político eleitoral, a estrutura dos partidos, enfim a realidade econômica você sempre tem que buscar respostas multifacetadas e creio que a multiplicidade de mecanismo de participação de democracia direta pode ser um fator decisivo pra que nós rompamos com o ciclo de pouca participação na sociedade brasileira, e acredito que mecanismo como as redes sociais e mecanismos como tecnologia de informação que estão à disposição da sociedade podem impulsionar esse tipo de relacionamento e multiplicação de mecanismos de democracia direta. (informação verbal)[13]

Orlando Silva defende, portanto, que as redes sociais podem ser um elemento importante de democracia direta, espaço livre para a interlocução dos diversos matizes sociais, e fundamentalmente, espaço para o debate de ideias que transformam o ambiente das campanhas eleitorais numa ferramenta colaborativa e de adesão mais espontânea do cidadão ao processo político. Falta ao deputado comunista demonstrar por meio de ações de marketing como se pode efetivar esse discurso, fato que pode ser avaliado pelos consultores.

Retomando o objetivo central da nossa investigação, o senador Valdir Raupp (PMDB) consegue expor de maneira detalhada o processo que se desenha hoje.

> Atualmente, as campanhas eleitorais são realizadas com elevado nível de profissionalização e têm como foco maior a atuação do marketing político. As campanhas deixaram de ser intuitivas e passaram a ser racionais: A impressão de folhetos, cartazetes e outras tradicionais formas de comunicação deram lugar a outras estratégias, como pesquisa qualitativa, slogans de campanhas baseados em conceitos e definição de um plano geral de comunicação política, que incluem a orientação geral e o detalhamento das atividades do candidato, com destaque para o tempo e os recursos a serem empregados. Além do mais, para o sucesso político-eleitoral, temos de dispor na sua estrutura de mão de obra qualificada em propaganda eleitoral e consultores de marketing político

[13] Entrevista concedida por SILVA, Orlando. Entrevista IX. [mar. 2016]. Entrevistador: Marcelo Tadeu dos Reis Pimentel. São Paulo, 2016. 1 arquivo .mp3 (14 min.). A entrevista na íntegra encontra-se transcrita no Anexo J desta tese.

> para monitorar todo o processo. Nesse processo podemos incluir a mídia eletrônica que ganhou espaço nas campanhas eleitorais devido a sua instantaneidade e baixo custo. Diante da expansão tecnológica, o candidato não pode prescindir desses recursos de comunicação: redes sociais e sites de campanha. O programa ideológico do candidato aliado *à* sua imagem serve para que o eleitor o conheça e saiba como ele se comporta quando eleito para cargos majoritários ou proporcionais. No geral, esses instrumentos de comunicação (cartazes, programa, folhetos, santinhos) ainda funcionam em uma campanha eleitoral, mas há uma forte tendência para o uso das ferramentas tecnológicas (informação verbal)[14].

Também chama a atenção, o que nos disse o Pastor Everaldo Pereira, presidente nacional do Partido Social Cristão:

> Eu tenho três momentos que considero importante sobre campanhas eleitorais. Primeiro, lá em 1982 quando Leonel Brizola se elegeu governador do Rio de Janeiro. Estava ali iniciando meu contato com a política e vi na liderança do Brizola algo que encantava as multidões. O seu poder de liderança fazia toda diferença. As campanhas naquela época ainda não tinham o poder de elaboração que temos hoje e o contato direto com o eleitor era fundamental. Assim também decorreu na primeira eleição presidencial depois do regime militar, em 1989. Coordenei o grupo evangélico que apoiou o Lula no segundo turno contra o Collor. O contato direto era fundamental para a conquista do eleitor. O segundo momento que quero relatar foi quando coordenei a campanha presidencial de Anthony Garotinho em 2002. O Garotinho é um comunicador nato. Vindo do rádio, teve uma carreira meteórica saindo da prefeitura de Campos para o governo do Rio de Janeiro e quase passando ao segundo turno das eleições em 2002. Se disputasse com o Lula poderia ter vencido as eleições pois ele estava no que chamamos de viés de alta. Infelizmente, ele ficou pelo caminho com uma diferença pequena em relação ao candidato do PSDB, o José Serra. Pois bem, aquela eleição já exigiu uma maior elaboração da campanha, em todos os sentidos. Apesar da nossa limitação orçamentária, contamos com diversos recursos de marketing que já demonstrava a complexidade de uma candidatura. Lembro-me que nos debruçávamos sobre as pesquisas qualitativas para definição do discurso e nos dias de debate ficávamos todos reunidos todo o dia *(sic)* para estabelecer as estratégias

[14] Entrevista concedida por RAUPP, Valdir. Entrevista I. [nov. 2015]. Entrevistador: Marcelo Tadeu dos Reis Pimentel. São Paulo, 2016. 1 arquivo .mp3 (25 min.). A entrevista na íntegra encontra-se transcrita no Anexo J desta tese.

> de ação. A técnica passou a ser um elemento muito importante para o sucesso do candidato. Por fim, pela primeira vez, fui candidato a um cargo eletivo, e em 2014 disputei a eleição à Presidência da República. A primeira constatação: como candidato de um partido dito pequeno, a nossa grande dificuldade foi conquistar espaço na mídia, ou seja, é complicado vencer candidaturas que a todo momento estão aparecendo nos jornais e nas emissoras de televisão. Há, portanto, um desequilíbrio na disputa. Enquanto a Dilma e o Aécio estavam a todo momento em exposição, o nosso nome surgia esporadicamente sempre associado à imagem de alguém que não vai chegar muito longe. Isso nos fez apostar muito na internet. Por exemplo, no Facebook pulamos de cerca de 80 mil para mais de 300 mil curtidas [seguidores] em pouco mais de quatro meses de trabalho. Focamos nos grupos que já tínhamos afinidade e sempre que solicitado ocupamos todos os espaços oferecidos pela mídia. Fizemos um trabalho de formiguinha, mas que posicionou bem a nossa candidatura (informação verbal)[15].

Pastor Everaldo, além de nos relatar um pouco da história recente das estratégias eleitorais, desde o populista Leonel Brizola, passando pela primeira eleição presidencial após a ditadura militar com a introdução das modernas técnicas de Marketing Político, até a eleição de 2002 em que a leitura estratégica do ambiente foi o grande diferencial do processo eleitoral, traz para a discussão a importância que ainda têm os mídias clássicos na definição da agenda política. Como veremos mais adiante, quando discutimos um plano de comunicação para as campanhas eleitorais, o fenômeno do "Agenda Setting[16]" discutido pela Teoria da Comunicação, é perfeitamente aplicável ao que nos relatou o presidente do PSC. A dificuldade que ele teve para se tornar um candidato viável teve relação direta com o grau de importância que os meios de comunicação de massa deram à sua candidatura.

Leo Brito, deputado do Partido dos Trabalhadores, afirma que nenhuma mídia exclui a outra, elas são complementares (Anexo G). No entanto, quando acompanhamos aqui o que dizem Mariana Carvalho e Gilberto Kassab, o caminho das redes sociais é o atalho vislumbrado

[15] Entrevista concedida por PEREIRA, Pastor Everaldo. Entrevista IV. [dez. 2015]. Entrevistador: Marcelo Tadeu dos Reis Pimentel. São Paulo, 2016. 1 arquivo. (13 min.). mp3. A entrevista na íntegra encontra-se transcrita no Anexo E desta tese.

[16] Agenda Setting é o termo utilizado na Teoria da Comunicação para designar a hipótese de que os meios de comunicação de massa fazem o agendamento dos assuntos que a sociedade irá debater.

por eles para a solução de (quase)todos os problemas da comunicação política. Uma simplificação perigosa que hoje é compartilhada, inclusive, por consultores políticos experientes que, numa onda de modismo, lançam todas as soluções "mágicas" para o ambiente das redes sociais. É óbvio que as redes sociais têm hoje um papel estratégico no processo da comunicação política, mas é necessário entender a complexidade de ferramentas de comunicação e de processos comunicativos que levam à formação da opinião pública. Só para efeito de exemplificação, o que mais "viraliza", além das *storytelling*, são reproduções do noticiário, sejam por meio de áudio, vídeo, ou reproduções de publicações impressas, ou o que ficou convencionado como "deu na imprensa", como expressão da verdade.

Mas, retomando a questão central é interessante o depoimento do deputado Roberto Freire:

> Eu fiz campanha, por exemplo, em que o megafone era um instrumento moderno. A panfletagem era feita com mimeógrafo. A gráfica já era um recurso que já exigia uma maior potência. Tinha que ter mais recursos financeiros. Naquela época não havia televisão, só havia o rádio. Veio a televisão que, naquele momento era visto como de última geração do ponto de vista técnico, mas olhado hoje era de uma pobreza impressionante. Era a utilização possível daquela mídia, mas comparada hoje era profundamente irrelevante. Então cumpriu seu papel, sofreu a evolução e nós estamos acompanhando uma nova forma de se comunicar com a sociedade com novos instrumentos e que não são apenas o meio, porque o meio muda inclusive a mensagem. Então não vamos ficar imaginando a forma de relacionar com todo instrumental de conhecimento das pesquisas em que leve consideração manifestações emocionais do eleitorado, uma nova forma de relação influenciando as eleições. É perceptível hoje novas ferramentas de relacionamento com eleitorado. Novas formas de se conhecer o eleitorado. Há inclusive também alguns riscos porque são tantos os instrumentais e meios utilizados que muitas vezes você esquece o fundamental que são os objetivos que você pretende. Você começa muito mais ser um instrumento dos meios do que as pessoas querem ouvir do que efetivamente o que uma liderança que indique alguns caminhos. Você muitas vezes indica alguns caminhos que as pesquisas indicam que a maioria deseja. E isso não é da política. Isso aí deve servir para vender qualquer bugiganga, mas não para definir um destino de uma sociedade. É como fazer política e ter objetivos como parte de uma sociedade e de como conduzir essa sociedade, os destinos

> e definir seus caminhos e ao mesmo tempo essa capacidade que as novas ações tecnológicas oferecem para você fazer da atividade política uma atividade de consumo ou de clientela. E há uma certa confusão nisso. E é impressionante como as pessoas fazem a política a partir das pesquisas e não a partir dos seus ideais, da sua ideologia e do seu programa (informação verbal)[17].

Roberto Freire questiona a definição estratégica da campanha a partir das pesquisas. Para ele, os ideais, a ideologia e o programa partidário é que devem pautar o debate político e não adaptar o discurso ao que o eleitor deseja escutar. É difícil encontrar um ponto ideal para abordar a questão. É como perguntar: quem nasceu primeiro, o ovo ou a galinha. Nas estratégias de curto prazo, ou seja, aquelas que são definidas com vistas ao processo eleitoral, deve-se buscar compreender os anseios e desejos dos eleitores e ajustar o discurso a essas necessidades, sem com isso deixar de lado o ideário partidário. Essa postura fácil de se adaptar à conjuntura também já vem sendo rejeitada por parcelas significativas do eleitorado, que prefere uma atuação mais emocionalmente inteligente e, ao mesmo tempo, um discurso mais racional e verdadeiro.

Por outro lado, Roberto Freire introduz uma discussão que nos leva na direção do Marketing Holístico e do Marketing Permanente.

Quando Freire diz "(...) é impressionante como as pessoas fazem a política a partir das pesquisas e não a partir dos seus ideais, da sua ideologia e do seu programa", ele está apontando os caminhos que os partidos políticos deveriam seguir: primeiro, fazer o debate político ideológico, sobre a visão do exercício do poder, da aplicação das políticas públicas. Ou seja, ganhar significativas parcelas do eleitorado ao seu projeto político. Isso só será possível a partir de uma visão holística da realidade e a partir de intensivas técnicas do que nomeamos Marketing Permanente. Só assim os candidatos de determinados partidos políticos não ficarão reféns desse processo de ajustar o discurso eleitoral ao pensamento do eleitor. É preciso apostar na formação política do eleitorado brasileiro e esse papel cabe ao partido político

---

[17] Entrevista concedida por FREIRE, Roberto. Entrevista V. [ago. 2015]. Entrevistador: Marcelo Tadeu dos Reis Pimentel. São Paulo, 2016. 1 arquivo .mp3 (28 min.). A entrevista na íntegra encontra-se transcrita no Anexo F desta tese.

que deve entender as técnicas de Marketing Político como aliadas na construção dessa relação.

Ora, trazemos também ao debate, neste momento, o Marketing Relacional, que deve ser a tônica das atividades político-partidárias. Constituir base de dados, comunicar permanentemente as suas ações e visões sobre a realidade presente é o desafio para a conquista do eleitor futuro e a sua posterior fidelização ao projeto político.

Um exemplo: no final da década de 80 do século passado a praça Cinelândia, no Rio de Janeiro, era um reduto das discussões políticas. Partidos políticos mantinham barracas com venda de livros, revistas, camisetas, "*bottons*" e demais artigos de promoção partidária e em volta dela se reuniam as pessoas para debater a realidade política. Se ali já houvesse a preocupação da formação de uma base de dados que depois seria alimentada por meio de comunicações para a conquista e fidelização daquele eleitor, muito mais simples seria depois engajar esse eleitor no processo eleitoral.

É interessante observar o que diz João Amoedo, que se afirma um novato na política:

> A população que não se sente representada por nenhum dos partidos (...) ou se sinta mais engajada no processo. Então a questão das campanhas vai muito nessa linha. Porque o que a gente viu no passado e que me chamava a atenção era que você via uma foto de uma pessoa com um número e eu sempre me perguntei por que que em vez do número não tinha uma frase simples com uma proposta, afinal de contas você não está elegendo uma pessoa para uma atividade onde a aparência física é o item principal. A segunda coisa era também essa tradição de você fazer essa vasta distribuição de material, de santinhos, sujando muito as vias públicas, sem muito conteúdo. E sempre quem esteve por trás, que é o que a gente quer caminhar na direção contrária, e no fundo é o reflexo disso, é o "endeusamento" da pessoa e não da proposta. Uma campanha onde você busca um puxador de votos é muito centrada nas pessoas e não nos princípios, nas ideias. Eu acho que essa que tem que ser a grande mudança que tem que ser feita agora (sic). Trazer a campanha baseada em princípios, valores. Então toda essa restrição que foi feita agora, pelo Tribunal Superior enquanto financiamento de campanha principalmente por em parte de empresas e essa restrição também de valores e o próprio encurtamento da campanha e com as restrições todas que exige nas mídias tradicionais na

> mídia impressa eu acho que vai haver um direcionamento grande para o mundo digital que é onde as pessoas hoje se comunicam. A gente vê isso na própria queda de veículos de imprensa tradicionais que têm perdido a audiência sendo substituídos pelas coisas digitais, isso acho que dá uma velocidade, acho que traz dois componentes importantes e que acho que vão ser muito benéficos ao processo democrático: um é a velocidade de informação e a transparência da informação. E a outra é a capacidade de interação entre o eleitor e o representante, quer dizer: coisa que não havia muito no passado então hoje que ainda existe a propaganda eleitoral o candidato fala lá 30 segundos, 1 minuto, mas você não tem interatividade e eu acho agora que o grande desafio de todos é justamente ser muito coerente e transparente, porque a visibilidade vai aparecer de forma imediata, então você não vai poder fugir muito da verdade ou então não vai poder fugir por muito tempo, a gente tá vendo isso aí, no Brasil temos o exemplo disso nos últimos tempos. E a outra coisa é a busca do eleitor interagir de falar para pessoa o que ele pensa, qual a proposta dele pra*(sic)* aquilo, porque ele fez aquilo outro, consequentemente foi incoerente, então eu acho que a dinâmica campanha vai ter muito esse enfoque das mídias digitais e da interatividade. Quanto ao contato direto por meio de reuniões, comícios, caminhadas, eu acredito na complementação pela experiência que a gente tem vivido isso, porque as pessoas têm essa primeira entrada através do mundo digital então *(sic)* acesso às ideias, às pessoas. Num segundo momento esse desejo essa vontade de conhecer a pessoa pessoalmente (informação verbal)[18].

Algumas das preocupações expressas nesta fala de Amoedo recordam um autor que veio do cinema para a política, Christian Salmon (2007), trazendo consigo algumas categorias conceituais que adaptou à organização das campanhas eleitorais atuais: a narrativa do candidato (*storyline*), a gestão dos tempos (*timing*), a coerência entre o discurso e a ideologia (*framing*) e as redes reais e virtuais de apoio ao candidato e à distribuição das suas mensagens (*networking*).

Numa outra perspectiva, quando João Amoedo fala da sujeira nas ruas a propósito da distribuição de material impresso, ele traz para o debate o compromisso dos candidatos com ações socialmente responsáveis, trazendo novamente elementos do Marketing Holístico para o

[18] Entrevista concedida por AMOEDO, João Dionísio. Entrevista VII. [fev. 2016]. Entrevistador: Marcelo Tadeu dos Reis Pimentel. São Paulo, 2016. 1 arquivo .mp3 (17 min.). A entrevista na íntegra encontra-se transcrita no Anexo H desta tese.

debate. Ele também é um dos entrevistados que apostam alto no uso das redes sociais.

Por fim, neste quesito, o que o deputado comunista Orlando Silva traz é importante reproduzir:

> No Brasil, eu primeiro registro que é um país de democracia recente. Se você observar de 1985 para os dias de hoje nós vivemos um dos períodos mais longos de experiência democrática e contínua da história do Brasil. Portanto nós vivemos um processo de amadurecimento da nossa experiência democrática e esse processo de amadurecimento caiu de acontecer num processo com muitas inovações. Inovações da função da tecnologia de informação, da rede mundial de computadores, do acesso aos meios de comunicação de massa. Então vive ao mesmo tempo um processo importantíssimo de cultura política de maturação da sua experiência democrática e isso é dinamizado com toda sorte de novos instrumentos de comunicação que estão à disposição para que se dê o processo de difusão para as ideias políticas. Então é, portanto, um momento muito rico e de maturação acelerada. Um segundo fator que nós temos que levar em conta é que o Brasil, na medida em que amadurece a sua democracia, amadurece seu sistema político, seu sistema partidário, seu sistema eleitoral. O Brasil é um país que nos últimos 30 anos, no seu período democrático, teve muitas mudanças na regra do jogo. Ainda este ano, aliás vale a pena observar - temo que - não tenha vindo dois processos eleitorais seguidos no Brasil com as mesmas regras, e isso impacta também na estratégia da comunicação, na dinâmica dos eleitores, na sua participação no processo eleitoral, então seja pelo processo de maturação, seja pelo processo de instabilidade na regra do jogo que são variáveis que embarcam, digamos assim, na forma de como esses mecanismos de campanha eleitoral são mais ou menos eficientes. O que eu percebo é que a campanha eleitoral no Brasil tem influência da cultura brasileira, é um processo que é muito dinâmico, é um processo que é muito vivo, um processo que é muito criativo, é um processo que multiplica os mecanismos de difusão de ideias, nós no Brasil temos todos os mecanismos que os países do mundo tradicional de democracia madura, possuem, temos programas, folhetinhos, temos cartazes, temos TV, mas temos a criatividade e inovação. Já houve tempos de brindes de alguma forma, tempo de performances muitas vezes que envolvia artistas a intervenções de cabos eleitorais e militantes, então creio que o Brasil vai ser uma eterna criação, uma permanente criação de formas novas de difusão de ideias de nomes. No Brasil nós temos o sistema de votos nominal também outra variável importante. Você não vota na legenda do partido, vota na pessoa. Isso estimula, digamos assim, a quase

individualização das estratégias de campanha a quase individualização dos projetos de campanha eleitoral, então diria que aqui é tudo ao mesmo tempo e agora talvez fosse uma frase que sintetize o que é fazer campanha no Brasil, aqui vale no programa de TV, nas mídias sociais, ao velho e bom santinho entregue clandestinamente no dia da eleição (informação verbal)[19].

A permanente mudança nas regras eleitorais e a criatividade do brasileiro na definição das estratégias eleitorais são, na opinião do deputado Orlando Silva decorrência do processo de maturação da democracia brasileira, e que a introdução de novas técnicas de marketing que já nomeamos acima são perfeitamente adaptáveis à realidade do processo político e eleitoral no Brasil.

Seguindo adiante, e agora abordando especificamente a questão das estratégias eleitorais e políticas, temos aqui o que os políticos refletem.

Para o senador Valdir Raupp (PMDB),

> para uma campanha eleitoral, o candidato deve adotar uma estratégia de comunicação em que preconiza as suas ações políticas já realizadas ou que estão programadas, a partir de sua eleição. Com isso, o plano deve incluir o conceito do candidato onde constam a mensagem básica; a apresentação visual do candidato; as pesquisas que serão realizadas e se serão veiculadas ou não; definir a programação orçamentária para a produção dos programas partidários e para a contratação de equipes especializadas. Com o objetivo de incluir a temática do candidato e checar o desempenho diante do eleitor deve-se trabalhar através de pesquisas ou outras sondagens, a imagem do candidato; o interesse do eleitor pela mensagem e testar as mensagens mais aceitáveis pelo eleitorado. Outros aspectos, como meio ambiente, os canais de comunicação e distribuição para o contato do candidato com o eleitorado devem ser observados, diariamente, e reavaliados numa campanha eleitoral. Afinal, em tempo de novas tecnologias, as campanhas políticas são ganhas por uma eficiente gestão de mídia (informação verbal)[20].

---

[19] Entrevista concedida por SILVA, Orlando. Entrevista IX. [mar. 2016]. Entrevistador: Marcelo Tadeu dos Reis Pimentel. São Paulo, 2016. 1 arquivo .mp3 (14 min.). A entrevista na íntegra encontra-se transcrita no Anexo J desta tese.

[20] Entrevista concedida por RAUPP, Valdir. Entrevista I. [nov. 2015]. Entrevistador: Marcelo Tadeu dos Reis Pimentel. São Paulo, 2016. 1 arquivo .mp3 (25 min.). A entrevista na íntegra encontra-se transcrita no Anexo B desta tese.

A deputada Mariana Carvalho (PSDB) aposta na proximidade com o eleitor por meio de um diálogo permanente (Anexo C). Na mesma direção o deputado petista Leo Brito destaca a interatividade com o eleitor como fator de diferenciação na definição estratégica.

E vai mais além:

> (...) eu acredito que as campanhas eleitorais têm um formato do ponto de vista da estratégia em geral num formato de redes. Do ponto de vista da estratégia, da composição da formação de redes, junto com a questão de determinados seguimentos organizados. Então as estratégias de campanha elas não têm uma estratégia única, digamos assim, você tem a questão de rede de pessoas que se multiplicam, pessoas físicas que não necessariamente estão unidas por uma relação de categoria de ou grupo social especificamente que têm ao mesmo tempo as estratégias relacionadas a grupos sociais e você tem as estratégias de massa (informação verbal)[21].

O ministro das Comunicações Gilberto Kassab destaca as estratégias por meio da internet como grande diferencial (Anexo D), enquanto o Pastor Everaldo Pereira destacou o que fez na eleição presidencial de 2014:

> Primeiro identificamos que tipo de eleitor poderíamos conquistar. Há pesquisas que indicam que 40% do eleitor brasileiro se identifica com o discurso de direita. Estudamos muito o tema e vimos que é possível trabalhar esse discurso reforçando o Estado Democrático de Direito. Ou seja, levamos uma mensagem de uma direita moderna, com menos estado e mais cidadania. Por outro lado, apostamos no confronto com a questão comportamental, o que agrada muito o público cristão. Não de uma forma oportunista, mas por ser o nosso programa mesmo. Por fim, realizamos diversos grupos de foco para testar esse nosso discurso, e vimos que ele atendeu às expectativas de grande parcela do eleitorado. A grande dificuldade era em conquistar espaço na mídia. Isso que nos impediu alçar voos maiores (informação verbal)[22].

---

[21] Entrevista concedida por BRITO, Leonardo. Entrevista VI. [dez. 2015]. Entrevistador: Marcelo Tadeu dos Reis Pimentel. São Paulo, 2016. 1 arquivo .mp3 (17 min.). A entrevista na íntegra encontra-se transcrita no Anexo G desta tese.

[22] Entrevista concedida por PEREIRA, Everaldo. Entrevista IV. [dez. 2015]. Entrevistador: Marcelo Tadeu dos Reis Pimentel. São Paulo, 2016. 1 arquivo .mp3 (13 min.). A entrevista na íntegra encontra-se transcrita no Anexo E desta tese.

Roberto Freire revela não saber como definir hoje a estratégia política e parte para uma abordagem mais filosófica, porém interessante para reflexão:

> Eu vou trazer aqui algo que eu vivenciei. Quando chegou a televisão, as pessoas também apontavam também que o relacionamento humano iria começar a perder. E perder várias intervenções na arte, no sentimento e que aquilo iria afastar as pessoas. Iria inclusive criar problemas nas famílias e tudo mais. Porque era uma coisa que mudava tão substancialmente as relações humanas que causava medo. E o medo levava a essas visões meio apocalípticas. E não houve nada disso. A televisão veio integrar e dar maior dimensão ao espírito humano. Pode ter criado alguns problemas, mas o benefício que trouxe aos processos de interação nas sociedades humanas é muito mais positivo. Eu tenho esse sentimento em relação a esses novos instrumentos. Essas novas ferramentas. Essa nova realidade da interação. Neste primeiro momento parece que afasta. Mas é um paradoxo. Afasta e ao mesmo tempo, integra. E mais: integra numa dimensão muito maior do que qualquer integração anterior. Hoje você se integra ao mundo a partir dessas interações. Com problemas, evidentemente, pois ao mudar você coloca para nós outro tipo de interações que parece que o mundo acabou. O celular não é mais um celular e está passando para esse instrumento de relacionamento. E anteriormente era só a palavra, teve um momento que foi só a imprensa e agora está tendo uma outra realidade de outras formas de interagir. Que sociedade é essa que está se criando? É difícil para nós que estamos vivendo essa revolução definir o que vai acontecer. A gente está sofrendo o impacto e está definindo o que aconteceu. E aconteceu uma profunda transformação nas nossas relações humanas. E nós não estamos sabendo como serão as relações humanas no futuro. Isso ainda não está definido. E está cada vez mais preocupante. Porque esses desafios são imensos. (...)Os representantes e os projetos políticos vão ter que ter uma preocupação maior de consulta à sociedade. Até porque a sociedade está participando cada vez mais. O indivíduo hoje é um cronista. Aqui você esperava um jornal ou a televisão para um comentarista ou um cronista, a notícia viesse e você a partir dali você elaborasse sua estratégia, seu objetivo, sua visão, hoje tão logo acontece um fato cada indivíduo através da rede social está dizendo a sua impressão. Está fazendo seu comentário, está dando a sua opinião. Está se organizando seja como for. Umberto Eco diz que ali é um "espaço de idiotas" porque não estão falando os especialistas, fala qualquer um. E cada vez mais aumenta o número dos "quaisquer um" porque isso vem se avolumando. Isso também é o que imaginávamos o que seria uma população de idiotas da passividade de assistir televisão. E não aconteceu nada disso. Esse agora

não há passividade. O que há agora é uma tremenda interação de todos que se pronunciam sobre tudo. Isso é um outro mundo. O que cria certa perplexidade é que nós não organizamos a nossa sociedade para essas novidades. É um mundo que está tendo dificuldade de enterrar os seus mortos. E isso deve acontecer em todo momento, principalmente em momentos revolucionários como estamos vivendo. O mundo passa por uma tremenda revolução, talvez no sentido marxista do termo. O modo de produzir, o modo de relacionar completamente sendo revolucionado. Não conseguimos perceber bem que novas instituições vão surgir. Ela está sendo gestada e demolindo as antigas, mas sem muita clareza. Há aí a perplexidade. E como vamos organizar a política. (...) antigamente você fazia manifestações a partir de sindicato, partido político, de organizações que geravam as palavras de ordem. Com esse mundo que está aí, palavras de ordem são geradas por esses atores que estão nas redes sociais e que partidos políticos não conseguem unificar. Unificam até. (...) então que mundo é esse? É um mundo que não vai deixar a política tal como vinha se realizando. Eu acho, e eu não tenho muita clareza, embora participante disso, como é que vão ser as organizações políticas, como é que vai se dar esse processo que está em mutação. O Brasil, por exemplo, experimentou nesta última eleição algo tremendamente perigoso que precisa ser visto: a clara manipulação de uma campanha eleitoral completamente mentirosa (informação verbal)[23].

João Amoedo ataca o processo político brasileiro como um obstáculo para uma mudança de paradigma nas definições estratégicas, pois os partidos são reféns do fundo partidário, das composições eleitorais para garantir tempo de televisão e tudo isso prejudica a construção de uma visão estratégica mais elaborada (Anexo H).

Por fim, Orlando Silva corrobora o discurso de João Amoedo:

> O processo racional eu diria que é caracterizado por partidos políticos com corte ideológico com identidades bem claras, com sociedade civil organizada e que constroem identidades com esses programas de ideologias e partidos e no Brasil. O sistema eleitoral que é um sistema nominal, ele é um sistema que mitiga essas identidades ideológicas e políticas e reforça o vínculo com o compadrio, o vínculo pessoal, o vínculo com identidades culturais, com identidades pessoais isso acaba, digamos assim, reduzindo muito essa lógica, essa construção racional que orientaria as escolhas. Então eu diria que o Brasil tem como sua

[23] Entrevista concedida por FREIRE, Roberto. Entrevista V. [ago. 2015]. Entrevistador: Marcelo Tadeu dos Reis Pimentel. São Paulo, 2016. 1 arquivo .mp3 (28 min.). A entrevista na íntegra encontra-se transcrita no Anexo F desta monografia.

> deficiência no esquema político partidos sem identidade, partidos sem programa, partidos sem ideologia e isso repercute no rebaixamento da cultura política da sociedade brasileira e faz com que esses fatores não sejam, decisivos na escolha dos votos, como não são decisivos nas estratégias das campanhas eleitorais (informação verbal)[24].

O processo estratégico necessário ao processo político e eleitoral não tem a compreensão exata de como ele se desenvolve e de quais são os instrumentos que subsidiam a decisão estratégica. A pesquisa é apontada por vários deles como necessária e embora essa necessidade não seja acompanhada de relevante aprofundamento, justifica-se a formulação da hipótese (H1.1) de que "no Brasil, irá aumentar o peso relativo dos investimentos em atividades de Marketing Político de natureza estratégica". Por outro lado, a opinião expressa pelos entrevistados justifica igualmente a formulação da hipótese de que "no Brasil, irá aumentar sensivelmente o peso relativo do investimento no contato virtual com os eleitores" (H4) e, de algum modo, apoia também a hipótese H2.3 de que o eleitor valoriza o contato real, físico, dos candidatos no terreno durante as campanhas eleitorais. Vamos aos comentários dos políticos:

Senador Valdir Raupp acredita que

> o corpo-a-corpo das campanhas eleitorais não perderam espaço. Continua tendo a sua importância no processo político-eleitoral brasileiro, mesmo diante dos demais recursos tecnológicos, como a Internet. Claro, que essas manifestações políticas, como comícios, carreatas e outros seguem um roteiro próprio, onde cada candidato define sua estratégia, de acordo com as características do eleitorado, que variam de região para região. Mas também integra o rol das estratégias eleitorais o uso do correio direto, telemarketing, e todos os outros recursos que aproximam o candidato do eleitor, pelo fato de serem captadas de forma rápida e exerceram grande força junto ao eleitorado. Torna-se importante por atingir um número maior de eleitores em um espaço curto de tempo (informação verbal)[25].

---

[24] Entrevista concedida por SILVA, Orlando. Entrevista IX. [mar. 2016]. Entrevistador: Marcelo Tadeu dos Reis Pimentel. São Paulo, 2016. 1 arquivo .mp3 (14 min.). A entrevista na íntegra encontra-se transcrita no Anexo J desta tese.

[25] Entrevista concedida por RAUPP, Valdir. Entrevista I. [nov. 2015]. Entrevistador: Marcelo Tadeu dos Reis Pimentel. São Paulo, 2016. 1 arquivo .mp3 (25 min.). A entrevista na íntegra encontra-se transcrita no Anexo B desta tese.

O ministro Gilberto Kassab acredita que "*é* insubstituível o corpo a corpo, a palestra, o diálogo, o olhar, o aperto de mão como estratégia de ação" (Anexo D). Em outro trecho, diz que "como qualquer partido que pretende se consolidar na política brasileira é importante estabelecer as nossas estratégias por meio da internet, com sites com presença direta nas redes sociais" (Anexo D).

João Amoedo, presidente do Partido Novo diz,

> Quanto ao contato direto por meio de reuniões, comícios, caminhadas, eu acredito na complementação pela experiência que a gente tem vivido, porque as pessoas têm essa primeira entrada através do mundo digital (...) Num segundo momento esse desejo, essa vontade de conhecer a pessoa pessoalmente" (informação verbal)[26].

Enquanto o deputado Padre Afonso Lobato do Partido Verde pensa que (...) a gente pode fazer as duas coisas ao mesmo tempo: usar a internet porque as redes sociais são frias, mas a partir do momento que exista essa relação, interação, ela esquenta o debate porque você tem uma resposta" (informação verbal)[27].

Já a Deputada Mariana Carvalho do PSDB vê que

> (...) por mais que pareça que haja esse distanciamento do eleitor ao candidato, ele também de outra forma tem essa proximidade pelo fato das redes conseguirem essa comunicação virtual automática. Então eu vejo que cada vez mais tende a ser algo tecnológico (informação verbal)[28].

O deputado Roberto Freire do PPS acredita que "é perceptível hoje novas ferramentas de relacionamento com o eleitorado" (Anexo F), enquanto para o Deputado Leo Brito do PT:

---

[26] Entrevista concedida por AMOEDO, João Dionísio. Entrevista VII. [fev. 2016]. Entrevistador: Marcelo Tadeu dos Reis Pimentel. São Paulo, 2016. 1 arquivo .mp3 (17 min.). A entrevista na íntegra encontra-se transcrita no Anexo H desta tese.

[27] Entrevista concedida por LOBATO, Padre Afonso. Entrevista VIII. [fev. 2016]. Entrevistador: Marcelo Tadeu dos Reis Pimentel. São Paulo, 2016. 1 arquivo .mp3 (22 min.). A entrevista na íntegra encontra-se transcrita no Anexo I desta tese.

[28] Entrevista concedida por CARVALHO, Mariana. Entrevista II. [dez. 2015]. Entrevistador: Marcelo Tadeu dos Reis Pimentel. São Paulo, 2016. 1 arquivo .mp3 (17 min.). A entrevista na íntegra encontra-se transcrita no Anexo C desta tese.

> (...) nós temos elementos novos, que são as redes sociais que têm ajudado a baratear as campanhas, a difundir melhor as ideias, as propostas dos candidatos e também proporcionando também uma interatividade maior dos candidatos com os possíveis eleitores, com o eleitorado de um modo geral. Então eu acho que, se por um lado a gente tem essa influência fora do poder econômico, a gente tem também outros instrumentos que conseguem massificar as ideias e propostas de candidatos que são fundamentais inclusive para o próprio barateamento das campanhas (informação verbal)[29].

Avançando para um modelo idealizado pelos políticos, é necessário antes, observar a visão construída em torno do marketing. Quanto mais novo, seja na idade ou na militância política, menos resistência há na aplicação das técnicas de Marketing Político. Podemos dividi-lo em dois grupos: Valdir Raupp, Gilberto Kassab, Pastor Everaldo Pereira, Padre Afonso Lobato e Roberto Freire, como representantes do grupo com mais militância política e idade, enquanto Mariana Carvalho, Leo Brito, João Amoedo e Orlando Silva, representam uma nova geração de políticos do século XXI.

Pastor Everaldo Pereira afirma que

> O marketing é uma ferramenta importante, mas não responde a todas as necessidades. É preciso uma equipe multidisciplinar para tratar as questões que envolvem uma campanha eleitoral. As candidaturas devem pensar no marketing como um instrumento que ajuda na relação entre o eleitor e o candidato" (informação verbal)[30].

Roberto Freire, já identifica no início do seu discurso a resistência ao marketing,

> Olha, eu tenho muito receio de falar isso porque posso parecer um velho. Eu não sei, mas vamos admitir que isso veio para ficar e é

[29] Entrevista concedida por FREIRE, Roberto. Entrevista V. [ago. 2015]. Entrevistador: Marcelo Tadeu dos Reis Pimentel. São Paulo, 2016. 1 arquivo .mp3 (28 min.). A entrevista na íntegra encontra-se transcrita no Anexo F desta tese.

[30] Entrevista concedida por PEREIRA, Everaldo. Entrevista IV. [dez. 2015]. Entrevistador: Marcelo Tadeu dos Reis Pimentel. São Paulo, 2016. 1 arquivo .mp3 (13 min.). A entrevista na íntegra encontra-se transcrita no Anexo E desta tese.

> importante que exista. Mas tem que mudar uma compreensão que hoje distorce o papel do marketing, porque o marketing passa a ser fundamental nas campanhas políticas e não as ideias e os programas. Então você contrata um grande marqueteiro, um grande pesquisador importante, analista de pesquisa, não para você dizer das suas ideias, mas você captar na sociedade o que a sociedade deforma o quanto tanto difusa imaginando o que deve dizer. Então você passa a ser um produto comercial e não uma liderança que a sociedade necessita. Marketing para isso é necessário? Sim. Mas não pode ser o prevalente. Porque você não tem hoje um candidato que não diz o que pensa. Mas você tem um marqueteiro que procura saber o que a sociedade quer ouvir e você passa a ser um mero ventríloquo. Porque você começa a dizer o que a opinião pública quer naquele momento. E não o que você está pretendendo (informação verbal)[31].

Padre Afonso Lobato segue na mesma direção "(...) seria muito importante que a gente conseguisse mudar, não dizer o que o eleitor quer ouvir, mas dizer aquilo que a cidade precisa, aquilo que a coletividade precisa, os desafios que a gente tem" (informação verbal)[32].

Na outra direção, o grupo de políticos mais jovens, representam uma geração que convive normalmente com a tecnologia e já iniciou a sua militância política fazendo uso das técnicas de Marketing Político. Mariana Carvalho, por exemplo afirma: "Eu acho cada vez mais difícil dele [marketing] voltar ao modelo tradicional porque o virtual aproxima as pessoas, permite um debate aberto" (informação verbal, grifo meu)[33].Leo Brito segue na mesma linha,

> Eu acredito que vamos evoluir para um modelo tecnológico de relação com o eleitor. Isso também tem ficado claro nas próprias administrações. Até o próprio governo federal cria canal direto com o cidadão. Eu acho que o paradigma anterior era um paradigma de muito

[31] Entrevista concedida por FREIRE, Roberto. Entrevista V. [ago. 2015]. Entrevistador: Marcelo Tadeu dos Reis Pimentel. São Paulo, 2016. 1 arquivo .mp3 (28 min.). A entrevista na íntegra encontra-se transcrita no Anexo F desta tese.

[32] Entrevista concedida por LOBATO, Padre Afonso. Entrevista VIII. [fev. 2016]. Entrevistador: Marcelo Tadeu dos Reis Pimentel. São Paulo, 2016. 1 arquivo .mp3 (22 min.). A entrevista na íntegra encontra-se transcrita no Anexo I desta tese.

[33] Entrevista concedida por CARVALHO, Mariana. Entrevista II. [dez. 2015]. Entrevistador: Marcelo Tadeu dos Reis Pimentel. São Paulo, 2016. 1 arquivo .mp3 (17 min.). A entrevista na íntegra encontra-se transcrita no Anexo C desta tese.

distanciamento, agora não, a tendência é as pessoas quererem de fato uma interação mais direta. E isso eu acho que ajuda muito para democracia e para construção da cidadania" (informação verbal)[34].

Orlando Silva avança para o modelo relacional, dizendo que crê

> (...) que as redes sociais se constituem numa realidade importante e um mecanismo de aproximação da política do conjunto da sociedade, do político com os seus eleitores. A rede social é um canal de aproximação que faz com que haja um estreitamento desse vínculo, mas ela não substitui, não substituirá o contato direto entre o candidato e o eleitor, entre político e sociedade. Mas esse contato é em si pela própria natureza do tempo físico, do espaço físico, num país como o Brasil você dá uma volta no território por exemplo você vê que é inviável um contato mais extensivo entre você e o eleitorado já que as unidades são muito extensas onde se pode buscar o voto. Então eu diria que é irrenunciável o contato do candidato com o eleitor. O Brasil por suas características geográficas torna-se muito limitado o contato direto e as redes sociais permitiram essa aproximação virtualmente entre candidatos e eleitores e creio que essa é uma tendência inexorável e haverá cada vez mais relação entre candidatos e eleitores, mas isso não substitui o tempero do contato físico até porque também tem relação com a cultura própria do brasileiro ele é muito afetivo isso sempre vai ter um lugar no fazer a política aqui no país" (informação verbal)[35].

Avançando para a discussão direta sobre o virtual, temos o que segue: Senador Valdir Raupp acredita que

> O que ocorre é que o meio digital está mudando as formas de relacionamentos entre candidatos e eleitores, devido aos avanços das Novas Tecnologias de Comunicação. (...) O potencial das mídias sociais é extraordinário. Afinal, é um emissor falando para muitos. Mas há de se ter alguns cuidados no uso das redes sociais, pois, elas podem até se

[34] Entrevista concedida por BRITO, Leonardo. Entrevista VI. [dez. 2015]. Entrevistador: Marcelo Tadeu dos Reis Pimentel. São Paulo, 2016. 1 arquivo .mp3 (17 min.). A entrevista na íntegra encontra-se transcrita no Anexo G desta tese.

[35] Entrevista concedida por SILVA, Orlando. Entrevista IX. [mar. 2016]. Entrevistador: Marcelo Tadeu dos Reis Pimentel. São Paulo, 2016. 1 arquivo .mp3 (14 min.). A entrevista na íntegra encontra-se transcrita no Anexo J desta tese.

voltar contra o próprio candidato, se ele não tiver bagagem e conhecimento para utilizá-las (informação verbal)[36].

Ministro Gilberto Kassab vê que

> Não apenas no Brasil, mas no mundo inteiro está claro que o peso das redes sociais passa a ser determinante nas campanhas eleitorais. Até porque a facilidade de se mobilizar pelas redes sociais é muito grande. É mais fácil para o candidato chegar ao eleitor, desde que tenha propostas que atendam ao interesse desse eleitor, que compreenda as necessidades desse eleitor e de como ele se articula e se mobiliza no ambiente das redes sociais (informação verbal)[37].

Deputado Roberto Freire reflete que

> Fazer uma previsão de futuro é sempre muito arriscado. Mas evidente quando vão se desenvolver relações políticas numa sociedade você tem que admitir que serão muito diferentes no passado e já começam a ter que vislumbrar com o que fazemos hoje no presente. O mundo está mudando de forma muito acelerada nas suas relações sociais. Isso tem mudado as instituições, tem mudado a nossa consciência. Isso é dizer talvez uma obviedade muito grande. Enfrentamos uma profunda revolução que está demarcando uma nova civilização. Eu costumo sempre dizer que muito provavelmente quando se inventou a imprensa com Gutenberg isso provocou uma revolução no mundo impressionante e trouxe até os nossos dias. Mudou da Idade Média para Idade Moderna. E nós estamos saindo de uma Idade Moderna para algo que vai ser da civilização humana. Esse processo do avanço, do conhecimento, da ciência, das inovações tecnológicas está colocando em xeque todas as instituições que começam a ser catedrais caídas. Evidente que a política seja talvez das atividades humanas mais associadas à visão de futuro e vai sofrer mais do que qualquer outra. Basta dizer para você há quanto tempo você começa a discutir, por exemplo, algo irrelevante para história da humanidade, que é uma partícula de tempo, mas fundamental para nossas gerações. Nós tivemos grandes mudanças só pelo surgimento

---

[36] Entrevista concedida por RAUPP, Valdir. Entrevista I. [nov. 2015]. Entrevistador: Marcelo Tadeu dos Reis Pimentel. São Paulo, 2016. 1 arquivo .mp3 (25 min.). A entrevista na íntegra encontra-se transcrita no Anexo B desta tese.

[37] Entrevista concedida por KASSAB, Gilberto. Entrevista III. [out. 2015]. Entrevistador: Marcelo Tadeu dos Reis Pimentel. São Paulo, 2016. 1 arquivo .mp3 (13 min.). A entrevista na íntegra encontra-se transcrita no Anexo D desta tese.

> das redes, pela internet, das nossas relações, instituições, partidos e crises. Novas formas de representação política na sociedade e não mais representações tradicionais e isso implica que partidos sofram crise e não sabemos bem como vai se organizar no futuro e não é um futuro muito distante, mas sim um futuro bem próximo: como vão se organizar os interesses sociais em torno de processos eleitorais? Então tudo está passível de mudança e alguns já sendo transformados. Eu tenho discutido muito como é que vão ficar as formas de organização das representações políticas e onde elas vão ter seu fórum. Será o velho congresso tradicional parlamentar? As representações serão os partidos que são muito datados com a civilização industrial? Porque partido teve o seu auge na civilização industrial a partir do Partido Social Democrata, o primeiro deles na Alemanha, vinculado à classe operária. E influenciou toda forma de representação em pleno século 20 em todo mundo. Será que no século 21 vai ser isso? Eu não acredito que seja. Outras formas vão ter e nós vamos ter que estar atentos para isso. Quando se fala muito em crise dos partidos, crise dos políticos, crise das instituições não é porque aqueles que acompanham são muito diferentes do seu caráter, da sua responsabilidade até e de gerações anteriores. É porque está mudando tudo, muda até eles (informação verbal)[38].

Sobre o desencanto e a apatia dos cidadãos sobre a política, há um consenso que é necessário construir novas "pontes" no relacionamento com o eleitor. Acima de uma agenda de trabalho, é necessário retomar a crença na atividade política, e isso passa, não só, pelas técnicas de Marketing Político, mas fundamentalmente pelo reposicionamento da classe política em saber escutar a "voz rouca das ruas", como dizia o deputado Ulysses Guimarães.

Para isso, é necessário investir em pesquisas qualitativas que podem expressar melhor o sentimento do cidadão e quantitativas que permitem avaliar a dimensão desses sentimentos, ambas possibilitando o ajuste do posicionamento da ação política. Compreendendo a visão do deputado Roberto Freire, quando ele diz que os marqueteiros obrigam o político falar o que o eleitor quer, e não o ideário do partido, está na razão direta da discussão do que significa democracia representativa. Ou seja: o político está a exercer um cargo público

[38] Entrevista concedida por FREIRE, Roberto. Entrevista V. [ago. 2015]. Entrevistador: Marcelo Tadeu dos Reis Pimentel. São Paulo, 2016. 1 arquivo .mp3 (28 min.). A entrevista na íntegra encontra-se transcrita no Anexo F desta tese.

para demandar as ações de transformação estrutural que, de acordo com o ideário político partidário, permitam que, de forma sustentada, se obtenham respostas para o presente, mas sem deixar de antecipar necessidades futuras, ou o papel do político consiste em atender às necessidades percebidas no imediato pelo eleitor sem se preocupar com o seu enquadramento futuro? O cidadão quer ver o seu problema resolvido, ele não quer saber se foi um partido de direita ou um partido de esquerda que resolveu a questão, ou sequer se a solução encontrada terá, por exemplo, consequências ambientalmente ou socialmente desastrosas.

Se voltarmos ao século XX, ao período da Guerra Fria, as questões ideológicas eram, com certeza, um ponto crucial na abordagem política. Hoje, o pragmatismo, tanto da ação política como da visão do cidadão, modificou sensivelmente a abordagem que tende a ser aplicada na relação entre políticos, partidos políticos e sociedade.

Neste sentido, como forma de combater a apatia e a desconfiança do eleitor, Roberto Freire vai assim abordar a questão:

> Sobre o marketing político relacional, você na sua pergunta já está me dando a condição de pensar. A não ser o velho que fique pensando que essa nova realidade que está existindo veio para complicar. Porque eu quero imaginar que nós estamos avançando em função dessas novas ferramentas, desse novo mundo, é muito superior ao que tínhamos antes. Eu sou um homem da revolução humana. Não quero ficar prisioneiro de passado. Então quero admitir que este instrumento terá que ser de avanço e não de manipulação. Eu quero admitir isso que você está chamando de marketing relacional é a forma avançada de você usar instrumental dessa nova realidade de mundo, da inter-relação em benefício da humanidade e não para sua manipulação. Eu sou um homem que acredita na evolução da humanidade" (informação verbal)[39].

Já para o senador Valdir Raupp a visão holística pode ser um caminho para as campanhas eleitorais.

[39] Entrevista concedida por FREIRE, Roberto. Entrevista V. [ago. 2015]. Entrevistador: Marcelo Tadeu dos Reis Pimentel. São Paulo, 2016. 1 arquivo .mp3 (28 min.). A entrevista na íntegra encontra-se transcrita no Anexo F desta tese.

Com certeza há essa perspectiva de se adotar uma visão holística nas campanhas eleitorais onde se possa agregar o todo e não apenas partes isoladas. As estratégias das campanhas devem adotar o universo geral dos eleitores identificando suas necessidades e desejos. Deve-se, portanto, adotar o conceito de parceria entre candidato e o eleitor para que as relações entre as partes sejam duradouras e não existem apenas durante a campanha eleitoral. O pós-eleição deverá permanecer no âmbito do marketing político. Afinal, como o marketing holístico preconiza o todo, candidato e eleitor devem ser analisados, de forma unívoca, ou seja, não podem ser analisados de forma separada. O distanciamento entre candidato e eleitor após as eleições é que provoca as rusgas e o desânimo do cidadão em relação à política. Se há uma continuidade no pós-eleição, o eleitor vai manter uma sinergia com o político e acompanhará a sua atuação. Esse fato dará mais transparência ao processo político e à democracia" (informação verbal)[40].

O senador do PMDB quando fala na "continuidade no pós-eleição", já indica a necessidade do Marketing Político Permanente a partir de estratégias de Marketing Político Relacional. Isso pode impactar positivamente na percepção do eleitor/cidadão sobre a representação política e sobre a qualidade da democracia. É preciso apostar na manutenção do contato pós-eleitoral como forma de fidelizar o eleitor ao projeto político e assim, talvez, retomar a questão que incomoda o deputado Roberto Freire: a de que o marketing obriga a política a falar o que o eleitor quer e não o que seria "preciso ser dito".

A apatia do cidadão resulta em boa parte da falta de relação estável e quando houver essa relação mútua de confiança e os fluxos de comunicação forem permanentes, o ideário do partido e do político poderá conquistar o eleitor, sendo que esse ideário(que o eleitor poderá coconstruir) responderá não só sobre as questões específicas do dia-a-dia do cidadão, mas poderá também ser um elemento de propagação da visão política do seu líder num prazo bem mais dilatado, sem um imediatismo confrangedor.

A deputada Mariana Carvalho faz uma forte crítica a situação atual para caracterizar a apatia eleitoral.

---

[40] Entrevista concedida por RAUPP, Valdir. Entrevista I. [nov. 2015]. Entrevistador: Marcelo Tadeu dos Reis Pimentel. São Paulo, 2016. 1 arquivo .mp3 (25 min.). A entrevista na íntegra encontra-se transcrita no Anexo B desta tese.

> Isso acontece pela falta de credibilidade. Principalmente com tanta corrupção envolvendo político, acho que não é só um processo de agora, é uma coisa que vem do passado (...). A gente vê dólares na cueca, dinheiro do povo desviado, a saúde numa qualidade péssima, e aí de repente quando você vê os políticos envolvidos sendo presos nessas condições, então acho que é por isso que caiu nesse descrédito. Eu acho que volta a ter uma credibilidade das pessoas acreditarem na política quando mais pessoas participarem e a gente conseguir mostrar que hoje é possível com tanta transparência ser pego em qualquer ato ilegal ilícito na política e aí com isso a gente envolver pessoas que não fazem parte desse processo político a entrarem e poder se motivar, a gostar. (...) eu acho que é possível [retomar a crença na política] mas vai durar um tempo ganhar o respeito e credibilidade principalmente a admiração das pessoas como a política sendo uma profissão séria, de respeito e caráter (...) (informação verbal)[41].

O ministro Gilberto Kassab aposta na participação do cidadão na vida partidária.

> É preciso trazer novamente as pessoas para os partidos políticos. O PSD tem trabalhado na construção de valores para os novos filiados e estabelecendo alianças em torno de ideias concretas. E fazer com que essas pessoas que militam no partido estejam comprometidas com essa nova fase do eleitor brasileiro de exigência de qualidade, de padrão moral, de eficiência (informação verbal)[42].

Ou seja, Kassab, expressando uma visão funcional algo tradicional dos partidos políticos, abre as portas a formas de mobilização interna aos partidos que prefigura formas de *empowerment* associadas à responsabilidade cívica que afinal são formas que fazem parte do modelo de marketing holístico aplicado à política e que, ao reforçarem a identidade entre os militantes (enquanto *stakeholders*) e o partido podem contribuir para vencer a apatia e a desconfiança do eleitor/cidadão.

---

[41] Entrevista concedida por CARVALHO, Mariana. Entrevista II. [dez. 2015]. Entrevistador: Marcelo Tadeu dos Reis Pimentel. São Paulo, 2016. 1 arquivo .mp3 (17 min.). A entrevista na íntegra encontra-se transcrita no Anexo C desta tese.

[42] Entrevista concedida por KASSAB, Gilberto. Entrevista III. [out. 2015]. Entrevistador: Marcelo Tadeu dos Reis Pimentel. São Paulo, 2016. 1 arquivo .mp3 (13 min.). A entrevista na íntegra encontra-se transcrita no Anexo D desta tese.

Pastor Everaldo Pereira abre espaço para a discussão de novos modelos.

> É claro que há espaço para novos modelos. O mundo está mudando e temos grandes desafios, seja na humanização das relações, seja nas questões de meio ambiente. O marketing é e será fundamental na identificação das necessidades das pessoas. Não pode nunca substituir a política, mas ser uma ferramenta de auxílio para os políticos. Esse conceito relacional pode ajudar a combater esse desânimo dos eleitores, mas é preciso que fique claro que o fundamental é resolver o problema das pessoas. Não será com "blá-blá-blá" que o povo vai se contentar. Se há uma crise política é porque as pessoas estão se sentindo enganadas. Daí não adianta marketing, internet, nada disso. É preciso olhar nos olhos das pessoas e falar o que é preciso ser dito e agir para que a política possa resolver o problema que as pessoas enfrentam. Vivemos hoje um embate sobre um modelo de estado. De que adianta um estado inchado que tem uma carga tributária gigantesca se não resolve o problema das pessoas. Vamos mudar esse foco, transformar o estado numa unidade menor, mais eficaz e deixar que a força produtiva do povo possa resolver as questões econômicas. É nisso que acredito (informação verbal)[43].

O deputado Roberto Freire aborda a mesma questão por um ângulo eventualmente mais contundente e projetado em novas formas de organização e de expressão política em que o cidadão, enquanto tal, ou seja, enquanto indivíduo, passa a ter uma capacidade acrescida de intervenção, o que corresponde ao conceito mais recente do marketing, embora possa ainda não se reconhecer a si mesma como tal.

> A política tal como vem se desenvolvendo já não responde a essas novas responsabilidades de participação de cidadania, seus processos de interação. Antes era mais fácil você identificar a política através da sua participação de partidos porque era a única forma de que a cidadania participava. Movimentos sociais organizados. Agora a cidadania participa como indivíduo até. Essa nova realidade da rede, da internet, está colocando que cada um se afirme. Que não precise buscar uma organização específica para ele se afirmar como cidadão, como ente político, como adepto de determinadas opções e de determinados programas.

[43] Entrevista concedida por PEREIRA, Everaldo. Entrevista IV. [dez. 2015]. Entrevistador: Marcelo Tadeu dos Reis Pimentel. São Paulo, 2016. 1 arquivo .mp3 (13 min.). A entrevista na íntegra encontra-se transcrita no Anexo E desta tese.

> Ele mesmo pode se organizar pra (*sic*) isso, buscar, tem uma plena liberdade que os novos instrumentos lhe oferecem. Está aí a decadência das formas tradicionais, da política tradicional. E ainda não se sabe como vai ser essa nova política. Nova política, novo político, novo tipo de instituição de organização até porque é uma coisa muito concreta. Na história da humanidade nem sempre existiu partido, existiram outras formas. Partido é muito datado. Vai ser superado. E eu acho que o início de superação já começou (informação verbal)[44].

Apesar de não ser direto na identificação de formas de marketing, há duas questões que podem ser extraídas do que Freire fala:

1. Que a crise política existe e é decorrência desse novo arranjo social do século XXI;
2. Que novas formas de articulação social estão por surgir e isso demandará novos instrumentos para a relação do político com a sociedade.

Daí a emergência de uma nova concepção de Marketing Político, que busca no Marketing Holístico, no Marketing Permanente e no Marketing Relacional um novo agir para a atividade política.

Numa visão geral, temos que a percepção analítica do que os nove entrevistados ofereceram ao inquérito segue na direção de uma extrema valorização do papel das redes sociais no desenvolvimento das campanhas eleitorais. Ou seja, pode até ser que o tático ganhe muito mais destaque do que o estratégico, mas isso pode resultar de que aqui e ali possa ainda haver uma certa dificuldade em integrar no discurso político os conceitos apresentados, sejam eles do próprio *marketing*, em sua essência, isto é, apresentando o Marketing Relacional e o Marketing Holístico.

Entendemos que é difícil avançar em desenvolvimentos conceituais sobre o *marketing*, se a própria compreensão sobre o termo não é clara para os entrevistados. Por esta razão, percebemos que temas como "redes sociais", "internet" e "espaço virtual" acabam ganhando maior desenvoltura no discurso dos entrevistados, por ser algo que

---

[44] Entrevista concedida por FREIRE, Roberto. Entrevista V. [ago. 2015]. Entrevistador: Marcelo Tadeu dos Reis Pimentel. São Paulo, 2016. 1 arquivo .mp3 (28 min.). A entrevista na íntegra encontra-se transcrita no Anexo F desta tese.

hoje todos praticam nas suas campanhas eleitorais e no exercício de seus mandatos. No entanto, apercebemo-nos que as principais dimensões conceituais do novo paradigma do marketing holístico, embora de forma quase sempre latente, estão presentes no discurso dos entrevistados enquanto necessidade objetiva, se bem que ainda não subjetivamente partilhada.

Há também um consenso sobre a necessidade de estreitar o relacionamento com o eleitor/cidadão, como forma de vencer a apatia frente à política. Contudo, novamente, ficamos mais no quesito tático do que estratégico, visto que não parece havero entendimento integral de que o *marketing*, como ferramenta estratégica, pode trazer novas configurações ao processo político, que passa pela constituição de base de dados confiáveis e relacionamentos estáveis e duradouros.

Concluímos, assim, que os entrevistados estão atentos e preocupados com a nova configuração de articulação social que se dá pelas redes sociais, e que novos modelos de *marketing* devem surgir para responder às novas demandas da sociedade do século XXI. No entanto, não está (ainda)claro como se materializam essas estratégias e ferramentas, e mesmo como se articulam essas novas visões do *marketing* com a complexidade que se vê hoje no universo do cidadão.

5.2 Estudo de Caso: a (improvável) eleição de HIldon Chaves à Prefeitura de Porto Velho

As eleições municipais de 2016 no Brasil ocorreram logo após o *impeachment* da presidente Dilma Rousseff. A crise que se instalou no país após a eleição presidencial de 2014 catalisou um nível nunca visto de indignação do povo contra a classe política. A crise econômica, somada à crise política, trouxe um desconforto grande em significativa parcela da população brasileira, o que influenciou o processo eleitoral com a ascensão de vários novos personagens políticos que souberam aproveitar o momento para se sagrarem vitoriosos no pleito próximo passado.

Na maior cidade da América Latina, São Paulo, o PSDB elegeu, em primeiro turno, um candidato que nunca havia disputado uma eleição. Com forte inclinação à direita, o líder empresarial João Dória trouxe o discurso de um governo de resultados dando ênfase à eficiência e à meritocracia, além de combater a política tradicional. O discurso moralista e de ataque frontal à corrupção prevaleceu no debate eleitoral em tempos de "*judicialização*"[45] da política brasileira. A intensa campanha midiática contra o governo petista – que governou o Brasil de 2003 a 2016 – e as instituições políticas, principalmente em relação ao Congresso Nacional, impuseram uma nova agenda ao cidadão brasileiro médio que passou a rejeitar o *establishment*[46] político vigente. As manifestações que tomaram conta do país utilizaram um novo processo de mobilização: as redes sociais. Além disso, não houve um único protagonismo na organização dessas manifestações e os partidos políticos ficaram alijados desse processo. Políticos tradicionais que decidiram participar das manifestações contra o governo petista foram rechaçados e receberam retumbantes vaias quando tornavam pública sua presença nos atos.

Neste contexto da conjuntura política, aliada às profundas mudanças sociais que vêm se agudizando a partir do início deste milênio, se impôs uma nova dinâmica política que pôde ser experimentada nas eleições municipais que ocorreram no município de Porto Velho, capital

[45] Termo utilizado pelos meios de comunicação de massa no Brasil para designar a influência da Justiça na política brasileira.

[46] Termo que designa a elite política.

do estado de Rondônia, encravado na Amazônia brasileira. O presente estudo de caso retrata a vitória (improvável) do ex-promotor de Justiça e empresário, Hildon Chaves (PSDB), em sua primeira disputa eleitoral. Como coordenador da equipe de marketing (em o que é vulgarmente nomeado "marqueteiro") do candidato do PSDB, acompanhei e fui responsável pelos passos que construíram a vitória eleitoral e que trazem elementos para uma nova dinâmica para as campanhas eleitorais do futuro, objeto do presente estudo de caso.

Ao analisar as pesquisas qualitativas e quantitativas para a definição da estratégia eleitoral a partir do cenário apresentado, elaborei um pequeno documento com as primeiras impressões sobre o processo eleitoral em Porto Velho, levando em conta também um estudo sobre o noticiário político, e sobre a nossa vivência eleitoral que remonta a 2010 com a eleição para governador e em 2012 com o pleito à Prefeitura de Porto Velho. No início do processo eleitoral, ou seja, no mês de agosto, as nossas pesquisas quantitativas davam conta de que o candidato Hildon Chaves variava entre 3% e 4% das intenções de voto, o que se confirmou na pesquisa Ibope, veiculada pela TV Rondônia no dia 24 de agosto, que trouxe o seguinte resultado: Roberto Sobrinho (PT) 27%; Dr. Mauro Nazif (PSB) 20%; Leo Morais (PTB) 20%; Pimentel (PMDB) 13%; Dr. Ribamar Araújo (PR) 12%; Dr. Hildon (PSDB) 4% e Pimenta de Rondônia (PSOL) 4%.

Hildon Chaves era um completo desconhecido do eleitor portovelhense, o que, inclusive não permitia nos grupos de foco testar qualquer tipo de característica pessoal do candidato para ser utilizada na campanha eleitoral. Ou seja, os grupos de foco não trouxeram qualquer tipo de informação que diretamente pudesse ajudar na montagem da estratégia eleitoral considerando o perfil do nosso candidato. Porém, é preciso destacar, que a pesquisa qualitativa nos seus cinco grupos de foco apontou caminhos que, embora indiretos para essa estratégia, revelavam grande interesse descobrindo a insatisfação dos eleitores com a política tradicional e tendências que o eleitor poderia seguir, como por exemplo, o nível de confiança nas instituições que apontaram um profundo desgaste dos políticos, e um dos mais importantes indicadores na construção da estratégia eleitoral a que trouxe o Poder Judiciário e o Ministério Público como as instituições com as melhores avaliações (vide Anexo K).

Além disso, o quadro geral apontado pelos grupos era de "total indignação", mesmo entre os estratos mais elevados da cidade. Somava-se aqui um sentimento de estagnação e degradação da cidade que apontavam para um desejo de renovação na prática política e de governação da cidade.

5.2.1 A estratégia que defendemos desde o início da campanha em Porto Velho

Desde o primeiro momento definimos um foco eleitoral fruto de uma segmentação baseada no nível de escolaridade: os eleitores com superior completo (37.147), com o superior incompleto (25.588) e com o ensino médio completo (90.865). Esse eleitorado tem uma complexidade cognitiva que permite compreender a mensagem do Dr. Hildon, rompendo o paradigma materialista que pesa significativamente na determinação do voto dos demais segmentos.

Procedemos igualmente a uma segmentação geográfica que nos conduziu a focar a reta final da campanha numa demarcação física do espaço a cidade que se inicia na Avenida Rio Madeira e vai até o Rio Madeira. Esta demarcação implicava a contratação de pelo menos mais 150 pessoas para o trabalho de rua e atividades intensas em locais de grande fluxo de pessoas.

Concebemos uma terceira segmentação, esta definida em função da mobilização e da motivação eleitoral, procurando identificar as caraterísticas dos eleitores desmotivados e, portanto, com maior probabilidade de não escolherem um candidato em quem votar. Em seguida procuramos definir o discurso em torno do que leva o eleitor a se abster de votar, para sensibiliza-lo, muito mais do que apontar culpados, mas compreender minimamente o que este eleitor espera de um homem público.

Sobre esta desmobilização eleitoral consideramos algumas informações que podem nos ajudar:

- Para o professor de Ciência Política da Unicamp, Valeriano Costa, o cansaço do eleitor diante da agressividade das campanhas ajudou a aumentar a abstenção: "o tom de batalha esgotou o ânimo das pessoas", afirma;

- De acordo com o cientista político da PUC-Rio, Cesar Romero Jacob, a ausência é um sintoma do amadurecimento do eleitorado brasileiro. "É consenso entre a população o fato de haver mais semelhanças do que diferenças entre os políticos". Como ninguém apresenta nada muito radical, pouco importa em quem votar;
- O ex-prefeito César Maia, um estudioso de pesquisas, classifica como impossível mapear a composição do grupo de pessoas que deixa de votar. E o sociólogo Antonio Lavareda diz que as pesquisas trazem um nível de respostas escamoteadas;
- O nível de abstenção do Brasil é bem inferior ao encontrado nos Estados Unidos ou na Europa onde chega a ultrapassar a metade do eleitorado, enquanto no Brasil gira em torno de 25%. No entanto, deve ter-se em consideração que nos EUA e na quase totalidade dos países europeus o voto não é obrigatório.

Para efeito do nosso trabalho em Porto Velho, logo com a primeira pesquisa fiquei solicitando, em caráter de urgência, um cruzamento dos dados da pesquisa para saber em que grupos socioeconômicos estavam os abstencionistas e os cidadãos sem voto definido, entendidos aqui como indecisos e potenciais votantes em branco ou nulo.

Por fim, tomamos a decisão de seguir uma linha de comunicação capaz de dar uma visão otimista do futuro e não ficar reforçando os problemas. Isso visando encontrar simpatia nos grupos de eleitores que buscamos conquistar.

E, com o ponto de partida acima, iniciamos nosso trabalho com uma equipe enxuta e com orçamento limitado. Havia naquele momento (mês de agosto) dois núcleos centrais da comunicação e do marketing: a MP Marketing Político, empresa sediada em São Paulo, sob a minha direção, responsável pela definição estratégica da campanha, produção de todo o material impresso e pela produção do programa de televisão. E a Bueno Business, de Porto Velho, responsável pelo gerenciamento das redes sociais. No centro das decisões estratégicas, os responsáveis pelas duas empresas – Marcelo Pimentel e José Armando Bueno – discutiam os caminhos que deveriam ser percorridos.

Normalmente, uma campanha eleitoral começa a ser planejada com uma antecedência mínima de um ano. É o tempo necessário para uma acurada análise do cenário com a realização de diversas pesquisas, sejam elas quantitativas ou qualitativas, como também para os estudos de marca, logotipo e conceito de campanha e suas aplicações nos materiais de campanha. O estudo dos relacionamentos com os diversos segmentos de eleitorado e a criação e gestão de bases de dados são atividades também centrais para o desenvolvimento da campanha.

Não foi o que aconteceu. "O carro teve que ser reparado em movimento". Não tivemos, por exemplo, um conceito de campanha que pudesse sintetizar o que representava o candidato naquela conjuntura, bem como que diferenças ele marcava em relação a seus adversários. Tivemos apenas junto à marca de campanha uma frase de efeito "vem comigo Porto Velho", sinalizando a necessidade de uma adesão a um projeto novo, a um novo formato de se fazer política.

Ou seja, toda a comunicação teria de demonstrar a diferença que marcava o candidato frente aos outros, chamando o eleitor a ser partícipe desse processo. No que Philip Kotler (2012) estabelece como "cliente cocriador" no marketing holístico, trabalhamos o conceito do eleitor-candidato, ou seja, Dr. Hildon representava a indignação do eleitor com a política, mas também a esperança de uma nova política a partir do momento em que o eleitor encontrava no candidato um espaço aberto para diálogo. Outra questão que gerou muito debate no início do processo eleitoral foi a definição do nome de campanha, que se resumiam em três possibilidades.

1. Hildon Chaves;
2. Hildon; ou
3. Dr. Hildon.

A primeira opção trabalhava com o nome composto (nome e sobrenome) trazendo uma carga de sobriedade e seriedade à candidatura; a segunda opção utilizava somente o primeiro nome para gerar mais empatia com eleitor, tornando-o mais próximo às pessoas e mais coloquial a relação; já a terceira opção – a escolhida – remetia ao promotor de Justiça que ele foi durante 21 anos no estado de Rondônia. O "Dr." procurou reforçar o papel de alguém que iria trabalhar sempre dentro da legalidade por ser conhecedor da lei. Além disso, era a forma mais usual que as pessoas utilizavam no relacionamento com ele. E assim ficou a marca de campanha:

PREFEITO
Dr. HILDON 45
VICE | EDGAR DO BOI

Figura 1: Marca de campanha do Dr. Hildon

Resolvidas essas questões iniciais: nome e slogan de campanha, era chegada a hora de elaborar os materiais de campanha. Abaixo um exemplo de material de campanha (cartaz):

Figura 2: Material de Campanha - Cartaz

A primeira fase do material de campanha contemplou os seguintes materiais impressos:

1. Folheto de apresentação da candidatura;
2. Folheto candidato a prefeito e candidato a vereador (cerca de 50 candidatos a vereador);
3. Praguinha (material autocolante);
4. Cartaz;
5. Jornal de campanha;
6. Adesivo para veículos.

Nesta primeira fase também tivemos o início do gerenciamento das redes sociais com a aplicação da marca nas páginas do candidato e a produção dos programas de rádio e TV. Para as redes sociais, criamos uma cartilha com as orientações gerais de como deveria ser conduzido o trabalho, e o programa de televisão seguiu um formato fechado, em estúdio, com a fala do candidato num cenário sóbrio e ao mesmo tempo esteticamente agradável. O tempo de 1 minuto e dez segundos não permitia pensar em grandes produções. E assim, procuramos dar ênfase ao discurso do candidato com programas temáticos de rádio e TV, explorando, no caso da TV, suas feições e seus gestos utilizando dois planos (fechado e o americano). Sempre com um texto contundente apontando os problemas da cidade, mas apresentando uma solução viável e factível.

Enquanto os outros programas exploravam o modelo da adesão política para mostrar o crescimento de uma candidatura, o programa de TV do Dr. Hildon só contava com a sua participação. A única exceção foi a participação da jovem deputada Mariana Carvalho que tinha grande aceitação popular. Os demais políticos do PSDB e do PSDC, os dois partidos coligados não apareceram no programa eleitoral, reforçando o estigma de que se tratava de um "candidato apolítico", se é que este termo pode ser utilizado neste contexto.

Para combater a falta de notoriedade, iniciamos um trabalho de mobilização de rua, formando equipes para cobrir o território do município com o nosso material de campanha e orientando o trabalho dos candidatos a vereador. Procuramos, assim, aplicar a estratégia do marketing de rede, ampliando os grupos numa progressão geométrica, buscando sempre cadastrar as pessoas que fossem aderindo à candidatura. Isso também era aplicado nas redes sociais. Ou seja, de maneira estruturada, tanto o trabalho no território como no mundo virtual buscava tornar cada novo eleitor num militante. Formamos diversos grupos pelo WhatsApp o que permitiu um processo de mobilização ágil e o combate em tempo real à disseminação da informação negativa, principalmente no segundo turno da eleição. Além disso, provocamos uma sequência de debates nas instituições de ensino superior para combater a falta de notoriedade e atingir um público que, em tese, estaria mais inclinado a cerrar fileiras com um discurso mais racional.

Apesar de todo esse esforço o cenário continuava extremamente desfavorável e o índice de intenção de voto insistia em se manter na faixa dos 4%, conforme nossas pesquisas internas. Mas um fator servia de alento para continuar acreditando em alguma possibilidade de chegar ao segundo turno: o candidato do PT, Roberto Sobrinho, líder nas pesquisas até então, teve o registro de candidatura indeferido pela Justiça Eleitoral. Com isso, a sua candidatura desidratou rapidamente, e nos beneficiava indiretamente: não porque o eleitorado do PT viesse para o PSDB, mas somava ainda mais a desconfiança e o desencanto do eleitor com os políticos tradicionais. Roberto Sobrinho, que fora prefeito por dois mandatos, chegou a ser preso pela Polícia Federal e enfrenta diversos processos na Justiça. A transferência natural desses votos deveria ser para o prefeito Mauro Nazif, do Partido Socialista Brasileiro, se não fosse a imensa rejeição do seu mandato. Portanto, o eleitorado encontrava-se, naquele momento, numa perturbadora falta de opção e com alternativas não muito confiáveis. Mas, naquele momento, o nome do Dr. Hildon não passava pela cogitação do eleitorado. Era um nome invisível diante da multidão.

O consultor político brasileiro, Carlos Augusto Manhanelli (1992, p.25) cita três leis para o processo eleitoral, a saber:

1. Lei da Indiferença;
2. Lei da Efemeridade;
3. Lei da Procrastinação.

O candidato Dr. Hildon enfrentava de maneira contundente a Lei da Indiferença. Não passava pela hipótese do eleitor considera-lo como um candidato com chances eleitorais. Poderia até gostar do seu discurso, do jeito moralizador e ético, mas faltava ao eleitor a crença de que era um candidato viável. Se tivesse sido percebido no início do processo eleitoral como um candidato viável, Hildon poderia enfrentar a Lei da Efemeridade, ou seja, subir muito rápido nas pesquisas de intenção de voto e ser o foco de todos os adversários sendo atacado impiedosamente e assim perdendo os eleitores logo em seguida. Restava a ele a Lei da Procrastinação, um fenômeno que ocorre em determinadas eleições, em que o eleitor empurra para os últimos dias a decisão pelo voto. Não estava muito claro esse fenômeno, até porque as pesquisas indicavam um número não muito elevado de indecisos no processo eleitoral. O que mais se expressava naquele pleito era uma completa fragmentação da intenção do voto do eleitor, sem que qualquer candidatura alcançasse os 30% de intenção de voto.

Porém, retomando o início do nosso estudo de caso, é preciso lembrar que a conjuntura política nacional estava completamente contaminada pelo descrédito e desilusão por parte do eleitorado. O Brasil tinha acabado de passar pelo afastamento da presidente da República e a figura mais proeminente no país era então um magistrado, o juiz de Direito Sérgio Moro, responsável pela Operação Lava Jato, a mais ampla investigação sobre casos de corrupção no governo federal. Vários políticos estavam sendo presos ou indiciados e os escândalos se avolumavam no noticiário.

Daí surgia a pergunta nas nossas reuniões de avaliação: o que é preciso fazer para ganhar notoriedade e chamar a atenção do eleitor *portovelhense* para a candidatura do Dr. Hildon? A pergunta estava ainda sem resposta. Considerando ainda que o Poder Judiciário e o Ministério Público obtinham os melhores índices de aprovação e um juiz de Direito de primeira instância, Sérgio Moro, se tornava o grande personagem da vida nacional, como utilizar todos esses indicativos para alavancar a candidatura do Dr. Hildon?

Os debates não surtiram o efeito desejado. Havia um equilíbrio muito grande entre os candidatos e o tempo curto para expressar o pensamento dificultava que alguém se destacasse, considerando o grande número de candidatos participantes dos eventos.

De 8 a 10 de setembro, realizamos uma pesquisa quantitativa[47] para aferir como havia reagido o nosso candidato no primeiro mês de campanha. Para a nossa surpresa, nenhum candidato despontava na disputa, mas a nossa candidatura continuava no mesmo patamar: Dr. Mauro (PSB) 18%; Leo Morais (PTB) 17%; Pimentel (PMDB) 14%; Roberto Sobrinho (PT) 14%; não sabe/ não respondeu 13%; Branco/ Nulo 12%; Dr. Ribamar (PR) 7%; Dr. Hildon 4%, Pimenta de Rondônia (PSOL) 1%. O indeferimento da candidatura do petista Roberto Sobrinho fez

[47] Pesquisa eleitoral realizada pelo Instituto Flex com amostra de 600 eleitores, margem de erro de 4%, intervalo de confiança de 95%. Universo da amostra: moradores de Porto Velho com 16 anos ou mais, sob a coordenação de Maurício de Souza.

aumentar o número de eleitores sem intenção de voto num candidato, o que já era um indicador interessante. Se a candidatura do Dr. Hildon não decolava as demais também não demonstravam fôlego e a pesquisa apontava para um aumento significativo de indecisos.

Isso, claramente, trazia desânimo a todo o grupo e ao candidato que já se mostrava resignado com o resultado. Estávamos a três semanas da eleição. Como reverter tal quadro eleitoral, eis a pergunta que não quer calar.

Os fundamentos para uma campanha eleitoral correta e em condições de disputar o pleito eleitoral em pé de igualdade estavam sendo aplicados, até em franca vantagem em relação aos adversários. Tecnicamente, a campanha do Dr. Hildon se desenvolvia com estratégia bem definida, comunicação arrojada com o uso das novas tecnologias e esteticamente elegante. O candidato apresentava boa desenvoltura no discurso, no conhecimento da realidade da gestão pública, mas pecava pela falta de notoriedade que os seus adversários exploravam acusando-o de desconhecimento concreto da cidade e dos seus problemas, já que, a quem é desconhecido, é fácil colar uma etiqueta de alienado à realidade local.

Quando na primeira pesquisa quantitativa ficou identificado que ele tinha mais eleitores do que eleitoras, estabelecemos a estratégia de torná-lo um homem atrativo às mulheres, propondo uma abordagem mais intimista com as eleitoras e com o uso de um perfume marcante. Ou seja, estávamos utilizando todos os recursos disponíveis, sem a obtenção de qualquer resultado concreto. Onde estava o erro? Ele não se mostrava viável eleitoralmente. Não havia a crença de que ele poderia chegar ao segundo turno.

Os eleitores que o iam conhecendo até se mostravam surpresos com as suas ideias, com a sua abordagem, mas faltava acreditar que era possível ele vencer as velhas raposas da política. Além disso, o jovem deputado estadual Leo Morais rivalizava com ele o voto de protesto do eleitor com muito maior notoriedade e com duas eleições vitoriosas anteriormente em seu currículo. Não parecia, portanto, haver espaço para que Dr. Hildon chegasse ao segundo turno.

Alguns conteúdos foram explorados (e declinados) à exaustão durante a campanha nas ações de comunicação:

1. Dr. Hildon não aceitava doações para a campanha. Ele era o único doador da campanha para não ter compromisso com nenhum grupo econômico. O único compromisso era com o eleitor;
2. Dr. Hildon não tinha promovido composições partidárias porque não lhe pareceu razoável "lotear" a prefeitura numa aliança partidária com várias agremiações. Por isso o pouco tempo de televisão de que dispôs, já que o tempo[48] no rádio e TV são determinados pela soma dos tempos dos partidos coligados;
3. Dr. Hildon era um gestor. Ele tinha constituído o maior grupo educacional da região norte;
4. Dr. Hildon tinha sido um grande promotor da Justiça, defendendo sempre o cidadão contra a agressão do Estado;
5. Dr. Hildon era o único candidato com um plano de governo coerente e exequível.

Como um mantra, esses eixos permeavam toda a nossa comunicação. Cabia apenas acreditar que a Lei da Procrastinação pudesse nos favorecer com uma mudança radical do eleitorado.

Do dia 10 a 20 de setembro, várias pesquisas eram divulgadas por diversos veículos de comunicação. Todas de credibilidade duvidosa, mas o cenário permanecia inalterado, porém com um detalhe: era impossível determinar quem iria para o segundo turno. Apesar de estarmos no pelotão de baixo, os que estavam disputando uma vaga no segundo turno também enfrentaram a instabilidade da indefinição do eleitor. Não havia candidato que pudesse apresentar um otimismo exacerbado. Havia um clima de desconfiança geral e de dúvida.

Havia uma aposta de todos os candidatos nos debates nas grandes emissoras de TV. Marcados para a reta final da campanha eleitoral, eles poderiam ser o divisor de águas daquele processo eleitoral.

Acostumado com o tribunal do júri, Dr. Hildon, apostava em bom desempenho nos debates, o que de fato não ocorreu na maioria deles. Passávamos por uma intensa preparação e roteirização para marcar o

[48] O Tribunal Superior Eleitoral determina o tempo de televisão de cada partido político pela sua representação na Câmara dos Deputados obtida na eleição anterior. Ou seja, o número de deputados gera um fator que determina o tempo de televisão de cada partido político.

momento com algum diferencial nas propostas e no discurso. No entanto, o tempo cronometrado prejudicava em muito o desenvolvimento do seu raciocínio. Assim, o seu desempenho não o tornava destaque para chamar atenção do eleitorado. Mas, por outro lado, marcava de maneira contundente o papel de "antipolítico" que ele assumira no processo eleitoral.

No dia 25 de setembro ocorreu o debate da TV Record, o mais aguardado debate eleitoral de Rondônia. No domingo seguinte seria a eleição. Trata-se de um debate em que a militância aparece em grande número na porta da emissora para assistir o debate por um telão como se fosse uma partida de futebol, empunhando bandeiras e palavras de ordem. Uma plateia de convidados assiste no estúdio o evento, o que traz mais tensão aos candidatos.

A audiência que cresce na reta final da campanha, parece confirmar a Lei da Procrastinação. Roteiro na mão, Dr. Hildon fez pouco uso dele. Naquele momento, ele incorporou o papel do promotor de Justiça no tribunal de júri. No primeiro enfrentamento com o candidato do PT, disse que lamentava ter de debater com um ex-presidiário, arrancando risos da plateia. Na sequência, num debate franco com o candidato do PMDB, disse: "conheço um bandido nos primeiros dois minutos de conversa. Prendi muitos bandidos, inclusive muitos com mandatos (públicos de base eleitoral), e vou continuar fazendo isso". Esqueceu apenas que não era mais promotor de Justiça. O que parecia apenas uma frase de efeito passou por edição por nossa equipe de TV para "viralizar" pelas redes sociais. Um vídeo[49] de 2 minutos e trinta segundos caiu como uma bomba no colo dos políticos tradicionais. Após um intenso debate interno, decidiu-se que não iríamos divulgar o vídeo produzido com aquela fala nas redes sociais do candidato, e que, para obter maior credibilidade, esse vídeo seria entregue a um site de notícias, que prontamente aceitou divulgá-lo em suas redes sociais. Em dois dias, mais de 200 mil pessoas haviam visualizadas o vídeo, atingindo um alcance de mais de 800 mil pessoas. Pessoas de outros municípios, de outros estados e até de outros países, comentaram o vídeo elogiando a coragem do candidato. Fizemos um trabalho contínuo de "viralização" do vídeo, considerando que a legislação eleitoral proíbe qualquer tipo de patrocínio no caso de

[49] Disponível em: https://www.facebook.com/Rondoniaovivo/videos/1461968797151764/

campanhas eleitorais. Além do Facebook e Youtube, o vídeo foi disseminado pelos grupos de WhatsApp tornando-o muito mais acessível às pessoas.

Na segunda-feira, dia 26, teve início a pesquisa Ibope para divulgação na sexta-feira, dia 30, pela TV Rondônia, afiliada da TV Globo. O campo da pesquisa foi realizado na segunda-feira e no período da manhã de terça-feira. Estava se iniciando o que chamamos no Brasil de 'efeito manada'. A notoriedade chegara ao Dr. Hildon, e todos comentavam o vídeo, como sendo a voz rouca das ruas que encontrou eco em alguém que nunca fora político. Não se falava de outra coisa.

Nesta última semana da campanha eleitoral no primeiro turno, editamos um jornal com as propostas da candidatura, fazendo a distribuição em cada residência do município pelos Correios, algo que normalmente não se faz nas campanhas eleitorais.

Para reforçar ainda mais o 'efeito manada' em torno da candidatura do Dr. Hildon, o último programa de TV[50] fugiu aos padrões normais da propaganda política, ao fazer o candidato declamar um poema de amor à cidade de Porto Velho, apresentando-o na abertura e no encerramento, em plano fechado, e durante a declamação imagens sobre a cidade, compondo o texto com situações e ambientes do município. O poema, escrito por José Armando Bueno, teve o título "eu vou cuidar de você". O programa gerou um efeito extraordinário recebendo muitos elogios e acabou viralizado também pela internet nas redes sociais, marcando de vez a diferença entre ele e seus adversários como alguém que nunca fora político.

Outra ferramenta que utilizamos e que surtiu efeito na adesão de novos eleitores foi a transmissão ao vivo pela internet. Utilizando a nova ferramenta disponibilizada pelo Facebook de transmissão ao vivo, promovemos na reta final da campanha três transmissões ao vivo, sempre interagindo com o internauta, recebendo sugestões, críticas e mensagens de apoio, com o candidato falando o nome de cada um dos internautas que acessavam a transmissão. O eleitor que se dispunha a assistir uma transmissão ao vivo pelo Facebook estava provavelmente mais preocupado com o futuro da sua cidade e demonstrava um grau de complexidade cognitiva e mesmo de amadurecimento político ao debater com

[50] Disponível em: https://www.youtube.com/watch?v=MRVwf6b0m5I

um candidato. Portanto, tratava-se de um eleitor qualificado, ao nosso entender, que poderia se tornar um multiplicador, tanto no mundo virtual, como nas ruas.

Um cadastramento dos participantes da transmissão ao vivo era realizado com o objetivo de inseri-lo num grupo de WhatsApp para propagação de mensagens de nosso interesse. Não importava se a transmissão tinha 50, 100 participantes, o que interessava era fidelizar um eleitor que demonstrava profundo interesse pelo processo eleitoral, substituindo a novela da TV, por exemplo, para acompanhar uma transmissão de um candidato.

Na sexta-feira, a dois dias da eleição, a tão aguardada pesquisa Ibope[51] é divulgada no horário nobre pela TV Rondônia. Eis o resultado: Leo Morais (PTB) 26%; Dr. Mauro (PSB) 24%; Roberto Sobrinho (PT) 20%; Pimentel (PMDB) 14%; Dr. Hildon (PSDB) 9%; Dr. Ribamar (PR) 6%; Pimenta de Rondônia (PSOL) 1%. Objetivamente não havia mais nada a fazer. Não havia mais programas de rádio e TV e a campanha de rua já não era mais permitida com a distribuição de material impresso.

Como coordenador de marketing da campanha e já de volta a São Paulo, recebi a notícia de um resignado candidato derrotado. Disse a ele que não concordava com aqueles números. Que os números até poderiam resultar de uma pesquisa séria, mas que não estavam corretos uma vez que representavam um retrato passado. Eu sabia que o trabalho de levantamento de informação da pesquisa tinha sido realizado logo no início da semana pelo que a dinâmica obtida no final de campanha não tinha sido captada pela pesquisa, ou seja, que a realidade já era diferente daquela que estava sendo divulgada.

Argumentei com ele: se no domingo a sua candidatura tinha 4% e no final da manhã de terça-feira já atingira 9%, significava que o eleitorado começava ali o tal 'efeito manada' que estávamos prevendo, e que a Lei da Procrastinação estava a funcionar naquele exato momento. Para reforçar meu pensamento disse que gravaria um vídeo[52] pelo celular com esses argumentos para ele divulgar nas redes sociais. E assim foi feito.

---

[51] Disponível em: http://www.ibopeinteligencia.com/noticias-e-pesquisas/antes-do-debate-disputa-em-porto-velho-tem-triplo-empate-tecnico-e-ha-indefinicao-sobre-quem-disputara-o-segundo-turno/

[52] Assista em: https://www.youtube.com/watch?v=267PGWCdmVM

Quando as urnas se abriram, confirmava-se o que tinha previsto: Dr. Hildon (PSDB) 27,20%; Leo Morais (PTB) 26,12%; Dr. Mauro (PSB) 24,15%; Pimentel (PMDB) 15,66%; Roberto Sobrinho (votos não contabilizados); Dr. Ribamar (PR) 5,86%; Pimenta de Rondônia (PSOL) 1,2%.

Vencemos o primeiro turno!

No intervalo do primeiro para o segundo turno foi o momento de avaliar o resultado eleitoral à luz dos erros e acertos do primeiro turno e do rearranjo natural das forças políticas que ficaram pelo caminho. Com muita firmeza, mantivemos o discurso rejeitando qualquer acordo político que pudesse somar novos partidos apoiando a candidatura. Apesar de várias propostas, todas elas foram rechaçadas para manter "vivo" e ilibado o discurso do primeiro turno. Alguns apoios pontuais foram aceitos, mas nada que pudesse ser explorado publicamente. Com a porta fechada do lado da candidatura do Dr. Hildon com os partidos PSDB-PSDC, o candidato Leo Morais (PTB) decidiu abrir sua coligação partidária a receber diversos apoios, reforçando em muito o seu time. O governador de Rondônia, Confúcio Moura (PMDB) e o seu candidato Williames Pimentel, o PT e uma parcela do grupo do então prefeito, Mauro Nazif, se uniram em torno da candidatura do jovem deputado que usava o discurso da Nova Política, termo hoje em voga na política brasileira. Mais uma vez, a nossa estratégia mostrou-se a correta: a primeira pesquisa Ibope[53] do segundo turno apontou Dr. Hildon com 59% e Leo Morais (PTB) com 41%. O resultado da pesquisa nos fez entender os ataques que a nossa candidatura começou a sofrer do candidato adversário.

O segundo turno começou em alta temperatura, com ameaças de dossiês, denúncias de pedofilia, de tráfico de influência no Ministério Público e de procedimentos administrativos enfrentados pelo Dr. Hildon na sua trajetória como Promotor de Justiça. Sempre utilizando ferramentas não oficiais, como perfis falsos nas redes sociais, o candidato Leo Morais foi para o ataque tentando desconstruir a imagem de "bom moço" do candidato Dr. Hildon. Outro reforço de peso foi o site "Rondônia ao Vivo", o mesmo que divulgara o vídeo do Dr. Hildon no primeiro turno no debate na TV Record e que viralizara com mais de

[53] Disponível em: http://www.ibopeinteligencia.com/noticias-e-pesquisas/na-primeira-pesquisa-sobre-o-segundo-turno-em-porto-velho-dr-hildon-lidera-a-disputa/.

200 mil visualizações, passou a ser um forte oponente ao Dr. Hildon, publicando reportagens com ilações que atacavam o que nomeamos de "avatar" da candidatura: Dr. Hildon – o incansável combatente contra a corrupção e o gestor eficiente.

Este foi um dos momentos cruciais da candidatura. Isso porque há muitos "conselheiros" na órbita do candidato, recomendando revidar os ataques, e por várias vezes a coordenação de marketing teve que exercer sua autoridade não aceitando entrar no mesmo jogo sujo do adversário. Começaram a chegar também dossiês contra o deputado Leo Morais e havia uma insistência para que fôssemos também para o ataque, o que não foi permitido considerando a estratégia estabelecida. Nivelar o debate por baixo seria um erro crucial e colocaria o Dr. Hildon no mesmo patamar das demais candidaturas. Repetimos um bordão que utilizamos em outras candidaturas: "a cada ataque, a cada agressão, uma nova ideia, uma nova proposta para Porto Velho". E, assim, resistimos às tentações de revidar os ataques. O candidato, por sua vez, foi exemplar em referendar as estratégias do marketing e de manter-se sereno frente aos ataques que só aumentavam.

No primeiro turno, fomentamos a realização de diversos debates e o candidato não rejeitou qualquer convite. Para o segundo turno invertemos essa lógica, e passamos a selecionar os debates que deveríamos participar. Isso enfureceu o adversário que acusou o nosso candidato de fugir dos debates. Neste período, já contávamos com o tracking (pesquisa diária) que nos dava, apesar dos nossos questionamentos metodológicos, o comportamento do eleitor frente à agressividade do nosso adversário. As pesquisas iam demonstrando que a candidatura do Dr. Hildon caminhava célere para a consolidação do seu eleitorado.

Há um intenso debate em torno da propaganda negativa, principalmente sobre os efeitos dos ataques que um candidato faz ao seu adversário. O marqueteiro brasileiro Duda Mendonça decretou ainda na década de 90 do século passado que "quem bate, perde". Ou seja, quando um candidato envereda pelo caminho do ataque ao seu adversário, a sensibilidade do eleitor o leva a crer que o candidato que ataca está em desvantagem em relação ao seu adversário, e por não apresentar qualidades superiores tentar prevalecer demonstrando a fragilidade do seu oponente. No entanto, nas eleições presidenciais de 2014 no Brasil, o marqueteiro

João Santana, provou o contrário: ao decidir atacar frontalmente o candidato Aécio Neves (PSDB) ele conseguiu frear o crescimento dessa candidatura e assim garantir a reeleição da presidente Dilma Rousseff (PT). E, agora, nas eleições norte-americanas, a comunicação política do candidato republicano Donald Trump confirmou que o preceito de Duda Mendonça ficou mais uma vez pelo caminho.

No anedotário político diz-se que ao bater, que se bata na cabeça do adversário para matá-lo, pois do contrário ele sairá só "coxeando", devolvendo o ataque. A literatura acadêmica chama isso de "efeito bumerangue".

Jairo Pimentel Jr. (2015), pesquisador do Departamento de Ciência Política da Universidade de São Paulo, demonstrou num estudo experimental sobre spots eleitorais no enfrentamento entre os candidatos Dilma Rousseff (PT) e José Serra (PSDB) em 2010 que os spots negativos geram um efeito no comportamento do eleitor, atuando diretamente no entusiasmo e na ansiedade e na vontade de votar nos candidatos.

> Os spots negativos aparecem, portanto, como instrumentos interessantes para diminuir a vontade de os eleitores votarem nos candidatos atacados – cumprindo a função de depreciar a candidatura adversária. Ao contrário do que aponta a literatura, os spots negativos não apresentaram efeito bumerangue; pelo contrário, serviram para reforçar a vontade de voto no candidato que ataca (PIMENTEL JR., 2015, p. 7).

Para efeito, há três tipos de comunicação política, a saber:

1. Positiva: aquela que promove o candidato e suas qualidades;
2. Negativa: a que foca em algum aspecto depreciativo do opositor;
3. Comparativa: a que traz elementos positivos do candidato e elementos negativos do opositor.

Para além da caracterização dos tipos de comunicação política, Jorge de Sá (2013) afirma que, como "qualquer voto vale tanto como qualquer outro, as campanhas têm vindo a tornarem-se cada vez mais hostis, assentes em ataques recíprocos, o que afasta os cidadãos da política (...)". E esta foi a questão essencial sobre a qual nos debruçamos para decidir como iríamos encarar o forte ataque que o nosso candidato estava sofrendo no início do segundo turno eleitoral. Com a candidatura em ascensão, não nos interessava entrar no mesmo jogo do adversário. Nossa decisão culminou em ignorar solenemente os ataques, mostrando assim a diferença da candidatura do Dr. Hildon frente a seu adversário.

No primeiro turno o tempo do nosso programa de televisão era de 1 minuto e dez segundos. Isso porque, como já se referiu, o tempo é dividido proporcionalmente à representação dos partidos políticos no Congresso Nacional. Como o Dr. Hildon só contava com dois partidos aliados, o tempo era um dos menores na propaganda eleitoral do rádio e da TV. Já no segundo turno, o tempo é igual: 10 minutos diários para cada candidato, divididos em dois blocos de cinco minutos. Um esforço considerável que exigiu um reforço na equipe de produção do programa de televisão.

No primeiro turno, a nossa equipe estava restrita a um diretor, dois editores de imagem e um redator (no caso, o próprio marqueteiro). Com dez minutos de produção diária, a primeira decisão foi trazer um profissional experiente em campanhas eleitorais de São Paulo. O Diretor de Cena, Tércio Parisi, assumiu, junto com o publicitário Melqui Filleti, a coordenação geral do programa de TV. Contratamos também um redator de Minas Gerais, Alex Silva, e três novos editores de imagem, sendo um finalizador. Além disso, montamos uma equipe de produção com dois repórteres experientes: Yalle Dantas, vindo da Rede TV para trabalhar na campanha e Eduilson Felix que havia sido apresentador e repórter da TV Record.

Com o resultado do primeiro turno ficou claro que o eleitor *porto-velhense* estava receptivo ao "avatar" do "justiceiro" que combate impiedosamente a corrupção e os maus políticos. Foi por isso que o discurso do Dr. Hildon sempre foi permeado pela discussão da corrupção e da velha política.

Vencida a etapa, o candidato tinha agora outro desafio lançado pela construção de um novo "avatar": demonstrar que era competente, e capaz de transformar a triste realidade de Porto Velho, uma cidade que, entre outras carências, só tem 30% de abastecimento de água e 3% de saneamento básico.

Foi neste contexto que o programa de televisão passou a jogar um papel muito importante: construir em torno do Dr. Hildon a imagem do gestor eficiente e preocupado com os resultados. Cenas gravadas em escritório diante de mesas grandes com mapas da cidade. Reuniões com equipe de trabalho, mostrando sua liderança, imagens externas observando os equipamentos públicos e apontando soluções. E por fim, humanizando o candidato, fazendo-o entrar na casa de pessoas concretas, conversar e tomar um café com elas. Essa composição no programa de televisão completou o perfil esperado pelo eleitor *portovelhense*. Ao mesmo tempo em que não seguia a agressividade do adversário.

Além da equipe de TV, uma outra equipe de produção de vídeo foi montada para dar suporte ao trabalho nas redes sociais. Com outra linguagem e outro tipo de engajamento, os vídeos para as redes sociais alternavam roteiros mostrando a beleza da cidade e as profundas carências que a população tem. O *recall* do vídeo que teve mais de 200 mil visualizações nas redes sociais tornou as páginas do Dr. Hildon nas redes sociais um lugar de frequentes visitas de internautas em busca de novidades sobre a política local. A cada vídeo postado, a audiência só aumentava e o engajamento só crescia. É importante destacar que, basicamente, foram utilizadas duas redes sociais na campanha: Facebook e Youtube. Outros canais estavam disponíveis e prontos para funcionar, mas não obtiveram a mesma resposta de audiência e o engajamento que o Facebook e o Youtube.

Com, praticamente, toda a classe política ao seu lado, o adversário Leo Morais se apresentava como alguém que tinha capacidade de articulação para buscar verbas públicas para a cidade, fossem elas do Governo do Estado ou do Governo Federal. Reforçava também o seu trabalho como vereador e deputado estadual para demonstrar experiência no exercício público, contrapondo com a inexperiência política de Hildon Chaves. O próprio governador do Estado, Confúcio Moura, chegou a gravar um programa de TV do candidato Leo Morais anunciando investimento milionário em casas populares. Porém, o crescimento que Leo obtinha nos apoios políticos ia de par com a diminuição do apoio nas ruas, este eventualmente como resultado daquele por parte de um eleitorado cansado dos jogos da política.

A campanha do Dr. Hildon passou a promover diversas ações de ruas com grande presença de público. O candidato do PSDB passou a ser tratado como um *popstar* e por onde ele andava as pessoas queriam tirar fotos, *selfies* e acompanhar suas caminhadas. Mulheres e crianças queriam estar perto dele. Esse processo de catarse popular foi transmitido ao vivo pelas redes sociais e em edições nos programas de TV. Entrevistas em emissoras de rádio se multiplicavam e aumentavam a audiência da emissora que recebia o Dr. Hildon. Até em programa esportivo ele foi convidado a participar. E, por uma questão de isonomia eleitoral, todo ato midiático tinha que ser compartilhado com o adversário. Reuniões de diversos segmentos também passaram a compor a agenda diária do Dr. Hildon. E a cada fim de encontro, uma carta compromisso era assinada com os mais diversos segmentos.

O município de Porto Velho tem uma extensão de mais de 500 quilômetros, com diversos distritos somente acessíveis por barco ou por via aérea. A ida a um distrito como o Abuña, na divisa com o estado do Acre, exigiu a ida em uma aeronave que pertence ao candidato. Apesar de poucos eleitores, o adversário Leo Morais atacava Dr. Hildon dizendo que ele não conhecia os distritos, o que exigiu encontrar tempo para visitá-los registrando cada visita com vídeos para as redes sociais.

A dois dias do segundo turno da eleição, a TV Rondônia, afiliada da TV Globo no estado, apresentou o resultado da pesquisa Ibope[54] realizada naquela semana: Dr. Hildon 62% e Leo Morais 38%. Consolidava-se assim a vitória de uma improvável eleição. Abertas as urnas, Dr. Hildon obteve 148.673 votos, 65,15% e Leo Morais 79.534 votos, representando 34,85% dos votos válidos. O ex-promotor de justiça e empresário do ensino universitário Hildon Chaves consagrou-se com a maior votação, em segundo turno, entre todas as capitais brasileiras.

O presente estudo de caso enumera algumas questões que podem ser consideradas meramente conjunturais e outras que podemos nomear como estruturais.

---

[54] Disponível em: http://www.ibopeinteligencia.com/noticias-e-pesquisas/pesquisa-realizada-antes-do-ultimo-debate-mostra-ampliacao-da-vantagem-de-dr-hildon-que-deve-ser-eleito-em-porto-velho/

Vamos primeiro às questões conjunturais:

1. O impeachment da presidente Dilma Rousseff e a Operação Lava Jato (que investiga atos de corrupção entre políticos e empresários) impuseram uma nova agenda de debates no curso do processo eleitoral, em que a dimensão ética ganhou espaço importante no debate político;
2. Para além das questões ideológicas, o pragmatismo do eleitor em buscar candidatos com credenciais para a realização das promessas esteve na ordem do dia, em contraposição ao perfil do político tradicional;
3. Apesar do desgaste e do desencanto dos eleitores com a política, o nível de abstenção manteve-se no patamar de eleições anteriores;
4. As estruturas partidárias e seus caciques políticos tiveram o seu espaço como agenciadores de voto reduzidos e até rejeitados pelos novos políticos que acederam na cena política nacional;
5. O discurso "politicamente correto" cedeu lugar a uma retórica mais clara, objetiva e sincera, em que o 'não' passou a fazer parte do vocabulário dos candidatos.

Por outro lado, no plano estrutural, podemos destacar algumas alterações importantes em que algumas puderam inclusive travar ou ampliar alguns dos efeitos de ordem conjuntural:

1. O processo de comunicação eleitoral que reproduzia a lógica da comunicação de massa passa a coexistir com um processo caótico de participação de pessoas e grupos a partir das redes sociais na internet, provocando o surgimento de múltiplos canais, dificultando sobremaneira o controle do fluxo informativo;
2. Para além da importância do contato físico do candidato com os eleitores, tornou-se necessário demonstrar essa desenvoltura nas ruas por meio da transmissão de eventos públicos nas redes sociais, gerando um sentimento de ubiquidade do candidato. A agenda real precisa estar presente no ambiente virtual;

3. As campanhas eleitorais precisam adotar a estratégia da "convergência das mídias" utilizada na internet em todos os seus canais de comunicação com o eleitor;
4. O modelo tradicional das campanhas eleitorais ainda prevalece em vários aspectos, como por exemplo, na força do programa de TV dos candidatos, e deverá coexistir juntamente com o incremento das ferramentas tecnológicas de tipo relacionais hoje disponíveis;
5. A formação de base de dados é fundamental para a construção de um relacionamento permanente com o eleitor. A estruturação de base de dados hoje é facilitada por meio de mecanismos como Facebook, WhatsApp e outros aplicativos tecnológicos que contribuem para a identificação de seguidores ao projeto político.

Portanto, o ambiente eleitoral está inexoravelmente envolvido hoje pelas teias das ferramentas tecnológicas que passaram a fazer parte do dia a dia da vida do cidadão. Quem melhor souber manejar essas ferramentas e construir mecanismos de relacionamento poderá ter vantagem nos pleitos eleitorais posteriores, tornando-se mais competitivo frente aos modelos mais conservadores de gestão de campanha eleitoral.

5.3 Análise dos resultados do estudo quantitativo

Os 50 especialistas brasileiros em Marketing Político que integraram a amostra extraída nas condições já explicadas do universo de 297 profissionais desta área, responderam às diferentes perguntas do questionário (Anexo L) e que foram definidas em função das hipóteses já anunciadas.

Não sendo a lógica do questionário a mesma da análise das questões que ele integrou, a apresentação dos resultados que se segue não obedece à ordem das perguntas do questionário, mas antes a das hipóteses formuladas.

5.3.1 A possível evolução da tipologia das campanhas de marketing político

Os entrevistados responderam a uma pergunta em que perspectivaram a evolução de diferentes componentes das campanhas de Marketing Político, num prazo de cinco anos, o que, tendo em conta a data do inquérito, significa o horizonte de 2021.

Para cada resposta foi usada uma escala em que a manutenção do investimento ao nível atual corresponde ao número cem; a diminuição do investimento foi cifrada entre zero (desaparecimento) e noventa e nove; ao aumento correspondeu um número superior a cem, em que por exemplo, o dobro do investimento atual seria registrado com o número duzentos ou o quíntuplo com o número quinhentos.

Os resultados das respostas e a respectiva análise estatística são apresentados nas duas tabelas seguintes.

Tabela 6: Perspectiva da estrutura das futuras campanhas de marketing político (Horizonte 2021)

Áreas em 2021	Nº de casos	Valor Médio	Valor Mínimo	Valor Máximo	Desvio Padrão (DP)	DP da média corrigido	Intervalo de Confiança da Média[55] (a 95% de probabilidade)	
							Inferior	Superior
Folhetos	50	85,1	20,0	200,0	45,8	6,0	73,4	96,8
Cartazes	50	94,6	10,0	200,0	59,3	7,7	79,4	109,8
Publicidade Imprensa	50	104,9	30,0	300,0	65,5	8,5	88,1	121,7
Telemarketing	50	122,5	45,0	500,0	71,7	9,4	104,2	140,8
Passeatas e porta-a-porta	50	153,2	70,0	300,0	60,2	7,9	137,8	168,6
Pesquisa QUANTI	50	160,1	25,0	300,0	61,9	8,1	144,3	175,9
Produção audiovisual	50	168,3	50,0	950,0	137,8	18,0	133,1	203,5
Pesquisa QUALI	50	185,6	50,0	950,0	131,6	17,2	151,9	219,3
Segmentação	50	201,4	50,0	950,0	122,8	16,0	170,0	232,8
Bases de dados	50	219,4	100,0	950,0	145,4	19,0	182,2	256,6
Produção para Internet	50	232,0	100,0	950,0	119,5	15,6	201,4	262,6
Redes Sociais	50	252,6	50,0	950,0	159,3	20,8	211,9	293,3

Fonte: Dados primários 2016

[55] O intervalo de confiança é calculado tendo em conta os tipos de distribuição estatística (hipergeométrica, binomial e normal) e o universo e amostra dos especialistas intervenientes no marketing político no Brasil. Este intervalo, cujo desvio padrão da média está devidamente corrigido, foi calculado para uma probabilidade de 95%.

Das respostas obtidas resulta que, em média, existem áreas de potencial decréscimo de investimentos, outras de manutenção e a maioria de aumento, que nalguns itens os especialistas consideram que pode vir a ser muito significativo.

Interessará, então, estimar o significado estatístico destas diferenças, inferindo-as para o universo do estudo. Para este efeito, foi calculado o desvio padrão da média (corrigido em função da distribuição hipergeométrica que se aplica neste caso devido à reduzida dimensão do universo) e o intervalo de confiança (a 95% de probabilidade) relativo ao valor médio de cada um dos itens considerados na tabela.

Tendo em conta os intervalos de confiança resultantes das respostas dos especialistas intervenientes no Marketing Político no Brasil, poderemos concluir que, num horizonte de cinco anos (até 2021), iremos assistir a alterações sensíveis nas diversas áreas de intervenção do Marketing Político, tanto a nível estratégico, como na estrutura da comunicação política, seja ela eleitoral ou governamental.

De acordo com estes especialistas, iremos conhecer uma ligeira diminuição no investimento em folhetos (a única área em que o limite superior do intervalo de confiança é inferior a 100) e, grosso modo, uma manutenção dos investimentos em cartazes e em publicidade na imprensa.

Na mesma perspectiva, iremos assistir a um pequeno aumento relativo nos investimentos em telemarketing e um aumento moderado dos investimentos nas atividades de contato físico direto dos candidatos com os eleitores (passeatas, porta-a-porta), na produção audiovisual (execução de filmes para TV e internet e áudios para rádio, internet, e carros de som, etc) e nas duas áreas principais de pesquisa (qualitativa e quantitativa), se bem que para a pesquisa de natureza qualitativa já seja apontado um aumento médio não inferior a 50% do investimento atual e que pode mesmo situar-se no dobro no horizonte de 2021.

De acordo com os entrevistados, os investimentos irão crescer de forma considerável em áreas como a segmentação de alvos comunicacionais, a gestão de bases de dados, perspectivando-se a sua subida para mais do dobro no que se refere à comunicação digital, seja através de *sites* na internet ou nas designadas redes sociais (Web 2.0).

Trata-se, claramente, na opinião dos consultores políticos, de uma evolução do Marketing Político brasileiro que parece ir no sentido da afirmação do paradigma do Marketing Político relacional, com um crescendo da utilização de elementos importantes para a definição de estratégias, tais como os estudos da opinião pública (mais a nível qualitativo que quantitativo) e, particularmente, os processos de segmentação, condição para uma atuação mais fina, tanto no plano das soluções comunicacionais, como no plano dos relacionamentos a desenvolver com os cidadãos.

Deve, igualmente, registrar-se o que aparece como uma a evolução do Marketing Político em direção a uma maior proximidade entre eleitos e candidatos e os eleitores, confirmada pelo aumento preconizado pelos especialistas no que diz respeito ao contato presencial e ao uso das redes sociais, a caminho da ubiquidade desejada para o candidato através da conjugação das redes físicas e virtuais, em passeatas, pequenos comícios, porta-a-porta, atividades logo transformadas em conteúdos amplamente difundidos através do mundo virtual da internet e das designadas redes sociais.

5.3.2 A distribuição temporal dos investimentos

Os entrevistados foram estimulados com uma outra questão, esta relativa à distribuição temporal dos investimentos nas diferentes atividades do Marketing Político, trimestre a trimestre, ao longo do período de doze meses em que é aberto o processo de uma eleição.

Para os especialistas de Marketing Político, a distribuição média trimestral dos investimentos ao longo de um ano de processo eleitoral não se distingue nos três primeiros trimestres, em que, na opinião dos entrevistados, se situa em torno de 20% do total (ou um pouco menos). No entanto, o investimento é claramente reforçado no último trimestre que, obviamente inclui o período da campanha eleitoral propriamente dita.

Tabela 7: Distribuição orçamentária de uma campanha com 4 trimestres

Percentagem média (%)	Total	DPc[56]	Intervalos de confiabilidade (95% de probabilidade)	
1° trimestre	18,7	1,28	16,2	21,2
2° trimestre	17,6	0,93	15,8	19,4
3° trimestre	20,9	0,87	19,2	22,6
4° trimestre	42,8	1,99	38,9	46,7

Fonte: Dados primários 2016

Como seria de esperar, o investimento é claramente superior no último trimestre que, obviamente inclui o período da campanha eleitoral propriamente dita. No entanto, note-se que o investimento durante o 4° trimestre não atinge a metade do total, como confirma o fato do limite superior do intervalo de confiança ser inferior a 50%.

Face aos resultados, pode concluir-se que as respostas dos entrevistados apontam para uma evolução que, apesar de não se verificar no imediato, vai no sentido da aplicação objetiva do conceito de marketing relacional que, como referido, não exclui o marketing transacional, ao contrário integra-o, quando se trata do "momento de verdade" que constitui a mobilização para o voto em período da campanha eleitoral.

A tabela anterior resultou da agregação dos montantes que os especialistas brasileiros de Marketing Político distribuiriam, ao longo dos quatro trimestres dos doze meses de um processo eleitoral por tipo de atividade de Marketing Político. Tratou-se de uma simulação de investimento de dez milhões de reais que foi solicitada aos inquiridos e da qual resultou a distribuição por atividade e pelos quatro trimestres do processo eleitoral que consta nas tabelas seguintes.

A primeira destas tabelas (Tab. 8) apresenta as percentagens correspondentes a cada atividade em resultado das escolhas dos especialistas entrevistados no quadro do exercício orçamentário que lhes foi solicitado.

---

[56] DPc: Desvio padrão da média corrigido (distribuição hipergeométrica).

Tabela 8: Investimento por atividade nos doze meses de processo eleitoral (%)

ATIVIDADE (%Vertical)	TOTAL	LIMITES DO INTERVALO DE CONFIANÇA[57]	
		INFERIOR	SUPERIOR
Comunicação digital (WEB 2.0)	19,4	9,4	29,4
Comunicação por via da mídia tradicional	16,2	6,9	25,5
Produção conteúdos (inclui imprensa e audiovisual)	14,7	5,7	23,7
Mobilização (Redes relacionais)	13,8	5,1	22,5
Relações públicas (inclui *media relations*)	10,7	2,9	18,5
Pesquisa	10,0	2,4	17,6
Planejamento (organização)	9,3	1,9	16,7
Estratégia (posicionamento do candidato)	5,2	0,0	10,8
Bases de dados	0,7	0,0	2,8

Fonte: Dados primários 2016

Juntamente com as percentagens globais de cada tipo de atividade de Marketing Político apresentam-se os limites do respectivo intervalo de confiança a 95% de probabilidade, o que permite constatar que as escolhas dos especialistas não apresentam diferenças estatisticamente significativas entre si. Este fato obriga a concluir que a hierarquia encontrada no investimento que os entrevistados dedicariam a cada tipo de atividade deve ser lida a título indicativo.

Tendo em conta este condicionalismo, constata-se que a comunicação digital se encontra num mesmo patamar de prioridade que a comunicação realizada por via da mídia tradicional, o que anuncia uma alteração importante com um considerável reforço da comunicação digital na estruturação das campanhas de Marketing Político já

57 Trata-se do intervalo de confiança a 95% de probabilidade corrigido (Hipergeométrica).

em curso e do próximo futuro, mas que apesar disso, (ainda) não é, de forma estatisticamente significativa, superior ao investimento na mídia tradicional.

Deve também chamar-se a atenção, a título indicativo como já se referiu, para a importância relativa que nesta tabela (Tab. 8) corresponde às tarefas mais associadas à mobilização dos vários círculos de eleitores que constituem as partes interessadas (stakeholders) de uma campanha e que constituem uma das áreas por excelência do Marketing Político de relacionamento.

Registre-se igualmente que os especialistas brasileiros em Marketing Político que integraram a amostra desta pesquisa dedicariam ao financiamento de atividades de natureza estratégica, como a pesquisa (sobretudo a de tipo qualitativo), o planejamento e o posicionamento, cerca de um quarto dos recursos que lhes foram atribuídos na simulação realizada.

Na tabela seguinte (Tab. 9) estão expressas percentagens que somam 100% em cada linha, ou seja, o correspondente ao financiamento atribuído pelos entrevistados para cada atividade ao longo dos quatro trimestres do período eleitoral. Esta tabela permite uma leitura direta da distribuição temporal do investimento médio total em cada atividade de Marketing Político, caracterizando, como numa peça de teatro, os "tempos de entrada" e os "tempos de saída" de cada atividade ao longo do período considerado.

A hierarquia dos investimentos por atividade que se revelou, no plano global, relativamente homogênea, apresenta, como se lê na tabela 8, diferenças apreciáveis na distribuição por trimestre dos investimentos que na simulação sugerida aos entrevistados atingia, como já se referiu, o período de doze meses.

O valor da variável *qui* quadrado que é indicado na nota da Tabela9, permite o teste de independência entre as duas distribuições (por atividade e por trimestre) e concluir o que, apesar de ser óbvio, ganha em ser demonstrado: a distribuição global dos investimentos nas diferentes atividades não é independente da distribuição trimestral, ou seja, que existem atividades que os especialistas concentram, por exemplo, no início do período eleitoral de doze meses e outras atividades cuja realização é manifestamente mais próxima do ato eleitoral.

Tabela 9: Percentagem média do investimento em cada atividade (4 trimestres)[58]

ATIVIDADE (%HORIZONTAL)	1º TRIM.	2º TRIM.	3º TRIM.	4º TRIM.
TOTAL	18,7	17,6	20,9	42,8
Comunicação digital (WEB 2.0)	5,7	6,4	27,7	60,2
Comunicação por via da mídia tradicional	3,7	7,0	13,9	75,4
Produção conteúdos (inclui imprensa e audiovisual)	3,2	13,6	43,7	39,5
Mobilização (Redes relacionais)	0,1	24,1	23,1	52,7
Relações públicas (inclui *media relations*)	3,3	18,0	28,0	50,6
Pesquisa	78,9	12,0	6,5	2,6
Planejamento (organização)	58,3	39,8	0,0	1,8
Estratégia (posicionamento do candidato)	45,6	54,4	0,0	0,0
Bases de dados	68,8	31,2	0,0	0,0

NOTA: O valor do "Qui Quadrado" desta tabela quando expressa nos milhões de reais da simulação é de 370,61 a 24 graus de liberdade, pelo que significativo a mais de 99% de probabilidade.

Fonte: Dados primários 2016

Embora os valores percentuais apresentados, tanto na tabela anterior com as percentagens horizontais (Tab. 9), como na seguinte que contém as percentagens verticais (Tab. 10), só possam ser considerados a título ilustrativo (porque não apresentam, como há pouco se referiu a propósito da distribuição global dos investimentos por atividade, diferenças estatisticamente significativas), o resultado do teste de independência sustentado pelo valor do qui quadrado, é claro quanto à desigualdade da distribuição dos investimentos ao longo dos quatro trimestres considerados.

As atividades com um caráter mais evidente do ponto de vista estratégico (pesquisa, planejamento e posicionamento) apesar de reunirem, no seu conjunto, como já se assinalou, cerca de um quarto dos

[58] O valor do "Qui Quadrado" desta tabela quando expressa nos milhões de reais da simulação é de 370,61 a 24 graus de liberdade, pelo que significativo a mais de 99% de probabilidade.

investimentos, quase não estão presentes nos dois últimos trimestres, em resultado da forte concentração destas atividades no primeiro dos dois semestres considerados. Esta perspectiva dos especialistas entrevistados revela, por exemplo, que eles quase não equacionam o uso de atividades de pesquisa para o teste continuado das estratégias dos seus futuros candidatos e dos respectivos concorrentes, o que, no mínimo, corresponde a campanhas de natureza mais rígida, ou seja, com pouca capacidade de adaptação às modificações que, surgindo, podem ser decisivas.

Efetivamente, os entrevistados concentram no primeiro dos quatro trimestres quase três quartos do investimento em pesquisa e cerca de metade no que diz respeito ao planejamento e ao posicionamento do candidato.

Aliás, como se lê na tabela seguinte (Tab. 10), a pesquisa que, como se viu, a nível global concentra 10% do investimento global nos doze meses, é a estrela do investimento do primeiro trimestre, reunindo 421 em cada mil reais investidos neste trimestre pelos especialistas da amostra. O planejamento (com 29% dos investimentos no primeiro trimestre) ocupa o segundo lugar, seguido do posicionamento (13%).

Tabela 10: Percentagem média do investimento por trimestre (9 atividades)

ATIVIDADE (%VERTICAL)	1º TRIM.	2º TRIM.	3º TRIM.	4º TRIM.
Comunicação digital (WEB 2.0)	5,9	7,0	25,6	27,1
Comunicação por via da mídia tradicional	3,2	6,5	10,8	28,6
Produção conteúdos (inclui imprensa e audiovisual)	2,5	11,4	30,8	13,6
Mobilização (Redes relacionais)	0,1	18,9	15,3	17,0
Relações públicas (inclui *media relations*)	1,9	11,0	14,4	12,7
Pesquisa	42,1	6,8	3,1	0,6
Planejamento (organização)	29,0	21,0	0,0	0,4
Estratégia (posicionamento do candidato)	12,8	16,2	0,0	0,0
Bases de dados	2,5	1,2	0,0	0,0

Fonte: Dados primários 2016

Temos então que para os especialistas em Marketing Político entrevistados as atividades de pesquisa (sobretudo qualitativa, através de entrevistas individuais em profundidade e grupos de foco) são para realizar a tempo da definição do posicionamento do candidato, tarefa que é concentrada exclusivamente, em partes quase iguais, nos dois primeiros trimestres (respectivamente a 46% e a 54%).

O planejamento da campanha também incide quase exclusivamente nestes dois trimestres (58% e 40%), necessitando dos resultados da pesquisa para proceder ao melhor ajuste entre os objetivos e a organização de esforços com vista à obtenção dos meios necessários para a sua concretização. Note-se que a atividade de planejamento lidera, a par das tarefas de mobilização das diferentes redes relacionais, as prioridades do segundo trimestre, sendo que a mobilização é inexistente nas preferências do primeiro trimestre.

Efetivamente, no segundo trimestre, em termos do volume de investimento, prevalecem as atividades relativas ao planejamento, à mobilização e ao posicionamento, e começam a emergir as relações públicas e a produção de conteúdo (11% cada).

É precisamente esta última atividade, emergente no segundo trimestre, aquela que no trimestre seguinte, o terceiro, domina as preferências de investimento dos entrevistados, reunindo 308 reais em cada mil investidos neste trimestre, período em que o esforço desta atividade é também significativo, já que nestes três meses a produção de conteúdos representa 44% do total investido nesta atividade ao longo dos doze meses em análise.

As apostas dos especialistas nas atividades de Marketing Político neste mesmo terceiro trimestre também destacam a comunicação digital, ela própria difusora, enquanto canal, de alguns dos conteúdos produzidos e a mobilização e as relações públicas, em continuidade com o esforço iniciado no trimestre anterior.

O quarto e último trimestre, que integra o tempo legal da campanha eleitoral, é claramente dominado pela comunicação política, tanto através dos meios de comunicação tradicionais, como por via da comunicação digital.

Efetivamente, neste quarto trimestre, que é aquele a quem os especialistas atribuíram a maior fatia do orçamento anual (que mesmo assim, como já se viu, não ultrapassou os 43% do total), em cada mil reais investidos, a comunicação tradicional alcança R$286 e a comunicação digital R$271, ou seja, a comunicação reúne 55,7% do investimento total neste último trimestre.

Esta concentração dos investimentos na comunicação tradicional é muito significativa, já que o montante correspondente a três quartos do orçamento total que lhe é dedicado é concretizado neste último trimestre, ou seja, na campanha eleitoral. Trata-se, obviamente, da afirmação da continuidade do recurso ao do marketing transacional, centrado no apelo direto ao voto.

Também a comunicação digital é claramente reforçada no tempo "oficial" da campanha eleitoral com 60% do investimento total que lhe é atribuído a ser realizado no quarto trimestre da simulação que os especialistas entrevistados concordaram em efetuar. Esta situação, a par do reduzido orçamento destinado às bases de dados, deixa supor que a comunicação digital é ainda muito perspectivada como uma "atividade de eco" da comunicação tradicional, a quem falta ganhar as asas que lhe trarão a autonomia de voos próprios num espaço recriado para permitir a ubiquidade do candidato.

Já adiante veremos que os especialistas reduzem as redes sociais à qualidade de canal, ou seja, numa perspectiva de marketing bastante mais transacional que relacional.

Ainda em relação ao quarto trimestre deve referir-se que a mobilização das redes e as relações públicas (que integram as relações com a mídia) consomem neste trimestre cerca de metade dos respectivos orçamentos anuais.

Gráfico 3: Distribuição das Atividades nos 4 Trimestres da Simulação de Investimento[59]

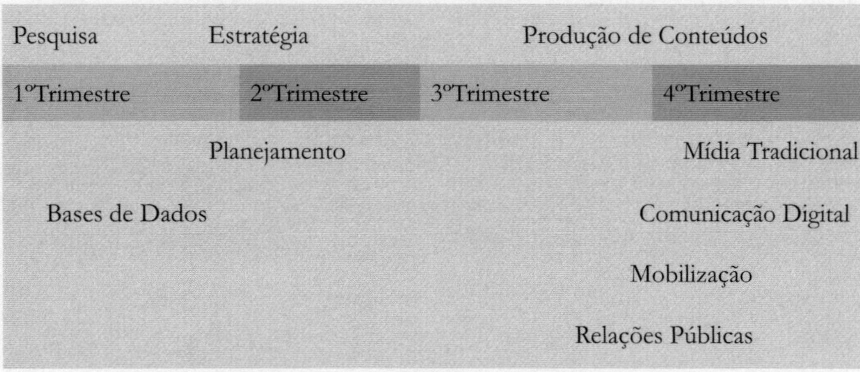

Fonte: Dados primários 2016

Resumindo, pode afirmar-se, tal como o gráfico junto ilustra, que no espaço dos quatro trimestres a pesquisa é a atividade mais identificada com o primeiro trimestre, enquanto a comunicação pela via da mídia tradicional e a comunicação digital são as atividades mais associadas ao quarto trimestre. Em termos de semestres as atividades mais estratégicas estão claramente associadas ao primeiro e as restantes, mais próximas da ação no terreno, ao segundo semestre.

Quanto ao uso que está reservado às designadas redes sociais, convirá compreender a dimensão do efeito de contágio das campanhas norte-americanas de Obama e depois de Hillary Clinton e Donald Trump no Brasil (e no mundo em que existam competições eleitorais) e entender o que se encontra para lá do modismo ou da cópia mal percebida.

Com efeito, face ao fenômeno global do crescimento exponencial do uso das redes sociais, os políticos de todo o mundo olham com um apetite guloso este desenvolvimento, sobretudo na perspectiva de disporem de um novo canal de distribuição das suas mensagens rápido, disponível, de proximidade, eleitoralmente universal, mas segmentável e, certamente e não menos importante, relativamente barato.

A análise dos resultados do inquérito mostra que esta percepção é dominante entre os especialistas responsáveis pela aplicação concreta do marketing político nas campanhas eleitorais brasileiras.

[59] A dimensão da letra das atividades representa o peso orçamentário que lhe foi atribuído.

Tabela 11: Tipo de uso preferencial das redes sociais

(% vertical)	Total	Intervalos de confiança[60]	
Mais para gerir relacionamentos entre candidatos e eleitores	15,1 %	6,0	24,2
Mais como estrito canal de comunicação	77,2 %	66,6	87,8
Sem opinião	7,7 %	0,9	14,5

Fonte: Dados primários 2016

No mínimo dois terços dos especialistas concebem o uso das redes sociais nos próximos anos mais como um canal de comunicação do que como um instrumento de gestão dos relacionamentos políticos.

5.3.3 O Marketing holístico na perspectiva evolutiva das campanhas de marketing político

Como vimos há pouco, a presença da mídia tradicional nas campanhas de Marketing Político irá manter-se num nível elevado na opinião dos especialistas que integraram a amostra da investigação. No exercício de simulação de distribuição de investimentos em atividades de Marketing Político ao longo dos quatro trimestres de um hipotético processo eleitoral, estes especialistas dedicaram 16,2% do montante total investido à mídia tradicional, três quartos concentrados no último trimestre, ou seja, na campanha eleitoral propriamente dita.

Para os mesmos especialistas, no quadro do mesmo exercício de simulação, a comunicação digital mereceu 19,4% do investimento total, o que, não se distinguindo estatisticamente dos 16,2% destinados à mídia tradicional, revela, no entanto, que os órgãos de comunicação social clássicos já não possuem o quase monopólio da atenção dos agentes do Marketing Político, fruto, provavelmente, da perda sistemática de audiências que atinge estes meios desde há décadas e que vai de par com a pulverização das mesmas audiências em resultado do considerável aumento de uma oferta dispare e multiforme.

No entanto, a concentração do investimento que os especialistas entrevistados dedicam à mídia tradicional na campanha eleitoral, revela a

[60] Idem.

coexistência do modelo tradicional e do paradigma digital, com uma clara interpenetração dos dois, mesmo que conceitualmente ainda possam persistir algumas amálgamas, fruto do período de transição que vivemos. Já vimos que as redes sociais são sobretudo concebidas como canais de comunicação cujos conteúdos não se diferenciam, na maioria dos casos, dos que, por exemplo, são concebidos, desenhados e executados para a televisão.

É neste contexto complexo de transição que é necessário entender as respostas que a tabela abaixo exprime relativamente ao modo como os entrevistados veem o grau de presença da mídia tradicional nas campanhas de marketing do próximo futuro.

Tabela 12: Evolução futura do peso da mídia tradicional nas campanhas

Evolução horizonte 2021 (% vertical)	Total	Total	Intervalos de confiança[61]	
Aumentará muito	8,0 %	28%	16,6	39,4
Aumentará um pouco	20,0 %			
Manter-se-á	28,0 %	28%	16,6	39,4
Diminuirá um pouco	34,0 %	44%	31,4	56,6
Diminuirá muito	8,0 %			

Fonte: Dados primários 2016

Dada a dimensão da amostra considera-se preferível juntar as duas respostas relativas ao aumento e à diminuição do peso futuro dos meios de comunicação social tradicionais nas campanhas de Marketing Político e, mesmo assim, não existe uma diferença significativa a 95% de probabilidade quando se inferem para o universo os resultados obtidos na amostra.

No entanto, a título ilustrativo, deve registrar-se que os especialistas entrevistados exprimem uma diminuição, embora ligeira, do recurso à mídia tradicional nos próximos anos por parte do Marketing Político, o

[61] O intervalo de confiança é calculado tendo em conta os tipos de distribuição estatística (hipergeométrica, binomial e normal) e o universo e amostra dos especialistas intervenientes no marketing político no Brasil. Este intervalo, cujo desvio padrão da média está devidamente corrigido, foi calculado para uma probabilidade de 95%.

que, aliás, vai no sentido da distribuição orçamentária já referida e que poderá significar uma tendência para circunscrever o recurso aos meios de comunicação social clássicos ao marketing transacional específico da parte final da campanha, ou seja, durante a campanha eleitoral "oficial" propriamente dita.

Globalmente, essa mesma tendência poderá inscrever-se no paradigma do marketing holístico, pela via da afirmação do modelo do Marketing Político de relacionamento, bem patente no conceito de "comunicação política permanente" com que, como vimos, alguns autores exprimiam a sua compreensão no exato tempo em que assistiam à evolução do marketing transacional para o relacional.

A "comunicação política permanente" não seria mais do que a percepção, no momento, da adoção pelos atores políticos das campanhas de Marketing Político de governo ou de oposição entre campanhas eleitorais, ou seja, fora do quadro estrito, dos períodos eleitorais legalmente definidos para o exercício da comunicação política eleitoral na forma que, posteriormente, veio a ser conceitualizada como de "Marketing Político transacional".

A tabela abaixo ilustra a opinião dos especialistas de Marketing político que integraram a amostra da pesquisa em relação ao sentimento projetivo que têm quanto à importância que o eleitorado dá a essa comunicação política permanente.

Tabela 13: Importância que o eleitor dá à comunicação permanente

Grau de importância (% vertical)	Total	Total	Intervalos de confiança[62]	
Importância muito grande	48,0 %	84%	74,7	93,3
Importância grande	36,0 %			
Alguma importância	10,0 %	10%	2,4	17,6
Pouca importância	2,0 %	6%	0,0	12,0
Nenhuma importância	4,0 %			

Fonte: Dados primários 2016

Na opinião dos especialistas a comunicação permanente é importante para os eleitores e esta conclusão pode ser inferida (a 95% de

[62] Sobre os intervalos de confiança, ver nota da tabela anterior.

probabilidade) para o conjunto dos agentes do Marketing Político brasileiro que constituem o universo da pesquisa.

Se os profissionais do Marketing Político e os atores do mundo da política têm que conceber as campanhas de Marketing Político de forma continuada no tempo, sem interrupções disruptivas e buscando, entre outros aspectos, a fidelização (e mesmo o empenho) dos eleitores, não podem, de forma alguma desprezar o contato físico dos candidatos com os eleitores.

Os especialistas entrevistados confirmam de forma inequívoca a importância deste contato de proximidade entre eleitos e eleitores.

Tabela 14: Importância do contato físico do candidato com o eleitor

<table>
<tr><th>Grau de importância
(% vertical)</th><th>Total</th><th>Total</th><th colspan="2">Intervalos de confiança[63]</th></tr>
<tr><td>Importância muito grande</td><td>50,0 %</td><td rowspan="2">88%</td><td rowspan="2">79,8</td><td rowspan="2">96,2</td></tr>
<tr><td>Importância grande</td><td>38,0 %</td></tr>
<tr><td>Alguma importância</td><td>4,0 %</td><td>4%</td><td>0,0</td><td>9,0</td></tr>
<tr><td>Pouca importância</td><td>0,0 %</td><td>8%</td><td>1,1</td><td>14,9</td></tr>
</table>

Fonte: Dados primários 2016

Não surpreenderá esta opinião dos especialistas já que, para além de todo o tipo de explicações psicológicas e sociológicas que justificam a necessidade do contato físico entre os cidadãos e os seus líderes carismáticos, existe a prática comum da comunicação política, com provas dadas quanto ao seu sucesso, baseado em eventos em que a proximidade física com o candidato faz parte do processo de afirmação do seu carisma e do reforço da sua liderança.

Estes eventos são também excelentes momentos de convívio que servem para gerar conteúdos de forte impacto a serem distribuídos através dos vários meios de comunicação política, tanto os tradicionais, como os digitais. E são conteúdos cuja proximidade expressa é também fator de identidade, tão necessária no ambiente geral de grande desconfiança dos eleitores em relação a uma grande parte dos atores políticos.

[63] Sobre os intervalos de confiança, ver nota da tabela anterior.

Tabela 15: Desconfiança dos eleitores nos atores políticos

(% vertical)	Total	Intervalos de confiança[64]	
Desconfiam dos políticos	92,0 %	85,1	98,9
Não desconfiam dos políticos	4,0 %	0,0	9,0
Sem opinião	4,0 %	0,0	9,0

Fonte: Dados primários 2016

Para os profissionais entrevistados, a desconfiança nos políticos está generalizada entre os eleitores. Esta situação que é comum a muitos outros países e sociedades, é matéria muito sensível no Brasil de 2016 por razões bastante conhecidas e que culminaram com o impedimento da presidente da República.

Na realidade, a desconfiança nos políticos é hoje estrutural nas sociedades democráticas, pelo que se trata de uma das condicionantes presentes (e um desafio) em todas as campanhas de Marketing Político, sobretudo quando se trata de combater a apatia e a abstenção dos eleitores.

As respostas a uma outra pergunta são elucidativas a este propósito: para um pouco mais de um quarto dos entrevistados o principal desafio que se coloca na preparação das futuras campanhas de Marketing Político é o de ganhar a confiança dos eleitores.

Tabela 16: Principal desafio na preparação das futuras campanhas[65]

(% vertical)	Total	Intervalos de confiança	
Ganhar Confiança	28,0%	16,6	39,4
Planejamento	32,0%	20,2	43,8
Financiamento	26,0%	14,9	37,1
Modernização	14,0%	5,2	22,8

Fonte: Dados primários 2016

Não existem diferenças estatisticamente significativas entre as percentagens relativas ao principal desafio destas campanhas, pelo que a sua hierarquia no universo do estudo é meramente indicativa. No entanto, as quatro categorias que constam da tabela e que resultam da análise de conteúdo das respostas diretamente dadas pelos entrevistados são

[64] Idem.

[65] A pergunta foi "aberta" pelo que as categorias que justificam a resposta afirmativa resultam da codificação à posteriori das respostas diretamente obtidas.

elucidativas quanto ao teor dos desafios que se apresentam na organização e ao desenvolvimento das campanhas de Marketing Político dos próximos tempos, o que nos reenvia para a questão central da capacidade de resposta do "marketing holístico" em relação a estas campanhas.

Para a quase totalidade dos especialistas em Marketing Político entrevistados (42 em 50, ou seja, 84%) existe espaço para o marketing holístico nas campanhas de Marketing Político.

Tabela 17: Existe espaço para o marketing holístico?

(% vertical)	Total	Intervalos de confiança[66]	
Sim	84,0%	74,7	93,3
Não	2,0%	0,0	5,5
Sem opinião	14,0%	5,2	22,8

Fonte: Dados primários 2016

Dos 50 especialistas que constituíram a amostra, houve, como acabou de se ver, 42 entrevistados que responderam afirmativamente. Destes, houve 11 que não justificaram a razão que motivava a sua resposta afirmativa. As justificações dadas pelos restantes (31 entrevistados) foram analisadas e codificadas nas categorias que constam da tabela junto.

Tabela 18: Distribuição das respostas afirmativas à questão do marketing holístico?[67]

Base: 31 Entrevistados (% verticais)	Total
Sim, através de uma gestão mais integrada do marketing	32,3%
Sim, pelo desenvolvimento sustentável	19,4%
Sim, pela maior participação cidadã	16,1%
Sim, pelo aprofundamento ético	12,9%
Sim, pela responsabilidade social	6,4%
Sim, pela gestão das emoções e dos relacionamentos	3,2%
Sim, por outras razões (diversas)	9,7%

Fonte: Dados primários 2016

[66] Sobre os intervalos de confiança, ver nota em tabelas anteriores.

[67] A pergunta foi "aberta" pelo que as categorias que justificam a resposta afirmativa resultam da codificação à posteriori das respostas diretamente obtidas.

A necessidade expressa de uma gestão mais integrada do marketing constitui a principal razão referida para sustentar a aplicação do conceito de marketing holístico por parte dos especialistas, o que corresponde à dimensão designada como a estrutura do marketing do século XXI ("*phenomenal*"). As razões relacionadas com a dimensão da infraestrutura ("s*ubphenomenal*") dessa classificação só foram invocadas por um único especialista (3,2%), enquanto os motivos que se prendem com a superestrutura ("s*uperphenomenal*") são vários e prendem-se com as questões ambientais e sociais na ótica do desenvolvimento sustentável e da participação cívica.

Pode concluir-se, a partir dos resultados da pesquisa, que, embora existindo uma clara abertura dos especialistas em Marketing Político quanto ao desejo de aplicação dos princípios do marketing holístico, há ainda muito trabalho a desenvolver para que o conceito avance do estádio atual para tornar-se uma referência efetiva na prática das campanhas de comunicação política, sobretudo no espaço de tempo que decorre entre as campanhas eleitorais.

5.4 A verificação dos objetivos e das hipóteses

A definição de um novo modelo de Marketing Político que seja capaz, como vimos, de mobilizar os eleitores, visando aumentar a sua confiança nas instituições e consequentemente a sua integração sociopolítica, constitui o tema central da presente investigação.

Ora, todo o processo inovador é suscetível a dúvidas e perplexidades. Não é diferente com o Marketing Político relacional que, mesmo sem ser compreendido como tal pelos inquiridos – tanto nas entrevistas com os atores políticos, como no inquérito aos especialistas em Marketing Político – vê algumas das suas dimensões partilhadas no que entendem ser a emergência de um novo modelo de Marketing Político que está em curso não só no processo eleitoral, mas em todo o processo político.

5.4.1 Verificação dos objetivos

Iniciamos esta discussão dos resultados com a análise relativa ao cumprimento dos objetivos definidos a partir do tema central da investigação acima expresso.

Para facilitar a apresentação, relembramos esses objetivos para logo em seguida serem apresentadas as conclusões sobre o seu cumprimento.

Como já referimos, para atingirmos estes objetivos realizamos um conjunto de entrevistas em profundidade (método compreensivo e técnica qualitativa) e, principalmente no que diz respeito ao quinto objetivo, aproveitamos igualmente os ensinamentos do estudo de caso da recente eleição do Prefeito da capital do Estado de Rondônia.

Passemos às conclusões sobre o seu cumprimento.

VERIFICAÇÃO DOS OBJETIVOS DA INVESTIGAÇÃO	
Obj.1	Definir o modo como o marketing político é concebido no Brasil pelos principais atores do mercado político (candidatos e dirigentes).
Obj. 1	CUMPRIDO: De um modo hegemônico, o marketing político é entendido dentro do que conceituamos como marketing transacional, ou seja, há pouca compreensão sobre o marketing relacional e o marketing holístico, na perspectiva do marketing permanente, ou seja, que não se limita aos estreitos períodos eleitorais. Os atores políticos limitam o seu entendimento do marketing como ferramenta para a conquista de votos com pouca arguição sobre o que podemos nomear como marketing governamental.

VERIFICAÇÃO DOS OBJETIVOS DA INVESTIGAÇÃO	
Obj.2	Conhecer a percepção das atividades de estratégia (planejamento, posicionamento, imagem) por parte dos atores do mercado político do Brasil.
Obj. 2	CUMPRIDO: Ficou evidenciado por parte dos atores políticos um aumento do grau de importância nas atividades de estratégia (planejamento, posicionamento, imagem) através da valorização dos investimentos em pesquisa. O estudo de caso mostrou a importância dos estudos de opinião qualitativos (grupos de foco) e quantitativos (pesquisas) que serviram à definição da estratégia que se revelou decisiva para a vitória eleitoral de Hildon Chaves.

VERIFICAÇÃO DOS OBJETIVOS DA INVESTIGAÇÃO	
Obj.3	Definir o entendimento manifestado pelos principais atores do mercado político do Brasil quanto à evolução no próximo futuro do conteúdo do marketing mix político.
Obj. 3	CUMPRIDO: Sobre a evolução do conteúdo do marketing mix político existe um consenso entre os atores políticos em relação à necessidade de dar maior complexidade ao marketing mix político, principalmente no que diz respeito à constituição de base de dados. No entanto, os efeitos desse consenso são difusos já que não existe compreensão suficiente para evoluir nesta direção, principalmente porque falta um entendimento do processo de evolução do marketing mix transacional para o relacional.

VERIFICAÇÃO DOS OBJETIVOS DA INVESTIGAÇÃO	
Obj.4	Conhecer a cognição dos principais atores do mercado político do Brasil relativamente às formas de combate à desconfiança na política e à apatia cívica.
Obj. 4	CUMPRIDO: Quanto à desconfiança e à apatia na política existe uma preocupação consciente dos atores políticos em relação à necessidade de ir ao encontro de instrumentos que combatam esses males da política brasileira, embora sem uma clara identificação dos mesmos. A resposta mais contundente define-se na expectativa de que o uso sistemático da comunicação virtual e do estabelecimento das redes sociais que lhe estão associadas funcione como um mecanismo de mobilização social. A ausência de entendimento sobre os princípios do marketing holístico (a nova agenda da sociedade pós-moderna) e a falta de um sentimento claro quanto à necessidade da aplicação de ferramentas de marketing permanente acabam por limitar a visão dos atores políticos que, de um modo geral, expressam uma visão mais tática do que estratégica sobre as condições de concretização dessa mobilização.

VERIFICAÇÃO DOS OBJETIVOS DA INVESTIGAÇÃO	
Obj.5	Conhecer as novas formas de mobilização político-eleitoral a partir das designadas "redes sociais".
Obj. 5	CUMPRIDO: A questão das redes sociais tornou-se uma espécie de "solução mágica" através da qual os atores da política brasileira "sonham" resolver os seus próprios problemas de comunicação política, principalmente no contexto dos atuais constrangimentos de natureza legal. De forma unânime, os políticos entrevistados salientaram o que entendem ser o papel relevante que as designadas "redes sociais" (virtuais) ganharam no processo eleitoral. O estudo de caso parece dar-lhes razão ao demonstrar de maneira emblemática o poder de mobilização e de difusão através dessas redes virtuais de uma mensagem política por parte de um candidato praticamente desconhecido e ex-promotor de justiça.

Podemos assim concluir que, com base nos resultados da técnica qualitativa que apoiou o método compreensivo e do método de estudo de caso, os objetivos formulados foram atingidos.

5.4.2 Verificação das hipóteses

Na abordagem metodológica apresentada, definimos cinco hipóteses em que algumas foram declinadas em sub-hipóteses, de acordo com os indicadores que apoiam as respectivas dimensões sob análise.

Para facilitar a leitura da verificação desse conjunto de hipóteses e suas declinações, voltamos a apresentar o respectivo enunciado, imediatamente seguida da conclusão quanto à respectiva verificação.

A verificação deste conjunto de hipóteses assentou, como já se referiu, no método correlativo, apoiado na técnica quantitativa que recorreu à realização de um inquérito junto de uma amostra de consultores especializados em Marketing Político.

Os resultados obtidos deste inquérito e já apresentados de forma extensa são recordados sucintamente de seguida, para suportar o seu processo de verificação.

Iniciamos esta tarefa com a análise dos resultados relativos à primeira hipótese (H1) que trata das mudanças profundas que, na ótica dos especialistas, as campanhas eleitorais irão conhecer num próximo futuro.

Verificação da hipótese 1.1 Diretamente e a partir das suas declinações

H1	H1.1	H1.1.1	O aumento de investimento estratégico terá uma incidência elevada na área das pesquisas de opinião.
H1	H1.1	H1.1.1	VERIFICADA: ..."*um aumento mínimo de 44% para a pesquisa quantitativa e 52% na qualitativa, que poderia dobrar nos próximos anos*".
H1	H1.1	H.1.1.2	O aumento de investimento estratégico terá uma incidência elevada na área de constituição de base de dados e segmentação.
H1	H1.1	H.1.1.2	VERIFICADA: ... "*um aumento para o dobro e que no mínimo atingirá 70% no caso da segmentação e 82% nas bases de dados*".
H1	H1.1	No Brasil, de acordo com os especialistas, irá aumentar o peso relativo do investimento em atividades de marketing político de natureza estratégica.	
H1	H1.1	VERIFICADA: através da verificação de H1.1.1 e H1.1.2	

H1	H1.2	No futuro, a importância do material impresso (folhetos e santinhos) e publicitário não irá aumentar e poderá mesmo diminuir em alguns dos seus componentes.
H1	H1.2	VERIFICADA: ... "*uma ligeira diminuição no investimento em folhetos e, grosso modo, uma manutenção dos investimentos em cartazes e em publicidade na imprensa*".

H1	H1.3	O volume de investimentos realizados no período propriamente dito de campanha eleitoral (o período determinado pela Justiça Eleitoral) irá diminuir sensivelmente a médio prazo, podendo vir a atingir valores inferiores a metade do orçamento global correspondente aos doze meses anteriores ao ato eleitoral.
H1	H1.3	VERIFICADA: ... "*No entanto, note-se que o investimento durante o 4º trimestre não atinge a metade do total, como confirma o fato do limite superior do intervalo de confiança ser inferior a 50%*".

H1	Para os consultores em marketing político, as campanhas eleitorais no Brasil passarão por profundas transformações na sua estrutura nos próximos anos.
H1	VERIFICADA: … através da verificação de H1.1, H1.2 e H1.3, mas também diretamente, sustentada por "*iremos assistir a alterações profundas nas diversas áreas de intervenção do Marketing Político, tanto a nível estratégico, como na estrutura da comunicação política, seja ela eleitoral ou governamental*".

Verificação da hipótese 1.1 A partir das suas declinações

H1	H1.1	H1.1.1	O aumento de investimento estratégico terá uma incidência elevada na área das pesquisas de opinião.
H1	H1.1	H1.1.1	VERIFICADA: ...um aumento mínimo de 44% para a pesquisa quantitativa e 52% na qualitativa, que poderia dobrar nos próximos anos.
H1	H1.1	H.1.1.2	O aumento de investimento estratégico terá uma incidência elevada na área de constituição de base de dados e segmentação.
H1	H1.1	H.1.1.2	VERIFICADA: ... um aumento para o dobro e que no mínimo atingirá 70% no caso da segmentação e 82% nas bases de dados.
H1	H1.1		No Brasil, de acordo com os especialistas, irá aumentar o peso relativo do investimento em atividades de marketing político de natureza estratégica.
H1	H1.1		VERIFICADA através da verificação de H1.1.1 e H1.1.2

H1	H1.2	No futuro, a importância do material impresso (folhetos e santinhos) e publicitário não irá aumentar e poderá mesmo diminuir em alguns dos seus componentes.
H1	H1.2	VERIFICADA: ... uma ligeira diminuição no investimento em folhetos e, grosso modo, uma manutenção dos investimentos em cartazes e em publicidade na imprensa.

H1	H1.3	Apesar das transformações, o período propriamente dito de campanha eleitoral (o período determinado pela Justiça Eleitoral) continuará a concentrar a maior parte dos investimentos.
H1	H1.3	VERIFICADA: ... o investimento é claramente reforçado no último trimestre que inclui o período da campanha eleitoral propriamente dita.

H1	H1.4	1.4.1	Os investimentos nas áreas estratégicas tendem a ser concentrados na sua parte inicial do processo eleitoral.
H1	H1.4	1.4.1	VERIFICADA: ... no espaço dos quatro trimestres a pesquisa é a atividade mais identificada com o primeiro trimestre, ...
H1	H1.4	1.4.2	Os investimentos nas áreas de comunicação tendem a ser concentrados na fase final do processo eleitoral.
H1	H1.4	1.4.2	VERIFICADA: ... enquanto a comunicação pela via da mídia tradicional e a comunicação digital são as atividades mais associadas ao quarto trimestre.
H1	H1.4	No seu desenvolvimento ao longo do tempo, as campanhas eleitorais tendem a concentrar os investimentos de forma diferenciada.	
H1	H1.4	VERIFICADA através da verificação de H1.4.1 e H1.4.2	

H1	Para os consultores em marketing político, as campanhas eleitorais no Brasil passarão por profundas transformações na sua estrutura nos próximos anos.
H1	VERIFICADA através da verificação de H1.1, H1.2, H1.3 e H1.4

Segue-se a verificação da segunda hipótese (Hip. 2) que diz respeito ao modelo de marketing que determina as estratégias dos consultores em marketing político.

Verificação da hipótese 2 a partir das suas declinações

H2	H2.1	Para os especialistas, a importância das mídias tradicionais nas campanhas não diminuirá.
H2	H2.1	VERIFICADA: ... "*a presença da mídia tradicional nas campanhas de marketing político irá manter-se num nível elevado*".

H2	H2.2	Para os especialistas, o eleitor dá uma importância reduzida à comunicação política permanente.
H2	H2.2	VERIFICADA: ... "*para os especialistas a comunicação permanente é importante para os eleitores e esta conclusão pode ser inferida (a 95% de probabilidade) para o conjunto dos agentes do marketing político brasileiro que constituem o universo da pesquisa*".

H2	H2.3	Para os especialistas, o eleitor dá uma importância elevada ao contato físico com os candidatos.
H2	H2.3	VERIFICADA: ... "*os especialistas entrevistados confirmam de forma inequívoca a importância deste contato de proximidade entre eleitos e eleitores*".

H2	Ainda que já possa existir uma progressiva adesão ao conceito de "comunicação permanente", atualmente no Brasil os consultores em marketing político ainda determinam suas estratégias principalmente em técnicas do marketing transacional.
H2	VERIFICADA através da verificação de H2.1, H2.2 e H2.3.

Em seguida são apresentadas as conclusões relativas à verificação da terceira hipótese (Hip. 3) que diz respeito à crise de confiança dos eleitores nos agentes da política.

Verificação da hipótese 3

H3	A percepção que os consultores em Marketing Político têm do elevado nível de desconfiança do eleitor em relação aos atores políticos faz com que essa desconfiança se tenha transformado num enorme desafio de combate que tende a atingir níveis semelhantes ao dos desafios correspondentes às atividades tradicionais das campanhas eleitorais.
H3	VERIFICADA... "*a desconfiança nos políticos está generalizada entre os eleitores... para mais de um quarto dos entrevistados o principal desafio que se coloca na preparação das futuras campanhas de Marketing Político é o de ganhar a confiança dos eleitores. Esta proporção não se distingue das que são acordados aos desafios relativos ao planejamento (32%) ou mesmo ao financiamento (26%)*".

A quarta hipótese (Hip. 4) centra-se na comunicação virtual e nas redes virtuais.

Verificação da hipótese 4

H4	Na prática dos consultores em Marketing Político, no Brasil o aumento sensível do investimento nas designadas "redes sociais" (redes virtuais: web 2.0) a ocorrer no horizonte de 2021 far-se-á sobretudo enquanto canal de comunicação para chegar aos eleitores e menos como instrumento de gestão de relacionamentos políticos.
H4	VERIFICADA: ... "*No mínimo dois terços dos especialistas concebem o uso das redes sociais nos próximos anos mais como um canal de comunicação do que como um instrumento de gestão dos relacionamentos políticos*".

A quinta (H5) e última hipótese aborda o modelo do marketing holístico.

Verificação da hipótese 5

H5	O paradigma do marketing holístico, mesmo quando aceite no plano teórico, ainda não constitui o quadro de referência da prática das campanhas de comunicação conduzidas pelos consultores em marketing político no Brasil.
H5	VERIFICADA: ... "*embora existindo uma clara abertura dos especialistas em marketing político quanto à desejabilidade de aplicação dos princípios do marketing holístico, há ainda muito trabalho a desenvolver para que o conceito avance do estádio do atual para tornar-se uma referência efetiva na prática das campanhas de comunicação política, sobretudo no espaço de tempo que decorre entre as campanhas eleitorais*".

6. MARKETING POLÍTICO INTEGRAL – AS CAMPANHAS ELEITORAIS DO SÉCULO XXI

Após o referencial teórico sobre o marketing e suas tipologias, apresento a seguir um Plano de Marketing Político, que procura agregar o conhecimento descrito, reunindo processos que vão do aparato estratégico ao tático, na perspectiva de sua aplicação prática. Este plano reúne, consequentemente, ferramentas que, simultaneamente, encontramos em desenvolvimentos teóricos e que também fomos construindo ao longo dos anos e que são constantemente aperfeiçoadas a cada processo eleitoral, e, quando há oportunidade, no processo governamental. Além disso, procura refletir os indicadores apontados pelas investigações aplicadas e analisadas no capítulo anterior e o estudo de caso que se revelou exitoso nas suas aplicações práticas. Como reúne, ao mesmo tempo, marketing transacional e relacional, permeados por estratégias do marketing holístico e permanente, decidimos nomear o que apresentamos a seguir como "Marketing Político Integral" que agrega as seguintes funções:

1. Compatibiliza o marketing transacional e o marketing relacional como estratégias essenciais para o plano eleitoral e governamental;
2. Agrega os conceitos do marketing holístico como agenda essencial para o mundo político no século 21;

3. Determina a aplicação do conceito do marketing permanente no ambiente da prática política.

Gaudêncio Torquato, Consultor Político e Professor Emérito da Universidade de São Paulo, escreve:

> Resta aduzir que o marketing político abrirá um ciclo de depuração. Serão ajustados eixos e abordagens. A ênfase publicitária, hoje presente nas campanhas, é diminuída e cede espaço aos estrategistas, aos consultores de conteúdo, aos analistas do pensamento social. A dinâmica social brasileira passa a exigir uma democracia mais participativa (TORQUATO, 2014, p. 24).

Ainda sobre a abordagem de Torquato, ele aponta na direção do marketing permanente:

> Também no Marketing Político deve existir a preocupação de que o resultado conquistado pelo candidato proporcione satisfação contínua ao cidadão. Ou seja, o Marketing Político também trabalha com a chamada garantia da qualidade do voto (ibidem, p. 72).

Ora, o que se tem é que articular duas dimensões do Marketing Político: o Marketing Político Eleitoral e o Marketing Político Governamental. E isso depende muito do nível de compreensão dos políticos que não enxergam o marketing como ferramenta de gestão. Portanto, há muito que trazer do marketing relacional, do marketing holístico e do marketing permanente para as hostes do Marketing Político, ofertando uma nova maneira de oxigenar o processo político e a democracia.

Sobre isso, Torquato afirma:

> A reflexão é oportuna pela necessidade de sinalizar, desde já, um alerta aos políticos. Estes estão desprestigiados porque não cumprem promessas, fazem os mesmos discursos, não se reciclam, não sabem ler as mudanças que ocorrem na sociedade e, sobretudo, porque continuam fazendo da política uma escada para fechar negócios e ampliar oportunidades (TORQUATO, 2014, p. 96).

Jorge de Sá (2013, p. 45) aponta que "a participação dos cidadãos na vida pública constitui um tema recorrente de qualquer reflexão digna desse nome sobre os fundamentos das formas democráticas de governação". Ou seja, é chegada a hora de estabelecer relacionamentos duradouros e/ ou permanentes, leais, sinceros e verdadeiros.

Para efeito de melhor compreensão, divido o presente plano em fases, delimitando a cada momento as ações estratégicas e táticas que defendemos implementar, dividindo-as em Marketing Político Eleitoral e Marketing Político Governamental para avançar na construção de um modelo de Marketing Político Integral.

Fase 1 – Diagnóstico Estratégico e Pesquisas Eleitorais

A primeira grande questão a se debater num projeto político é a decisão de participar da vida pública. Ter clareza que, em tempos de redes sociais, o direito à privacidade de uma autoridade pública é suprimido em vários aspectos. Isso nos leva a alertar o candidato e o seu núcleo familiar para a nova realidade de superexposição, visto que o candidato vai se tornar o que nomeamos de "homem público". É um trabalho de forte inclinação holística, pois é neste momento que identificamos a real força interior para encarar a disputa eleitoral, bem como o engajamento familiar no projeto. Neste processo, quando se discute o "diferencial estratégico" do personagem político é necessário trazer para a arena dos debates as engrenagens que movimentam o marketing holístico, como demonstrado acima: ética, responsabilidade socioambiental e respeito aos valores espirituais da sociedade. Ora, é necessário constituir um padrão mínimo de compreensão da complexidade que vivemos na sociedade atual para se ter elementos para um bom assessoramento.

Partimos, então, para o que designo de "entrevista diamante", gravada em vídeo, passando em revista toda a vida do candidato, buscando qualidades, defeitos, problemas de comportamento, falhas cometidas durante o percurso da existência, compreensão sobre o processo político e sobre a gestão pública. Ou seja, trata-se de um profundo inquérito aplicado ao candidato. Aqui, busca-se saber de problemas muitas vezes considerados insondáveis e que podem ser explorados pelos adversários.

Em nossa jornada, já nos deparamos com candidatos que confessam vários tipos de delitos, alguns com desdobramentos jurídicos, outros até de ordem moral. A gravação em vídeo é fundamental, pois alguns temas desconfortáveis são claramente apresentados pela sua expressão facial. Esse material deve ser objeto de análise de uma equipe multidisciplinar, formada pelo próprio consultor político, psicólogos, sociólogos e demais analistas sociais.

Após essa entrevista, vamos em busca dos familiares e amigos, para diagnosticar a imagem que o candidato tem junto aos seus mais próximos. É surpreendente, nesse momento, o mosaico que se forma sobre a pessoa que almeja entrar na vida pública.

Depois desse trabalho eminentemente de *endomarketing*, pois também buscamos convencer os mais próximos a "comprar" o projeto político, partimos para investigar a representação social (vulgo a imagem) que corresponde a esse político de que iniciamos a consultoria. Nesse momento, é aplicada uma pesquisa denominada "Diagnóstico Estratégico". Trata-se de uma pesquisa qualitativa, com entrevistas em profundidade, que poderão ser individuais (neste caso geralmente com pessoas que têm alguma representatividade no meio social) ou coletivas, estas através de grupos de foco cujo desenho amostral varia conforme os objetivos.

O cientista político brasileiro Antonio Lavareda expõe seu pensamento sobre o diagnóstico estratégico:

> Embora nem sempre as campanhas possam encomendá-lo na extensão ideal, com o tempo e a meticulosidade devidos, eu recomendo enfaticamente o Diagnóstico Estratégico. Em linguagem hospitalar, seria o equivalente a um diagnóstico integral. Acurado, com check-up completo: raios X, tomografia, ultrassom, eletro e ecocardiograma, mais exames de laboratório. Com prévia anamnese, e enriquecido pelo exame do genoma da comunidade. (LAVAREDA, 2009, p. 75)

A dimensão do roteiro de entrevista busca enumerar: (i) identificação do entrevistado; (ii) relação com a política; (iii) percepção da gestão pública;

(iv) governo atual; (v) avaliação dos adversários; (vi) imagem pré-existente, (vii) tema foco de campanha e (viii) alianças eleitorais.

Resumindo, podemos destacar o que se espera do Diagnóstico Estratégico:

- Como vai você?;
- A agenda do cidadão;
- O comportamento político;
- Quais expectativas futuras;

O resultado é apresentado com a recorrência do discurso dos intervenientes, convergências e divergências existentes, apontando as mais diversas demandas por políticas públicas apresentadas. Além disso, o relatório final apresenta a conclusão que o analista faz do trabalho e aponta recomendações para a definição da estratégia de campanha.

Portanto, trata-se do primeiro grande instrumental de informação que deve ser utilizado no curso do processo eleitoral.

Lavareda ainda aponta outro aspecto essencial do diagnóstico estratégico:

> Compete ao diagnóstico fazer, também um retrato o mais acurado possível do potencial eleitoral dos adversários. E como disse, mesmo que tenham um elevado grau de conhecimento, não se pode esquecer que a imagem deles pode ter mudado ao longo do tempo, fazendo com que o personagem que a campanha enfrentará amanhã seja algo diferente do que você e a mídia se acostumaram a pensar. (LAVAREDA, 2009, p. 103)

Por fim, o papel da imprensa deve ser objeto de análise no diagnóstico estratégico.

> Uma análise da abordagem dada nos principais meios – televisão, rádio, jornais e internet – à disputa eleitoral em questão, contendo o levantamento minucioso da cobertura recebida pelos candidatos, pelas principais forças políticas – governo, oposição e respectivos aliados. Seria muito útil contar, para essa análise, com uma clipagem inteligente, controlando espaço, qualidade e valência (ou direção) do noticiário". (LAVAREDA, 2009, p. 103)

Para além da análise da comunicação social convirá proceder a uma análise de impacto e de "clima" do candidato no ambiente virtual, o que pode ser obtido através de ferramentas automáticas que avaliam as referências ao candidato, assim como o contexto em que ocorrem e a apreciação do seu sentido semântico em todos os documentos disponíveis através da internet.

Deve-se considerar a pesquisa qualitativa, ou interpretativa, como instrumento para a observação de diferentes perspectivas, num primeiro momento, numa lógica hipotética-dedutiva. Mas, a partir da observação dos fenômenos, aí numa lógica objetiva-indutiva, para compreender e explicar a realidade que se apresenta.

O segundo momento do uso das ferramentas qualitativas assenta-se no teste do conceito, slogan e marca de campanha. Grupos de foco (ou *Focus Group*, na sua designação corrente em inglês) são articulados com objetivo de testar a validade da transformação do diagnóstico estratégico em algo direto e objetivo para o eleitor, a partir da comunicação que se pretende oferecer. O diagnóstico estratégico ofereceu os elementos para que a equipe de comunicação possa trabalhar na construção das peças que vão sintetizar o que representa a candidatura e o desejo do eleitor por demandas que precisam ser atendidas.

Neste caso, são os grupos de foco que darão o aceite das peças de campanha para que possam ser levados ao grande público, ou seja, materializados em panfletos, faixas, cartazes, peças para rádio, TV e internet, entre outros.

Lavareda também recomenda um olhar acurado também sobre material publicitário recente do mundo político:

> (...) deve-se realizar uma avaliação qualitativa, um pós-teste, de uma amostra do material publicitário recente – até um ano antes, pelo menos – do governo. O mesmo sendo feito com os programas e comerciais de televisão dos principais partidos. Certamente, a análise dos dados no benchmark ganhará mais acuidade com essas informações. (LAVAREDA, 2009, p. 103)

Há campanhas no Brasil que fazem uso intensivo dos grupos de foco. Cada nova peça, seja impressa, televisiva, de áudio ou para internet, passa pelo crivo de um ou mais grupos de foco. Como também cada fato novo acontecido no curso do processo eleitoral, seja uma crise no seio da própria candidatura ou do adversário, são objetos de estudo de grupos de foco. Por fim, os debates eleitorais na TV também provocam a realização de grupos de foco, que muitas vezes são acompanhados *on-line* pela equipe de marketing presente ao debate, orientando assim o posicionamento do candidato a cada bloco do embate.

> Os focus groups incentivam a participação espontânea dos participantes, que são selecionados por similaridade demográfica ou atitudinal – eleitores de um mesmo candidato, por exemplo. Ao interagirem, eles verbalizam informalmente suas opiniões e expressam suas emoções, permitindo a apreensão de suas referências em níveis menos racionais. O objetivo é conseguir que seus valores, visões de mundo e do processo político-eleitoral não estejam submetidos ao ordenamento de categoriais preestabelecidas. (LAVAREDA, 2009, p. 105)

Ainda sobre os grupos de foco, Lavareda afirma:

> A partir do diagnóstico estratégico, e quando a área de publicidade já criou, de preferência com algumas alternativas, as peças iniciais da comunicação – conceitos, slogans, logomarcas, jingles – e esboçou alguns aplicativos, começa a utilização mais intensiva dos grupos de discussão. Sua utilização vai ser crescente ao longo da pré-campanha e intensiva no acompanhamento dos programas de televisão. Eles ajudam a verificar como as ideias e mensagens são percebidas nas peças de comunicação. É importante pré-testar através deles ao menos os primeiros programas do horário eleitoral. Por outro lado, sempre insisto no pré-teste de todos os comerciais e no pós-teste das principais peças dos adversários. (LAVAREDA, 2009, p. 107)

Por fim, os grupos de foco trabalham com diversos tipos de grupos: uns mais homogêneos e outros mais heterogêneos, dependendo do tipo de dinâmica de grupo pretendida. Enquanto o primeiro grupo busca pessoas que são agrupadas por diversos motivos em especial, na segunda, a diferença de perfil é que traz qualidade aos resultados. Enquanto o primeiro traz muitas convergências de pensamento, o grupo heterogêneo pode tornar-se mais interessante por ser mais turbulento e polêmico, trazendo assim uma riqueza informativa fundamental para as ações de comunicação e marketing do processo eleitoral. A composição dos grupos de foco deve considerar o número padrão de participantes, geralmente entre oito e dez.

Existem vários recursos tecnológicos que podem constituir também uma solução na aplicação de técnicas qualitativas, isoladamente ou (preferencialmente) em complemento das técnicas mais tradicionais. Por exemplo, existe um equipamento desenvolvido para avaliar o impacto de materiais audiovisuais em tempo real chamado Analisador de Percepções (*P.A. – Perception Analyzer*). Os membros de um grupo registram suas impressões em um mostrador, o que gera um gráfico com o que é chamado de a curva de *Likeability*, apresentando a reação emocional dos participantes, pontos altos e baixos do material avaliado, instante a instante (LAVAREDA, 2009, p. 108).

Não mais importante afirmar a relevância que tem o uso das técnicas qualitativas, principalmente nos processos eleitorais tão competitivos hoje no Brasil. Em termos genéricos, pode afirmar-se que determinada investigação é válida quando existe uma correta correspondência entre a investigação e a realidade, ou seja, quando há uma "verificação dos resultados como verdadeiros" (OLLAIK; ZILLER, 2012, p. 232). Sem isso, todo o esforço no levantamento de dados torna-se inócuo no estabelecimento das estratégias eleitorais.

Neste contexto deve ser realçada a importância das pesquisas quantitativas para estabelecer o cenário objetivo da disputa eleitoral naquele momento. Com isso, passamos a ter mais clareza de como deveremos tratar o plano estratégico e de quais ferramentas faremos uso para atingir os nossos objetivos. Geralmente a pesquisa quantitativa (também por vezes designada extensiva por contraponto com o termo intensivo aplicado à pesquisa qualitativa) segue a qualitativa, mas em alguns casos justifica-se plenamente que seja a pesquisa qualitativa a seguir a quantitativa, principalmente para obter uma melhor compreensão das relações entre variáveis que o estudo quantitativo tenha revelado, explicando essas relações.

A pesquisa quantitativa tem como principal pressuposto a utilização de técnicas estatísticas por meio de questionários aplicados a um número pré-determinado de pessoas (a amostra). As informações oriundas

das pesquisas quantitativas são ferramentas fundamentais para a definição das estratégias e táticas no quadro do desenho de soluções integrais de marketing. Estas pesquisas quantitativas, que não se podem reduzir à avaliação da intenção de voto e de rejeição, permitem, segundo a robustez das suas amostras, um maior ou menor grau de segmentação dos resultados e podem incluir, para além de indicadores da representação social dos candidatos, avaliações de cenários políticos (por exemplo de alianças eleitorais ou de governo) ou questões de tipo qualitativo através das designadas perguntas abertas com respostas a serem posteriormente sujeitas a análise de conteúdo visando a sua codificação em categoria definidas à posteriori em função dessa análise.

Os resultados obtidos pelas pesquisas quantitativas apontam indicadores numéricos, possibilitando assim análises estatísticas. Se as amostras forem representativas, os resultados terão uma probabilidade elevada de refletirem a realidade do universo pesquisado, expressas em números absolutos, proporções e outros indicadores.

Nas pesquisas quantitativas, é fundamental a determinação de uma amostra capaz de, por um lado, tornar o estudo economicamente exequível, e, por outro, de gerar resultados confiáveis.

A solução encontrada em cada caso ganhará em ser confortável, quer do ponto de vista do pesquisador, quer do ponto de vista do seu cliente.

Toda equipe de marketing deseja uma pesquisa quantitativa para identificar quantas pessoas de uma determinada comunidade ou grupo social têm um mesmo perfil ou grupo de perfis. Com isso, se medem tanto opiniões, atitudes, preferências, como comportamentos. Espera-se opiniões claras e conscientes emitidas pelos entrevistados, o que permite elaboração de tabelas, gráficos e cruzamento dos dados obtidos. Exige-se para isso a utilização de questionários bem dimensionados e estruturados e amostras definidas segundo as boas regras estatísticas.

No curso do processo eleitoral, utiliza-se também, o recurso do *tracking*, que são pesquisas de monitoramento. O *tracking* é um conjunto de pesquisas (ou sondagens) que geralmente oferece, de maneira rápida, a identificação de tendências - o que possibilita uma intervenção rápida nos rumos de uma campanha eleitoral. Ajuda, também, a identificar como é formado o processo de decisão de voto. Ao medir diariamente como as informações são assimiladas pelo eleitor, demonstra a formação do voto, pois o resultado de uma pesquisa não surge do nada, mas é caracterizado como um processo cumulativo.

O resultado do *tracking* ajuda a identificar se uma propaganda eleitoral foi bem-sucedida ou não junto aos eleitores, e por isso torna-se peça fundamental nas estratégias eleitorais. Enquanto, por exemplo, o grupo de foco (qualitativa) aponta a validade de determinada peça eleitoral, o *tracking* (quantitativa) aponta a efetividade da peça na decisão do voto.

A primeira campanha eleitoral a fazer uso dessa técnica foi a de Ronald Reagan (1911-2004), à Presidência dos Estados Unidos e foi coordenada por Richard Wirthlin. Eram 500 entrevistas por telefone ao dia. Após cinco noites de pesquisa, Wirthlin passou a ter confiança nos resultados estatísticos.

O cientista político Antonio Lavareda defende a utilização do *tracking* nas campanhas eleitorais.

> É nesse contexto que o *tracking*, a pesquisa diária, joga um duplo papel psicológico no interior da campanha. A um só tempo, angustia e tranquiliza. Quem já participou de eleições sabe quanta alegria ou ranger de dentes esses números podem ocasionar na equipe. Por isso, sempre costumo sugerir que os dados fiquem restritos ao circuito "coordenação-comunicação-estratégia", poupando-se, quando possível, até mesmo o candidato desse desgaste cotidiano. (LAVAREDA, 2009, p. 111, grifo do autor)

Por fim, Lavareda (2009, p. 112) afirma: "Somente a pesquisa diária permite captar, quase em tempo real, as alterações das atitudes dos eleitores, antes mesmo que se mexam as intenções de voto".

As variações que ocorrem no *tracking* são ferramentas importantes no trabalho da coordenação de mobilização, pois orientam geograficamente a organização do trabalho das equipes de rua. Por exemplo, podemos dividir os resultados *tracking* em três perfis: Áreas consolidadas, áreas em disputa e áreas em desvantagem. Esses perfis de áreas que vão se apresentando no dia a dia do *tracking* ajudam a compreender também as relações de afinidades que grupos geográficos têm com determinadas candidaturas.

As técnicas quantitativas podem ser aplicadas pessoalmente pelos entrevistados ou por telefone. Existe hoje uma grande agilidade no trabalho de campo, abreviando assim a apresentação de seus resultados. O fator tempo também se torna um importante diferencial na tomada de decisão no curso do processo eleitoral.

Portanto, tais como as técnicas qualitativas, também as quantitativas são fundamentais no gerenciamento do desenvolvimento das estratégias eleitorais. A partir dos números que se apresentam a equipe de marketing tem ou não a validação dos pressupostos defendidos na campanha eleitoral. Porém, os números não podem trazer estresse à coordenação de campanha. Variações são justificadas, até porque não é só o seu candidato que trabalha. Os adversários também contam com os recursos de marketing e com pesquisas de opinião para orientar as ações. É preciso uma dose de "sangue frio" para interpretar os números, seguir em frente ou corrigir percursos e levar a campanha adiante.

Os políticos brasileiros parecem sofrer do grave defeito de dar muita importância aos resultados quantitativos. Mas não são somente eles a oferecer elementos consistentes para uma leitura da conjuntura eleitoral. Podem sim, trazer uma euforia momentânea que acomoda a equipe de campanha, como também trazer angústia que imobiliza e aplaca o moral do grupo. Por isso, é fundamental analisar os números e não se deixar influenciar por eles.

José Luís Neves afirma que

> os métodos quantitativos e qualitativos não se excluem. Embora difiram quanto à forma e à ênfase, os métodos qualitativos trazem como contribuição ao trabalho de pesquisa uma mistura de procedimentos de cunho racional e intuitivo capazes de contribuir para melhor compreensão dos fenômenos. Pode-se distinguir o enfoque qualitativo do quantitativo, mas não seria correto afirmar que guardam relação de oposição (NEVES, 1996).

Lavareda descreve a importância da informação na formulação da estratégia política:

> Principalmente no momento inicial, no start-up da campanha, quando se elaboram as estratégias, a pesquisa é apenas um insumo que, para

> ganhar sentido, precisa ser considerada à luz de outras informações. Dados censitários do IBGE, séries históricas dos Tribunais Regionais Eleitorais e do Tribunal Superior Eleitoral, dados socioeconômicos da Fundação Getúlio Vargas, do Ipea e de outros institutos, pesquisas de opinião realizadas anteriormente, análises geodemográficas e estudos acadêmicos sobre o processo político são algumas fontes de informação valiosas que não devem ser esquecidas. (LAVAREDA, 2009, p. 74)

Deve-se acrescentar que a par da informação vinda de todas estas fontes, é importante referir todo o enorme manancial que chega através da estrutura partidária e cuja utilidade deve ser realçada.

A profissionalização das atividades de Marketing Político no Brasil passou por diversas etapas: do empirismo na definição da estratégia eleitoral, à potencialização do que podemos chamar de a "propagandização" das campanhas eleitorais, quando a forma se sobrepôs ao conteúdo, ao momento atual, em que boa parte do sucesso eleitoral é creditado à confiabilidade dos resultados das pesquisas eleitorais, seja qualitativa, seja quantitativa.

Usando um lugar comum para definir a importância das pesquisas no processo eleitoral, recorremos à expressão "informação é poder" para demonstrar que os elementos informativos que são oferecidos pelas pesquisas qualitativas e quantitativas vão fazer toda a diferença na definição das estratégias eleitorais.

Nicolau Maquiavel (1469-1527), o pai da Ciência Política moderna, dá ênfase à *verità effettuale* – a verdade efetiva das coisas. Esta é sua regra metodológica: ver e examinar a realidade tal como ela é e não como se gostaria que ela fosse (WEFFORT, 2006, p. 17). Não seria isso, portanto que buscamos ao realizarmos as pesquisas qualitativas e quantitativas?

Fica claro, portanto, que o investimento do político, no uso frequente das pesquisas para definição das estratégias é essencial na consolidação de uma carreira política, que deve estar assentada nas expectativas que o eleitor tem em ver suas demandas contempladas por um projeto político.

Por fim, emprestamos do marketing convencional o SIC (Sistema de Inteligência Competitiva). O excesso de informações disponíveis pode ser uma vantagem competitiva, ou trazer transtornos na definição de um foco. O mesmo ocorre com as campanhas eleitorais diante dos inúmeros instrumentos de pesquisa. Para Mitsuru Higuchi Yanaze, o SIC é uma ferramenta essencial na tomada de decisão estratégica.

> O Sistema de Inteligência Competitiva (SIC) tem recebido várias definições. Em suma, trata-se de todo um processo sistemático e ético de coleta, tratamento, análise e disseminação da informação estratégica para a organização, de forma a viabilizar o processo decisório. (YANAZE, 2007, p. 128)

Isso nos leva à conclusão de que mais importante do que as próprias pesquisas que são realizadas no curso do processo eleitoral, é o processo da gestão da política que elas servem e para o qual é essencial a visão estratégica de como utilizar os dados coletados, obrigando os profissionais de marketing a criar uma metodologia para trabalhar todos os elementos oriundos das pesquisas qualitativas e quantitativas, a par da informação que chega de outras fontes, com vista a obter a vitória no processo eleitoral.

Fase 2 – Alinhamento do grupo político

Nesta fase, promovemos encontros individuais com os membros do grupo político. Não importa a quantidade, o importante é ouvi-los e extrair deles informações estratégicas sobre o candidato, sobre a concorrência, sobre as características do território, as características do processo eleitoral em curso. É um momento rico de aprofundamento e conhecimento. Também um espaço concreto para a fidelização do grupo ao projeto em que importa serem cocriadores.

É uma verdadeira política de *endomarketing*. Ouvimos muito, mas posicionamos o nosso candidato e geramos um espírito de grupo importante para o processo eleitoral. A conversa segue um roteiro semidiretivo ou mesmo não diretivo, num perfil de entrevista em profundidade. Auxilia-nos muito no diagnóstico estratégico, mas o objetivo central é promover um sentimento de pertencimento ao projeto e desarmar prováveis conflitos que poderão surgir em função do que nomeamos como "fogo amigo".

Após os encontros individuais, promovemos reuniões setoriais, para já apontar a necessidade de constituir um processo de gestão para a campanha eleitoral.

Fase 3 – Definição do modelo de gestão da campanha eleitoral

A fase de alinhamento já faz despontar habilidades e competências que podem ser aproveitadas na gestão da campanha eleitoral. Hoje, no Brasil, as campanhas eleitorais exigem um enorme grau de profissionalização, tanto no aspecto das estratégias eleitorais, bem como na gestão dos processos que se assemelham a uma empresa de propósito específico (com tempo definido para sua existência).

Hoje, cada campanha no Brasil é obrigada a ter o cadastro junto à Receita Federal, para emissão do CNPJ (Cadastro Nacional das Pessoas Jurídicas). É obrigada a abrir conta bancária e a ter uma série de documentos para o registro da candidatura. Há limites orçamentários determinados por lei, exigências para autorização de determinados eventos e limitações no uso dos instrumentos de comunicação. Por fim, há que existir um setor de recursos humanos para recrutar a equipe que dará suporte aos diversos procedimentos aplicados numa campanha eleitoral.

Nesse momento, propomos a constituição de um organograma de campanha, que auxilie na visualização dos setores necessários para sua execução. Na página seguinte, reproduzimos um modelo de organograma construído a partir da vivência em campanhas eleitorais.

Figura 3: Organograma

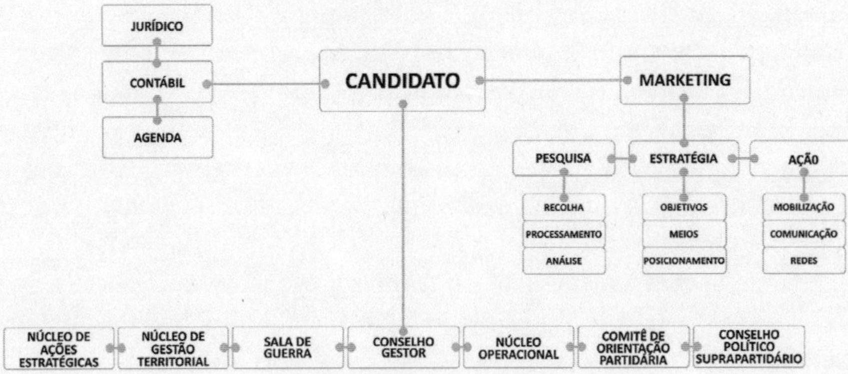

Fonte: Construção do autor

Definidas as funções, iniciamos a constituição dos fluxos de trabalho e dividimos a campanha em duas etapas distintas: Pré-campanha e Campanha. A Pré-campanha compreende a etapa anterior ao registro oficial da candidatura até o momento da convenção partidária, quando é homologado o nome do candidato. A Pré-campanha constitui o momento inicial de posicionamento da candidatura, avaliando bem o território e analisando a concorrência e o eleitor.

O desdobramento das subcategorias do marketing corresponde à criação possível de diversas áreas segundo a dimensão e o tipo de campanha. A área de levantamento de informação primária poderá resultar de *outsourcing* ou, por exemplo, conter um *call center* e este existindo pode ser partilhado com a área da mobilização. Tendo em conta a importância estratégica do processamento de dados primários e secundários e, sobretudo, da respectiva análise deve ser, preferencialmente, da responsabilidade do próprio "marqueteiro", em consonância estreita com o Núcleo de Ações Estratégicas.

A definição dos objetivos e dos meios está obviamente em íntima ligação a este último núcleo e também com o Conselho Gestor dadas as responsabilidades de ordem financeira que a definição dos meios tem necessariamente que considerar. A definição do posicionamento do candidato deverá envolver, em diversos graus e qualidade, toda a estrutura da campanha, sob a direção do candidato e sujeita a teste interno e externo. A esta definição está associada a definição criativa e a criação das múltiplas atividades que alimentarão a área da Ação.

A Mobilização deverá envolver principalmente o Comitê de Orientação Partidária, o Conselho Político Suprapartidário, enquanto a Comunicação inclui a produção publicitária, as relações com a mídia tradicional e digital, as relações públicas (eventos), os patrocínios, o telemarketing e mailing e demais atividades específicas. A gestão das redes inclui a definição dos relacionamentos com os diversos segmentos eleitorais, a criação e acompanhamento das bases de dados, as redes físicas e as redes virtuais (web 2.0).

Esta descrição não é nem pretende ser exaustiva e é indicada a título ilustrativo da complexidade do funcionamento de uma campanha eleitoral.

Fase 4 – O posicionamento estratégico

O posicionamento estratégico do candidato e da campanha eleitoral será definido por meio da seleção de vários instrumentos, sejam eles as pesquisas quantitativas e qualitativas, a estrutura de levantamento de informação por meio da observação participante da equipe de Marketing Político e o que vem de dentro da organização política de apoio à candidatura. Para a definição do posicionamento estratégico será necessário um panorama do comportamento político do eleitorado, que deverá levar em conta os seguintes aspectos e informações:

- Atributos relevantes que mais motivam os votos;
- Estudos sobre o voto na última eleição e intenção de voto atual;
- A preferência partidária;
- Identificação de personalidades que influenciam o voto;
- Identificação dos valores pessoais do eleitorado;
- Os hábitos de acesso à informação por parte do eleitorado;
- Identificação das necessidades do eleitorado;
- A imagem do candidato e de seus adversários;
- Características das eleições.

Além disso, há variáveis na definição da estratégia que passa pelos seguintes caminhos:

1. Estratégia organizacional – infraestrutura e recursos humanos;
2. Estratégia logística e deslocamento – criação de sistemas para garantir o bom fluxo da campanha eleitoral;
3. Estratégia de comunicação – o que se pretende dizer, a quem dizer, e como dizer;
4. Estratégia programática – que valor devemos entregar de maneira objetiva ao eleitor;
5. Estratégia para o "dia D" – como conquistar eleitores indecisos;
6. Estratégia jurídica – a disputa eleitoral também se dá no campo dos tribunais eleitorais

Do ponto de vista estratégico, a campanha eleitoral é a instância organizadora de informações, fornecendo ao eleitor dados sobre os candidatos e seus adversários, permitindo a construção da imagem, agenda e propostas políticas.

Estudados todos esses tópicos e definido o posicionamento estratégico do candidato para a disputa eleitoral, podemos partir para a fase seguinte, a da implementação da comunicação política.

Fase 5 – As ações de comunicação política

De fato, os resultados das pesquisas aplicadas tanto aos políticos como aos consultores políticos trouxeram sempre as redes sociais na internet como uma importante ferramenta a ser utilizada nas campanhas eleitorais. Não resta a menor dúvida de que hoje o espaço público virtual é um ambiente de intensa articulação social e disseminação de informações. Contudo, é aqui que o marketing relacional ganha notoriedade.

As redes sociais foram criadas como ambientes para os relacionamentos e não como meio de comunicação. O grande erro político é fazer uso das redes sociais para apenas comunicar algo. "Interação" é a palavra-chave do ambiente das redes sociais. Além disso, é necessário o monitoramento das redes sociais para identificar as abordagens que os internautas fazem no curso do processo eleitoral.

Até 2008, a *internet* tinha como característica ser um meio informativo em larga escala. Desde sua criação na plataforma *www*, abrigou todo tipo de informação e formas de comunicação. De 2008 até os dias atuais, ela passou a ser um instrumento cada vez mais social, refletindo uma nova sociedade que surge com a NOGC (Nova Ordem Global Contemporânea), a partir do processo de globalização que vivenciamos hoje.

Não há como dissociar o processo de globalização intensificado a partir de 1991, com a dissolução da União Soviética e a rápida evolução tecnológica que gerou a expansão meteórica da *internet*.

As *Social Media* (redes sociais) são ferramentas extraordinárias de comunicação "todos para todos". Há, na própria *internet* e entre seus usuários, confusão em relação às terminologias "mídias sociais" e "redes sociais". Há muito debate sobre a terminologia correta, porém, já há um consenso de que se trata de sinônimos utilizados conforme o interesse do estudioso. Aqui adotamos o termo "redes sociais" para referir-se ao tema.

Estamos diante de uma crescente utilização das redes sociais e de seus recursos. Dados de 2017, do próprio *Facebook*, apontam que a ferramenta já atingiu quase 2 bilhões de usuários. Só a título de comparação, o número de automóveis no mundo é da ordem de mil milhões. Esse número foi atingido pela indústria automobilística em 2008, depois de um século de atividades. Em apenas nove anos de atuação, o *Facebook* deixou para trás uma das principais indústrias da economia mundial.

O universo das redes sociais oferece diversas opções de ferramentas, com características específicas para atender o público que busca conexão na Rede Mundial dos Computadores. Na tabela ao lado é possível perceber como se movimenta este universo.

Tabela 19: Ranking das redes sociais no Brasil em 2010 e 2017

FERRAMENTA	USUÁRIOS (2010)	USUÁRIOS (2017)
Orkut	26 milhões	Desativado
Youtube	20 milhões	42 milhões
Twitter	9,8 milhões	A empresa não divulga os dados
Facebook	9,6 milhões	103 milhões
Yahoo Respostas	5,5 milhões	Sem registro
Flickr	3,5 milhões	Sem registro
Myspace	1,5 milhão	Sem registro
Linkedin	1,5 milhão	25 milhões
WhatsApp	Não existia	60 milhões
Snapchat	Não existia	18 milhões

Fonte: Ibope Net Ratings (2010) e Marketing de Conteúdo.com (2017)

O interessante é que essa mesma estatística apresentada em 2010, lançada a comparação sete anos depois, traz mudanças significativas no uso das redes sociais, com supressões e surgimento de novas ferramentas, como por exemplo o fim do Orkut e o surgimento do Snapchat, que hoje já conta com mais de 700 milhões de usuários espalhados no mundo.

Segundo o site de estudos sobre a internet e redes sociais Statista.com, o ranking atual das redes sociais no mundo pode ser percebido conforme a tabela na próxima página:

Tabela 20: Ranking das redes sociais no mundo (2017)

FERRAMENTA	USUÁRIOS
Facebook	2,006 bilhões
WhatsApp	1,3 bilhões
Messenger	1,2 bilhões
Wechat	938 milhões
Instagram	700 milhões
Qzone	632 milhões
Weibo	340 milhões
Twitter	328 milhões
Pinterest	175 milhões
Snapchat	700 milhões

Fonte: Statista.com

Corroborando com o universo que pretendemos trabalhar, o Manual de Redes Sociais da Secom (Secretaria de Comunicação Social da Presidência da República) apresenta as principais redes sociais utilizadas no Brasil, com suas respectivas características:

1. *Twitter* – Ferramenta de *microblog* que permite aos usuários postarem mensagens curtas (com até 140 caracteres), expressando suas opiniões sobre os temas que preferirem. Dentro da rede, cada usuário pode escolher "seguir outros usuários" – ou seja, acompanhar as suas postagens no *Twitter*. Sempre que um determinado usuário fizer uma postagem, toda a base de pessoas que escolheram segui-lo tem acesso a essa mensagem, gerando uma rede cruzada de formação de opinião que, hoje, atinge centenas de milhões de usuários por todo o mundo;
2. *Facebook* – Maior e mais importante rede social atualmente, o *Facebook* inclui funcionalidades de diversos outros *sites*. Por meio dele é possível montar a sua base de seguidores (a exemplo do *Twitter*) e fazer postagens sem limitações de caracteres. Soma-se a isso, ainda, a possibilidade de inserir fotos, vídeos e de se utilizar de aplicações diversas (de jogos a sistemas bancários). Além de comentar postagens feitas por terceiros, o *Facebook* permite que usuários possam clicar em botões chamados "curtir", indicando que um usuário se identificou com aquele conteúdo/

aquela marca. Todos os seus cliques, comentários e postagens ficam registrados em sua própria página, alimentando-a com conteúdo referente a tudo o que o usuário fez, gostou ou desgostou, desde que passou a utilizar a rede;

3. *Youtube* – Rede exclusivamente focada em vídeos, permitindo que usuários possam fazer *uploads* (publicação, visualizar e fazer *downloads* de vídeos de forma gratuita). Atualmente, o *Youtube* é a maior videoteca existente no mundo, com extratos de filmes e *trailers*, e um sem-número de filmagens pessoais sobre absolutamente todos os temas;
4. *Flickr* – A exemplo do *Youtube*, o *Flickr* é também uma rede de compartilhamento de arquivos – apenas fotos;
5. *Blogs* – Blogs não são, por si só, uma rede social estruturada e pertencente a uma companhia. Mais do que isso, são um conceito que permite que todo e qualquer usuário consiga montar o seu próprio veículo de informação a custo zero (ou ao preço que ele paga por conexão na *web*), publicando o que desejar e deixando as suas postagens disponíveis pela rede afora. Dependendo da relevância do *blog* e do "blogueiro", a audiência conseguida pode ser semelhante à de grandes e tradicionais veículos de informação.
6. Faço aqui a inserção de mais quatro redes sociais:
7. *Snapchat* – É um aplicativo de mensagens com base de imagens. Com o app, usuários podem tirar fotos, gravar vídeos, adicionar textos e desenhos à imagem e escolher o tempo que a imagem ficará no visor do amigo de sua lista. O tempo de cada *snap* é de 1 a 10 segundos, e após aberto, a imagem é excluída do dispositivo e também dos servidores.
8. *Linkedin* – É uma rede social profissional, na qual o usuário disponibiliza seu currículo profissional e estabelece contatos com o objetivo, por exemplo, de conquistar um novo emprego.
9. *WhatsApp* – É um software para smartphone utilizado para troca de mensagens de texto instantaneamente, além de vídeos, fotos e áudios através de uma conexão a internet.
10. *Instagram* – É uma rede social de fotos com aplicativo que permite gerar efeitos nas imagens para compartilhamento.

A Pesquisa Brasileira de Mídia 2015[68], promovida pelo Ibope por solicitação do Governo Brasileiro, traz revelações importantes sobre a internet e as redes sociais:

- O brasileiro fica, em média, conectado cinco horas por dia;
- 48% dos brasileiros fazem uso da internet;
- O uso de aparelhos celulares para acesso à internet já representa 66% dos usuários;
- 92% dos internautas estão conectados às redes sociais;
- As redes mais utilizadas: Facebook (83%), WhatsApp (58%), Youtube (17%);
- 65% dos jovens com até 25 anos acessam a internet todos os dias.

O marketing eleitoral 2.0 é a derivação do conceito Web 2.0, que implantou a ordem colaborativa na internet. Essa nova ordem fez surgir uma série de ferramentas denominadas redes sociais (que já descrevemos acima) que proporcionam ao usuário ser consumidor e produtor de conteúdo ao mesmo tempo.

A primeira grande experiência de marketing eleitoral 2.0 foi com a eleição presidencial nos Estados Unidos. As estratégias estabelecidas pela campanha de Barack Obama fizeram uso, em larga escala, das redes sociais disponíveis, e tornaram Barack Hussein Obama uma celebridade. Ouvia-se pelas ruas dizer: "Obama é pop". Qual o segredo para tanto sucesso? Uma suposta proximidade com o eleitor e o uso de todos os canais disponíveis para alavancar a candidatura (tornando-a ubíqua) e arrecadar recursos.

> A utilização da tecnologia, naquela campanha, permitiu a criação de site personalizável, loja virtual, dezenas de comunidades segmentadas, espaço para debates on-line, site mobile, a "BarackTV", além de possibilitar as doações on-line e o uso de demais funcionalidades, como divulgação de notícias, newsletters, etc. Também foram utilizados vídeos, músicas, blogs, Flickr, Twitter, mobile marketing (wallpapers, ringtones, informações e alertas via SMS). Definitivamente, Obama estava em todos os

[68] A pesquisa brasileira de mídia 2015 foi realizada pelo Ibope por solicitação do governo brasileiro. O trabalho de campo ocorreu entre os dias 5 e 22 de novembro de 2014, por meio de entrevistas domiciliares pessoais face a face, a 18.312 pessoas maiores de 16 anos, em 848 municípios.

lugares e pôde ser levado, mostrado e exibido por todos os seus simpatizantes (BOSCO; NABARRETI; MIRANDA, 2010, p. 267).

O uso da internet nas eleições segue o mesmo ritmo de utilização da sociedade. À medida que a sociedade se apropria das ferramentas da internet para estabelecer interação social, relações políticas e econômicas, o meio político passa a perceber que ali também é um território virtual para o debate político.

Da experiência de Barack Obama ao experimento da candidata à Presidência da República no Brasil, Marina Silva, do Partido Verde, nas eleições de 2010, muitos exemplos surgiram para aperfeiçoamento das estratégias eleitorais aplicadas à web, passando por 2016 com a vitória de João Dória à Prefeitura de São Paulo.

A internet é hoje um fenômeno social, e não apenas uma avançada ferramenta tecnológica. Dentro dela se articulam interações, modelos de organização e atividades sociais intensas.

> São os novos dispositivos informacionais (mundos virtuais, informações em fluxo) e comunicacionais (comunicação todos-todos) que são os maiores portadores de mutações culturais, e não o fato de que se misture o texto, a imagem e o som, como parece estar subentendido na noção vaga de multimídia. (LEVY, 2003, p. 63)

Portanto, é a emergência de um novo mecanismo de comunicação no ambiente virtual a impactar todas as atividades humanas, e as campanhas eleitorais não ficam distante disso.

Assessoria de Imprensa

O relacionamento com a mídia é fundamental numa campanha eleitoral. A constituição de um grupo de assessores de imprensa que compreenda bem o funcionamento dos meios de comunicação de massa (*newsmaking*) e que saiba auditar a cobertura jornalística sobre as eleições "joga" um papel de suma importância para a comunicação política. É claro que a mídia clássica vem perdendo força frente aos outros modelos surgidos no ambiente virtual, mas ela ainda define muitas vezes o debate em torno do processo eleitoral, naquilo que a Teoria da Comunicação definiu como a hipótese do *Agenda Setting*.

A pauta jornalística ainda é muito centrada nos assuntos políticos. Seja no período eleitoral, seja na cobertura das atividades da gestão pública ou da atuação do parlamento. Tanto jornais, revistas, rádios e TV's dedicam grande atenção a essa editoria. Isso exige por parte dos consultores de Marketing Político uma atenção redobrada de como se constrói uma imagem a partir do noticiário jornalístico.

Para efeito de um planejamento de assessoria de imprensa numa campanha eleitoral, descrevemos abaixo duas ações essenciais:

Estruturação dos serviços de *clipping* com análise editorial;

Estruturação de equipe para produção de *releases* e atendimento à imprensa.

Publicidade e propaganda

Outro setor importante é o da publicidade e propaganda. A criação publicitária transformando o posicionamento do candidato em um conceito publicitário de forte apelo, por meio de uma marca e de um *slogan*, pode fazer toda a diferença e conquistar corações e mentes no curso da disputa eleitoral. Por fim, deve ser considerada neste contexto a produção de rádio e TV.

No caso brasileiro, há o instituto da propaganda eleitoral gratuita no rádio e na televisão, que garante espaço para os candidatos, conforme a representação partidária no Congresso Nacional. O Tribunal Superior Eleitoral define o tempo dos partidos pela representação parlamentar. Com isso, torna-se necessária a aliança com o maior número de partidos políticos, para se obter também o maior tempo de exposição nesses veículos.

A produção dos programas de rádio e TV geram um custo alto para as campanhas eleitorais, exigindo equipe técnica capacitada numa operação de alta complexidade. Tanto o rádio como a TV são meios de comunicação de massa, mas podem servir de instrumentos para gerar proximidade junto ao eleitor, trazendo-o para ser também, junto com o candidato, protagonista dos programas produzidos.

Na dimensão do Marketing Político Relacional, dar espaço ao cidadão para participar dos programas de rádio e TV aproxima o candidato do eleitor e dá mais realismo às produções que, muitas vezes, apostam na estética em detrimento do conteúdo.

Por fim, há que se buscar duas formas de comunicação: a comunicação política de proximidade e a comunicação política segmentada. A primeira traz a informação para a realidade local, o mais próximo possível do dia a dia do cidadão. Isso exige também a constituição de base de dados, para que se possa fazer a disseminação de informações que serão transformadas em peças de comunicação.

Isso também se aplica à segunda, que é a comunicação política segmentada, diferenciando da primeira pelo critério de grupos afins e não de territorialidade. Essa forma de comunicação deverá ser feita a partir da identificação dos grupos estratégicos na formação da opinião pública, bem como de grupos que têm determinada autonomia no tecido social.

Fase 6 – Plano de governo: a entrega de um valor concreto

É consagrada pela literatura do Marketing Político que o voto é uma decisão eminentemente emocional. A capacidade que a comunicação política tem de mexer com os sentidos do eleitor e de mobilizá-lo em torno de um ganho subjetivo é algo preponderante numa campanha eleitoral. No entanto, a decisão emocional não deve caminhar solitariamente. Há que se buscar razões concretas para reforçar o discurso daqueles que defendem determinada candidatura, aliando o Pathos e o Logos.

É aqui que o Plano de Governo passa a ser uma ferramenta não só de materializar a esperança, mas também de gerar o sentido de pertencimento da futura obra governamental, o empoderamento do eleitor, na medida em que é possibilidade o seu debate e a sua construção a partir de audiências públicas. Mais uma vez, apostamos na dimensão do marketing relacional para dar protagonismo ao eleitor, também na definição do Plano de Governo e de suas prioridades.

Para que se tenha um Plano de Governo, que não seja uma peça de ficção, é necessário seguir alguns passos:

1. Formação de uma equipe técnica para a elaboração do Plano de Governo;
2. Identificação das principais necessidades do território por meio de audiências públicas;
3. Estudo criterioso sobre o orçamento público, para verificar a possibilidade de atendimento a determinadas demandas;
4. Sistematização e elaboração do Plano de Governo, que deve apresentar três quesitos: a necessidade, a solução do problema e a origem dos recursos.

Nesse momento surge o conceito da Gestão Territorial Participativa, que é um modelo de gestão que se inicia durante o processo eleitoral, a partir da mobilização da sociedade civil num debate franco sobre os problemas e as soluções de uma determinada região.

Para Elisamara Godoy Montalvão, a Gestão Territorial Participativa

> [...] é uma metodologia desenvolvida para a atuação territorial local, com foco no cidadão, e que possui o objetivo principal de trabalhar com uma determinada comunidade, de acordo com suas necessidades e interesses de desenvolvimento. Dessa forma, a gestão territorial participativa pode ser aplicada na administração pública como uma ferramenta de gestão". (MONTALVÃO, 2009, p. 214).

Esse modelo de gestão compartilhado durante a campanha eleitoral, na formação do Plano de Governo, é um instrumento que gera pertencimento na constituição da obra governamental, devendo fazer parte do futuro governo, aplicando-se aqui os fundamentos do marketing permanente.

Fase 7 – A transição de governo

Vitorioso o projeto é a hora de trabalhar na transição de governo. É o momento em que se conhece em profundidade a realidade do governo e se ajusta o Plano de Governo à capacidade de investimento da máquina pública. Este é um momento intenso, de retorno às comunidades para se discutir as prioridades do Plano de Governo. É o momento que se reafirma o compromisso de governo participativo e de utilização de ferramentas de marketing relacional aplicado ao governo. Ou seja, iniciam-se estratégias de Marketing Político Relacional e Marketing Político Permanente Governamental.

Fase 8 – Marketing político governamental e partidário

Todo governo deve conhecer as necessidades da população, para então estabelecer produtos e serviços que respondam a essas necessidades. Este é um pressuposto primário de todo agente público. Como também é um pressuposto básico do marketing. Identifica-se a necessidade e desenvolvem-se processos para o seu atendimento. O que é comum hoje, no ambiente das organizações empresariais, ainda é muitas vezes, no ambiente da política, fruto da ação intuitiva dos políticos. Isto porque há um forte desconhecimento de que o marketing não existe apenas para ganhar eleições, mas é uma ferramenta estratégica para a gestão pública permanente.

Karl Deutsch fala sobre a perspectiva da Teoria Política, quando afirma que

> Consequentemente, o poder não é nem o centro nem a essência da política. É apenas uma de suas moedas, um dos mecanismos importantes de aceleração ou controle dos processos degenerativos que ocorrem quando falham a influência, o hábito e a coordenação voluntária, ou quando esses elementos deixam de servir adequadamente à função de conquista de objetivos [...] a essência da política: a firme coordenação dos esforços e expectativas humanas para a *conquista dos objetivos da sociedade* (DEUTSCH, 1971, p. 169, grifo do autor).

Ora, o que defendemos é que o compromisso eleitoral possa ser contemplado na gestão governamental, num processo que integra a geração da satisfação social como elemento essencial das estratégias de marketing.

Celso Toshito Matsuda e Mitsuru H. Yanaze vão nomear a atividade como marketing de gestão pública:

> Uma vez eleito, para um cargo executivo ou legislativo, o político passa a ter um outro grande desafio, o de colocar em prática os princípios e as ferramentas de marketing de gestão pública, ou seja, cumprir as promessas feitas na campanha eleitoral, atendendo às demandas da comunidade a que serve durante o período que durar seu mandato [...] A gestão responsável e competente dos *inputs* e *throughputs* certamente resultará em *outputs* desejáveis pela comunidade. Assim, a aplicação adequada dos princípios de marketing, durante o período do mandato, executivo ou legislativo, contribuirá efetivamente para o marketing eleitoral que se segue ao seu término (YANAZE (Org.), 2007, p. 486, grifo do autor).

Fala-se aqui sobre Marketing Político Permanente. Num momento, trabalha-se no objetivo da conquista do poder; em outro, pela retenção do poder. Isso, sem perder de vista a perspectiva de Karl Deutsch, que defende a conquista dos objetivos da sociedade como essência da política.

Quando falamos em Marketing Político Permanente, é também necessário enxergar outro ator nesse processo: o partido político. A estrutura partidária tem vida própria, independentemente dos políticos que lá militam. Assim, é necessário construir relacionamentos estáveis e duradouros com a sua militância e com os grupos sociais em que haja maior afinidade. Enfim, dialogar permanentemente com o partido e com a sociedade.

No caso brasileiro, além de estratégias de marketing que podem facilitar o posicionamento do partido político numa fragmentada concorrência (hoje o país conta com mais de 30 partidos políticos), há o desafio da comunicação política, pois os partidos contam com espaço na programação das emissoras de rádio e televisão para apresentar os seus programas políticos.

Logo, podemos construir o seguinte diagrama para o Marketing Político Permanente:

1. Marketing Político Partidário;
2. Marketing Político Pessoal;
3. Marketing Político Eleitoral;
4. Marketing Político Governamental e/ou de Gestão Pública.

Assim sendo, se essas quatro modalidades de Marketing Político se retroalimentarem permanentemente, trazendo os conceitos do marketing holístico e do marketing relacional, é provável que tenhamos uma "chave" para vencer a apatia e a desconfiança do eleitor e retomar a crença no instituto da democracia, como a melhor forma de governança. Teremos, enfim, o Marketing Político Integral.

7. CONCLUSÕES

Responder à necessidade de um novo modelo de Marketing Político no século 21 não é tarefa fácil. Significa juntar sinais, posicionamentos e vontades que se coadunam a partir das posturas dos políticos e dos consultores políticos (marqueteiros). No entanto, é a esse desafio que este presente trabalho se propôs, trazendo o posicionamento e a reflexão, tanto dos políticos, quanto dos consultores à emergência de um novo modelo para religar o eleitor à atividade política que esteve demonstrado, em parte, no estudo de caso sobre as eleições em Porto Velho, capital do Estado de Rondônia.

As campanhas eleitorais para a próxima década passarão, inexoravelmente, por uma nova configuração, seja pela emergência das novas tecnologias da informação e comunicação, seja pela exigência de novos arranjos que serão ditados pelos eleitores/cidadãos. O novo modelo que apresento no capítulo anterior é o esforço de reunir a contribuição dos muitos autores citados, da vivência do autor e a partir da reflexão dos consultores e políticos entrevistados. Os inquéritos buscaram compreender a perspectiva acerca do modelo de campanhas eleitorais, se estão baseadas no modelo transacional ou no modelo relacional e se há o vislumbrar de um modelo permanente de marketing, quando incentivamos os consultores a pensar em um projeto de quatro trimestres, ou seja, um ano. Além disso, há um deslocamento claro da comunicação de massa para uma comunicação de redes em que o conceito de "um para todos" se desloca para o modelo "todos para todos". Numa outra perspectiva, se os investimentos devem ser priorizados mais para a relação com os eleitores do que para a simples transação eleitoral.

Ora, apesar de uma aposta clara no trabalho das redes sociais, tanto os políticos como os consultores ainda não concebem que o investimento no que nomeamos Marketing Político relacional passa pela gestão de relacionamentos e de base de dados e não apenas pela mera execução de comunicações no ambiente das redes sociais. É preciso compreender as estratégias do marketing relacional e nisso ainda teremos muito que avançar. Por isso é necessário aprofundar a discussão acerca dos conceitos marketing relacional, marketing holístico e marketing permanente.

Ao vislumbrar um relacionamento continuo e duradouro com o cliente, desde os anos de 1990, o marketing relacional vem se posicionando para ocupar o primeiro lugar como o paradigma que vai além do clássico composto (*mix*) de marketing. Isso porque esse composto conhecido como os "4 Pês" (produto, preço, ponto e promoção) não vai além de focar a conquista do cliente, sem sequer se preocupar muito com a sua manutenção.

Aliás, não há uma consciência do real valor da construção de relações em longo prazo com clientes, fruto da satisfação plena e da fidelização, sem falar da miopia em não perceber o quanto é mais lucrativo reter clientes, ação fundamental do marketing relacional. Essa realidade, que é atestada no mundo corporativo, falta ainda no mundo político, como pôde atestar nos inquéritos aplicados.

Tudo isso é contemplado por diversos autores e, em particular, no livro Marketing 3.0, lançado em 2010, por Philip Kotler, Hermawan Kartajaya e Iwan Setiawan, no qual reconhecem as novas forças que estão moldando o novo marketing centrado no ser humano. Forças essas como a globalização, as novas tecnologias, a era da comunicação centrada no empoderamento e na cocriação do cliente, que nas últimas duas décadas se tornou mais informado e mais inteligente, mais exigente e mais interativo, já que o *networking* de computadores foi acompanhado pelo *networking* de seres humanos, permitindo a informação onipresente.

Nesse sentido, exibe um conceito de *mix* de *marketing* evolutivo, à medida que já sabem que a segmentação, a definição de mercado-alvo e o posicionamento têm que relevar outros "Pês", a exemplo de pessoas e da opinião pública. Assim como do poder político, dos processos, dos programas e das performances, cujas missão e visão contemplem essencialmente valores, espiritualidade, causas sociais e uma economia sustentável, dada a consciência ecológica.

Localizando-o na história, o marketing relacional supera a etapa do Marketing 2.0, que incide sobre a Era do Cliente, o qual ainda mantinha o foco "no" cliente, ao invés de priorizar o foco "do" cliente, que reconhece os clientes como os novos proprietários da marca, tamanho o poder do novo perfil do cliente pleno.

Numa visão ampliada do conceito do marketing relacional, esse busca o empoderamento (*empowerment*) do cliente e dessa sua fase atual de cocriador. É uma resposta às mudanças da contemporaneidade, tais como os desafios da globalização, as novas tecnologias da informação e comunicação e o interesse dos indivíduos em expressar seu perfil de *empowerment* e cocriador.

A visão sistêmica do marketing relacional contempla não só os da área de marketing, como também a expansão do conceito de seus *stakeholders*[69],por considerar os consumidores, fornecedores, revendedores, concorrentes, formadores de opinião, funcionários, órgãos reguladores do governo, organismos financiadores, proprietários e acionistas, assim como as comunidades locais e as ONGs.

Em sua essência, o marketing é relacional, já que pressupõe a proximidade da organização com os seus públicos, como atesta a *American Marketing Association*, para a qual o papel do marketing, enquanto função organizacional, está voltado à criação, à comunicação e à entrega de valores aos clientes, bem como à administração de relacionamentos, cuja resultante favoreça tanto a organização quanto a todos os seus colaboradores.

O Marketing Político Relacional pode e deve permear todos os processos políticos em todos os estágios e sistemas. Sua ação é imprescindível, levando em conta que a essência do marketing é a satisfação do cliente. No caso da atividade política, a satisfação do cidadão/eleitor deve ser a meta principal da ação política.

Somado aos conceitos e instrumentos do Marketing Político, completa-se um ciclo em que a análise das variáveis políticas pode encontrar seus caminhos não só em um instrumental comunicacional e logístico,

[69] Termo que designa as "partes interessadas", verdadeiros "públicos estratégicos".

mas também no relacionamento com os fundamentos para a boa prática política.

Aplicando tudo isso ao Marketing Político, a relevância conquistada pelo eleitor, nas linhas do marketing relacional, leva a afirmar que há uma miopia do Marketing Político, quando este não consegue perceber o real perfil dos eleitores, que hoje não é mais o mesmo, porque os eleitores já não são mais cidadãos passivos. Eles estão mais informados, são mais exigentes e têm mais poder (empowerment).

No geral, os eleitores estão mais atentos para desenvolver um campo de negociação bastante ativo e poderoso entre eles mesmos e querem participar da cocriação dos bens, dos serviços e das ideias que são ofertadas para eles próprios; seja como eleitor, seja como sociedade civil. A experiência mais exitosa neste sentido foi o programa "Orçamento Participativo" criado na década de 90 do século XX, pelo Partido dos Trabalhadores, no Brasil, na gestão de municípios sob a sua responsabilidade. O "Orçamento Participativo", no âmbito do Marketing Político Governamental, instrumentalizou a ideia do cidadão cocriador, permitindo-o construir, em conjunto com o governo, políticas públicas no seu território.

Mas continua a miopia pelo fato de o Marketing Político não enxergar nitidamente essa nova oportunidade de se relacionar e, por conseguinte, não enxergar a rica possibilidade de agregar valor à marca do partido, ao nome do político e do candidato e, em última análise, ao governo. Portanto, ao posicionamento na arena política, à competitividade eleitoral e governamental. Por conseguinte, aferir lucros, no sentido da rentabilidade, é promover a retenção de clientes/eleitores. Esta crítica também se aplica aos políticos.

Todavia, numa filosofia criativa e inovadora, a da gestão do marketing relacional, entende os lucros, enquanto votos, justificados num bem maior: acessar, encantar e superar as expectativas do eleitor, hoje cidadão pleno, fidelizado numa relação de longo prazo e não tão somente num período mínimo de quatro anos. E cidadãos, como seres satisfeitos em detectar o retorno do investimento feito nos governos por meio dos impostos.

Peter Drucker, considerado nos Estados Unidos como o "Pai da Administração Moderna" e um grande filósofo do marketing, sempre entendeu o marketing como um serviço a ser prestado por pessoas a pessoas, sendo, nessa linha, o eleitor/cidadão a razão única da existência do Marketing Político, seja ele eleitoral ou governamental.

Isso justifica, por si só, a oferta política personalizada, que passa pelo partido certo, o candidato certo, o "preço" certo ao voto certo, no lugar certo, na promoção mercadológica certa, que pode ser fruto de um autêntico processo de marketing relacional. Isto prioriza o foco do eleitor e da sociedade a qual vai servir, o que contribui para a construção de relações duradouras, com resultados positivos em nível de satisfação e fidelização daquele que garante a sustentação.

Tudo isso corrobora com a última definição do marketing: "Marketing é o conjunto de atividades e estabelecimento de processos para criar, comunicar, entregar e trocar ofertas que têm valor para os consumidores, clientes, sócios e sociedade em geral". No tocante ao Marketing Político, enfatiza-se, a partir de então, o conceito de valor percebido e transmitido não só para os eleitores, mas para todos os seus diferentes públicos, nos quais a sociedade tem papel preponderante.

Diante da semeadura teórica apresentada, colhem-se as diferenças entre o Marketing Político que foca no conceito clássico transacional e aquele que migra para o conceito relacional. As variáveis que caracterizam o Marketing Político Transacional dão maior ênfase aos votos individuais do que à retenção dos eleitores; estão mais centradas nas características da oferta política e não tanto no novo perfil do eleitor pleno e consequentemente no seu valor; correspondem a uma visão em curto prazo, visto que priorizam o marketing eleitoral, centrado em vencer sem a preocupação de manter o eleitor como o pré-voto do pós-voto da próxima eleição e sem uma visão em longo prazo na cadeia de atendimento ao eleitor; não consideram (ou quase desconsideram) o serviço prestado ao eleitor, em especial se, quando tido como cidadão que requer conhecer integralmente as suas necessidades coletivas e está compromissado com o futuro; mantêm um contato descontínuo e um baixo nível de compromisso com os eleitores, limitando o contato com estes praticamente aos períodos eleitorais; manifestam uma preocupação parcial com a qualidade ao contrário das variáveis do marketing relacional que, prosseguindo uma visão humanitária e holística, mobilizam os seus públicos interno e externo à política de qualidade.

No paradigma transacional, ambas as partes (comprador-vendedor) perseguem o seu próprio benefício; enquanto que, no paradigma relacional, as partes procuram o benefício da relação, considerando que a qualidade do valor percebido pelo eleitor foi entregue pela organização política.

A tabela seguinte ensaia um resumo da comparação entre os modelos de Marketing Político Transacional e relacional que tem vindo a ser referida.

Tabela 21: Comparação entre os dois modelos do marketing político

CARATERÍSTICAS DISTINTIVAS	TRANSACIONAL	RELACIONAL
Ênfase principal	No voto individual	Na retenção do eleitor
Centro da atenção	Na oferta política	No valor do eleitor
Visão a prazo	Curto prazo	Médio e longo prazo
Serviço prestado ao eleitor	Nada ou pouco relevante	Muito relevante
Tipo de relação com o eleitor	Descontínuo	Contínuo
Compromisso com os eleitores	Baixo	Elevado
Contato pós-eleitoral	Inexistente ou reduzido	Existente e durável
Preocupação com a qualidade	Parcial	Total

Fonte: Construção do autor com base em Christopher et al. (1994), Moliner et al. (1997) e Sá (2013)

O marketing relacional oferece um leque focal bem mais amplo, à medida que não só contempla o eleitor e o candidato, mas também valoriza a relação com os fornecedores de seus fornecedores, os intermediários, os acionistas e os investidores, até mesmo com os seus concorrentes, úteis enquanto *benchmarking*[70].

A fidelização da relação é o resultado-chave do marketing relacional, uma considerável variável para a sustentabilidade financeira da própria organização política, pois é mais barato reter o eleitor que conquistá-lo.

[70] *Benchmarking* é um processo contínuo e sistemático para avaliar produtos, serviços e processo de trabalho de organizações que são reconhecidas como representantes das melhores práticas, com a finalidade de melhoria organizacional (SPENDOLINI, 1993, p. 10).

Os crescentes custos de entrada em múltiplos mercados, incluindo particularmente o da política, comprovam plenamente esta conclusão.

Na contemporaneidade, a gestão política se vê à frente do desafio de acessar, satisfazer e fidelizar o seu eleitor de perfil pleno, por meio de um processo de relações interativas, suficientementes capazes de sustentar a fidelização por um longo prazo, em especial a da marca do partido. A resultante da fidelização vem da carteira de eleitores e da carteira de cidadãos enquanto potenciais eleitores. E da sustentabilidade, um outro fator não menos relevante: as organizações políticas têm que ter a visão de que o Marketing Político Relacional resulta na melhoria da competitividade política, principalmente em nosso país.

Além disso, é muito importante considerar os estudos pertinentes e uma visão holística do processo, visto que o Marketing Político Relacional é um modelo que deverá prevalecer num futuro próximo e já estão sendo e serão ainda mais observadas muitas inovações já nas próximas eleições. Destaca-se, também, o incentivo presenteado pela AMA, ao promover eventos pertinentes, visível aval testemunhal na aceitação do novo paradigma da área de administração: o do marketing relacional, amplamente aplicável ao Marketing Político.

Além disso, é preciso considerar a aplicação dos conceitos do marketing holístico, apresentado por Kotler na presente década, que traz valores eminentes arraigados em princípios éticos, de responsabilidade socioambiental e de respeito profundo aos valores espirituais da sociedade, demonstrados a partir dos valores pós-materialistas que surgem nos países de primeiro mundo e que, certamente, chegarão às outras nações quando os governos atenderem minimamente as necessidades materialistas dos cidadãos.

Por fim, a ideia do marketing permanente, que nada mais é do que estabelecer relacionamentos duradouros, forjando uma nova dinâmica na construção das estratégias do Marketing Político. É claro que esse é um percurso longo e que vai exigir o despertar dos consultores políticos e dos próprios políticos, bem como uma educação política que forme o cidadão a também ser partícipe desse processo. Além disso, compreender a razão humana em sua mais profunda leitura, ter responsabilidade socioambiental na ação política e ter o marketing como ferramenta permanente de gestão, seja no período eleitoral, seja no período governamental. Trata-se, de uma combinação interessante que faz o Marketing Político apropriar-se do marketing relacional, do marketing holístico e do marketing permanente.

Diante disso é que confrontamos o caudal teórico com a investigação promovida e descrita no capítulo 5 deste trabalho. Quando confrontamos essa perspectiva para o Marketing Político com o processo de investigação aplicado na presente tese de doutoramento, verificamos que os políticos brasileiros ainda se encontram presos ao uso transacional do marketing. Apesar de valorizar o Marketing Político Relacional quando expresso pelo pesquisador, todo o discurso fica focado nos objetivos de se ganhar uma eleição através de processos transacionais, pouco centrados em processos de avaliação e promoção da satisfação, da fidelização e do engajamento dos eleitores. Isso é decorrência da própria limitação dos consultores políticos que, muitas vezes, classificam e confundem a comunicação política como marketing.

Portanto, há muito a avançar na compreensão da complexa operação de marketing quando inserimos o viés relacional agregando a ele o marketing holístico dentro da perspectiva do marketing permanente. Neste contexto, o caráter tático-eleitoral do uso das redes sociais é ainda o paradigma a ser quebrado.

Ao fim do processo eleitoral, os políticos subestimam a capacidade das redes sociais de manter mobilizados os eleitores/cidadãos criando uma lacuna no relacionamento. Mais que isso: o eleitor/cidadão passa a se sentir usado durante o processo eleitoral o que, mesmo que não atinja o nível da dissonância cognitiva, torna ainda mais profundo o grau de insatisfação do eleitor com o político.

Outra questão inquietante diz respeito às mídias clássicas, pois exige estudos mais profundos e específicos sobre o tema. As mídias clássicas – jornais, revistas, rádios e TV – ainda exercem um poder grande sobre as audiências, principalmente ao nível da "agenda setting" no processo eleitoral. Isso é claro no uso de reportagens para reforçar um posicionamento ou para desconstruir o adversário. No que poderá explicar-se pelo desenvolvimento do conceito de "terceira idade do quarto poder" que Gabriel Thoveron (1999) nos ofereceu, a difusão de reportagens nas redes sociais é um dos recursos mais utilizados para validar um posicionamento, até porque convivemos com muito "lixo informativo" nas redes sociais oriundo de "fakes" que surgem com o único objetivo de propagar informações falsas ou depreciativas, e assim notícias advindas das mídias clássicas ganham status de informações verdadeiras no ambiente das redes sociais, apesar de compreendermos que nem sempre são verdadeiras ou imparciais.

Os políticos ainda apostam muito no "*feeling*" para o estabelecimento das estratégias eleitorais. Mas, como num processo contínuo e acelerado de evolução, investem cada vez mais em pesquisas qualitativas e quantitativas para a definição das estratégias. De modo nenhum se deve ignorar a percepção que o político (e a sua organização política) tem do seu "cliente", no entanto há instrumentos científicos hoje à disposição de políticos e consultores que confirmam ou não o tal "*feeling*" para o estabelecimento das estratégias.

A forma de relacionamento com a sociedade é outra grande questão que procuramos investigar nos inquéritos aplicados. Neste quesito as redes sociais surgem como a grande panaceia a responder à questão. O mundo virtual veio para ficar e estabelecer novas formas de relacionamento, isso não resta a menor dúvida. No entanto, para além do contato virtual, as pessoas precisam da dimensão real para tornar convictas suas posições políticas e mesmo a satisfação com uma proposta de governo ou de aplicação de políticas públicas. Os canais de comunicação virtual necessitariam de conteúdos que recorrem permanentemente ao mundo real, oferecendo-lhe uma preciosa ubiquidade.

Portanto, quando os políticos apontam as redes sociais como a grande alavanca no relacionamento, pode existir nisso uma tentativa de substituir (em vez de complementar) o contato real e concreto pela virtualização das relações, o que poderá até ser cômodo para os políticos, mas que não é garantia alguma de que a apatia e a desconfiança serão superadas com vistas ao fortalecimento democrático. O estudo de caso sobre a eleição na capital do Estado de Rondônia, como já referido anteriormente, explicita de forma concreta a força das redes sociais no processo de mobilização eleitoral.

Por fim, está claro que vivemos um momento de profunda mutação nas relações humanas e que afetam sobremaneira todas as atividades humanas em todos os níveis. A política não está alheia a isso. Muito pelo contrário: está sendo afetada profundamente, principalmente com o desnudar da atividade política pelos canais tecnológicos a transformar o dia a dia da política num grande *reality show* a forçar uma nova dinâmica nos políticos, em que deverá investir na comunicação política permanente e nos corolários do marketing holístico. Para o nível das campanhas eleitorais, no período compreendido pelo determinado pela Justiça Eleitoral para tal atividade (já que consideramos no marketing permanente a campanha eleitoral também num universo mais largo) um desaguar de estratégias relacionais de longo prazo a alimentar o processo dos três meses finais de campanha eleitoral, minorando o esforço e o investimento que hoje exige uma força descomunal neste período para a conquista de corações e mentes dos eleitores. Com isso, teremos o enlace de um relacionamento que se tornará duradouro e permanente com o seu momento de decisão mais claro e transparente para o eleitor, seja na aprovação, seja na reprovação daquele político, partido político, ou política pública.

8. RECOMENDAÇÕES

A presente tese de doutoramento fez um longo percurso que remonta as inquietações expressas no livro que publiquei em 2008 – A prática do Marketing Político. Naquela ocasião, refleti sobre a responsabilidade dos atos - daqueles que se arrogam o título de consultores políticos ou apenas a expressão "marqueteiro", atualmente, na maioria das vezes, pejorativa - defendendo que a democracia é um bem inegociável no processo político contemporâneo.

Hoje, a profunda crise da política brasileira, que também se espraia em diversos países mundo afora, tem razões em vários aspectos, mas um deles toca-nos diretamente, que é a apatia e a desconfiança do eleitor. O desencanto que afeta boa parte da população acerca da prática política exige um profundo concerto entre todos os agentes do mercado político (políticos, partidos e consultores) com vistas a retomar a confiança na prática política e nas instituições. Espero ter apresentado uma série de medidas que, certamente, podem "*oxigenar*" as relações políticas e reconfigurar a sua prática com ações que apontam para o caminho da transparência e do relacionamento permanente com eleitor/cidadão.

No entanto, é claro que uma tese de doutoramento abre novos flancos e deixa perguntas sem respostas no alargamento teórico/prático que viceja a partir de desdobramentos naturais que a pesquisa apresenta. Por esta razão, apresento recomendações para futuras pesquisas que possam avançar no que construímos até aqui, e até mesmo reconsiderações que podem surgir no curso de novos estudos.

A primeira questão a ser elencada, seguindo basicamente a estrutura da presente tese de doutoramento, diz respeito aos estudos sobre a democracia na sociedade pós-moderna. Estamos a viver a emergência da constituição de uma nova esfera pública abrigada no ambiente das redes sociais. Assistimos muitas vezes atônitos, movimentos caóticos no debate político que se expressa no mundo virtual sem a mediação necessária para dar "freios e contrapesos" – utilizando uma terminologia jurídica – às mensagens que se multiplicam exponencialmente numa comunicação frenética de "todos para todos" e que muitas vezes padecem da falta de preceitos éticos e da responsabilidade com o uso da informação. A sociedade atual regozija-se de um sistema que permite uma liberdade informativa sem precedentes na história da comunicação humana, mas nem por isso, exime seus atores da responsabilidade com a qualidade e a veracidade das informações que hoje são disponibilizadas. Ora, o que surge como instrumento de libertação do controle dos grandes grupos de mídia não pode ser vilipendiado por meio do uso de informações falsas, vis e de cunho pejorativo. Há que se buscar mecanismos de conscientização (e de controle democrático) dos usuários das redes sociais e aqui há um amplo espectro de novos estudos, aliando as redes sociais às estratégias eleitorais.

A segunda questão que apresento como recomendação a novos estudos diz respeito ao Marketing Político como derivação dos estudos de marketing que existem na atualidade. Há muita dissociação entre os estudos sobre o marketing e o Marketing Político. Por vezes, um reducionismo que leva em conta tão somente a comunicação política, ignorando que o marketing é muito mais amplo, além do que há incansáveis estudiosos que trazem evoluções consideráveis e que podem ser aplicadas no mercado político com sucesso. Quando trazemos a discussão sobre o marketing holístico, por exemplo, o tema por si só pode e deve ser objeto de novos estudos para sua aplicação no mundo político.

A terceira questão diz respeito aos conceitos do Marketing Político Relacional, que apresentamos de maneira ainda conceitual e que precisam evoluir sobremaneira em mecanismos concretos para subsidiar a prática política na pós-modernidade. Antever os movimentos tecnológicos pode trazer novas formas para a prática do Marketing Político Relacional, além do que, devemos perseguir os estudos do marketing relacional e suas correntes no mundo para fazer a necessária transposição para o Marketing Político. Trata-se, portanto, de um objeto de novos estudos no futuro.

A quarta questão refere-se aos fake-news, que estão sendo utilizados de maneira ampla nas campanhas eleitorais mundo afora, a exemplo do que produziu a campanha de Donald Trump e dos fake-news que inundaram a recente campanha eleitoral na França. Aqui no Brasil esse movimento se intensifica, não só na política, mas em todos os setores sociais. A prática dos fake-news no ambiente das redes sociais é algo que afeta sobremaneira a credibilidade da informação e, nas campanhas eleitorais, faz parte do arsenal da disputa pelos votos.

Por fim, como última questão, é urgente profundar os estudos sobre o mercado político (candidatos/políticos; partidos e consultores) e repactuar a relação existente entre eles. No caso específico da realidade brasileira, esse mercado político teve suas vísceras escancaradas pelas investigações judiciais e policiais em curso que apontam relações espúrias e nada republicanas entre políticos, empresas e consultores políticos, jogando a todos no lodaçal da corrupção, comprometendo ainda mais a nossa incipiente democracia.

Ao procurar fechar questão em torno das campanhas eleitorais do futuro no horizonte de 2021, outras lacunas se abrem de maneira pertinente e útil ao processo científico. Espero que ao consultar a presente tese de doutoramento, outros pesquisadores se sintam estimulados a abraçar algumas dessas recomendações e até mesmo formular novas que eventualmente tenham passado desapercebidas por este autor.

REFERÊNCIAS BIBLIOGRÁFICAS

ADOGLIO NETTO, Maria Regina. *Eleições - vende-se um candidato*. São Paulo: Milesi, 1980.

AGRE, Philip. Growing a Democratic Culture: John Commons on the Wiring of Civil Society. In: JENKINS, H.; THORBURN, D. (Org). *Democracy and new media*. Cambridge: MIT Press, 2004.

AMERICAN MARKETING ASSOCIATION. *AMA Board approves new marketing definition. American Marketing Association News*, vol. 19, n. 5, 1985.

ANDERSON, J. C. *Relationship in business markets: exchange episodes, value creation and their empirical assessment. Journal of the Academy of Marketing Science*, vol. 23, n. 4, set. 1995

ANDERSON, J. C.; HAKANSSON, H.; JOHANSON, J. *Dyadic business relationships within a business network context. Journal of Marketing*, vol. 58, n. 4, p. 1-15, out. 1994

ANDRADE, Cândido Teobaldo de Souza. *Público e opinião pública*. In: Curso de relações públicas. São Paulo: Atlas, 1980.

ANTES do debate, disputa em Porto Velho tem triplo empate técnico e há indefinição sobre quem disputará o segundo turno. IBOPE Inteligência. Porto Velho, 30 set. 2016. Disponível em: <http://www.ibopeinteligencia.com/noticias-e-pesquisas/antes-do-debate-disputa-em-porto-velho-tem-triplo-empate-tecnico-e-ha-indefinicao-sobre-quem-disputara-o-segundo-turno/>. Acessado em 02 jan. 2016.

ANTUNES, J.; RITA, P. *O marketing relacional como novo paradigma*. Revista Portuguesa e Brasileira De Gestão. v. 7, n. 2, p. 36-46, abr./jun. 2008.

AQUILANO, N. J.; CHASE, R. B.; JACOBS, F. R. *Operations Management for Competitive Advantage*. Internation Edition, 1998.

ARBLASTER, Anthony. *A Democracia*. Lisboa: Estampa, 1988.

ARENDT, Hannah. *Responsabilidade e Julgamento.* São Paulo: Companhia das Letras, 2004.

ARISTÓTELES. *Política.* Tradução do grego, introdução e notas do Prof. Mário da Gama Kury. 3 ed. Brasília: UNB, 1997.

ARRUDA, Maria Cecília Coutinho. *O estágio atual da teoria de marketing.* Revista Marketing, ano 19, nº153, p. 53, jul. 1986.

ASEAN ANNIVERSARY, 40. 2007. Jacarta. Anais... Jacarta: Association of Southeast Asian Nations. 2007.

AUGÉ, C. (Coord.). *Le Nouveau Larousse Illustré*, vol. 6. Paris: Larousse, 1987-1904.

AUGRAS, Monique. À procura do conceito de opinião pública. In: Opinião pública: teoria e processo. Petrópolis: Vozes, 1970.

BAGOZZI, R. *Reflections on relationship marketing in consumer markets. Journal of the Academy of Marketing Science*, vol. 23, n. 4, p. 272-277, set. 1995

BARDIN, Laurence. *L´Analyse de Contenu*, Paris, Presses Universitaires de France, 1977. BARROS, A.; DUARTE, J. *Métodos e técnicas de pesquisa em Comunicação.* São Paulo: Atlas, 2006

BELL, Judith. *Doing your research project.* England: Open University Press, 1989.

BENBASAT, I.; GOLDSTEIN, D.; MEAD, M. *The Case Research Strategy in Studies of Information Systems.* MIS Quarterly, v. 11, n. 3, p. 369-386, set. 1987.

BENNETT, Peter (Ed.). *Marketing definitions: a glossary of marketing terms.* Chicago: American Marketing Association, 1995.

BERELSON, B.; GAUDET, H.; LAZARSFELD, P. F. *The people's choice: how the voter makes up his mind in a presidential campaign.* 6. ed. New York: Columbia University Press, 1965.

BERRY, L.; PARASURAMAN, A. *Building a new academic field: the case of services marketing.* Journal of Retailing, vol. 69, n. 1, p. 13-60, mar./jun. 1993

BERRY, Leonard L. *Relationship Marketing.* In BERRY, L.; SHOSTACK, G.; UPAH, G. (Ed.). Emerging Perspectives on Services Marketing. Chicago: American Marketing Association, 1983.

BEZERRA, Heloísa. JORGE, V. L.; FREITAS, R.; SILVA, S. *Democracia via web: direito a informação e transparência.* Anais da II Conferência do Desenvolvimento – CODE 2011 do Instituto de Pesquisa Econômica Aplicada – IPEA. Brasília, novembro, 2011.

BITNER, Mary Jo. *Building service relationships: it's all about promises. Journal of the Academy of Marketing Science*, vol. 23, n. 4, p. 246-251, 1 set. 1995.

BOBBIO, N.; MATTENCI, N.; PASQUINO, G. *Dicionário de política.* 13 ed. Brasilia: Editora UNB, 2010, v.2

BOBBIO, Norberto. *Teoria geral da política.* Rio de Janeiro: Elsevier, 2000.

BONAVIDES, Paulo. *Ciência Política.* 10 edição. SP: Editora Malheiros, 2000.

BOONE, L. E.; KURTZ, D. L. *Marketing contemporâneo.* 8ª ed. Rio de Janeiro: LTC, 1998.

BORDEN, Neil. *The concept of the Marketing Mix.* Jounal of Advertising Research. Cambridge: Cambridge University Press, 1949.

BORGES, Ramón. *El Estudio de Caso como instrumento pedagógico y de investigación en Políticas Públicas.* Santiago: Universidad de Chile, 1996.

BOSCO, C.; NABARRETI, C.; MIRANDA, M. *Marketing eleitoral 2.0: o uso das novas mídias e da internet no processo de persuasão.* In: QUEIROZ, A.; CARNIELLO, M.; OLIVEIRA, E.; MACEDO, R.; COSTA, L. *Marketing político – estratégias globais e regionais.* Rio de Janeiro: Oficina de Livros, 2010

BOSS, Jean-François. *Les nouveaux visages du marketing. Revue Française du Marketing*, v. 164, n. 4, 1997.

BRASIL. Constituição (1988). *Constituição da República Federativa do Brasil.* 16. ed. São Paulo: Atlas, 2000. Organizada por Alexandre de Moraes.

BRASIL. Presidência da República. Secretaria de Comunicação Social. *Pesquisa brasileira de mídia 2015: hábitos de consumo de mídia pela população brasileira.* Brasília: Secom, 2014.

BRASIL. Presidência da República. Subchefia para Assuntos Jurídicos.

BREITER, Hans et al. *Redefining neuromarketing as an integrated science of influence. Frontiers in Human Neuroscience Journal*, v. 53, ed. 8, p. 53-63, 12 fev. 2015.

BRETZKE, Miriam. *Marketing de Relacionamento e Competição em Tempo Real.* São Paulo: Editora Atlas, 2000.

BROWN, Arthur Stanley. *Customer Relatioship Management: A strategic Imperative in World of e-Business.* Ontário: John Wiley & Sons Canada Ltd., 2000.

BRYMAN, Alan. *Social Research Methods.* New York: Oxford University Press, 2004.

CASTELLS, Manuel. *A Galáxia da Internet: reflexões sobre a internet, os negócios e a sociedade.* Rio de Janeiro: Zahar, 2003.

CASTELLS, Manuel. *Networks of outrage and hope: social movements in the Internet Age.* Cambridge: UK. Polity Press, 2012.

CHANG, K. *The effects of information service on relationship marketing: the cases of distribution centers in Taiwan.* Journal of International Marketing and Marketing Research, vol. 26, n. 1, 2001

CHAVES, Hildon de Lima. *Especialista em Marketing Político, analisa pesquisa IBOPE.* Youtube. 10 out. 2016. Disponível em: <https://www.youtube.com/watch?v=267PGWCdmVM>. Acessado em: 02 jan. 2017.

CHAVES, Hildon de Lima. *Porto Velho, eu vou cuidar de você!.* Youtube. 30 set. 2016. Disponível em: <https://www.youtube.com/watch?v=MRVwf6b0m5I>. Acessado em: 02 jan. 2017.

CHIAVENATO, Idalberto. *Introdução à Teoria Geral da Administração.* Rio de Janeiro: Elsevier, 2003.

CHRISTOPHER, M.; BALLANTINE, D.; PAYNE, A. *Relationship Marketing: Bringing Quality, Customer Service and Marketing Together.* Butterworth-Heinemann, 1993. (CIM Professional Development Series)

CÍCERO, Quinto. *Manual da Campanha Eleitoral.* Lisboa: Campo da Comunicação, 2015.

COBRA, M; BREZZO, R. *O Novo Marketing.* São Paulo: Campus/Elsevier, 2010.

COLLINS, T.; RAPP, S. *Maximarketing.* São Paulo: McGraw-Hill, 1988.

CONFÚCIO. *Os Anacletos.* Tradução de D. C. Lau. Porto Alegre: L&PM Pocket, 2007.

CONGRESSO BRASILEIRO DE ESTRATÉGIAS ELEITORAIS E MARKETING POLÍTICO, 7. 2016. São Paulo. **Anais**... São Paulo. Associação Brasileira de Consultores Políticos, 2016.

CONSTANTINIDES, Efthymios. The marketing mix revisited: towards the 21st Century marketing. *Journal of Marketing Management*, vol. 22, p. 407-438, 2006.

CUNNINGHAM, Frank. *Teorias da democracia: uma introdução crítica.* Tradução de Delmar José Volpato Dutra. Porto Alegre: Artmed, 2009.

DAHL, Robert Alan. *Sobre a democracia*. Brasília, Editora da Universidade de Brasília, 2001.

Decreto-lei nº 9.504/1997. *Estabelece normas para as eleições*. Disponível em: <http://www.planalto.gov.br/ccivil_03/leis/L9504.htm>. Acesso em 15 jul. 2016.

DEHAENE, Stanislas. *Le Cerveau en action, imagerie cérébrale fonctionnelle en psychologie cognitive*. Paris: PUF, 1997.

DEUTSCH, Karl. *Os nervos do governo*. Rio de Janeiro: Bloch, 1971.

DIAS, Reinaldo. *Ciência Política*. 2ª edição (revisada e ampliada) SP: Editora Atlas, 2013.

DIENER, E.; DIENER, M.; DIENER, C. *Factors predicting the subjective well-being of nations*. In: Journal of Personality and Social Psychology, v. 69, p. 851-864, 1995.

DIENER, E.; INGLEHART, R.; TAY, L. *Theory and Validity of Life Satisfaction Scales*. In: Social Indicators Research, v. 112, Issue 3, p. 497-527, 2013.

DIENER, E.; OISHI, S.; TAY, L. Easterlin *Was Wrong – and Right: Income and psychosocial changes, and the changing happiness of nations*. Manuscript submitted for publication, University of Illinois, 2012.

DISPUTA pela prefeitura de Porto Velho começa indefinida, com Roberto Sobrinho numericamente à frente e tecnicamente empatado com Léo Moraes e Dr. Mauro. IBOPE Inteligência. Porto Velho, 24 ago. 2016. Disponível em: <http://www.ibopeinteligencia.com/noticias-e-pesquisas/disputa-pela-prefeitura-de-porto-velho-comeca-indefinida-com-roberto-sobrinho-numericamente-a-frente-e-tecnicamente-empatado-com-leo-moraes/>. Acessado em 20 set. 2016.

DOMENACH, Jean Marie. *A Propaganda Política*. Augés: Difel, 1963.

DOWNS, Anthony. *An Economic theory of democracy*. New York: Harper; Row Publishers, 1957.

DROULERS, O.; ROULLET, B. Émergence du neuromarketing: apports et perspectives pour les praticiens et les chercheurs. *Décisions Marketing*, n. 46, pp. 9-23, abr-jun, 2007

DRUCKER, Peter Ferdinand. *Administrando em Tempos de Grandes Mudanças*. São Paulo: Pioneira, 1995.

DRUCKER, Peter. *Management: Tasks, Responsabilities, Practices*. New York: Harper and Row, 1973.

DURKHEIM, Émile. *A Educação Moral.* Petrópolis: Vozes, 2011.

ECO, Umberto. *Como se faz uma Tese.* 13 ed. Lisboa: Editorial Presença, 2007.

EISENBERG, José. *Internet, Democracia e República.* In: DADOS – Revista de Ciências Sociais, Rio de Janeiro, edição 46, nº 3, p. 491-511, 2003.

ELEIÇÕES 2016. *Debate Eleitoral. Porto Velho: SIC TV, 25 setembro, 2016.* Programa de TV. Disponível em: <https://www.facebook.com/Rondoniaovivo/videos/1461968797151764/?pnref=story>. Acessado em 02 jan. 2017.

ERMAK, Gennady. *Emerging Medical Technologies.* Singapore: World Scientific, 2015.

FACEBOOK está perto de alcançar 2 bilhões de usuários no mundo. Agência Reuters. Estadão. Link. 01 fev. 2017. Disponível em: <http://link.estadao.com.br/noticias/empresas,facebook-esta-perto-de-alcancar-2-bilhoes-de-usuarios-no-mundo,70001649767>. Acessado em: 22 jun. 2017.

FARACO, Antônio Henrique. *Ensaio Marketing Político Socialmente Responsável: uma abordagem sobre a prática da responsabilidade social junto ao marketing político.* In: VI SEMINÁRIO DE ADMINISTRAÇÃO, 6. 2013. São Paulo, Anais. Universidade de São Paulo, 2013.

FARIA, Cristiano Ferri Soares de. *O Parlamento aberto na era da Internet: pode o povo colaborar com o Legislativo na elaboração das leis?.* Brasília: Edições Câmara, 2012.

FELDMAN, Laurence P. *Societa Adaptation: Anew Challenge for Marketing.* Journal ofMarketing, v. 35, n. 3, p. 54-60, jul. 1971.

FERRARI, Pollyana. *A força da mídia social.* São Paulo: Factash Editora, 2010.

FIDEL, Raya. *The case study method: a case study.* In: GLAZIER, J.; POWELL, R. Qualitative research in information management. Englewood: Libraries Unlimited, p. 37-50, 1992.

FIGUEIREDO, Marcus. *A decisão do voto.* São Paulo: Editora Sumaré, 1991.

FIGUEIREDO, Rubens (Org.). *Marketing político e persuasão eleitoral.* São Paulo: Fundação Konrad Adenauer, 2000. (Série Pesquisas, n. 17).

FIGUEIREDO, Rubens. *Conquista do Voto: Como agem os especialistas nas campanhas eleitorais.* São Paulo: Brasiliense, 1994.

FIGUEIREDO, Rubens. *Escola Política: Manual Prático de Marketing Político*. Rio de Janeiro: Konrad-Adenauer-Stiftung, 2004.

FOX, William. *Statistiques Sociales*. Québec: Les Presses de l'Université Laval, 1999.

FREY, B.; STUTZER, A. *Happiness, economy, and institutions*. In: *Economic Journal*, *110*, 118-138, 2000.

FREY, C.; OSBORNE, M. *The Future of Employment: How susceptible are jobs to computerisation?*. Oxford Martin School, University of Oxford. Working Paper. Disponível em: http://www.oxfordmartin.ox.ac.uk/publications/view/1314). Acessado em 15 de nov. 2016.

FROMM, Erich. *Ter ou Ser?*. 4. ed. São Paulo: LTC, 1987.

GALEANO, Eduardo. *As palavras Andantes*. 4. ed. Porto Alegre: L&PM Editores, 1994.

GALTUNG, J.; VINCENT, R. *Global Glasnot: Toward a New World Information and Communication Order?*. New Jersey: Hampton Press, 1992.

GARCIA, J.; SAAD, G. *Evolutionary neuromarketing: Darwinizing the neuroimaging*. Journal of Consumer Behaviour, n. 7, pp. 397-414, July-October 2008.

GARCIA, Mauro Neves. *A evolução do marketing*. IMES, edição 1, ano 1, nº 1, p. 18-24, set-dez. 1983.

GLYNN Carrol, HERBST, Susan, SHAPIRO, Robert e O'KEEFE, Garret. *Public Opinion*. Colorado. Westview, 1999.

GODIN, Seth. *Marketing de Permissão. São* Paulo: Elsevier, 2000.

GOMES, Neusa Demartini. *Formas Persuasivas de Comunicação Política*. 2. ed. Porto Alegre: Edipucrs, 2001.

GOMEZ, G.; FLORES, J.; JIMÈNEZ, E. *Metodologia de la Investigacion Cualitativa*. Malaga: Ediciones Aljibe, 1996.

GOMES, Wilson. *Transformações da política na era da comunicação de massa*. SP: Editora Paulus, 2004.

GORDON, Ian. *Marketing de Relacionamento, Estratégias, Técnicas e Tecnologias para Conquistar Clientes e Mantê-los para Sempre*. São Paulo: Futura, 1999.

GRACIOSO, Francisco. *Marketing uma experiência brasileira*. São Paulo: Cultrix, 1971.

GRACIOSO, Francisco. *Marketing, o Sucesso em 5 Movimentos*. São Paulo: Atlas, 1997.

GRÖNROOS, Christian. *From marketing mix to relationship marketing: towards a paradigm shift in marketing.* Managerial Decision, v. 32, n. 2, p. 4-20, 1994.

GRÖNROOS, Christian. *Relationship approach to marketing in service contexts: the marketing and organizational behaviour interface. Journal of Business Research*, vol. 20, n. 1, p. 3-11, jan. 1990.

GRÖNROOS, Christian. *'Quo Vadis', marketing? Toward a relationship marketing paradigm.* Journal of Marketing Management, v. 10, n. 5, p. 347-360, 1994.

GRÖNROOS, Christian. *Designing a long-range marketing strategy for services.* Long Range Planning, v. 13, n. 2, p. 36-42, 1980.

GRÖNROOS, Christian. *Relationship marketing: interaction, dialogue and value.* Revista Europea de Dirección y Economia de la Empresa, v. 9, n. 3, p. 99-113, 2000.

GRÖNROOS, Christian. *Service Management and Marketing. Managing the Moments of Truth in Service Competition.* Minessota: Lexington Books, 1990.

GTCTWD - *Gene Therapy Clinical Trials Worldwide Database.* The Journal of Gene Medicine: John Wiley & Sons, v. 18, n. 4-6, ago. 1990.

GUBA, E., LINCOLN, Y. *Competing paradigms in qualitative research.* In: DENZIN, N., LINCOLN, Y. (Ed.) Handbook of Qualitative Research. Thousand Oaks: SAGE Publications, p. 105-117, 1994.

GUIDDENS, A. *Sociology.* London: Polity Press, 1995.

GUMMESSON, Evert. *Marketing de Relacionamento Total.* 3ª ed. Porto Alegre: Artmed, 2010.

GUMMESSON, Evert. *Qualitative Methods in Management Research.* USA: SAGE, 2000.

GUMMESSON, Evert. *Implementation requires a relationship marketing paradigm. Journal of Academy of Marketing Science*, vol. 26, n. 3, p. 242-249, 1998.

GUMMESSON, Evert. *Marketing revisited: the crucial role of the part-time marketers. European Journal of Marketing*, vol. 25, n. 2, 60-75, 1991.

GUMMESSON, Evert. *Relationship marketing in the new economy. Journal of Relationship Marketing*, v. 1, n. 1, p. 37-57, 2002.

GUMMESSON, Evert. *The new marketing: developing long term interactive relationship. Long RangePlanning*, vol. 20, n. 4, p. 10-20, ago. 1987.

HABERMAS, Jürgen. *A inclusão do outro: estudos de teoria política.* 3ª ed. Tradução de George Sperber, Paulo Astor Soethe e Milton Camargo Mota. São Paulo: Loyola, 2007.

HABERMAS, Jürgen. *Further Reflections on the Public Spher.* In: CALHOUN, Craig (ed.). *Habermas and the Public Sphere.* Massachusetts: MIT Press, 1992.

HAKANSSON, Håkan. *International Marketing and Purchasing of Industrial Goods: An Interaction Approach.* New York: John Wiley and Sons, 1982.

HALLEN, L.; JOHANSON, J.; MOHAMED, N. *Relationship strength and stability in international and domestic industrial marketing.* Industrial Marketing and Purchasing, vol. 2, nº 3. P, 22-37, 1987.

HAMMOU, K.; GALIB, H.; MELLOUL, J. *The Contributions of Neuromarketing in Marketing Research.* Journal of Management Research, vol. 5, n. 4, p. 20-33, 2013

HARKER, M.; EGAN, J. *The past, present and future of relationship marketing. Journal of Marketing Management*, vol. 22, p. 215-242, 2006.

HUTT, Michael. *Cross-functional working relationships in marketing.* Journal of the Academy of Marketing Science. Temple, 1 set. p. 351-357, 1995.

INNARARITY, Daniel. *A política em tempos de indignação – a frustração popular e os riscos para a democracia.* Rio de Janeiro: Editora Leya, 2017.

INFANTE, Vidal Sunción. *Marketing: o que é?.* Revista Marketing, v. 18, n. 139, p. 54-55, mai. 1985.

INGLEHART, R.; KLINGEMANN, H. D. *Genes, culture, democracy and happiness.* In: DIENER, E.; SUH, E. (eds.). Subjective well-being across cultures. Cambridge: MIT Press, p. 165-183, 2000.

INGLEHART, Ronald. *The silent revolution.* Princeton: Princeton University Press, 1977.

IULIANELLI, Jorge. *As instituições democráticas: uma análise comparativa entre J. Rawls e P. Hirst.* In: revista Fragmentos de Cultura. Goiânia, Universidade Católica de Goías, v. 11, n. 4, jul. 2001.

KELLER, K. L.; KOTLER, P. *Administração de Marketing.* 14. ed. São Paulo: Pearson Education do Brasil, 2012.

KELSEN, Hans. *A democracia.* São Paulo: Martins Fontes, 2ª ed., 2000.

KOTLER, Philip. *Administração de marketing: análise, planejamento, implementação e controle.* 5. ed. São Paulo: Atlas, 1998.

KOTLER, Philip. *Marketing - Edição Compacta*. São Paulo: Atlas, 1980.

KOTLER, Philip. *Marketing 3.0*. Rio de Janeiro: Elsevier, 2010.

KRIPPENDORFF, Klaus. *Metodologia de análisis del contenido*. Barcelona: Editorial Paidós, 1990.

KUNTZ, Ronald. *Marketing político: manual de campanha eleitoral*. São Paulo: Global, 2006.

LARA, António de Sousa. *O Regresso ao Futuro: Ideologia, Política e Geopolítica*. LARA (coord.), A Crise e o Futuro. Lisboa. Pedro Ferreira, Lda, 2013.

LARA, António de Sousa. *Ciência Política – Estudo da Ordem e da Subversão* (8° ed.). Lisboa: ISCSP, 2015.

LARA, António de Sousa. *Previsão e Mudança*. LARA (coord.). Previsão e Mudança: Estudos Políticos e Internacionais. Lisboa: MGI, 2016.

LAUTERBORN, Robert. *New marketing litany: Four Ps passé: C-words take over*. In: Advertising Age, ed. 61, oct. 1990.

LAVAREDA, A.; CASTRO, J. P. *Neuropropaganda de A a Z*. Rio de Janeiro: Record 2016.

LAVAREDA, A.; TELLES, H. (Org.). *Como o eleitor escolhe seu prefeito: campanha e voto nas eleições municipais*. São Paulo: FGV, 2011.

LAVAREDA, Antonio. *Emoções Ocultas e Estratégias Eleitorais*. Rio de Janeiro: Objetiva, 2009.

LE BON, Gustave. *Les Opinions et les Croyances - genèse, evolution*. Collection Bibliothèque de philosophie scientifique. Paris: Ernest Flammarion, 1918. Disponível em: <http://classiques.uqac.ca/classiques/le_bon_gustave/opinions_et_croyances/opinions_et_croyances.html>. Acesso em 20 junho 2016.

LÉVI-STRAUSS, Claude. *Antropologia estrutural*. São Paulo: Cosac Naify, 2008

LEVITT, Theodore. *The Marketing Imagination*. New York: The Free Press, 1983.

LEVITT, Theodore. *Exploit the Product Life Cycle*. Boston: Harvard Business Review, 1965

LEVITT, Theodore. *Innovation in Marketing*. New York: Mcgraw Hill, 1962

LEVITT, Theodore. *Marketing Myopia*. In: Harvard Business Review, jul-aug. vol. 38, p.45-56, 1960.

LÉVY, Pierre. *O que é o virtual?* Trad. Paulo Neves. 6. ed. São Paulo: Editora 34, 2003.

LÉVY, Pierre. *Cibercultura*. Trad. Carlos Irineu da Costa. 4. ed. Lisboa: Editora 34, 2003.

MALTEZ, José Adelino. *Sobre a ciência política*. Lisboa: ISCSP, 1993.

MANHANELLI, Carlos Augusto. *Eleição é guerra: marketing para campanhas eleitorais*. São Paulo: Summus, 1992.

MARCUS AURELIUS. *Meditation*. Tradução de Maxwell Staniforth. Londres: The Folio Society, 2002.

MARKETING. *American Marketing Association*. 2008. Disponível em: <http://www.marketingpower.com/mg-dictionary.php?SearchFor=marketing&Searched=1>. Acesso em 15 jul. 2016.

MARTINS, Manuel Meirinho. *Cidadania e Participação Política*. Lisboa: ISCSP, 2010.

MARTINS, Manuel Meirinho. *Participação Política e Democracia – O Caso Português (1976-2000)*. Lisboa: Instituto Superior de Ciências Sociais e Políticas, 2004.

MAUROIS, André. *A vida de Disraeli*. Rio de Janeiro: Nova Fronteira, 2009.

MAUSS, M. (1923-24), *"Essai sur le don: forme et raison de l'échange dans les sociétés archaïques"*, in MAUSS, M., Sociologie et anthropologie, Paris: PUF, 1997.

McCARTHY, E. J. *Basic Marketing*. A Managerial Aapproach. Illinois: Richard D. Irwin, 1960.

McCARTHY, E. J.; PERREAULT, W. D. *Essentials of Marketing: A Global-Management Approach*. Homewood: Richard D. Irwin, 1996 (Irwin Series in Marketing).

MCCLURE, S. M.; LI, J.; TOMLIN, D.; CYPERT, K. S.; MONTAGUE, L. M.; MONTAGUE, P. R. *Neural Correlates of Behavioral Preference for Culturally Familiar Drinks. Neuron*, vol. 44, p. 379–387, 14 out. 2004

McKENNA, Regis. *Marketing de Relacionamento: estratégias bem-sucedidas para a era do cliente*. Rio de Janeiro: Campus, 1992.

McLUHAN, Marshall. *The Gutenberg Galaxy*. Toronto: University of Toronto Press, 1962.

MOISÉS, José Álvaro (Org.). *Democracia e confiança: Por que os cidadãos desconfiam das instituições públicas?*. São Paulo: Edusp, 2010.

MOLINER, M.; CALLARISA, L. *El marketing relacional o la superación del paradigma transaccional.* Revista Europea de Dirección y Economia de la Empresa, v. 6, n. 2, p. 67-80, 1997.

MÖLLER, K.; HALINEN, A. *Journal of Marketing Management.* Editora Taylor & Francis Group, vol. 16, n. 2, ed. 1-3, p. 29-54, 2000.

MONTALVÃO, E.G. *Gestão de obras públicas.* Curitiba: Ibpex, 2009.

MONTORO FILHO, A. F. *et al. Manual de economia.* São Paulo: Saraiva, 1996.

MOREIRA, B.; PACHECO, A.; BARBATO, A. *Neuroeconomia e neuro-marketing: Imagens cerebrais explicando as decisões humanas de consumo. Ciências & Cognição*, vol.16, n 1, p. 99-111, Rio de Janeiro, 2011.

MORGAN. Garreth. *Imagens da organização: edição executiva.* São Paulo: Atlas, 2000.

MORIN, Christophe. *Neuromarketing: The New Science of Consumer Behavior. Society*, vol. 49, n. 2, p. 131-135, 2011.

NA primeira pesquisa sobre o segundo turno em Porto Velho, Dr. Hildon lidera a disputa. IBOPE Inteligência. Porto Velho, 17 out. 2016. Disponível em: <http://www.ibopeinteligencia.com/noticias-e-pesquisas/disputa-pela-prefeitura-de-porto-velho-comeca-indefinida-com-roberto-sobrinho-numericamente-a-frente-e-tecnicamente-empatado-com-leo-moraes/>. Acessado em 02 jan. 2017.

NETO, J.; ALEXANDRE, M. *Neuromarketing: Conceitos e Técnicas de Análise do Cérebro de Consumidores. Atas XXXI Encontro ANPAD.*Rio de Janeiro, 22 a 26 set., 2007.

NEUROMARKETING. *Laboratório de Neurociência Aplicada.* Disponível em: <http://www.neurolabbrasil.com.br/#section-3>. Acessado em 29 dez. 2016.

NEUROMARKETING. Ngram Viewer. Disponível em: <https://books.google.com/ngrams/graph?content=neuromarketing&year_start=1993&year_end=2008&corpus=15&smoothing=3&share=&direct_url=t1%3B%2Cneuromarketing%3B%2Cc0>. Acessado em 15 nov. 2016.

NEVES, José Luis. *Pesquisa qualitativa, uso e possibilidades.* Cadernos de Pesquisa em Administração, v.1, n. 3, São Paulo, 1996. Disponível em: <http://www.ead.fea.usp.br/cad-pesq/arquivos/c03-art06.pdf.>Acessado em: 10 de jan de 2013.

NEVIN, John. *Relationships marketing and distribution channels: exploring fundamental issues.* Journal of the Academy of Marketing Science, v. 23, n. 4, p. 327-334, 1995.

NOELLE-NEUMANN, Elizabeth. *Mass media and social change in developed societies.* In: KATZ, E.; SZECSKO, T. (Ed.). Beverly Hills: Sage, 1981.

OISHI, Shigehiro. *The psychological wealth of nations: Do happy people make a happy society?.* Hoboken: Wiley-Blackwell, 2012.

OLIVEIRA, José Vidal. *Marketing Research – investigação em marketing.* Lisboa: Edições Sílabo, v. 1, 2012.

OLIVER, Richard. *Satisfaction: A behavioral perspective on the consumer.* EUA: Irwin I McGraw-Hill, 1996.

OLLAIK, L.G.; ZILLER, H.M. *Concepções de validade em pesquisas qualitativas.* São Paulo: Educação e Pesquisa, 2012.

ONU. *Declaração Universal dos Direitos Humanos.* Disponível em: <http://www.onu-brasil.org.br/documentos_direitoshumanos.php>. Acesso em 29 dez. 2016.

Paradigm for consumer behavior. Journal of Consumer Behaviour, no. 7, p. 397-414, 2008.

PEPPERS, D.; ROGERS, M. *Marketing um a um: Marketing individualizado na era do cliente.* Rio de Janeiro: Campus, 1994.

PESQUISA realizada antes do último debate mostra ampliação da vantagem de Dr. Hildon, que deve ser eleito em Porto Velho. IBOPE Inteligência. Porto Velho, 28 out. 2016. Disponível em: <http://www.ibopeinteligencia.com/noticias-e-pesquisas/disputa-pela-prefeitura-de-porto-velho-comeca-indefinida-com-roberto-sobrinho-numericamente-a-frente-e-tecnicamente-empatado-com-leo-moraes/>. Acessado em 02 jan. 2017.

PETERSON, Robert. *Relationship marketing and the consumer.* Journal of the Academy of Marketing Science, v. 23, nº 4, p. 278-281, 1995.

PEWRESEARCH CENTER (2014), *AI, Robotics, and the Future of Jobs.* Disponível em: http://www.pewinternet.org/2014/ 08/06/future-of-jobs/> Acessado em 14 nov. 2016

PIMENTEL JR., Jairo. *Quem bate perde? – Um estudo experimental sobre o impacto dos spots eleitorais.* In: Revista Em debates, v. 7, n. 5, p. 7-16, dez. 2015.

PIMENTEL, Marcelo Tadeu dos Reis. *A Prática do Marketing Político*: Ações De Uma Campanha Eleitoral Vitoriosa. Taubaté: Editora do Autor, 2008.

PINTO, António Costa. *The Nature of Fascism Revisited.* New York: Columbia University Press. 2012.

PLASSMANN, H.; RAMSOY, T. Z.; MILOSAVLJEVIC, M. *Branding the brain: A critical review and outlook. Journal of Consumer Psychology*, v. 22, n. 1, p. 18–36, 2012.

PONTE, João Pedro da. *Estudos de caso em educação matemática.* Bolema*,* v. 25, p. 105-132, 2006.

PRAHALAD, C.K.; KRISHANAN, M.S. *A nova era da inovação.* Rio de Janeiro: Campus/Elsevier, 2008.

QUIVY, R.; CAMPENHOUDT, L. *Manual de Investigação em Ciências Sociais.* Lisboa: Gradiva, 2005.

RANKING DAS REDES SOCIAIS NO MUNDO. https://www.statista.com/chart/5194/active-users-of-social-networks-and-messaging-services/. Acessado em 24 de agosto de 2017.

REES, Laurence. *Vende-se política.* 1. ed. Rio de Janeiro: Revan, 1995.

RETO, L.; SÁ, J. *Esquerda e Direita em Portugal.* Lisboa: Livros Horizonte, 2016.

REYNOLDS, K.; BEATTY, S. *Customer benefits and company consequences of customer-salesperson relationships in retailing.* Journal of Retailing, v. 75, n. 1, p. 11-32, abr./jun. 1999.

RIBEIRO, E.; BORBA J. *Participação e materialismo em América Latina.* In: *Opinião Pública.* Campinas, v. 16, nº1, Junho 2010, p. 28-63.

RIBEIRO, Ednaldo. *A Consistência das Medidas de Pós-materialismo.* In: *Sociedade e Estado.* Brasília, v. 22, n. 2, p. 371-400, mai./ago., 2007.

RICHARDS, Sabrina (2012). "Gene Therapy Arrives in Europe" in The Scientist, 6 de novembro.

RICHERS, Raimar. *O que é marketing.* São Paulo: Brasiliense, 1981.

RICHTA, Radovan. *La civilización en la encrucijada.* México: Siglo Veintiuno, 1971.

ROSENBERG, S. et al. *Gene transfer into humans--immunotherapy of patients with advanced melanoma, using tumor-infiltrating lymphocytes modified by retroviral gene transduction.* The New England Journal of Medicine, v. 323, n. 9, p. 570–578, ago. 1990.

SÁ, Jorge de. *Marketing Político. Para uma Gestão Integrada da Política*. Lisboa: Instituto Superior de Ciências Sociais e Políticas – Universidade de Lisboa, 2013.

SÁ, Jorge de. *Quem Se Abstém*. Lisboa: Campo da Comunicação, 2009.

SÁFADY, Naief. *Publicidade e Propaganda*. São Paulo: Fundação Getúlio Vargas, 1973.

SALMON, Christian. *Storytelling, la machine à fabriquer des histoires et à formater les esprits*. Paris: La Découverte, 2007.

SÁNCHEZ, Amparo Martínez. *El Estudio de Casos para profesionales de la Acción Social*. Madrid: Narceo de Ediciones, 1994.

SÁNCHEZ, M.; GIL, I.; MOLLÁ, A. *Estatus del marketing de relaciones*. Revista Europea de Dirección y Economia de la Empresa, v. 9, n.º 3, p. 47-64, 2000.

SANTOS, João de Almeida. *Crise da Representação ou Mudança de Paradigma? Democracia, Deliberação e Decisão*. In Revista Portuguesa de Filosofia, Vol. 73, n. 1, 2017.

SANTOS, João de Almeida. *"Conectividade. Uma chave para a política do futuro"*, In VALENTE, M., TIMOTEO A., FERNÁNDEZ, V. (editores), *El juego real de la singularidad humana. Predicción de comportamientos y toma de decisiones en el cerebro coral. La perspectiva de la Neurocomunicación*. Madrid, Universidad Complutense de Madrid-Fundación Santander Universidades, pp. 73-88, 2018.

SCHUDSON, Michael. *Click Here for Democracy: a History and Critique of an Information-Based Model of Citizenship*. In: JENKINS, Henry e THORBURN, David, (Org). Democracy and new media. Cambridge: MIT Press, 2004.

SCHUMPETER, Joseph. *Capitalismo, Socialismo e Democracia*. Tradução de Ruy Jungmann. Rio de Janeiro: Editora Fundo de Cultura, 1961.

SCHWARTZ,T. *Daisy Spot*. Disponível em: <http://museudapropaganda.blogspot.com/search/label/anos%2050>. Acesso em: 29 jul. 2015.

SHAVELSON, Richard. *Statistical Reasoning for the Behavioral Sciences*. Boston: Allyn and Bacon, 1999.

SHETH, J.; GARDNER, D.; GARRETT, D. *Marketing Theory: Evolution and Evaluation*. New York: John Wiley & Sons, 1988.

SHETH, J.; PARVATIYAR, A. *Relationship marketing in consumer markets: antecedents and consequences*. Journal of the Academy of Marketing Science, v. 23, n. 4, p. 255-271, 1995.

SIMÕES, Roberto. *A evolução histórica do marketing: dos fenícios ao hipermercado*. Revista Marketing, ano 13, nº 79, jun. 1980.

SIMÕES, Roberto. *Iniciação ao marketing*. 4. ed. São Paulo: Atlas, 1980.

SPENDOLINI, Michael. *Benchmarking*. SP: Makroon Books, 1993.

STAKE, Robert. *Investigación con Estudios de Casos*. Madrid: Ediciones Morata, 1995.

STONE, Bob. *Marketing Direto*. Barueri: NBL, 1992.

TAROUCO, G. S.; MADEIRA, R. M. *Os partidos brasileiros segundo seus estudiosos*. In: Civitas. Porto Alegre, v. 15, n. 1, p. 24-39, jan./mar. 2015. Disponível em: <http://repositorio.pucrs.br/dspace/bitstream/10923/8934/2/Os_partidos_brasileiros_segundo_seus_estudiosos_analise_de_um_expert_survey.pdf>. Acessado em 06 mar. 2017.

TARSO, S. 1ª Carta aos Coríntios, consultado em 15 de agosto de 2017 em https://www.capuchinhos.org/biblia/index.php?title=1ª_Carta_aos_Coríntios, 2017.

TEIXEIRA, Dilma. *Marketing político e eleitoral: uma proposta com ética e eficiência*. Osasco: Novo Século, 2006.

TNS. *Neuromarketing: new approach of marketing research and how it can be used in prevention activities. Consumer Behavior and Neuromarketing Research*: TNS EMOR, 2014.

TOMAZELI, Luiz Carlos. *Curso de formação política: marketing político*. Canoas: ULBRA, 1994.

TORQUATO, Gaudêncio. *Marketing político e governamental: Um roteiro para campanhas políticas e estratégias de comunicação*. 3. ed. São Paulo: Summus, 1985.

TORQUATO, Gaudêncio. *Novo Manual de Marketing Político*. 2. ed. São Paulo: Summus Editorial, 2014.

TORQUATO, Gaudêncio. *Tratado de comunicação: organizacional e política*. São Paulo: Pioneira Thomson Learning, 2004.

TUCÍDIDES. *História da Guerra do Peloponeso*. Brasília: Editora Universidade de Brasília, 2001.

TUCKERMAN, Nancy. *O Livro Completo de Etiqueta de Amy Vanderbilt*. Rio de Janeiro: Nova Fronteira, 2000.

ULMAN Y. I.; CAKAR, T.; YILDIZ, G. *Ethical Issues in Neuromarketing: I Consume, Therefore I am!*. *Sci Eng Ethics*, v. 21, p. 1271–1284, 2015.

UNESCO. *Comissão Internacional para o Estudo dos Problemas de Comunicação*, Many Voices, One World. Paris: Unesco, 1980.

VAVRA, Terry G. *Aftermarketing: How to Keep Customers for Life through Relationship Marketing*. USA: McGraw Hill, 1995.

VAVRA, Terry G. *Marketing de relacionamento - aftermarketing: como manter a fidelidade de clientes através do marketing de relacionamento*. São Paulo: Atlas, 1992.

VEENHOVEN, Ruut. *Apparent quality-of-life in nations: How long and happy people live*. In: Social Indicators Research, v. 71, p.61–86, 2005.

VEIGA, Luciana, GONDIM, Sônia Maria Guedes. A utilização de métodos qualitativos na Ciência Política e no Marketing Político. In Revista Opinião Pública, vol. 7, n. 1. Campinas: Unicamp, 2001. Acessado em 13/06/2018: http://www.scielo.br/scielo.php?pid=S0104-62762001000100001&script=sci_arttext&tlng=pt

WALLACH, Wendell. *A Dangerous Master: How to Keep Technology from Slipping Beyond Our Control*. New York: Basic Books, 2015.

WEB SUMMIT (2016), *AI will destroy jobs and governments are not prepared*. Disponível em: <http://www.socialmediaportal.com/PressReleases/2016/11/AI-will-destroy-jobs-and-governments-are-not-prepared.aspx.>. Acessado em: 14 de nov. 2016)

WEBER, Max. *Ciência e Política: duas vocações*. São Paulo: Cultrix, 1996.

WEFFORT, F. *Os clássicos da política*. 1 ed. São Paulo: Editora Ática, 2006.

WEITZ, B.; JAP, S. *Relationship marketing and distribution channels*. Journal of the Academy of Marketing Science, vol. 23, n. 4, p. 305-320, 1995.

YANAZE, M. H.; MATSUDA, C. T. (Col.). *Gestão de marketing e comunicação: avanços e aplicações*. 2. ed. São Paulo: Saraiva, 2007.

YIN, Robert. *Case Study Research: Design and Methods*. Thousand Oaks: SAGE Publications, 1994.

ANEXOS

ANEXO A

GUIÃO/ROTEIRO PARA ENTREVISTA QUALITATIVA

Bom dia/Boa tarde,

Como já tive a ocasião de lhe referir, estou conduzindo uma pesquisa que integra a tese de doutorado em Ciência Política que estou realizando numa universidade portuguesa, mais concretamente, na Universidade de Lisboa.

O meu projeto pesquisa integra as campanhas eleitorais na forma como têm evoluído, mas sem pretender tratar diretamente as questões associadas ao seu financiamento.

Este nosso encontro de hoje visa termos uma conversa franca e aberta que vá muito para além do que é o "politicamente correto" sobre este tema genérico das campanhas eleitorais na atualidade.

1. Peço-lhe então que iniciemos a conversa sobre o tema das campanhas eleitorais na atualidade, seja quanto à forma como se concretizam, às suas principais caraterísticas e seja também em relação às diferenças na forma como são feitas as campanhas de hoje relativamente ao modo como se faziam antes. Peço-lhe que exprima o seu pensamento sobre este tema das campanhas eleitorais... enfim exprimindo tudo o que considerar relevante sobre este assunto.

(Itens a serem abordados e se necessário lançados):

- O papel atual das mídias clássicas, detalhando a imprensa, a rádio e a televisão;

- A importância da imagem impressa do candidato e das suas ideias: o cartaz, o programa, os folhetos, os "santinhos", etc.;
- O papel atual dos sites na internet e das redes sociais;
- A importância do contato físico direto com os eleitores: comícios, passeatas, porta-a-porta;
- A importância do contato direto não físico: correio direto, telemarketing, texto, som e imagem nas redes sociais;
- Avaliação quanto ao modo como são feitas as campanhas eleitorais na atualidade.

2. As campanhas eleitorais decorrem naturalmente de opções políticas e do posicionamento dos candidatos, ou seja, de uma definição estratégica que tem que ter em conta o conhecimento tanto das caraterísticas das forças políticas em presença, como dos interesses dos eleitores. Daí resultam objetivos e são reunidos meios que concretizam as estratégias eleitorais. Peço-lhe que fale sobre o que há de novo nas estratégias eleitorais que têm sido desenvolvidas no Brasil, em particular sobre as caraterísticas dos meios técnicos e humanos envolvidos e sobre a avaliação do seu desempenho tendo em vista o objetivo eleitoral da cada campanha. Enfim sobre tudo o que lhe ocorrer a este respeito. Especificamente, em que grau as campanhas hoje permitem um diálogo direto entre o candidato e o eleitor?

3. O marketing político é hoje uma realidade na gestão das campanhas políticas, nomeadamente nas campanhas eleitorais. No entanto, tem havido alterações sensíveis no próprio conceito de marketing político, que se centrava quase exclusivamente nos períodos de disputa eleitoral para abranger cada vez mais todo o ciclo político, no que alguns autores designam por marketing político permanente. Outros autores identificam uma progressiva passagem do marketing político transacional, que visa sobretudo a captação mais imediata do voto, ou seja, a transação eleitoral, em favor da afirmação do marketing político relacional, que privilegia diferentes categorias de relação com diversos tipos de eleitores. Peço-lhe que fale sobre a sua percepção desta evolução, se a sente como efetiva, se considera que estas diferenças conceituais do marketing político têm um peso real na forma de conceber, preparar e

desenvolver as campanhas eleitorais na atualidade. Enfim tudo o que lhe ocorrer dizer a este propósito. O (A)senhor (a) avalia que há espaço para um trabalho permanente de marketing relacional na política brasileira?

4. Para além das campanhas eleitorais em que o objetivo principal consiste na conquista do maior número possível de votos, o marketing político vive novos desafios, no qual segundo alguns autores, a esfera pública virtual pode vir a substituir o contato direto do político com o eleitor e onde as redes sociais concentrariam o essencial do debate político. Outros autores argumentam que as redes sociais não permitem mais do que um debate pobre, feito ignorância e imbecilidades. Peço-lhe que reaja a este tipo de posições, exprimindo a sua opinião sobre a evolução que pensa que se irá verificar no modo como será a comunicação política e as campanhas eleitorais do futuro, enfim tudo o que considere relevante sobre este assunto.

(Itens a serem abordados e se necessário lançados):

- A mídia de hoje está subjugada pelo debate nas redes sociais? Como isso irá evoluir num futuro próximo?;
- O político brasileiro irá retomar o processo de relacionamento direto com o eleitor fora do ambiente virtual? Qual a evolução futura?;
- A política ainda é um espaço para o debate das ideias ou ficará subjugada à forma dos padrões estéticos da comunicação?;
- Os políticos brasileiros estão preparados para esse debate?

5. Termino com uma última questão que lhe coloco de forma direta e que diz respeito à perspectiva de Philip Kotler, que escreveu recentemente que "as teorias transacionais que serviram o marketing durante 40 anos estão a ceder o passo para os conceitos relacionais", avançando com o conceito de marketing holístico, numa perspectiva mais humanizada do uso das ferramentas do marketing, com responsabilidade socioambiental. A pergunta é: na sua opinião, há espaço para uma visão holística no âmbito de aplicação do marketing à gestão da política?

(Itens a serem abordados e se necessário lançados):

- Há espaço para que um novo modelo possa surgir? Se sim, quais os parâmetros deverão nortear esse novo modelo?;
- Concorda que há um desânimo do cidadão com o processo democrático? Por que isso acontece? E, de que forma superar isso?

ANEXO B

ENTREVISTA VALDIR RAUPP

Valdir Raupp de Matos nasceu em 1955, é senador da República, foi governador do estado de Rondônia e é vice-presidente nacional do PMDB (Partido do Movimento Democrático Brasileiro).

1) Atualmente, as campanhas eleitorais são realizadas com elevado nível de profissionalização e tem como foco maior a atuação do marketing político. As campanhas deixaram de ser intuitivas e passaram a ser racionais: a impressão de folhetos, cartazetes e outras tradicionais formas de comunicação deram lugar a outras estratégias, como pesquisa qualitativa, slogans de campanhas baseados em conceitos e definição de um plano geral de comunicação política, que incluem a orientação geral e o detalhamento das atividades do candidato, com destaque para o tempo e os recursos a serem empregados. Além do mais, para o sucesso político-eleitoral, temos de dispor na sua estrutura de mão de obra qualificada em propaganda eleitoral e consultores de marketing político para monitorar todo o processo. Nesse processo podemos incluir a mídia eletrônica que ganhou espaço nas campanhas eleitorais devido a sua instantaneidade e baixo custo. Diante da expansão tecnológica, o candidato não pode prescindir desses recursos de comunicação: redes sociais e sites de campanha. Os programas ideológicos do candidato aliados à sua imagem servem para que o eleitor o conheça e saiba como ele se comporta quando eleito para cargos majoritários ou proporcionais. No geral, esses instrumentos de comunicação (cartazes, programa, folhetos, santinhos) ainda funcionam em uma campanha eleitoral, mas há uma forte tendência para o uso das ferramentas tecnológicas.

2) A mídia tradicional continua tendo papel preponderante nas campanhas eleitorais, seja nos grandes centros urbanos ou nas chamadas

regiões periféricas. Diante do avanço das novas tecnologias, os jornais, rádio e TV se readequaram a nova realidade e continuam ocupando seus espaços no imaginário popular.

3) O corpo-a-corpo das campanhas eleitorais não perderam espaço. Continua tendo a sua importância no processo político-eleitoral brasileiro, mesmo diante dos demais recursos tecnológicos, como a Internet. Claro que essas manifestações políticas, como comícios, carreatas e outros, seguem um roteiro próprio, onde cada candidato define sua estratégia, de acordo com as características do eleitorado, que variam de região para região. Mas também integra o rol das estratégias eleitorais o uso do correio direto, telemarketing, e todos os outros recursos que aproximam o candidato do eleitor, pelo fato de serem captadas de forma rápida e exerceram grande força junto ao eleitorado. Torna-se importante por atingir um número maior de eleitores em um espaço curto de tempo.

4) Para uma campanha eleitoral, o candidato deva adotar uma estratégia de comunicação em que preconiza as suas ações políticas já realizadas ou que estão programadas, a partir de sua eleição. Com isso, o plano deve incluir o conceito do candidato onde constam a mensagem básica; a apresentação visual do candidato; as pesquisas que serão realizadas e se serão veiculadas ou não; definir a programação orçamentária para a produção dos programas partidários e para a contratação de equipes especializadas.

Com o objetivo de incluir a temática do candidato e checar o desempenho diante do eleitor deve-se trabalhar através de pesquisas ou outras sondagens, a imagem do candidato; o interesse do eleitor pela mensagem e testar as mensagens mais aceitáveis pelo eleitorado.

Outros aspectos, como meio ambiente, os canais de comunicação e distribuição para o contato do candidato com o eleitorado devem ser observados, diariamente, e reavaliados numa campanha eleitoral. Afinal, em tempo de novas tecnologias, as campanhas políticas são ganhas por uma eficiente gestão de mídia.

5) Vencer uma campanha eleitoral no Brasil não se resume apenas à esfera política. As estratégicas incluem ações multidisciplinares que

envolvem profissionais das diversas áreas como do marketing político, do direito e da ciência política, como forma de dar uma aura de profissionalização. As disputas eleitorais mais se assemelham a um mercado empresarial onde o candidato é um produto que deve atender as necessidades do cliente, no caso, o eleitor. Assim, como o marketing transacional está assentado na venda de um produto, onde o grande objetivo é fazer uma negociação, o marketing político adota essa essência do marketing transacional para vender e/ou trocar informações entre o candidato(produto) e o eleitor(cliente). Para encurtar distâncias entre o candidato e o eleitor, os estrategistas utilizam os canais digitais para que as propostas dos candidatos sejam universalizadas.

6) O que ocorre é que o meio digital está mudando as formas de relacionamentos entre candidatos e eleitores, devido aos avanços das Novas Tecnologias de Comunicação. Porém, apesar de proporcionar uma interação mais direta, as redes sociais, por exemplo, não vão substituir o contato direto entre o candidato e o eleitor. O potencial das mídias sociais é extraordinário. Afinal, é um emissor falando para muitos. Mas há de se ter alguns cuidados no uso das redes sociais, pois, elas podem até se voltar contra o próprio candidato, se ele não tiver bagagem e conhecimento para utilizá-las.Com o crescimento da internet no Brasil, a possibilidade de expansão do uso dessas ferramentas digitais por parte da sociedade aumentará com certeza, mas, em relação a classe política, acredito que as mídias sociais não vão substituir as ações tradicionais de campanhas políticas como o contato corpo-a-corpo, a presença dos cabos eleitorais distribuindo 'santinhos' e produção de programas de televisão. O mundo digital e o meio tradicional vão conviver em sintonia nas campanhas eleitorais.

7) Com certeza há essa perspectiva de se adotar uma visão holística nas campanhas eleitorais onde se possa agregar o todo e não apenas partes isoladas. As estratégias das campanhas devem adotar o universo geral dos eleitores identificando suas necessidades e desejos. Deve-se, portanto, adotar o conceito de parceria entre candidato e o eleitor para que as relações entre as partes sejam duradouras e não existem apenas durante a campanha eleitoral. O pós-eleição deverá permanecer no âmbito do

marketing político. Afinal, como o marketing holístico preconiza o todo, candidato e eleitor devem ser analisados, de forma unívoca, ou seja, não podem ser analisados de forma separada. O distanciamento entre candidato e eleitor após as eleições é que provoca as rusgas e o desânimo do cidadão em relação à política. Se há uma continuidade no pós-eleição, o eleitor vai manter uma sinergia com o político e acompanhará a sua atuação. Esse fato dará mais transparência ao processo político e a democracia.

ANEXO C

ENTREVISTA MARIANA CARVALHO

Mariana Fonseca Ribeiro Carvalho de Moraes é uma advogada, médica e política brasileira, deputada federal por Rondônia e atual 2ª Secretária da Câmara dos Deputados. É uma das vice-presidentes da Executiva Nacional do PSDB.

1) O que a gente percebe é esse progresso das campanhas e, principalmente, ligados a tecnologia. Antes, a gente conseguia perceber que as campanhas eleitorais eram muito ligadas a brindes e até o próprio tato das pessoas. Hoje a gente já vê uma forma diferente que, cada vez mais, fica ligada as redes sociais, a esse meio tecnológico, e muito menos palpável como era antes. Eu vejo que, cada vez mais, terá essa evolução e até mesmo o eleitor que muitas vezes era aquele eleitor que só votava no candidato que ele conhecia hoje ele acompanha o candidato, sem muitas vezes conhece-lo pessoalmente. Então, eu vejo que por mais que pareça que haja esse distanciamento do eleitor ao candidato, ele também de outra forma tem essa proximidade pelo fato das redes conseguirem essa comunicação virtual automática. Então eu vejo que cada vez mais tende a ser algo tecnológico, mais informatizado, mais ligados, as mídias sociais com o distanciamento pessoal, mas aproximação sem dúvida nenhuma tecnológico dessas pessoas. Os meios tradicionais são de extrema importância sem dúvida, até por que dão ampla divulgação do trabalho no que o candidato pensa, mas hoje eu vejo que muito mais esses canais de comunicações que quando a gente fala das próprias eleições eles acabam tomando uma dimensão muito maior, do que os jornais, do que as revistas, do que os próprios sites, por que o que se coloca ali numa matéria ou que seja uma própria figurinha de uma imagem colocada num grupo do WhatsApp ele acaba tomando muitas vezes uma repercussão muito maior do que

uma matéria que saiu num jornal. Hoje as pessoas acabam lendo muito pouco jornais, quem lê jornais são as pessoas que acabam tendo um trabalho num local público ou fazem assinatura em casa, mas não com uma dimensão que se tomou hoje essa tecnologia de WhatsApp, esses correios eletrônicos que a gente tem acabam tendo aí uma divulgação muito maior. E a imprensa por mais que ela tenha o seu valor, muitas vezes ela acaba caindo no descrédito, pois há uma dinâmica própria hoje do eleitor se comunicar e buscar a informação.

2) Eu acredito que essa proximidade com o eleitor, vai gerar um formato de dialogo que seja de entendimento do eleitor do que ele espera ouvir. Acho que hoje a gente coloca essa condição pelo fato de você ter essa proximidade com o eleitor e poder falar linguagem daquilo que ele pensa e que ele acredita, a gente às vezes fica querendo usar muitos termos técnicos e formais pelo cargo político do que se ocupa, mas não é isso que a população está esperando. Eu acho até as próprias estratégias há de se pensar, é se pensar de formas que você possa conseguir ouvir todos os pensamentos da população e trazer eles pra (*sic*) dentro da ação política, fazer com que aquilo que muitas vezes era apenas um sonho se torne uma realidade, mas de uma forma que atenda todas as pessoas que acreditam naquilo de uma forma mais humana, de uma forma mais real do que uma forma muitas vezes mais fantasiosa do que se vende em programas eleitorais.

3) Eu acredito que hoje com essas mídias sociais que a gente tem ela já começa ser algo que por mais que seja se pensando no voto se torna algo diário, por que até mesmo a gente pode pensar no facebook, twitter, instagram, você acaba criando esse elo, não só de uma condição de trabalho, mais emocional, efetivo do que você pensa muitas vezes até do seu dia a dia do que você come da sua família você envolve as pessoas na sua rotina no jeito que você gosta de escrever naquilo que você acredita que você sonha, às vezes numa condição de momento você pode ser contra um projeto e lá na frente você mudar. Então acho que você acaba criando sim esse relacionamento com o eleitor e quem dá essa oportunidade disso hoje é só as redes sociais, acho que a gente fica muito ligado na tecnologia e nem imagina o tanto que a gente está

ligado na questão de mídia e como ela é fundamental não só pro (*sic*) politico, mas na vida do artista na vida das próprias famílias a gente vê que o WhatsApp o que ele uniu as vezes você tem uma família, você cria um grupo no WhatsApp, você está em outro país e se conectando. Tem uma condição que eu sempre falo, que antes você viajava, chegava da viagem e tinha milhões de coisa pra (*sic*) contar, de como foi a viagem as fotos. Hoje não, hoje você está viajando a pessoa já sabe tudo que você fez, onde você está, o que você comeu e quando você encontra não tem novidade nenhuma pra (*sic*) você contar, é mais ou menos isso. Eu acho que é a mesma coisa com o político, ele não vai passar os quatro anos querendo falar que ele é comum aquilo as pessoas já conseguem ver antes você tinha que fazer um trabalho pra fazer uma divulgação hoje é muito simples você aqui em Brasília pra divulgar lá em Rondônia eu coloco minha atuação aqui pela internet eu já estou divulgando não preciso estar lá no fim de semana, não preciso chegar e passar o que tem sido quem esteve aqui comigo, o que aconteceu com quem você conversou o que você pensou que você voltou, que isso aproxima e acaba criando um relacionamento essencial e necessário até mesmo pra credibilidade política.

4) Eu acho que cada vez mais difícil dele voltar ao modelo tradicional porque o virtual aproxima as pessoas, permite um debate aberto.

5) Isso acontece pela falta de credibilidade, principalmente com tanta corrupção envolvendo politico, acho que não é só um processo de agora, é uma coisa que vem do passado, em relação a isso. A gente vê dólares na cueca, dinheiro do povo desviado, a saúde numa qualidade péssima, e aí de repente quando você vê os políticos envolvidos sendo presos nessas condições, então acho que é por isso que caiu nesse descrédito, eu acho que volta ater uma credibilidade das pessoas acreditarem na politica quando mais pessoas participarem e a gente conseguir mostrar que hoje é possível com tanta transparência ser pego em qualquer ato ilegal ilícito na politica e aí com isso a gente envolver pessoas que não fazem parte desse processo politico a entrarem e poder se motivar, a gostar não é se afastando por que muitas vezes os que gostam por mais que são do bem se afastam por acharem que são farinha do

mesmo saco a gente costuma dizer, mas eu acho que é possível mas vai durar um tempo de ganhar o respeito e credibilidade principalmente a admiração das pessoas como a politica uma profissão séria de respeito e caráter e transparência necessária pra tal cargo publico.

ANEXO D

ENTREVISTA GILBERTO KASSAB

Gilberto Kassab nasceu em 1960, é ministro da Ciência, Tecnologia, Inovações e Comunicação do presidente Michel Temer (PMDB) e presidente nacional licenciado do PSD (Partido Social Democrático), partido que fundou. Foi deputado federal e prefeito da cidade de São Paulo por dois mandatos (de 2006 a 2008 e de 2009 a 2012).

1) Não apenas no Brasil, mas no mundo inteiro está claro que o peso das redes sociais passa a ser determinante nas campanhas eleitorais. Até porque a facilidade de se mobilizar pelas redes sociais é muito grande. É mais fácil para o candidato chegar ao eleitor, desde que tenha propostas que atendam ao interesse desse eleitor, que compreenda as necessidades desse eleitor e de como ele se articula e se mobiliza no ambiente das redes sociais. Cada vez mais será necessário ter transparência na ação política, pois é isso que o eleitor cobra dos políticos hoje, e o ambiente das redes sociais facilitam essa transparência por parte da classe política. Hoje o eleitor exige transparência e sabe que há ferramentas para isso. Antes, o eleitor exigia transparência, mas os instrumentos eram difíceis. São mudanças significativas na vida pública que vão exigir do político um novo comportamento, vai transformar as campanhas eleitorais num passo de melhoria no relacionamento com o cidadão.

2) As mídias tradicionais ainda têm um peso muito maior que as redes sociais e a internet. São muito significativas o peso da televisão, da rádio, dos jornais, mas que, com o passar dos anos, poderão perder essa força para a internet.

3) É insubstituível o corpo-a-corpo, a palestra, o diálogo, o olhar o aperto de mão.

4) Como qualquer partido que pretende se consolidar na política brasileira é importante estabelecer as nossas estratégias por meio da internet, com sites com presença direta nas redes sociais. Isso, tanto no âmbito nacional, como estadual e local. Temos o nosso Twitter, o nosso Facebook, e efetivamente tem sido muito importante usar essas ferramentas. Dedicamos atenção a isso e formamos uma equipe técnica capacitada para o gerenciamento dessas estratégias, além, é claro, de formar o nosso militante e o nosso líder político para fazer o uso correto dessas ferramentas.

5) Cada vez mais o marketing verdadeiro é o marketing das propostas, do diálogo. O marketing baseado na realidade concreta o no desejo do cidadão.

6) Há espaço para o marketing verdadeiro. O político não pode abrir mão de falar a verdade, de estar conectado com os anseios do povo, isso que fará a grande diferença daqui pra (*sic*) frente.

7) É preciso trazer novamente as pessoas para os partidos políticos. O PSD tem trabalhado na construção de valores para os novos filiados e estabelecendo alianças em torno de ideias concretas. E fazer com que essas pessoas que militam no partido estejam comprometidas com essa nova fase do eleitor brasileiro de exigência de qualidade, de padrão moral, de eficiência.

ANEXO E

ENTREVISTA EVERALDO DIAS PEREIRA

Everaldo Dias Pereira, conhecido como Pastor Everaldo, é um ministro evangélico, empresário e político brasileiro.

1) Eu tenho três momentos que considero importante sobre campanhas eleitorais. Primeiro, lá em 1982 quando Leonel Brizola se elegeu governador do Rio de Janeiro. Estava ali iniciando meu contato com a política e vi na liderança do Brizola algo que encantava as multidões. O seu poder de liderança fazia toda diferença. As campanhas naquela época ainda não tinham o poder de elaboração que temos hoje e o contato direto com o eleitor era fundamental. Assim também decorreu na primeira eleição presidencial depois do regime militar, em 1989. Coordenei o grupo evangélico que apoiou o Lula no segundo turno contra o Collor. O contato direto era fundamental para a conquista do eleitor. O segundo momento que quero relatar foi quando coordenei a campanha presidencial de Anthony Garotinho em 2002. O Garotinho é um comunicador nato. Vindo do rádio, teve uma carreira meteórica saindo da prefeitura de Campos para o governo do Rio de Janeiro e quase passando ao segundo turno das eleições em 2002. Se disputasse com o Lula poderia ter vencido as eleições pois ele estava no que chamamos de viés de alto. Infelizmente, ele ficou pelo caminho com uma diferença pequena em relação ao candidato do PSDB, o José Serra. Pois bem, aquela eleição já exigiu uma maior elaboração da campanha, em todos os sentidos. Apesar da nossa limitação orçamentária, contamos com diversos recursos de marketing que já demonstrava a complexidade de uma candidatura. Lembro-me que nos debruçávamos sobre as pesquisas qualitativas para definição do discurso e nos dias de debate ficávamos todos reunidos todo o dia para estabelecer as estratégias de ação. A técnica passou a ser um elemento muito importante para o sucesso do candidato. Por

fim, pela primeira vez, fui candidato a um cargo eletivo, e em 2014 disputei a eleição à Presidência da República. A primeira constatação: como candidato de um partido dito pequeno, a nossa grande dificuldade foi conquistar espaço na mídia, ou seja, é complicado vencer candidaturas que a todo momento estão aparecendo nos jornais e nas emissoras de televisão. Há, portanto, um desequilíbrio na disputa. Enquanto a Dilma e o Aécio estavam a todo momento em exposição, o nosso nome surgiu esporadicamente sempre associado à imagem de alguém que não vai chegar muito longe. Isso nos fez apostar muito na internet. Por exemplo, no Facebook pulamos de cerca de 80 mil para mais de 300 mil curtidas em pouco mais de quatro meses de trabalho. Focamos nos grupos que já tínhamos afinidade e sempre que solicitado ocupamos todos os espaços oferecidos pela mídia. Fizemos um trabalho de formiguinha, mas que posicionou bem a nossa candidatura.

2) Primeiro identificamos que tipo de eleitor poderíamos conquistar. Há pesquisas que indicam que 40% do eleitor brasileiro se identifica com o discurso de direita. Estudamos muito o tema e vimos que é possível trabalhar esse discurso reforçando o Estado Democrático de Direito. Ou seja, levamos uma mensagem de uma direita moderna, com menos estado e mais cidadania. Por outro lado, apostamos no confronto com a questão comportamental, o que agrada muito o público cristão. Não de uma forma oportunista, mas por ser o nosso programa mesmo. Por fim, realizamos diversos grupos de foco para testar esse nosso discurso, e vimos que ele atendeu às expectativas de grande parcela do eleitorado. A grande dificuldade era em conquistar espaço na mídia. Isso que nos impediu alçar voos maiores.

3) O marketing é uma ferramenta importante, mas não responde a todas as necessidades. É preciso uma equipe multidisciplinar para tratar as questões que envolvem uma campanha eleitoral. As candidaturas devem pensar no marketing como um instrumento que ajuda na relação entre o eleitor e o candidato. Ainda pensamento na comunicação que pede voto e não aquela que possa trazer mais proximidade do político com o cidadão. Agora, com as redes sociais as coisas tendem a mudar, mas ainda não sabemos em que medida.

4) Tem muita gente apostando alto na internet. Não sei ainda onde vamos chegar. Mas é uma tendência que existe. É mais fácil e mais barato a comunicação pelas redes sociais, mas tem gente que quer a presença física. Por isso, como presidente nacional do PSC tenho uma intensa agenda de trabalho Brasil afora divulgando o partido. Se fosse assim tão simples, gravava um vídeo e saia aí divulgando pela internet. Acho que querem transformar a internet na solução de todos os problemas. Você já imaginou as pessoas assistindo um culto (evangélico) sem sair de casa? Não vejo isso acontecendo. Congregar é fundamental e isso serve também para a política. As pessoas querem se encontrar e conversar.

5) É claro que há espaço para novos modelos. O mundo está mudando e temos grandes desafios, seja na humanização das relações, seja nas questões de meio ambiente. O marketing é e será fundamental na identificação das necessidades das pessoas. Não pode nunca substituir a política, mas ser uma ferramenta de auxilio para os políticos. Esse conceito relacional pode ajudar a combater esse desânimo dos eleitores, mas é preciso que fique claro que o fundamental é resolver o problema das pessoas. Não será com blá-blá-blá que o povo vai se contentar. Se há uma crise política é porque as pessoas estão se sentindo enganadas. Daí não adianta marketing, internet, nada disso. É preciso olhar nos olhos das pessoas e falar o que é preciso ser dito e agir para que a política possa resolver o problema que as pessoas enfrentam. Vivemos hoje um embate sobre um modelo de estado. De que adianta um estado inchado que tem uma carga tributária gigantesca se não resolve o problema das pessoas. Vamos mudar esse foco, transformar o estado numa unidade menor, mais eficaz e deixar que a força produtiva do povo possa resolver as questões econômicas. É nisso que acredito.

ANEXO F

ENTREVISTA ROBERTO FREIRE

Roberto Freire nasceu em 1942, é deputado Federal e Presidente Nacional do PPS (Partido Popular Socialista). Foi líder do extinto PCB (Partido Comunista Brasileiro), pelo qual foi candidato à Presidência da República em 1989.

1) Fazer uma previsão de futuro é sempre muito arriscado. Mas evidente quando vão se desenvolver relações políticas numa sociedade você tem que admitir que serão muito diferentes no passado e já começam a ter que vislumbrar com o que fazemos hoje no presente. O mundo está mudando de forma muito acelerada nas suas relações sociais. Isso tem mudado as instituições, tem mudado a nossa consciência. Isso é dizer talvez uma obviedade muito grande. Enfrentamos uma profunda revolução que está demarcando uma nova civilização. Eu costumo sempre dizer que muito provavelmente quando se inventou a imprensa com Gutenberg isso provocou uma revolução no mundo impressionante e trouxe até os nossos dias. Mudou da Idade Média para Idade Moderna. E nós estamos saindo de uma Idade Moderna para algo que vai ser da civilização humana. Esse processo do avanço, do conhecimento, da ciência, das inovações tecnológicas estão (*sic*) colocando em xeque todas as instituições que começam a ser catedrais caídas. Evidente que a política seja talvez das atividades humanas mais associadas à visão de futuro e vai sofrer mais do que qualquer outra. Basta dizer pra (*sic*) você há quanto tempo você começa a discutir, por exemplo, algo irrelevante para história da humanidade, que é uma partícula de tempo, mas fundamental para nossas gerações. Nós tivemos grandes mudanças só pelo surgimento das redes, pela internet, das nossas relações, instituições, partidos e crises. Novas formas de representação política na sociedade e não mais representações tradicionais e isso implica que partidos sofram

crise e não sabemos bem como vai se organizar no futuro e não é um futuro muito distante, mas sim um futuro bem próximo: como vão se organizar os interesses sociais em torno de processos eleitorais? Então tudo está passível de mudança e alguns já sendo transformados. Eu tenho discutido muito como é que vão ficar as formas de organização das representações políticas e onde elas vão ter seu fórum. Será o velho congresso tradicional parlamentar? As representações serão os partidos que são muito datados com a civilização industrial? Porque partido teve o seu auge na civilização industrial a partir do Partido Social Democrata, o primeiro deles na Alemanha, vinculado à classe operária. E influenciou toda forma de representação em pleno século XX em todo mundo. Será que no século XXI vai ser isso? Eu não acredito que seja. Outras formas vão ter e nós vamos ter que estar atentos para isso. Quando se fala muito em crise dos partidos, crise dos políticos, crise das instituições não é porque aqueles que acompanham são muito diferentes do seu caráter, da sua responsabilidade até e de gerações anteriores. É porque está mudando tudo, muda até eles.

2) Eu fiz campanha, por exemplo, em que o megafone era um instrumento moderno. A panfletagem era feita com mimeógrafo. A gráfica já era um recurso que já exigia uma maior potência. Tinha que ter mais recursos financeiros. Naquela época não havia televisão, só havia o rádio. Veio a televisão que, naquele momento era visto como de última geração do ponto de vista técnico, mas olhado hoje era de uma pobreza impressionante. Era a utilização possível daquela mídia, mas comparada hoje era profundamente irrelevante. Então cumpriu seu papel, sofreu a evolução e nós estamos aí acompanhando uma nova forma de se comunicar com a sociedade com novos instrumentos e que não são apenas o meio, porque o meio muda inclusive a mensagem. Então não vamos ficar imaginando a forma de relacionar com todo instrumental de conhecimento das pesquisas em que leve consideração manifestações emocionais do eleitorado, uma nova forma de relação influenciando as eleições. É perceptível hoje novas ferramentas de relacionamento com eleitorado. Novas formas de se conhecer o eleitorado. Há inclusive também alguns riscos porque são tantos os instrumentais e meios utilizados que muitas vezes você esquece o fundamental que são os objetivos que você

pretende. Você começa muito mais ser um instrumento dos meios do que as pessoas querem ouvir do que efetivamente o que uma liderança que indique alguns caminhos. Você muitas vezes indica alguns caminhos que as pesquisas indicam que a maioria deseja. E isso não é da política. Isso aí deve servir para vender qualquer bugiganga, mas não para definir um destino de uma sociedade. É como fazer política e ter objetivos como parte de uma sociedade e de como conduzir essa sociedade, os destinos e definir seus caminhos e ao mesmo tempo essa capacidade que as novas ações tecnológicas oferecem pra (*sic*) você fazer da atividade política uma atividade de consumo ou de clientela. E há uma certa confusão nisso. E é impressionante como as pessoas fazem a política a partir das pesquisas e não a partir dos seus ideais, da sua ideologia e do seu programa.

3) Eu vou trazer aqui algo que eu vivenciei. Quando chegou a televisão, as pessoas também apontavam também que o relacionamento humano iria começar a perder. E perder várias intervenções na arte, no sentimento e que aquilo iria afastar as pessoas. Iria, inclusive criar problemas nas famílias e tudo mais. Porque era uma coisa que mudava tão substancialmente as relações humanas que causava medo. E o medo levava a essas visões meio apocalípticas. E não houve nada disso. A televisão veio integrar e dar maior dimensão ao espírito humano. Pode ter criado alguns problemas, mas o benefício que trouxe aos processos de interação nas sociedades humanas é muito mais positivo. Eu tenho esse sentimento em relação a esses novos instrumentos. Essas novas ferramentas. Essa nova realidade da interação. Neste primeiro momento parece que afasta. Mas é um paradoxo. Afasta e ao mesmo tempo, integra. E mais: integra numa dimensão muito maior do que qualquer integração anterior. Hoje você se integra ao mundo a partir dessas interações. Com problemas, evidentemente, pois ao mudar você coloca pra (*sic*) nós outro tipo de interações que parece que o mundo acabou. O celular não é mais um celular e está passando para esse instrumento de relacionamento. E anteriormente era só a palavra, teve um momento que foi só a imprensa e agora está tendo uma outra realidade de outras formas de interagir. Que sociedade é essa que está se criando? É difícil para nós que estamos vivendo essa revolução definir o que vai acontecer. A gente está

sofrendo o impacto e está definindo o que aconteceu. E aconteceu uma profunda transformação nas nossas relações humanas. E nós não estamos sabendo como serão as relações humanas no futuro. Isso ainda não está definido. E está cada vez mais preocupante. Porque esses desafios são imensos. Sabe o que é que eu estou dizendo: nós estamos no mundo que não apenas fala por previsões de cientistas. Cientistas descobriram que podem ter outros planetas com seres inteligentes como aqui. Parece que descobriram um planeta ao redor do sol, outro sol neste mundo que aí está, interplanetário, que pode ter um outro planeta com um ser pensante como nós. É o mundo prescindido cada vez mais de Deus. Porque Deus já foi o trovão. Já foi o desconhecido trovão. E hoje você não precisa estar a ele pra (*sic*) justificar a existência da vida aqui na Terra, porque em outros lugares pode estar tendo. E eles não terem essa ideia e estarem mais desenvolvidos até do que nós.

4) Os representantes e os projetos políticos vão ter que ter uma preocupação maior de consulta à sociedade. Até porque a sociedade está participando cada vez mais. O indivíduo hoje é um cronista. Aqui você esperava um jornal ou a televisão para um comentarista ou um cronista, a notícia viesse e você a partir dali você elaborasse sua estratégia, seu objetivo, sua visão, hoje tão logo acontece um fato cada indivíduo através da rede social está dizendo a sua impressão. Está fazendo seu comentário, está dando a sua opinião. Está se organizando seja como for. Umberto Eco diz que ali é um "espaço de idiotas" porque não estão falando os especialistas, fala qualquer um. E cada vez mais aumenta o número dos "quaisquer um" porque isso vem se avolumando. Isso também é o que imaginávamos o que seria uma população de idiotas da passividade de assistir televisão. E não aconteceu nada disso. Esse agora não há passividade. O que há agora é uma tremenda interação de todos que se pronunciam sobre tudo. Isso é um outro mundo. O que cria certa perplexidade é que nós não organizamos a nossa sociedade para essas novidades. É um mundo que está tendo dificuldade de enterrar os seus mortos. E isso deve acontecer em todo momento, principalmente em momentos revolucionários como estamos vivendo. O mundo passa por uma tremenda revolução, talvez no sentido marxista do termo. O modo de produzir, o modo de relacionar completamente sendo revolucionado.

Não conseguimos perceber bem que novas instituições vão surgir. Ela está sendo gestada e demolindo as antigas, mas sem muita clareza. Há aí a perplexidade. E como vamos organizar a política. Manifestações: esse é um exemplo típico. Antigamente você fazia manifestações a partir de sindicato, partido político, de organizações que geravam as palavras de ordem. Com esse mundo que está aí, palavras de ordem são geradas por esses atores que estão nas redes sociais e que partidos políticos não conseguem unificar. Unificam até. Agora nós tivemos uma unificação na questão do "Fora Dilma", que o Brasil todo se unificou em torno dessa palavra. Pelo menos a grande maioria. Mas isso foi um processo de acumulação, de 'desfocamento' das manifestações, de tendências de objetivar tudo, de protestar contra tudo que parecia uma Babel, com cada um com sua cartolina. Agora nesta última já convergiu. Mas foi um outro processo que antigamente você desde a primeira manifestação você saia com foco. Porque era organizado previamente por organizações existentes na sociedade e que as pessoas participavam através dessas organizações. Hoje não, ela participa como indivíduo em qualquer tribo que apareça na rede. Então que mundo é esse? É um mundo que não vai deixar a política tal como vinha se realizando. Eu acho, e eu não tenho muita clareza, embora participante disso, como é que vão ser as organizações políticas, como é que vai se dar esse processo que está em mutação. O Brasil, por exemplo, experimentou nesta última eleição algo tremendamente perigoso que precisa ser visto: a clara manipulação de uma campanha eleitoral completamente mentirosa. A Dilma está com esse nível de rejeição não é pela crise apenas, é reflexo desse estelionato eleitoral. A fraude que foi feita em uma campanha muito pesada na televisão que parecia para população menos informada de que o Brasil tinha uma realidade e que iria ter um governo que iria atuar de tal forma e logo depois mudou completamente. E as pesquisas indicam um pouco isso. Causou uma profunda decepção. As pessoas se sentiram fraudadas.

5) Olha, eu tenho muito receio de falar isso porque posso parecer um velho. Eu não sei, mas vamos admitir que isso veio pra (*sic*) ficar e é importante que aí exista. Mas tem que mudar uma compreensão que hoje distorce o papel do marketing, porque o marketing passa a ser fundamental nas campanhas políticas e não as ideias e os programas. Então

você contrata um grande marqueteiro, um grande pesquisador importante, analista de pesquisa, não para você dizer das suas ideias, mas você captar na sociedade o que a sociedade deforma o quanto tanto difusa imaginando o que deve dizer. Então você passa a ser um produto comercial e não uma liderança que a sociedade necessita. Marketing para isso é necessário? Sim. Mas não pode ser o prevalente. Porque você não tem hoje um candidato que não diz o que pensa. Mas você tem um marqueteiro que procura saber o que a sociedade quer ouvir e você passa a ser um mero ventríloquo. Porque você começa a dizer o que a opinião pública quer naquele momento. E não o que você está pretendendo. Então gera estelionatos desse tipo.

6) Você na sua pergunta já está me dando a condição de pensar. A não ser o velho que fique pensando que essa nova realidade que está existindo veio para complicar. Porque eu quero imaginar que nós estamos avançando em função dessas novas ferramentas, desse novo mundo, é muito superior ao que tínhamos antes. Eu sou um homem da revolução humana. Não quero ficar prisioneiro de passado. Então quero admitir que este instrumento terá que ser de avanço e não de manipulação. Eu quero admitir isso que você está chamando de marketing relacional é a forma avançada de você usar instrumental dessa nova realidade de mundo, da inter-relação em benefício da humanidade e não para sua manipulação. Então, em determinado momento por quebrar determinados paradigmas de não ter construído o novo de você ter o marketing. Que é o que você tem de vez em quando de você ter um marketing. Não leva para sociedade propostas para políticas para não ser usadas para fazer a sociedade avançar, visão de progresso, você usá-la como manipulação. Mas tá (*sic*) se criando um instrumento e assim eu espero que a política se aprimore cada vez mais até porque a sociedade vai exigir isso, ela está se aprimorando e está avançando. Eu sou um homem que acredita na evolução da humanidade.

7) A política tal como vem se desenvolvendo já não responde a essas novas responsabilidades de participação de cidadania, seus processos de interação. Antes era mais fácil de você identificar a política através da sua participação de partidos porque era a única forma de que a cidadania

participava. Movimentos sociais organizados. Agora a cidadania participa como indivíduo até. Essa nova realidade da rede, da internet, está colocando que cada um se afirme. Que não precise buscar uma organização específica para ele se afirmar como cidadão, como ente político, como adepto de determinadas opções e de determinados programas. Ele mesmo pode se organizar pra (*sic*) isso, buscar, tem uma plena liberdade que os novos instrumentos lhe oferecem. Está aí a decadência das formas tradicionais, da política tradicional. E ainda não se sabe como vai ser essa nova política. Nova política, novo político, novo tipo de instituição de organização até porque é uma coisa muito concreta. Na história da humanidade nem sempre existiu partido, existiram outras formas. Partido é muito datado. Vai ser superado. E eu acho que o início de superação já começou.

ANEXO G

ENTREVISTA LEO BRITO

Leonardo Cunha de Brito, conhecido como Leo de Brito, é um professor universitário e político brasileiro, atualmente deputado federal pelo estado do Acre, filiado ao Partido dos Trabalhadores (PT).

1) A campanha eleitoral considero que é um grande momento da democracia. Acho que a participação das pessoas, o debate político, a politização do debate dos grandes temas nacionais e locais acho que é um momento importante do ponto de vista da democracia. Mas considero por outro lado que cada vez mais existe uma mercantilização das campanhas eleitorais, é uma influência muito grande do poder econômico, sobretudo do poder empresarial nas campanhas políticas, o que tem de alguma maneira criado uma representação, digamos assim, que está ligado a grandes interesses econômicos então você não tem uma representatividade que fosse o espelho daquilo que são os interesses da maioria da população, mas obviamente que do ponto de vista das redes sociais, por exemplo, nós temos elementos novos, que são as redes sociais que tem ajudado a baratear as campanhas, a difundir melhor as ideias, as propostas dos candidatos e também proporcionando também uma interatividade maior dos candidatos com os possíveis eleitores, com o eleitorado de um modo geral. Então eu acho que se por um lado a gente tem essa influência fora do poder econômico, a gente tem também outros instrumentos que conseguem massificar as ideias e propostas de candidatos que são fundamentais inclusive pro (*sic*) próprio barateamento das campanhas. Eu acredito que ainda tem um peso forte, sobretudo, a televisão. Programa de televisão ele consegue atingir muitas pessoas. Eu acredito que nenhuma mídia exclui a outra ao contrário do que na comunicação se pensou, por exemplo que na chegada do rádio ela excluiria o jornal impresso. A chegada da televisão o rádio e depois a internet. Acho que

nenhuma mídia exclui a outra. Elas são complementares. Então acredito que tanto o rádio tanto a televisão como também o impresso eles ainda têm assim uma influência e convivem, por exemplo, com a nova realidade das redes sociais, das mídias sociais.Importante. Eu acredito que tem a sua importância. Sobretudo em estados menores. Eu não conheço bem a realidade dos estados maiores. Imagino que a campanha dos estados maiores são campanhas de massa com fortes meios de comunicação, mas sobretudo, nos estados pequenos essa realidade do porta-a-porta, comércio a comércio, no apertar a mão do eleitor, conversar diretamente com o eleitor ela é uma realidade importante e eu acredito que do ponto de vista do convencimento do eleitor ela tem uma consistência muito maior do que mesmo aparição em qualquer uma das mídias.

2) O ponto de vista das estratégias eu acredito, por exemplo, que essa questão da interatividade com o eleitor muito interessante. É o que nós temos nos últimos anos aí essa coisa mesmo do eleitor poder dar opiniões em espaços, sobretudo virtuais que são muito utilizados os espaços nas mídias, dar opinião sobre determinados temas. Então isso é um aspecto que eu acho bem relevante. E no mais eu acredito que as campanhas eleitorais elas têm um formato do ponto de vista da estratégia mesmo em geral elas têm um formato de redes. Do ponto de vista da estratégia, da composição da formação de redes, junto com a questão de determinados seguimentos organizados. Então as estratégias de campanha elas não tem uma estratégia única, digamos assim, você tem a questão de rede de pessoas que se multiplicam, pessoas físicas que não necessariamente estão unidas por uma relação de categoria de ou grupo social especificamente que tem ao mesmo tempo as estratégias relacionadas a grupos sociais e você tem as estratégias de massa. Então hoje em dia (*sic*) você tem uma congruência de digamos assim que eu posso visualizar no momento pelo menos essas três estratégias.

3) Eu acredito que ainda é prematuro. Mas eu vejo que essa nova forma de marketing político ela é interessante não só no ponto de vista da campanha, mas também do próprio mandato, do próprio exercício do mandato por que exatamente por que ela trabalha numa perspectiva não só na questão da conquista do voto, mas de uma valorização do papel

que o eleitor tem pra (*sic*) construção da cidadania. E eu acho que esse é um elemento de grande relevância. Se nós queremos ter uma democracia cada vez mais aprofundada. Uma representatividade cada vez mais conectada com os anseios com os interesses sociais é fundamental que essa relação entre eleitor e o candidato, eleitor e mandatário é muito mais aproximada e ela possa se utilizar de digamos assim de vários espaços e de vários meios pra (*sic*) que ela possa se aprofundar. No ponto de vista de uma campanha eleitoral é muito importante por que uma coisa é você ter uma relação com o eleitor que ele vai pra urna vai lá depositar o seu voto, mas você pode ter uma relação com o eleitor que ele pode inclusive influenciar no voto de 4)Eu acredito que sim. Isso também tem ficado claro nas próprias administrações. Até o próprio governo federal cria canal direto com o cidadão. Eu acho que o paradigma anterior era um paradigma muito de "ah! o meu representante!". De o representante pra (*sic*) chegar até o governo chegar as pessoas, agora não tem a tendência é as pessoas querem de fato uma interação mais direta. E isso eu acho que ajuda muito pra (*sic*) democracia e pra construção da cidadania.

4) Eu acredito que como eu disse que há uma complementaridade, mas eu tendo a concordar com o Umberto Eco, é no sentido de que infelizmente hoje as redes sociais elas têm sido um espaço de fusão de mentiras, de calúnias, de ideias de senso comum. Agora é um instrumento muito poderoso e tem um elemento por exemplo sobretudo nas redes sociais que eu acho que é muito relevante. Que é exatamente a confiança na credibilidade a comunicação clássica, você lia um jornal tinha que acreditar na credibilidade daquele jornal, e hoje é um amigo seu, uma pessoa em que de repente você confia que ta passando a propaganda de um candidato, por exemplo, ta passando uma determinada notícia que ele compartilha ali. Obviamente que cabe cada um avaliar cada uma das notícias. Infelizmente hoje talvez nós temos uma disseminação muito grande de lixo na internet, muito grande é uma opinião que eu tenho, mas na minha opinião eu acho que a internet tem que ser livre tem que ser aberta nos termos do nosso marco civil que eu acho que é uma grande legislação, e ajuda também pras (*sic*) campanhas eleitorais, sobretudo pra quem não tem dinheiro, não tem grandes estruturas empresariais. Eu acredito que as redes sociais elas têm um papel de grande relevância,

mas elas podem também ser grandes difusores de crimes como nós estamos agora na CPI Crimes de Cibernéticas e muita informação de senso comum, que merece e carece de um aprofundamento maior, mas ao mesmo tempo permite que haja o dissenso, se você tem um determinado tipo de informação, você também pode ter dependendo. A tendência sobre tudo na época em que a televisão está perdendo o espaço pra internet a tendência é que as pessoas acreditassem em tudo que estava na televisão e não tinha nem uma oportunidade de você plugar ou de você fazer uma pesquisa sobre algo que fosse oposto daquela opinião que está sendo dada, então isso é um elemento muito importante na internet mas também no ponto de vista de quem vai avaliar o candidato, embora os candidatos sofram muito mais com a questão das calunias no período eleitoral e também nos mandatos do que propriamente em relação a fusão de ideias.

5) Eu acredito que os políticos que não se adequarem, a essa realidade eles vão estar fadados a ficar em segundo plano por que é uma realidade que está dada. E eu acho que o político que tem medo do povo, da interação, eu acredito que é um político que provavelmente vai estar em extinção dentro de algum tempo.

6) Acredito que sim. Eu acho que toda utilização de instrumentos de maneira muito fechada muito segmentada sem observar complexidade dos fenômenos sem observar a complexidade que tem a nossa sociedade, é uma visão irreal da realidade. Acredito que há uma perspectiva de marketing mais holística que consiga observar o todo a complexidade que nós temos no mundo, da vida pública, da esfera pública, das decisões políticas, das grandes reivindicações que surgem dentro da sociedade elas é(*sic*) uma visão e a gente poder trabalhar isso no ponto de vista da imagem, da constituição dos mandatos, das constituições das candidaturas acho que isso é essencial por que tenta abarcar essa complexidade.

7) Eu acredito que se deve ao fato de nós termos uma representatividade viciada. Além da questão da corrupção, dos programas que não são cumpridos, essa questão de representantes pessoas que vem pra (*sic*) representar o povo, mas que representa determinados interesses sobretudo os financiadores, é algo que deixa realmente o cidadão muito

chateado. Nós temos um problema sério de representatividade, e isso as pessoas acabam sentindo.

8) Eu acredito que precisamos de campanhas mais transparentes, precisamos de financiamentos mais transparentes, de pessoas mais transparentes nas campanhas, partidos fortes, eu acho que é fundamental e que infelizmente todos os partidos viraram a mesma coisa no ponto de vista da imagem que eles geraram perante a sociedade, por que as pessoas não conseguem mais identificar, aquilo que eles propõe, eu acho que se a política se privilegiasse do debate das ideias, propostas daquilo que se pode construir de alternativas na sociedade acredito que nós teríamos aí um eleitor mais animado até pra participar das campanhas políticas, não só pra votar mas pra defender tese, pra defender posições. Mas o que a gente vê infelizmente são programas que são parecidos, discussões muito genéricas, do ponto de vista prático mesmo que a gente vê é muito fisiologismo é práticas (*sic*) que realmente fazem que a população

ANEXO H

ENTREVISTA JOÃO DIONÍSIO AMOEDO

João Dionísio Filgueira Barreto Amoêdo é um engenheiro e administrador de empresas brasileiro. É o fundador e presidente do Partido Novo.

1) Primeiro acho que é uma ressalva importante que eu sou um novato na política. Nunca participei da política ultimamente, a não ser como cidadão votando e escolhendo lá os nossos representantes, então a montagem do Novo que se iniciou há cinco anos está sendo um aprendizado nisso. Mas tem algumas coisas claras e uma preocupação nossa que tem sido inovar, porque como a política é muito malvista o primeiro pressuposto que a gente teve é o seguinte: é importante estar na política, é importante ter partido, mas a gente precisa inovar. A população que não se sente representada por nenhum dos outros partidos passe a ter uma noção melhor ou se sinta mais engajada no processo. Então a questão das campanhas vai muito nessa linha. Porque o que a gente viu no passado e que me chamava a atenção era que você via uma foto de uma pessoa com um número e eu sempre me perguntei por que que em vez do número não tinha uma frase simples com uma proposta afinal de contas você não está elegendo uma pessoa para uma atividade onde a aparência física é o item principal. A segunda coisa era também essa tradição de você fazer essa vasta distribuição de material, de santinhos, sujando muito as vias públicas, sem muito conteúdo. E sempre quem esteve por trás, que é o que a gente quer caminhar na direção contrária, e no fundo é o reflexo disso, é o "endeusamento" da pessoa e não da proposta. Uma campanha onde você busca um puxador de votos é muito centrada nas pessoas e não nos princípios, nas ideias. Eu acho que essa que tem que ser a grande mudança que tem que ser feita agora. Trazer a campanha baseada em princípios, valores. Então toda essa restrição que

foi feita agora, pelo Tribunal Superior enquanto financiamento de campanha principalmente por em parte de empresas e essa restrição também de valores e o próprio encurtamento da campanha e com as restrições todas que exige nas mídias tradicionais na mídia impressa eu acho que vai haver um direcionamento grande pro (*sic*) mundo digital que é onde as pessoas hoje se comunicam. A gente vê isso na própria queda de veículos de imprensa tradicionais que tem perdido a audiência sendo substituídos pelas coisas digitais, isso acho que dá uma velocidade, acho que trás dois componentes importantes e que acho que vão ser muito benéficos ao processo democrático: um é a velocidade de informação e a transparência da informação. E a outra é a capacidade de interação entre o eleitor e o representante, quer dizer coisa que não havia muito no passado então hoje que ainda existe a propaganda eleitoral o candidato fala lá 30 segundos 1 minuto, mas você não tem interatividade e eu acho agora que o grande desafio de todos é justamente ser muito coerente e transparente, por que a visibilidade vai aparecer de forma imediata, então você não vai poder fugir muito da verdade ou então não vai poder fugir por muito tempo, a gente ta vendo isso aí, no Brasil temos o exemplo disso nos últimos tempos. E a outra coisa é a busca do eleitor interagir de falar pra pessoa o que ele pensa, qual a proposta dele pra aquilo, porque ele fez aquilo outro, consequentemente foi incoerente, então eu acho que a dinâmica campanha vai ter muito esse enfoque das mídias digitais e da interatividade.

2) Eu acredito na complementação pela experiência que a gente tem vivido isso, porque as pessoas têm essa primeira entrada através do mundo digital então acesso as ideias as pessoas. Num segundo momento esse desejo essa vontade de conhecer a pessoa pessoalmente. Eu acho que comício, como você falou quer dizer atividades nas casas das pessoas quer dizer a exposição de ideias é pra grupos menores mesmo em residência de colegas e amigos e fazendo isso com uma frequência muito grande eu acho que isso vai ser determinante também, porque as pessoas ainda têm essa demanda de se impor dizendo que quero conhecer essa pessoa eu quero apertar a mão do candidato eu quero ter a oportunidade de ter esse frente a frente então eu acho que isso continuará a existir.

3) Eu acho que infelizmente no Brasil nós temos evoluído pouco nessa linha. Quer dizer, isso você vê pelo próprio comportamento dos partidos. Os partidos são muito refém do fundo partidário e do tempo de televisão gratuito ou do tempo de rádio também. Então a própria lógica das coligações na grande maioria, não vou dizer que são em todas, mas na grande maioria delas tá (*sic*) muito ligado a esse aspecto do rateamento do tempo de televisão e da propaganda eleitoral. Quer dizer muito menos em algumas vezes a dificuldade toda do gerenciamento do país, está muito menos em cima de objetivos de princípios mútuos muito mais em função de interesses de exposição de imagem então infelizmente a gente ainda tem essa tradição muito grande nisso. O que eu acho que está começando a acontecer, isso ainda em escala muito pequena, é um processo de outro partido e a gente quer se incluir nesse campo também de não só mostrar o discurso da promessa, mas mostrar a lógica de determinadas decisões por que isso pode ser bom pro (*sic*) cidadão, por que privatização de empresas pode ser bom por que que alguns mecanismos funcionam bem. Então eu acho que é mais que um processo de educação pro (*sic*) eleitor, eu acho que isso seria muito interessante. Os partidos começarem com o processo de educação mesmo de coisas básicas, qual o papel do vereador, as pessoas entenderem o que faz um vereador, o que faz um deputado estadual, o que o prefeito em relação ao vereador, quais as diferenças como se deve comportar um e outro. Então eu acredito que o Brasil ainda está muito falho nesse processo e tem muito campo pra (*sic*) caminhar. As mídias sociais vão empurrar um pouco isso eu acho que o processo já está sendo feito das mídias sociais eventualmente pautando a mídia tradicional e a possibilidade das pessoas se expressarem de forma mais transparente vai fazer com que você obrigue os partidos a terem uma postura mais ativa e mais educativa, então eu acho que isso ainda vai acontecer, mas ainda acho que é muito ilusório assim infelizmente.

4) Eu acho que de fato está havendo essa tentativa dos partidos de trazerem a participação das pessoas, não só durante o período eleitoral, mas nos períodos da "entressafra" e assim se tivesse que fazer uma aposta eu acredito que isso está muito oriundo já da necessidade dos próprios partidos da redução da extinção do financiamento privado em buscarem

fontes alternativas então qual é a armadilha que eu entendo que nós temos hoje no Brasil e eu acho que os partidos já identificaram isso e quem sai na frente vai progredir mais que é o seguinte, o financiamento basicamente dos partidos tanto pra campanha quanto pra sua manutenção é basicamente oriundo do fundo partidário e das doações de empresas. Na medida que você estingue essa doação de empresa e mesmo estando triplicado praticamente o fundo partidário no último ano ainda sobra, existe um gap que eu noto hoje é que há um interesse dos partidos capturarem mais filiados pro (*sic*) seu processo, por que essas pessoas vão estar mais relacionadas quer dizer vão estar mais engajadas que possivelmente podem vir a ser doadores pra bancar os custos fixos do partido. Então eu acho que esse marketing hoje entre eleições busca muito isso eu acho que aproximar o cidadão um pouco mais do partido. E não só do candidato por que da forma como foi feita você se aproxima mais do candidato no período eleitoral depois você esquece o partido, ele acaba passando por uma legenda pra (*sic*) eleição do que propriamente uma instituição que já existe a muito tempo. Vamos caminhar por aí talvez numa velocidade menor, do que seria o ideal, mas a situação vai fazer com que

5) Eu acredito que sempre a verdade está no meio do caminho no equilíbrio. Eu acredito na democracia representativa, me assusta um pouco a ideia de nós por termos uma tecnologia mais desenvolvida. Poderíamos transferir integralmente para a internet um sistema de votação onde tudo é decidido com base no desejo da maioria. Acho que isso não é produtivo e não acredito que vá por aí as pessoas tem necessidade, a gente vê pelo Brasil, por exemplo, hoje que as pessoas buscam lideranças, então é natural que haja um processo de liderança e que consequentemente essa liderança deve ser exercida e que você não faça tudo em cima da internet. Então a internet de fato é um lugar que existe muita perda de tempo muita colocação de coisas ineficientes e por isso acho fundamental um processo evolutivo na educação do país, pra (*sic*) que você possa usar essas ferramentas pra (*sic*) uma forma mais produtiva, é claro elas vão existir lá pra coisas de lazer pra (*sic*) fofocas, pras coisas que não vem ao caso, mas a política levando em consideração não dá pra você imaginar que todo processo gestão pública de administração possa ser

feito pelas redes. Não acredito nisso. Acredito sim que ela possa ser uma ferramenta pra (*sic*) ajudar melhorar sua representatividade, mas nunca substituí-la.

6) Eu acho que sim por que, acho que você tem que englobar vários aspectos, educacional, os princípios, a própria questão da sustentabilidade. Então não é algo simples, certamente por que há um peso pra alguns interesses maiores do que outros, mas eu acho que com isso fazendo uma visão mais holística certamente você conseguirá um engajamento melhor das pessoas, especialmente da turma mais jovem, dos tais milênios, onde essas pessoas hoje tem um visão totalmente diferente, do que é trabalhar do que é se envolver, numa noção que querem fazer algo que esteja dando prazer onde a remuneração é menos relevante onde o tempo de trabalho é menos relevante estão totalmente conectadas o tempo todo. Onde querem ter a visão do mundo e participar das mudanças. Então eu acho que tudo isso, essa nova geração vai nos empurrar a uma visão mais abrangente, acredito que isso deve sim acontecer, acho que há espaço e a política não vai ficar fora.

ANEXO I

ENTREVISTA PADRE AFONSO LOBATO

José Afonso Lobato é um sacerdote católico e político brasileiro.
Atualmente é deputado estadual do Estado de São Paulo.

1) Eu acho que os políticos terão um grande desafio, que é de passar para a população a credibilidade. A classe política vem sofrendo desgaste cada vez maior e esse episódio do petróleo, pior que do mensalão, desacreditou de vez a classe política. Pra (*sic*) grande parcela da população todos os políticos são corruptos, então eu acho que o maior desafio das campanhas eleitorais é o eleitor perceber que o candidato passe confiança e que ele está falando a verdade, porque hoje os eleitores têm acesso aos dados. Sabe que aquilo foi prometido na campanha anterior não foi cumprido; grande parte 80% das promessas, acabam ficando em promessas. Então isso já está no eleitor que na verdade é extremamente perspicaz e interessado. Na verdade, ele diz: "olha, eu corri atrás do candidato quatro anos agora ele corre atrás de mim" e às vezes ele quer aquela questão pontual pessoal e não tem uma visão do bem comum. Confiança é o ponto chave. E o marketing é um ponto bastante crítico que eu faço, é que a gente doura o problema, muitas vezes a gente leva pra (*sic*) população aquilo que a população quer ouvir eu acho que a gente precisa trabalhar o feijão com arroz básico e que o básico na verdade tenha compromisso e chegue até o eleitor. Eu entendo que o contato direto tem um grande peso. Que nada substitui o frente a frente, o olho a olho do eleitor, mas as redes sociais têm desenvolvido um pouco mais de senso crítico pois é ali que ele se informa, não quero saber se a informação que ele tem é certa ou verdadeira se é correta ou se não, mas ele tem uma informação, e a informação chegou até ele e ele faz o uso que ele bem entende, ele é sujeito com aquela ferramenta nas mãos ninguém o direciona ele fala o que ele bem entende, o que ele bem quer. Então eu

acho que o grande desafio é exatamente a capacidade não somente de passar as coisas, mas de interagir com esse eleitor. Quais são as preocupações desse eleitor? O que de fato esse eleitor representa? Ele está dizendo uma coisa pontual, pessoal ou ele está falando por uma coletividade o que ele está dizendo é o anseio dessa coletividade ou é uma questão pontual? Por exemplo: eu encontrei um jovem na última eleição, ele me disse assim, primeiro voto dele: "eu não voto no senhor por que o senhor é contra descriminalização da maconha". Aquele questionamento que o jovem fez foi bastante interessante pra (*sic*) mim, porque não seria uma questão pessoal, mas seria pela faixa etária dele, uma preocupação denotaria um problema que tinha ali, eu tinha uma resistência num determinado setor por que sou contra a descriminalização da maconha, mas sou favorável a uma discussão. Infelizmente os assuntos voltam só em época de campanha eleitoral, mas sou a favor de uma discussão mais ampla.

2) Eu não sei se eu percebo muita novidade. Eu tenho visto partidos novos, por exemplo, surgirem e surgirem com nenhuma proposta, é mais do mesmo eu tenho sentido isso a falta da novidade, mesmo o Partido Verde que é um partido alternativo (não sei se esse é o termo certo), um partido necessário que é o slogan do PV, se é partido necessário até pelas questões ambientais (até mesmo nós temos dificuldade de levar o novo parece-me que quando a gente vai fazer um discurso político a gente fala as mesmas coisas que os outros falam, por que tem que dizer aquilo que o eleitor quer ouvir). Acho que essa relação seria muito importante que a gente conseguisse mudar não dizer o que o eleitor quer ouvir, mas dizer aquilo que a cidade precisa que a coletividade precisa, os desafios que a gente tem. A gente fala de saúde, de segurança, geração de emprego, mas sem nada novo como gerar emprego em crise? Esse é o grande desafio que vai ter sobretudo os candidatos. Como gerar emprego, embora a gente saiba que essa é a melhor forma de sair da crise. Então você fica Tostines: "vende mais por que é fresquinho, ou é fresquinho por que vende mais?" Esse é o imbróglio que os marqueteiros e aqueles que querem levar a novidade vão ter que mostrar aquilo que é viável. Eu cometi vários erros em campanha política, a gente fica naquela eu tenho que ganhar a eleição, a gente promete isso depois que ganhar vê o que faz, isso

é um erro extremamente complicado. Por que? Porque as pessoas sabem que o que você está prometendo não condiz com a verdade, você tem um orçamento comprometido aquele orçamento onde você vai buscar dinheiro pra (*sic*) financiar aquela determinada proposta, então eu vejo que do novo eu não percebo, percebo sim o grande desafio que eles têm que daí pode surgir novidade.

3) Com certeza, eu não tenho esses conceitos claros, até porque não é matéria que você fique de uma forma especifica estudando lendo mas é perceptivo de fato o crescimento que o marketing, talvez esse marketing relacional o que você disse aí eu acho que seria muito mais interessante, porque a campanha tem que se desenvolver numa relação que o eleitor cria com o candidato e essa relação é recíproca do candidato para com o eleitor, porque eu dizia pra você antes: por que sou capaz de dizer algo que eu não acredite naquilo que estou dizendo, então daí seja de fato a confiabilidade do eleitor. A gente percebe que o marketing ajuda a fazer campanhas bonitas, campanhas que às vezes podem se tornar falsas e mentirosas, depende dessa relação que você vai ter com o eleitor, mas é perceptível a olho nu a mudança e o progresso que o marketing teve nesses anos todos. A gente lê os primeiros livros de marketing do Chico Santa Rita, e outros autores aqui a gente vai percebendo que hoje as preocupações são outras, a dinâmica é outra eu acho que houve esse progresso, mas eu prefiro bater nessa relação.

4) Acho que são as duas coisas. Uma não exclui a outra. É obvio que hoje você tem através das redes sociais, através da internet muito mais pessoas interessadas a participar do debate político até porque os partidos políticos são reducionistas eles não representam grande parcela da população. As ideias que podem representar, então não simplesmente valorizar o partido e sua bandeira partidária, mas de fato aquilo que é bandeira de uma determinada cidade, determinada ideia, mas eu acho que uma ideia não exclui a outra ao mesmo tempo que você precisa fazer com que mesmo através das mídias sociais da internet você faça essa relação com o eleitor, ele tem que ter a fala e a resposta tem que interagir por que você corre o risco de fazer nas mídias um grande comício sem comunicação sem interação aí se não houver essa interação o eleitor não

se sente representado, porque hoje mais do que nunca ele quer falar nem que seja pra falar bobagem, mas ele quer expressar seu ponto de vista ele quer dizer também que entende do assunto, qualquer pessoa ainda mais aquele depois que bebeu um gole aí fica mais falante, mas todo mundo quer falar, levanta a mão, quer participar, quer trazer suas propostas, quer dizer que aquilo é importante não que aquilo que o político falou. Isso realmente é um desafio que eu vejo que pode se utilizar o contato, não exclui jamais poderá excluir o contato por que o ser humano. Ele é um ser relacional ele quer sentir o cheiro de suor do candidato, ele quer ver o candidato amassando barro, quer ver o candidato gastando saliva, ele fica feliz quando ele vê o candidato no sol quente, todo vermelho, suando, com o desodorante vencido, ele é como eu, ele está amassando barro. Está no meu bairro. Está interessando com essas propostas a grande parcela da população. Tem outros que dizem assim: "vem aqui porque é campanha política". Eu acho que a gente pode fazer as duas coisas ao mesmo tempo: usar a internet porque as redes sociais são frias, mas a partir do momento que existe essa relação, interação, ela esquenta o debate porque você tem uma resposta. Vou dizer pra (*sic*) você baseado na minha vivência, tudo que estou dizendo é nossa vivência. Eu esses dias resolvi chamar um menininho que faz trabalho com o Otávio Mesquita um rapaz extremamente competente faz uns "videozinhos" e a gente coloca aqueles "videozinhos" na internet. Nem sempre aquele assunto que você acha importante pra (*sic*) você é importante para o eleitor, você fala de abacaxi ele está dizendo que o importante é falar de banana e aí então você está indo de um lado e ele do outro. Eu pedi a ele que fosse às ruas e perguntasse às pessoas que nos fizessem perguntas. A pessoa faz a pergunta e eu respondo gravadinho em dois minutinhos e meio e a gente coloca isso na internet e aí nós fizemos essa experiência no final do ano passado quando ele me trouxe isso. Aí eu perguntei: mas cadê o endereço? O nome desse eleitor? Porque eu respondi pra ele, agora ele tem que receber minha resposta, quando eu coloco minha resposta no computador eu estou respondendo uma pergunta dele mas eu não estou falando com ele, às vezes a gente acha que está interagindo e é uma falsa interação, então eu valorizo muito isso, por isso que eu gosto de ir ao mercado, a gente escuta coisas boas, coisas ruins, gente pedindo um punhado de coisa que é impossível a gente fazer, mas só o fato das pessoas conversarem, as pessoas percebem que você compra laranja, que você compra maça, que você está fazendo suas compras. Então espera aí não é um ser extraterrestre que fica em Brasília roubando nosso dinheiro é alguém que está junto conosco que está presente aqui, que a visão do político muitas vezes é a visão de Brasília. A visão do político de Brasília do cara de paletó e gravata que está lá pra fazer negociata e levar vantagem, essa é a visão pra noventa por cento da população. Esses dias fui fazer uma palestra sobre política numa escola que tinha uns 120 alunos adolescentes e aí eu perguntei: "vocês sabem pra (*sic*) que serve um deputado? Sou deputado, fui convidado para estar aqui, pra (*sic*) que serve um deputado, vou colocar aqui vocês vão falando e nós vamos elencando depois gente comenta cada um". Um levantou a mão: "pra (*sic*) roubar". Porque essa é a visão que ele tem, porque essa é a visão que é passada pra ele que está "introjetada". Sim existe deputado que rouba. Mas existe deputado que faz leis, que fiscaliza, que representa uma região você parte negativo e mostra o lado positivo, você sai de lá se perguntando, será que você conseguiu que ele pensasse diferente? Não sei se a gente conseguiu. Mas pelo menos ele ouviu o outro lado.

5) Acho que não tem jeito de você ser diferente. Você enxergar diferente. O ser humano não é uma ilha, hoje a gente percebe por exemplo como de fato o mundo ficou pequeno, quando você vê que a economia da China desabou e desabou o mundo, de repente você percebe que vive neste contexto, então eu acho que você trazendo aqui pra questão política é verdade, eu acho que essa visão holística do marketing eu acho que a tendência é isso e é de fato ela olhar o ser humano como um ser relacional, que recebe e ao mesmo tempo, aliás toda comunicação a base da comunicação é exatamente isso né. O emissor e receptor, já dizia Hegel: "a tese, a antítese e a síntese", eu acho que o marketing, e aí a gente percebe essa evolução, eu acho que essa visão trará novidades de que o marketing precisa, justamente porque, eu vou dizer a você eu tenho um pé atrás com o marketing, justamente por conta dessa questão de você não conseguir passar nem sempre aquilo que você acredita, mas é aquilo que deve ser passado, eu particularmente me entrego como mentiroso quando eu não acredito naquilo, eu não consigo passar confiança, quando me dizem, diga isso ou o senhor tem que dizer isso. Porque as pesquisas

estão dizendo isso e você tem que dizer, então acho que essa evolução toda ela vai ajudar aqueles que precisam do marketing político pra fazer política com honestidade, com transparência uma política limpa que no fundo no fundo é o que o eleitor precisa, mas o grande desafio é quando a gente fala que eleitor precisa e quer e o eleitor só procura os políticos pra questões pontuais e pessoais pra vantagem dela e isso é uma coisa que me incomoda muito, as pessoas nos procuram por que querem pedir um favor, você pode ver que aqui nós atendemos no escritório cerca de mil pessoas em média nós atendemos aqui. Zero virgula zero um por cento vem trazer sugestão, o resto vem exatamente pra (*sic*) pedir um favor, um empresário que está abrindo uma empresa que resolver um problema na Cetesb, etc... Todo mundo vem pra (*sic*) pedir algo pra dizer "deputado...". Parece que o deputado é alguém que recebe pra (*sic*) poder realmente me quebrar os galhos e ele não consegue, quem vai conseguir então existe uma deturpação ainda daquilo que é política eu acho que o marketing nessa visão ele vai poder ajudar muito a gente fazer com que aquele que precisa da política que todos nós precisamos possa compreender que a política de maneira mais altruísta e não egoísta.

ANEXO J

ENTREVISTA ORLANDO SILVA (PCdoB)

Orlando Silva de Jesus Júnior é um político brasileiro e ex-ministro do Esporte e eleito em 2014 deputado federal. Começou sua trajetória no movimento estudantil em Salvador e foi o único presidente negro da União Nacional dos Estudantes.

1) No Brasil eu primeiro registro que é um país de democracia recente. Se você observar de 1985 para os dias de hoje nós vivemos um dos períodos mais longos de experiência democrática e contínua da história do Brasil. Portanto nós vivemos um processo de amadurecimento da nossa experiência democrática e esse processo de amadurecimento caiu de acontecer num processo com muitas inovações. Inovações da função da tecnologia de informação, da rede mundial de computadores do acesso aos meios de comunicação de massa. Então vive ao mesmo tempo um processo importantíssimo de cultura política de maturação da sua experiência democrática e isso é dinamizado com toda sorte de novos instrumentos de comunicação que estão à disposição para que se dê o processo de difusão para as ideias politicas então é, portanto, um momento muito rico e de maturação acelerada. Um segundo fator que nós temos que levar em conta é que o Brasil, na medida em que amadurece a sua democracia, amadurece seu sistema político, seu sistema partidário, seu sistema eleitoral. O Brasil é um país que nos últimos 30 anos, no seu período democrático, teve muitas mudanças na regra do jogo. Ainda este ano, aliás vale a pena observar temo que não tenha vindo dois processos eleitorais seguidos no Brasil com as mesmas regras, isso impacta também na estratégia na comunicação, na dinâmica dos eleitores, na sua participação no processo eleitoral, então seja pelo processo de maturação, seja pelo processo de instabilidade na regra do jogo que são variáveis que embarcam, digamos assim, na forma de como esses mecanismos de campanha eleitoral de

mais ou menos eficiência. O que eu percebo é que a campanha eleitoral no Brasil tem influência da cultura brasileira, é um processo que é muito dinâmico, é um processo que é muito vivo, um processo que é muito criativo, é um processo que multiplica os mecanismos de fusão de ideias, nós no Brasil temos todos os mecanismos que os países do mundo tradicional de democracia madura, possuem, temos programas, folhetinhos, temos cartazes, temos TV, mas temos a criatividade a inovação. Já houve tempos de brindes de alguma forma, tempo de performances muitas vezes que envolvia artistas a intervenções de cabos eleitorais e militantes, então creio que o Brasil vai ser uma eterna criação, uma permanente criação de formas novas de fusão de ideias de nomes. No Brasil nós temos o sistema de votos nominal também outra variável importante. Você não vota na legenda do partido, vota na pessoa. Isso estimula digamos assim a quase individualização das estratégias de campanha a quase individualização dos projetos de campanha eleitoral, então diria que aqui é tudo ao mesmo tempo e agora talvez fosse uma frase que sintetize o que é fazer campanha no Brasil, aqui vale no programa de TV nas mídias sociais ao velho e bom santinho entregue clandestinamente no dia da eleição.

2) O processo racional eu diria que é caracterizado por partidos políticos com corte ideológico com identidades bem claras, com sociedade civil organizada e que constroem identidades com esses programas de ideologias e partidos e no Brasil. O sistema eleitoral que é um sistema nominal, ele é um sistema que mitiga essas identidades ideológicas e políticas e reforça o vínculo com o compadrio, o vínculo pessoal, o vínculo com identidades culturais, com identidades pessoais isso acaba digamos assim reduzindo muito essa lógica, essa construção racional que orientaria as escolhas. Então eu diria que o Brasil tem como sua deficiência no esquema político partidos sem identidade, partidos sem programa, partidos sem ideologia e isso repercute no rebaixamento da cultura política da sociedade brasileira e faz com que esses fatores não sejam, decisivos na escolha dos votos, como não são decisivos nas estratégias das campanhas eleitorais.

3) Há uma evolução, mas ela é incipiente e com muitas diferenciações. Você tem a grande maioria dos agentes políticos, sejam partidos, sejam lideranças que ainda trabalham na forma antiga da campanha na reta

final, pediram voto naquele momento especifico que ela estabelece na campanha eleitoral, mas já há sobretudo em todos os políticos que têm mandato, principalmente os mais experientes, essa perspectiva de relacionamento permanente. Isso eu considero que ganhou impulso com a vinda das redes sociais que serve de um lado para que o eleitorado acompanhe a atividade dos parlamentares, acompanhe a atividade dos seus líderes e por outro lado é um instrumento que facilita muito, municiar os seus eleitores, municiar o seu público de informações que você realiza, e permite que esse marketing relacional, digamos assim, possa se difundir, eu diria que isso é o futuro, mas isso ainda não é uma marca para o conjunto da política, dos partidos e dos políticos. Mas eu acredito que será inescapável num prazo muito breve que esse tipo de relacionamento aconteça e isso também ecoa a maturação desse processo democrático no Brasil, é natural que haja um acompanhamento maior por parte da sociedade, da população do que fazem os políticos como agem os políticos e natural a ampliação da cobrança da agenda dos políticos e isso pode produzir também da sociedade e no sentido dos políticos um padrão de conduta de cobrança que vai estimular que esse marketing relacional se afirme num médio prazo.

4) Eu creio que as redes sociais se constituem numa realidade importante e um mecanismo de aproximação da política do conjunto da sociedade, do político com os seus eleitores. A rede social é um canal de aproximação que faz com que haja um estreitamento desse vínculo, mas ela não substitui, não substituirá o contato direto entre o candidato e o eleitor, entre político e sociedade. Mas esse contato é em si pela própria natureza do tempo físico do espaço físico num país como o Brasil você dá uma volta no território por exemplo você vê que é inviável um contato mais extensivo entre você e o eleitorado já que as unidades são muito extensas as unidades territoriais onde se pode buscar o voto. Então eu diria que é irrenunciável o contato do candidato com o eleitor. O Brasil por suas características geográficas torna-se muito limitado o contato direto e as redes sociais permitiram essa aproximação virtualmente entre candidatos e eleitores e creio que essa é uma tendência inexorável e haverá cada vez mais relação entre candidatos e eleitores, mas isso não substitui o tempero do contato físico até porque também tem haver também com

a cultura própria do brasileiro ele é muito afetivo isso sempre vai ter um lugar no fazer a política aqui no país.

5) Essa pergunta é de um milhão de dólares. Eu imagino que a visão holística cabe porque a multiplicidade de informações que existem hoje à disposição da sociedade vai nos fazendo crer que não há solução parcial, você tem que fazer abordagem de conjunto de fenômenos que são quase sempre globais, quase sempre complexos. E mesmo o problema da apatia, da dificuldade de mobilização que a sociedade possui, não tem um fator, dois fatores que explicam, são múltiplos fatores que vão da história pretérita até a história presente do Brasil, o sistema político eleitoral, a estrutura dos partidos, enfim a realidade econômica você sempre tem que buscar respostas multifacetadas e creio que a multiplicidade de mecanismo de participação de democracia direta pode ser um fator decisivo pra que nós rompamos com o ciclo de pouca participação na sociedade brasileira, e acredito que mecanismo como as redes sociais e mecanismos como tecnologia de informação que estão à disposição da sociedade podem impulsionar esse tipo de relacionamento e multiplicação de mecanismos de democracia direta.

ANEXO K

RESUMO ANÁLITICO DOS GRUPOS DE FOCO[71]

Os grupos de foco foram realizados entre os dias 5 e 6 de agosto de 2016 com as seguintes cotas:

Homens + Mulheres	<35 anos	Estrato Baixo
Homens + Mulheres	<35 anos	Estrato Médio/Alto
Homens	>40 anos	Estrato Baixo
Mulheres	>40 anos	Estrato Baixo
Homens + Mulheres	>40 anos	Estrato Médio/Alto

P - O que é Porto Velho?

E1 – A cidade que não tem cara de capital

Falta para Porto Velho um político sério, que queira governar pela cidade, pelo povo de Porto Velho. A cidade está feia, as pessoas vêm a Porto Velho para trabalhar e enriquecer, depois vão embora. Essa é a cultura que temos.

Os políticos não olham por ela, deveriam investir na cidade e trazer melhorias, usar bem os impostos que são arrecadados.

Porto Velho precisa de uma entrada e rodoviária bonitas, atrativos turísticos, o turismo e cultura não são nada valorizados.

"Temos usinas, temos universidades, mas o crescimento foi desordenado, a gente devia estar preparada para receber as pessoas".

"Quando saímos de Porto Velho e retornamos, ficamos chocados com a sujeira e "feiura" da cidade, mas não queremos isso, queremos uma Porto Velho com cara de capital".

---

71 Estratégia Eleitoral da Candidatura a Prefeito de Hildon Chaves. Disponível em: https://prezi.com/ve2quathy17z/porto-velho-2016/ Acessado em 22 jun. 2017.

Crescimento com pouco benefício

Muitas pessoas vieram para Porto Velho para trabalhar, a cidade cresceu, mas não teve nenhuma melhoria, não se desenvolveu como deveria. O retorno não aconteceu.

Orgulho

A população sente profundo orgulho de sua cidade, os nascidos e os que mudaram para Porto Velho em busca de trabalho. Esse povo se sente prejudicado, mas ainda acredita na melhoria para a cidade. Tem o desejo de mostrar uma Porto Velho mais bonita.

"Há muito que se melhorar na cidade, com a vinda das duas usinas houve um superpovoamento. Mas ainda assim é um lugar muito bom de se viver".

Cidade Estagnada

Mesmo com a vinda das usinas a cidade não se desenvolveu, as pessoas vieram para ganhar dinheiro, o crescimento foi desordenado e o desenvolvimento não apareceu. Não houve nenhuma melhoria, o pensamento das pessoas é somente em enriquecer e depois ir embora.

"Tem o incentivo fiscal para atrair indústrias, mas parece que isso não é feito por aqui. Não há interesse".

"Pagamos muito impostos e ninguém valoriza o dinheiro do povo... o certo é o prefeito ter mais pulso".

Desses estudos iniciais apresentamos o documento "Questões estratégicas para a eleição em Porto Velho", que segue abaixo:

Antecedentes

A eleição para prefeito de 2012 trouxe para o cenário questões importantes para a análise política de Porto Velho, que podemos dividi-la em três aspectos:

1. A vitória do médico e deputado Federal Mauro Nazif, do PSB, representou o voto racional contra o populismo do candidato Lindomar Garçom. Foi a busca de alguém que apresentasse credenciais objetivas para governar a cidade;
2. A passagem de Lindomar Garçom para o segundo turno trouxe elementos de que, para além do discurso racional, há uma profunda carência afetiva nos eleitores de Porto Velho, que se agarraram numa postura populista e sem racionalidade;
3. O desempenho eleitoral da jovem vereadora Mariana Carvalho (PSDB) – que deixou de ir ao segundo por apenas 0,16% das intenções de voto – expressou a busca pela renovação política, expressada dois anos depois com a consagradora vitória para a Câmara dos Deputados.

A cidade

Após quatro anos de mandato do prefeito Mauro Nazif, a cidade pouco avançou. Os problemas endêmicos da gestão pública continuam inalterados, a exemplo dos viadutos da BR (rodovia) que continuam inacabados. É a falência, sob o aspecto da percepção da opinião pública, da capacidade de ação da Administração Municipal. Apesar disso, ações pontuais de fim de governo trazem algum alento às comunidades que nada receberam nos últimos três anos. Isso explica a profunda rejeição do prefeito e a desilusão da população em relação aos políticos.

O quadro eleitoral no início da disputa

A deputada Federal Mariana Carvalho estava com o caminho pavimentado para assumir à Prefeitura da capital. No entanto, ela desistiu do projeto, abrindo espaços para que o PSDB pudesse apresentar um nome que não faz parte do establishment da política: o ex-promotor Hildon Chaves.

Vários nomes se apresentam ao pleito. Alguns com o objetivo claro de somar forças para as eleições parlamentares de 2018, como Ribamar

Araújo, Williames Pimentel e Leo Moraes contra o atual prefeito que tenta se manter no poder. Apesar desse cenário, todos eles perceberam que alta rejeição do atual prefeito abre espaço para uma vitória eleitoral, o que os motiva ainda mais ao projeto, sem, no entanto, deixar de reafirmar que o objetivo principal é somar forças para 2018.

Ribamar Araújo foi vereador de 1997 a 2004 e está no terceiro mandato como deputado Estadual. Não tem nada a perder ao disputar a prefeitura.

Williames Pimentel foi secretário de Saúde do Governo do Estado e é um dos homens de confiança do governador Confúcio Moura. Está iniciando sua carreira eleitoral. De personalidade forte, pode surpreender por ter percepção aguçada sobre como impactar as pessoas, mas é ficha suja ao ser preso pela Polícia Federal em 2010 em Cuiabá por improbidade administrativa.

Leo Moraes é um jovem deputado Estadual que procura ocupar o espaço deixado pela deputada Mariana Carvalho e é um dos líderes das intenções de voto. O que milita contra ele é o fato de não possuir estrutura econômica para uma campanha mais arrojada, no entanto é um candidato com potencial eleitoral.

Por fim, Hildon Chaves do PSDB. O maior problema do ex-promotor e empresário do ramo educacional é a falta de notoriedade. Pelo pouco tempo de campanha, será preciso um esforço descomunal para torná-lo conhecido das massas populares e assim objeto de expectação por parte do eleitorado. Como ex-promotor da área da saúde e "promotor" de empregos no ramo educacional, Hildon Chaves é um homem que se preocupa com as pessoas, e isso pode marcar um diferencial neste processo eleitoral. Além do mais, a condução dos negócios públicos nunca esteve tão mal vista pelo cidadão, o que exige um perfil de quem ainda há pouco era "promotor de Justiça". E para arrumar a casa, será necessário um gestor com capacidade operacional, o que se revela no avatar "empresário". Porém, esses dois avatares "promotor de Justiça" e "empresário", por vezes podem gerar conflitos intransponíveis o que exige uma atenção redobrada e inquéritos para perceber como o eleitor encara essa dupla personalidade.

Por fim, a despeito das pesquisas quantitativas que já indicam como será o início do jogo eleitoral, serão necessários "Focus Group" para compreender melhor, além dos números, a percepção do eleitor porto-velhense sobre o processo eleitoral, os seus candidatos e o surgimento de uma nova liderança política, nomeadamente, Dr. Hildon Chaves.

O que as pesquisas demonstraram

A falta de notoriedade do candidato do PSDB é um limitador de seu crescimento. Nos grupos de foco promovidos o desconhecimento foi um fator prejudicial a um aprofundamento sobre o nome e suas qualidades.

As pesquisas quantitativas, principalmente a última contratada pelo candidato, aponta que não houve reação do eleitorado ao nosso projeto. Estamos limitados a nomes que já contam com grande notoriedade, mesmo que não representem mudança significativa no cenário político. O único fator a ser explorado neste momento é o número de brancos/nulos, indecisos e abstencionistas, que chega a 25%. Este é o fator que pode desequilibrar o processo eleitoral na sua reta final. Saber dialogar com este segmento é fundamental para obtermos sucesso.

Os cinco grupos tiveram também que responder a uma questão objetiva sobre a confiança nas instituições, obtendo-se o seguinte resultado:

CONFIANÇA	Média (1 a 5)	DP da média	Limites Intervalo de Confiança	
PRESIDENTE	2,86	0,25	2,38	3,35
GOVERNADORES	2,89	0,22	2,46	3,33
PREFEITOS	2,95	0,25	2,46	3,43
SENADORES	2,78	0,14	2,50	3,06
DEPUTADOS FEDERAIS	2,86	0,16	2,55	3,18
DEPUTADOS ESTADUAIS	2,49	0,15	2,19	2,78
VEREADORES	2,54	0,18	2,18	2,90
JUÍZES	3,51	0,20	3,12	3,91
PROMOTORES	3,46	0,20	3,07	3,85

ANEXO L

PESQUISA QUANTITIVA SOBRE AS CAMPANHAS ELEITORAIS DO FUTURO

O questionário abaixo é primordial para o desenvolvimento da minha tese de doutorado em Ciência Política na Universidade de Lisboa. Peço alguns minutos do seu tempo para respondê-lo. Agradeço a sua colaboração! Marcelo Pimentel.

DADOS DO ENTREVISTADO
Nome: ____ Idade: ____
Formação: ________________________ Tempo de atuação na área: ____
Email: ____

1. Pensando na sua experiência e projetando-a para daqui a 5 anos, ou seja, para o ano 2021, peço-lhe que me diga qual vai ser o valor percentual dos investimentos das campanhas eleitorais em relação aos investimentos de há cinco anos atrás, em 2011.

As hipóteses de resposta são:

- Vai aumentar. Em que percentagem será esse aumento? A resposta terá que ser superior a 100%. Por exemplo, se o investimento em 2021 viesse a ser o dobro a resposta seria 200%;
- O investimento em 2021 vai ser semelhante ao de 2011 e a sua resposta será 100%;
- Vai diminuir. Em que percentagem será essa diminuição? A resposta terá que ser inferior a 100%. Por exemplo, se o investimento em 2021 viesse a ser metade, a resposta seria 50%.

a) Começo com os investimentos em propaganda de rua. Em relação a 2011, qual vai ser a evolução percentual dos investimentos em cartazes de rua em 2021?
VALOR PERCENTUAL: __________% EM 2021.

b) E quanto aos investimentos em compra de espaço/produção em publicidade eleitoral na imprensa? Em relação a 2011, qual vai ser a evolução percentual dos investimentos em compra de espaço publicidade na imprensa em 2021?
VALOR PERCENTUAL: ______ % EM 2021.

c) E quanto aos investimentos em produção para a internet/? Em relação a 2011, qual vai ser a evolução percentual dos investimentos em produção na internet em 2021?
VALOR PERCENTUAL: ______% EM 2021.

d) E quanto aos investimentos na impressão de folhetos e "santinhos"? Em relação a 2011, qual vai ser a evolução percentual dos investimentos na impressão de folhetos e "santinhos" em 2021?
VALOR PERCENTUAL: ______% EM 2021.

e) E quanto aos investimentos nas redes sociais via internet? Em relação a 2011, qual vai ser a evolução percentual dos investimentos nas redes sociais via internet em 2021?
VALOR PERCENTUAL: ______% EM 2021.

f) E quanto aos investimentos em ações de contato físico direto com os eleitores, como passeatas ou porta-a-porta? Em relação a 2011, qual vai ser a evolução percentual dos investimentos em contato físico direto com os eleitores em 2021?
VALOR PERCENTUAL: ______% EM 2021.

g) E quanto aos investimentos em bases de dados? Em relação a 2011, qual vai ser a evolução percentual dos investimentos em bases de dados em 2021?
VALOR PERCENTUAL: ______% EM 2021.

h) E quanto aos investimentos em telemarketing? Em relação a 2011, qual vai ser a evolução percentual dos investimentos em telemarketing em 2021?
VALOR PERCENTUAL: ______% EM 2021.

i) E quanto aos investimentos em pesquisa eleitoral qualitativa? Em relação a 2011, qual vai ser a evolução percentual dos investimentos em pesquisa eleitoral qualitativa em 2021?
VALOR PERCENTUAL: ______% EM 2021.

j) E quanto aos investimentos em pesquisa eleitoral quantitativa? Em relação a 2011, qual vai ser a evolução percentual dos investimentos em pesquisa eleitoral quantitativa em 2021?
VALOR PERCENTUAL: ______% EM 2021.

k) E quanto aos investimentos em produção audiovisual? Em relação a 2011, qual vai ser a evolução percentual dos investimentos em produção audiovisual em 2021?
VALOR PERCENTUAL: ______% EM 2021.

l) E quanto aos investimentos em estratégias de segmentação eleitoral? Em relação a 2011, qual vai ser a evolução percentual dos investimentos em estratégias de segmentação eleitoral em 2021?
VALOR PERCENTUAL: ______% EM 2021.

2. Passemos agora a outro assunto que se prende com o modo como as campanhas eleitorais tendem a ser desenvolvidas na atualidade e eu peço que indique qual é na sua opinião o principal desafio que se coloca às candidaturas na preparação das campanhas eleitorais? Refira um só, o principal desafio? Justifique a sua resposta.

Imagine uma situação em que era contratado um ano antes de uma eleição com o objetivo de organizar toda a estratégia eleitoral e de a implementar. Eram colocados à sua disposição recursos de 10 milhões de dólares para investir durante esse período de um ano.Peço-lhe que me diga como iria repartir ao longo desse ano esse investimento de 10 milhões e quais as principais atividades em que faria a divisão desse investimento.Nesse período de um ano iria ter 4 trimestres e eu peço que distribua os investimentos em cada um desses 4 trimestres.

- 1º de 4 trimestres: quanto dos 10 milhões aplicaria logo no *primeiro* dos quatro trimestres e em que atividades investiria esse montante?

- 2º de 4 trimestres: quanto dos 10 milhões aplicaria no *segundo* dos quatro trimestres e em que atividades investiria esse montante?
- 3º de 4 trimestres: quanto dos 10 milhões aplicaria no *terceiro* dos quatro trimestres e em que atividades investiria esse montante?
- 4º de 4 trimestres: quanto dos 10 milhões aplicaria no *quarto* dos quatro trimestres e em que atividades investiria esse montante?

3. Alguns autores falam que após os anos 60 do século passado, a mídia em geral e a televisão em particular passaram a ter um papel preponderante nas campanhas eleitorais.Na sua opinião, a importância da mídia clássica, ou seja, da imprensa, da rádio e da televisão, nas campanhas de marketing político do próximo futuro, essa importância tende a:

( ) Aumentar Muito
( ) Aumentar Um Pouco
( ) Manter-Se
( ) Diminuir Um Pouco
( ) Diminuir Muito

4. Alguns autores defendem que o eleitor está cada vez mais desconfiado dos políticos.

a) O que pensa desta opinião?
( ) Concorda
( ) Não concorda, nem discorda
( ) Discorda

b) (SE concorda) Na sua opinião, o que é que deve ser feito numa campanha para combater a desconfiança dos eleitores nos políticos?

____

5. O novo modelo de marketing político privilegia o uso de bases de dados e a gestão de relacionamentos entre políticos e eleitores, o que implica a criação e a gestão de canais de comunicação permanente com os representantes e os seus eleitores.

a) Com base na sua experiência pessoal, qual é a efetiva importância que o eleitor atual dá à existência de comunicação permanente com os seus representantes?

( ) Importância muito grande
( ) Importância grande
( ) Alguma importância
( ) Pouca importância
( ) Nenhuma importância

b) Justifique, por favor, a sua resposta anterior.

____

6. Para além do contacto virtual dos políticos com os eleitores através das redes sociais, qual é a importância que terá no próximo futuro o contacto físico direto entre os candidatos e os seus eleitores?

( ) Importância muito grande
( ) Importância grande
( ) Alguma importância
( ) Pouca importância
( ) Nenhuma importância

b) Justifique, por favor, a sua resposta anterior.

____

7. Termino com uma última questão que lhe coloco de forma direta e que diz respeito à perspectiva que Achrol e Kotler apresentaram em 2012, referindo que "as teorias transacionais que serviram o marketing durante 40 anos estão a ceder o passo para os conceitos relacionais" e avançando com o conceito de marketing holístico, numa perspectiva mais humanizada que inclui o combate á pobreza e a responsabilidade socioambiental. A pergunta é: na sua opinião há espaço para esta visão holística no âmbito de aplicação do marketing à gestão da política? Se sim, quais os parâmetros deverão nortear esse novo modelo?

____

pólen soft 80 gr/m2
tipologia garamond
impresso na primavera de 2021